汽车“新四化”工程实践

智能网联汽车技术开发实践

主　编　曹　恺

副主编　李红林　胡　杰

参　编　蔡　营　熊胜健　万　骞

董　杰　王科未　陈乾坤

陈泊通　陆　鑫　王艺璇

王　月　骆　嫚　张宇探

骆铁平　舒　丽　庹新娟

吴梁广　程梁柱

武汉理工大学出版社

·武　汉·

图书在版编目(CIP)数据

智能网联汽车技术开发实践/曹恺主编. —武汉:武汉理工大学出版社,2024.1
ISBN 978-7-5629-6885-6

Ⅰ.①智… Ⅱ.①曹… Ⅲ.①汽车-智能通信网 Ⅳ.①U463.67

中国国家版本馆 CIP 数据核字(2023)第 232967 号

智能网联汽车技术开发实践
ZhiNeng WangLian QiChe JiShu KaiFa ShiJian

项目负责人:王兄国　　**责任编辑**:雷红娟
责 任 校 对:王兆国　　**排版设计**:芳华时代
出 版 发 行:武汉理工大学出版社
社　　　址:武汉市洪山区珞狮路 122 号
邮　　　编:430070
网　　　址:http://www.wutp.com.cn
经　　　销:各地新华书店
印　　　刷:武汉市洪林印务有限公司
开　　　本:787×1092　1/16
印　　　张:17.25
字　　　数:442 千字
版　　　次:2024 年 1 月第 1 版
印　　　次:2024 年 1 月第 1 次印刷
定　　　价:78.00 元

凡购本书,如有缺页、倒页、脱页等印装质量问题,请向出版社发行部调换。
本社购书热线电话:027-87391631　87664138　87523148

前　　言

随着科技的迅猛发展，智能网联汽车已从概念走向现实，成为当下及未来交通领域的关键一环。本书旨在全面系统地介绍智能网联汽车自动驾驶关键技术，从其发展历史探究当前主要的开发流程。

以智能网联实践入门为目的，本书从智能网联汽车的基本概念与开发基础讲起，通过图文并茂的方式，详细介绍了智能网联汽车的各项关键技术，包括自动驾驶环境感知技术、高精度地图与定位技术、传感器感知识别技术、自动驾驶决策规划与控制技术，以及自动驾驶仿真与实车测试技术等。

通过本书，读者不仅能够理解理论知识，还能把握其在实际汽车系统中的应用。各章节通过实际案例和问答形式，增强了内容的互动性和实用性，使得复杂的技术内容变得更加易于学习和掌握。同时，本书探讨了智能网联技术的前沿趋势，如大模型技术和人车路云一体化技术等，提供了对行业未来方向的深刻洞见。这些内容将帮助读者把握智能网联汽车技术的最新发展，理解其在现代交通系统中的潜在影响。

本书内容新颖，图文并茂，通俗易懂，实用性强，覆盖了智能网联汽车所涉及的基础技术，不仅适合作为相关领域本科和高职院校车辆工程等专业学生的教材，也可作为智能网联领域专业人士提升技术深度和广度的工具书。

限于作者时间和水平，书中可能存在不妥之处，敬请读者批评指正。

作　者

2023年8月

目　录

1　智能网联汽车技术概述

1.1　智能网联汽车定义

智能网联汽车是指搭载先进的车载传感器、控制器、执行器等装置,并融合现代通信与网络技术,实现车与X(车、路、行人、云端等)智能信息交换、共享,具备复杂环境感知、智能决策、协同控制等功能,可实现车辆"安全、高效、舒适、节能"行驶,并最终可实现替代人来操作的新一代汽车。智能网联汽车通常也被称为智能汽车、自动驾驶汽车、无人驾驶汽车等。

1.1.1　智能网联汽车的自动驾驶分级

依据GB/T 40429—2021《汽车驾驶自动化分级》,在汽车驾驶自动化的6个等级之中,0～2级为驾驶辅助,系统辅助人类执行动态驾驶任务,驾驶主体仍为驾驶员;3～5级为自动驾驶,系统在设计运行条件下代替人类执行动态驾驶任务,当功能激活时,驾驶主体是系统。见表1-1。各级名称及定义如下:

0级驾驶自动化(应急辅助,emergency assistance),系统不能持续执行动态驾驶任务中的车辆横向或纵向运动控制,但具备持续执行动态驾驶任务中的部分目标和事件探测与响应的能力。

1级驾驶自动化(部分驾驶辅助,partial driver assistance),系统在其设计运行条件下持续地执行动态驾驶任务中的车辆横向或纵向运动控制,且具备与所执行的车辆横向或纵向运动控制相适应的部分目标和事件探测与响应的能力。

2级驾驶自动化(组合驾驶辅助,combined driver assistance),系统在其设计运行条件下持续地执行动态驾驶任务中的车辆横向和纵向运动控制,且具备与所执行的车辆横向和纵向运动控制相适应的部分目标和事件探测与响应的能力。

3级驾驶自动化(有条件自动驾驶,conditionally automated driving),系统在其设计运行条件下持续地执行全部动态驾驶任务。

4级驾驶自动化(高度自动驾驶,highly automated driving),系统在其设计运行条件下持续地执行全部动态驾驶任务并自动执行最小风险策略。

5级驾驶自动化(完全自动驾驶,fully automated driving),系统在任何可行驶条件下持续地执行全部动态驾驶任务并自动执行最小风险策略。

表 1-1　中国对汽车驾驶自动化的分级

分级	名称	车辆横纵向运动控制	目标和事件探测与响应	动态驾驶任务接管	设计运行条件
0 级	应急辅助	驾驶员	驾驶员及系统	驾驶员	有限制
1 级	部分驾驶辅助	驾驶员和系统	驾驶员及系统	驾驶员	有限制
2 级	组合驾驶辅助	系统	驾驶员及系统	驾驶员	有限制
3 级	有条件自动驾驶	系统	系统	用户	有限制
4 级	高度自动驾驶	系统	系统	系统	有限制
5 级	完全自动驾驶	系统	系统	系统	无限制

1.2　自动驾驶关键技术

1.2.1 环境感知

环境感知技术是指利用摄像机、激光雷达、毫米波雷达和超声波雷达等传感器设备，检测自动驾驶车辆在行驶过程中的外部信息，包括路况信息以及道路行驶前方是否有障碍物遮挡等，为智能网联交通系统提供自主决策的依据。环境感知技术是自动驾驶车辆迈向智能化发展的关键技术之一，同时也是智能网联交通系统发展的基础。

1.2.1.1　感知传感器

智能汽车对环境的认知所用到的传感器主要有超声波雷达、毫米波雷达、激光雷达、摄像头(或称相机)。不同感知技术的对比见图 1-1。视觉感知是指利用摄像头主动采集周围的环境信息，通过图像识别算法进行处理，实现对周围环境的识别，其优点在于可获得的信息量比较丰富、实时性好且能耗相对较低，但其感知结果容易受到天气光强以及车辆行驶速度的影响，并且对于三维立体物体的识别精度相对较低；激光雷达感知是利用激光雷达所采集到的点云数据，采用滤波、聚类等技术，实现对行车环境的识别，其优点在于可以直接获取三维物体的距离信息，且测量的精度较高，不容易受到光照强度的影响，但激光传感器的体积相对较大，且价格昂贵，无法完成对无距离差异平面内的目标的感知；毫米波雷达可以提供精确的距离和速度信息，探测距离也比较远，可以全天候工作，但对除金属外的材质不敏感，识别精度有待进一步提高，目前高分辨率的成像毫米波雷达正在推广应用，有望达到激光雷达识别精度。超声波传感器则常用于近距离检测，结构简单、价格便宜，但功能较弱，探测精度低。

1.2.1.2　感知识别

(1)目标识别和追踪

目标识别和追踪，主要以摄像头、激光雷达作为传感器输入，经过一系列的计算和处理，

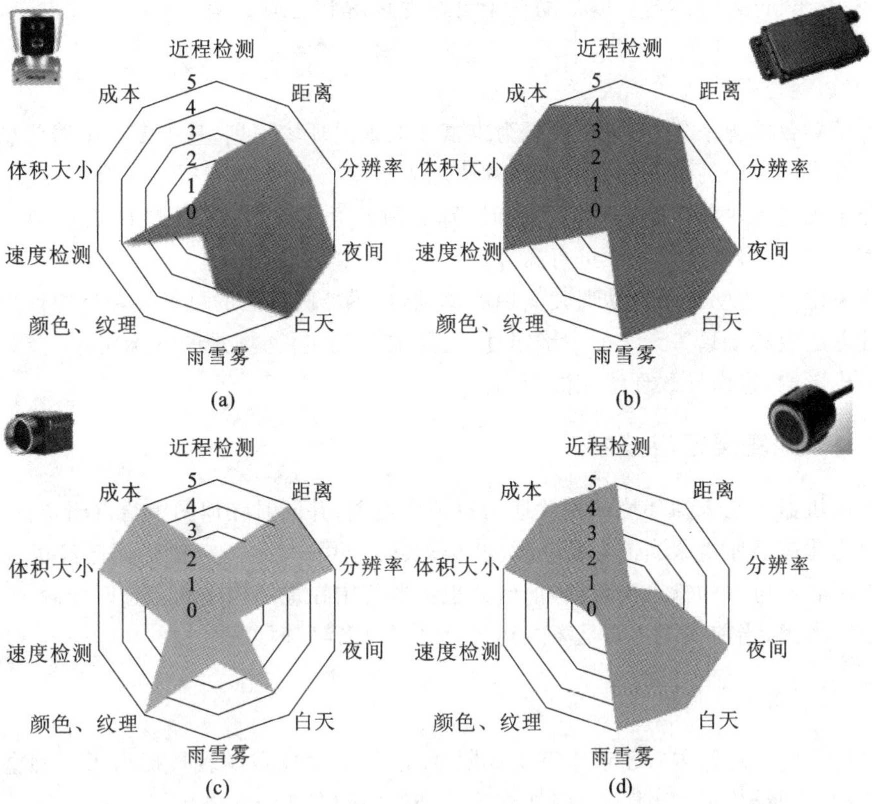

图 1-1 常用传感器特性分析

(a)激光雷达;(b)毫米波雷达;(c)相机;(d)超声波雷达

对自车周围的环境信息做精确感知,目的在于提供准确丰富的信息,包括被检测物体的类别、距离、速度、朝向等信息。近年来,深度学习在图像、激光点云处理等领域取得突破,相对于传统方法,深度学习网络的优势在于无须事先匹配分类所需特征。然而,深度学习方法也仍存在缺陷:深度学习基础理论研究不足,限制了感知效果进一步提升;深度学习需要大量数据支持,而当训练好的模型遇到新的状况时,可能产生难以预估的错误结果。

(2)道路检测

不同的道路表示形式促成了诸多不同的道路检测方法,其大致可以分为基于模型的方法和基于学习的方法。基于模型的方法通过形状或外观模型来提取特征进而识别道路结构和道路区域,但由于环境差异,一种特征往往无法适应所有的场景;基于学习的方法将图像中的像素划分为道路和非道路,或道路边界和非道路边界,需要大量数据集的训练以提高其检测精度。

(3)语义分割

语义分割是图像分割的一种,它旨在将图像分成几个物体或区域,并将每个像素标记为属于相应物体或区域的特定类别,其结果是将给定图像划分为若干视觉上有意义或感兴趣的区域,以利于后续的图像分析和视觉理解。由于需要逐像素预测该物体所属类别,这对深度学习模型提出了巨大的挑战,比如部分目标尺寸较小、难以识别,部分目标大部分被遮挡,导致其辨识度降低等。在自动驾驶汽车中,语义分割技术可以用于识别与汽车相关的物体,例如道路、汽车、行人等。这可以帮助汽车更好地理解和适应其周围环境，从而提高行驶的安全性和效率。

(4)感知融合

从传感器数据源来分，为了获得更为丰富和准确的环境信息，基于多传感器信息融合的环境感知技术是目前的研究热点。当前的研究主要基于相机-激光雷达融合的深度补全，从不同融合层级进行对象检测，语义分割和跟踪方向。大多数研究使用 2D 卷积神经网络提取激光雷达点云，再和图像特征进行融合。

总体来说，环境感知是自动驾驶实现的基础，传感器和算法的可靠性和鲁棒性决定了自动驾驶可以适应的场景。天气的不确定性、道路的不确定性、场景的不确定性，会对环境感知结果造成影响，进而导致环境无法识别。

1.2.2 地图及定位技术

为了让机器人在未知环境中持续地构建环境地图，并同时在地图中给自己定位，即时定位与地图构建应运而生。当前在自动驾驶汽车实际应用中，地图定位匹配已经成为自动驾驶决策控制必不可少的输入来源，当前研究也主要集中在地图构建和定位匹配两个方面，从实时性角度考虑，当前地图主要是离线构建，而定位则需实时匹配。

1.2.2.1 高精度地图

针对传统电子地图内容不够丰富的局限性，清华大学杨殿阁教授提出了一种全新的七层自动驾驶地图结构模型，能够很好地支持自动驾驶的车道级轨迹规划。

①道路级别路网，提供全局导航信息，相当于传统的导航地图，主要用于静态全局路径规划。

②交通信息层，包含道路级的动态交通信息，如拥堵和施工等，可用于动态全局路径规划。

③道路-车道连接层，提供道路和车道路网拓扑关系，用于车道级路径规划。

④车道级路网层，提供了高精度的车道级几何结构、车道级交通规则、道路标志等车道相关的信息，用于车道级导航规划。

⑤地图特征信息层，辅助自动驾驶感知和定位，这一层地图存储了高精度的特征数据，以便实现基于地图匹配的定位或感知算法。

⑥动态感知容器层，用于局部动态轨迹规划。其存储的数据包括网联车辆或基础设施共享的障碍物动态信息。动态感知信息的容器，提供融合多车传感器信息的标准化接口，如激光雷达、摄像机等。基于这一层的信息，局部轨迹规划可以考虑动态情况以便保证安全。

⑦智能决策支持层，是在自动驾驶决策过程设计的，它能够提供驾驶决策知识数据库。这一层存储的数据来自于对驾驶员的驾驶决策行为的大量分析和学习。

1.2.2.2 高精度定位

①地基增强定位：卫星导航定位，由于受卫星端、传播链路、接收终端的影响，往往无法匹配自动驾驶各种定位场景。地基增强则利用局域卫星基准站数据对导航卫星系统信号的星历、钟差、电离层传播延迟等误差进行定位修正，提高定位精度。目前，伴随着 5G 的部署

应用，基于5G和北斗系统的地基增强定位正在成为新的研究热点。

②航位推算定位：通过里程计测量不同车轮滚动距离，结合车辆初始位置实现车辆实时定位。惯性定位技术是常用的一种航迹推算定位技术，其基本原理是根据已知点的位置信息，测得的载体的加速度、角速度推算出车辆当前的位置信息。由于采样周期、车轮滑动的影响，该方法也存在累积误差的问题。

③环境特征匹配定位：通过实时测量提取环境特征，并与预先采集的基准数据进行匹配，从而获取自动驾驶车辆的当前位置。当前主要有视觉匹配定位和激光点云匹配定位两种方式。基于环境特征匹配可以提供比GPS更精确和可靠的定位，但由于需要通过感知环境信息来实现，因此，任何被遮挡的特征都无法被识别，从而降低了系统的性能。通过摄像机识别道路标志和车道标志，以支持横向和纵向定位，实现结果表明其横向误差可控制在0.5m左右，小于纵向误差，其原因就在于地面道路标志容易被遮挡或不存在，导致纵向误差较大。本书提出了进一步提高激光雷达定位精度的方法，使用地面栅格表示方法，降低了车辆运动的影响，使得激光雷达在装车后标定标准化，实现了3.3 cm和1.7 cm的纵向和横向定位，改善了激光雷达定位方法的性能。与摄像头匹配定位技术相比，激光雷达对地图环境变化的鲁棒性更强。

进一步，结合不同传感器的特性，Mohamed等对GPS失效环境下的自定位方法进行了全面研究，提出了视觉-激光里程计和视觉-惯性里程计等混合融合解决方案。

1.2.3 决策控制技术

车辆自主决策控制是指根据车载传感器所采集到的外部环境信息、行车状态以及自动驾驶车辆的行驶意图，在同时兼顾舒适性、安全性及高效性的前提下，对车辆驾驶行为做出决策并控制车辆沿规划轨迹行驶的过程。参考其执行过程，主要包括车辆自主决策、轨迹规划、自动驾驶轨迹跟踪控制三部分。

(1)车辆自主决策

车辆自主决策主要可分为基于规则、基于学习和两者混合使用的三种技术路线。早期自动驾驶决策多基于规则提炼，如美国国防高级研究计划局自动驾驶挑战赛中大多采用基于规则的决策算法，国防科技大学通过分析高速公路规则、道路模型、驾驶习惯等，通过有限状态机建议了高速公路的规则决策模型，还通过决策树构建了驾驶规则库，推理在各种条件下跟车和变道等决策行为。基于规则的决策其本质是将开发人员的经验规则化，使得车辆按照开发人员的设计行驶，建模相对简单，易于编写和阅读，但也存在知识爆炸风险。

近年来，随着人工智能技术的发展，以神经网络为代表的机器学习类算法被越来越多地应用到自动驾驶领域。比如近来出现的一种开关式深度神经网络，该网络由卷积神经网络层和长短期记忆网络层组成，在两个子网络间嵌入了具有开关性质的特征选择层，并通过不同的驾驶指令选择激活不同的特征分支，从而完成了相应的驾驶任务。而Mobileye公司提出强化学习在自动驾驶中的应用，将整个驾驶策略分为可学习和不可学习两部分，通过强化学习从人类驾驶员经验中学习做出宏观行为决策，然后再查找一个能最小化罚函数并满足安全硬约束的策略。更进一步，提出了面向自动驾驶汽车规则与自学的混合决策方法，同时发挥两种策略的优势，使得混合决策的策略表现优于单一使用某种子策略。

此外，在部分驾驶辅助工况下，可能存在自动-人工驾驶互相切换的过程，也就是可能人机协同决策控制行为。文献介绍了智能汽车人机协同控制中驾驶员建模及人机驾驶权动态优化控制、对人驾驶员和自动驾驶车辆之间的决策进行调查,对人机协同决策的架构、人驾驶员建模和在人车共享方案下的交互策略进行了论述,也进一步讨论了未来的关键挑战和机遇。它们可能会形成新的潜在的研究方向。

(2)轨迹规划

轨迹规划主要有基于图搜索的方法、基于随机采样的方法以及基于曲线插值优化的方法和基于人工势场的方法。在基于图搜索的方法中,如经典的 Dihsktra 及其改进算法 A * 和 D * 算法等,是一种最短路径搜索算法,但此类算法在数据量较大时很难满足实时性要求,适用于全局导航路径规划。基于随机采样的路径规划方法是指通过在未知空间内进行随机点采样来探索空间的连通性,概率图法以及快速随机扩展树法是其中具有代表性的两种方法。此类方法在高维度的复杂环境中具有明显的时间优势,但不能保证规划结果的最优性。基于数值优化的路径规划决策方法是指将路径曲线建模为多项式曲线,设置相对应的目标函数以及优化参数,以得到符合预期的规划路径:采用三次多项式曲线规划,进行平移、翻转和旋转操作得到完整轨迹;通过采样生成有限的多项式候选轨迹集合,基于安全性和舒适性评价指标构建损失函数,求得最优轨迹。人工势场法利用目标点的引力和障碍物的斥力引导车辆安全到达目标点,目前该方法已经得到了广泛的应用研究。

(3)自动驾驶轨迹跟踪控制

自动驾驶轨迹跟踪控制主要实现对车辆转向、制动和驱动进行控制,使得车辆稳定跟踪规划出来的轨迹对期望轨迹曲线的跟踪,主要有 PID 算法、反馈控制、LQR 算法、模型预测控制、基于学习的控制方法。PID 算法常与预瞄机制相结合,适用于道路变化较小的场景,根据不同场景需要进行预瞄距离的标定优化,较大的预瞄距离容易降低跟踪精度、较小的预瞄距离容易轨迹超调;LQR 算法对车辆模型参数的观测噪声不敏感,难以添加约束,在复杂场景下效果不够理想;模型预测控制方法在预测时域里估计自主车行驶路径,以确定车辆与期望路径之间的侧向误差和航向误差,能够适用于复杂环境,但控制模型构建复杂、计算量大。

随着汽车自动化程度的升高,其运动控制系统集成复杂程度也不断增加,汽车运动主动安全的一体化协同控制以及极限驾驶工况下的稳定控制,应该也是提高车辆的舒适性的重点研究方向。

1.3 车联网与通信技术

借助智能网联、5G 通信、V2X 通信、人工智能和大数据分析等,全时空动态交通信息的协同共享,可促进交通的全程协同规划和全面协同控制,使传统的交通控制变更为协同驾驶,是未来交通规划及交通协同管控的重要方向。车路协同是基于无线通信、传感探测等技术获取车路信息,并通过车车、车路信息交互和共享,实现车辆和基础设施之间智能协同与配合,实现优化利用系统资源、提高道路交通安全的目标。

1.3.1 车联网的概念

车联网通过新一代信息通信技术,实现车与云平台、车与车、车与路、车与人、车内等全方位网络链接，主要实现了“三网融合”，即将车内网、车际网和车载移动互联网进行融合。

车联网是利用传感技术感知车辆的状态信息，并借助无线通信网络与现代智能信息处理技术实现交通的智能化管理，以及交通信息服务的智能决策和车辆的智能化控制。见图 1-2。

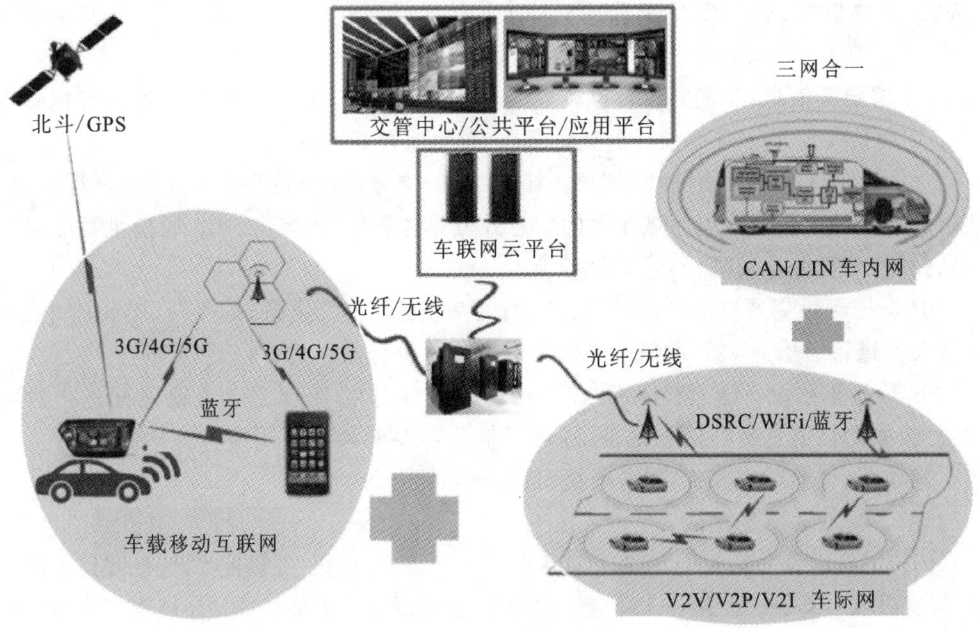

图 1-2　车联网的概念

1.3.2　车联网的发展

车联网的发展过程，可以分为三个阶段，见图 1-3。从最早期的车载信息开始，车辆具备基本的联网能力；在当前的智能网联阶段，通过 V2X 技术车路开始协同；未来的智慧出行阶段，车路协同将在智能交通和高级自动驾驶中广泛应用，不可或缺。此外，各阶段可能不是串行演进，而是并行演进的。

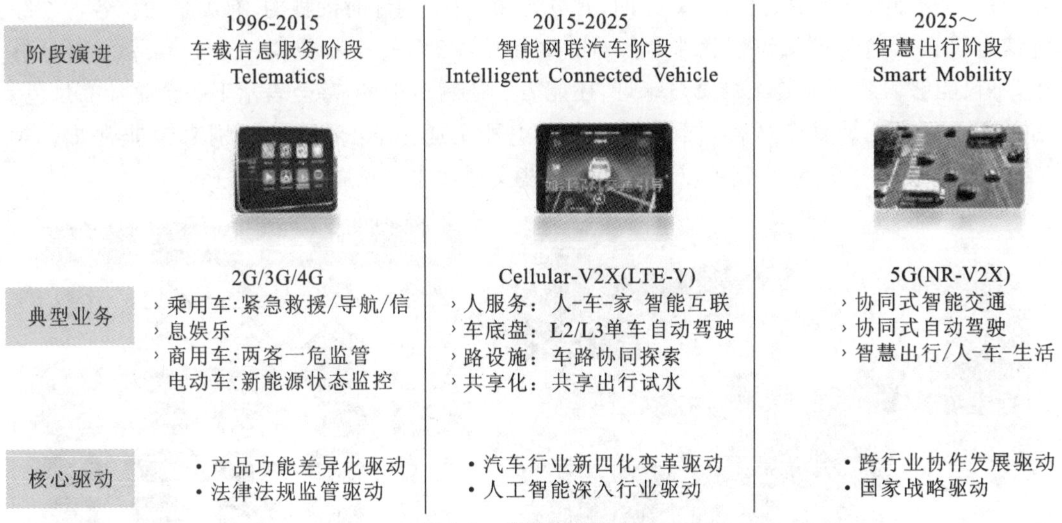

图 1-3　车联网的发展

1.3.3 V2X 通信技术

(1)V2X 基础概念

V2X 主要指 V2V、V2I、V2P 及 V2N。

V2V 是指通过车载终端进行车辆间的通信。车载终端可以实时获取周围车辆的车速、位置、行车情况等信息，车辆间也可以构成一个互动的平台，实时交换文字、图片和视频等信息。V2V 通信主要用于避免或减少交通事故、车辆监督管理等。

V2I 是指车载设备与路侧基础设施（如红绿灯、交通摄像头、路侧单元等）进行通信，路侧基础设施也可以获取附近区域车辆的信息并发布各种实时信息。V2I 通信主要应用于实时信息服务、车辆监控管理、不停车收费等。

V2P 是指弱势交通群体（包括行人、骑行者等）使用用户设备（如手机、笔记本电脑等）与车载设备进行通信。V2P 通信主要用于避免或减少交通事故、信息服务等。

V2N 是指车载设备通过接入网/核心网与云平台连接，云平台与车辆之间进行数据交互，并对获取的数据进行存储和处理，提供车辆所需要的各类应用服务。V2N 通信主要应用于车辆导航、车辆远程监控、紧急救援、信息娱乐服务等。

(2)单车智能面临的挑战

在传统的自动驾驶系统中，单车智能希望车具有感知、决策、控制能力，能处理路上的所有情况，以实现安全驾驶。但是在实际应用过程中，会发现单车智能的感知系统存在很多限制：

第一是盲区和障碍物的遮挡，使得感知受限，这样的限制在真实环境场景中有非常大的安全隐患；

第二个限制是感知距离，目前大部分激光雷达的有效感知距离都在几十米，如果车速稍微高一点，前方有静止物体来不及做出反应。

第三是感知效果受天气影响比较大，比如 2017 年 12 月，美国加州大雪，硅谷的自动驾驶就完全停工了。

此外，目前现存的红绿灯千奇百怪。形状有横有竖；数量也不一致，有一个灯的，有三个灯的；分类不同，有转弯、直行在一起的，有分开的；有带倒计时读秒的，有不带的。各种红绿灯信号仅靠摄像头模式识别就非常困难。而使用 V2X，一个相位用一个 byte 表示就足够了，不仅能够表示当前是红灯黄灯绿灯，还能表示还剩多少秒，甚至表示下一个是什么灯色。道路交通标志更是复杂多样，国标定义了 114 种交通标志，对图像识别来说非常难。对 V2X 来说，使用一个 byte 就可以表示所有这些交通标志。见图 1-4。

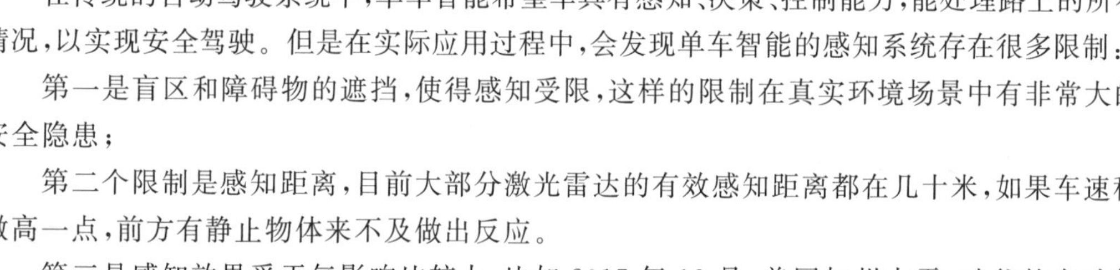

图 1-4　交通标志

(3)C-V2X 通信方式

C-V2X 包含两种通信方式:一是 Uu(蜂窝网通信接口)即传统的 4G/5G 通信,需要有蜂窝网络的覆盖,当终端设备(如车载终端、智能手机、路侧单元等)处于蜂窝网络覆盖内时,可在蜂窝网络的控制下使用 Uu 接口,由于多运营商共存的问题,当互通的终端设备处于不同的运营商网络时,还涉及运营商之间的数据网络互通的问题。同时,由于交互内容需要经过蜂窝网中转,时延会增加,对时延敏感的业务应用受限。二是 PC5(直连通信接口)点对点直连式通信,无论是否有网络覆盖,均可以采用 PC5 接口进行直接 V2X 通信,如图 1-5 所示。

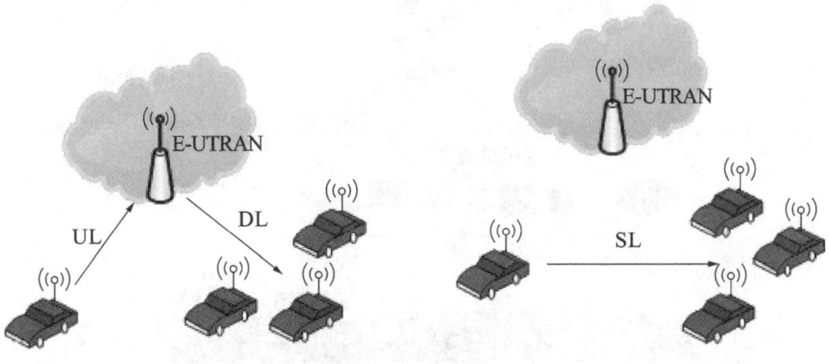

图 1-5 V2X 通信

1.3.4 云控协同调度

从交通领域分析,车辆协调调度主要作为信息系统开发,其架构主要在于整合如交通管理系统、车辆调度系统、车辆控制系统等信息系统,建立共同交通管理体系。更多的是利用安装在基础设施中的各类检测器,对交叉口等的交通现象进行信息采集,如掌握某段道路的流密速关系并进行交通流建模等。此类技术对通信实时性、可靠性要求较低,主要对驾驶员、交通管理部门与车企等提供信息参考。而随着云计算、大数据、物联网、移动互联、人工智能等技术逐步被引入智能交通系统并在某些场景中逐渐发挥越来越显著的作用,基于信息物理社会系统的智能交通管理系统体系架构被提出。其核心思想是以交通数据管理(数据共享等)作为基础,构建泛在信息交互网络,形成"交通大脑"提升交通管理智能水平。

从智能网联汽车领域分析,清华大学李克强教授提出了云控系统的概念,并进一步系统地梳理了汽车智能网联架构、功能与应用三方面的关键技术,针对系统架构设计,分析了有关智能车辆平台架构与车路云一体化架构的研究。随着移动通信技术的发展,智能汽车将与智能交通系统融合,并可能将部分感知、计算等功能由车体转移至路侧设施,乃至管理更大区域的云端。在路侧架构布置方面,常雪阳博士研究了面向智能网联汽车的路侧感知构型设计方法,目标是路网感知覆盖、最小布置成本与多种传感器配置。云控系统架构见图 1-6。

现阶段,针对车路云控协同调度技术的研究根据参与对象分为主要集中在车车路权协同决策和信号灯-车协同控制;根据系统分布分为主要集中在路侧协同和中心协同。云控协同调度技术旨在利用车-人、车-车以及车-路间的联合信息交互能力,实现车辆与路边基础设施和后台中心的联合优化决策。

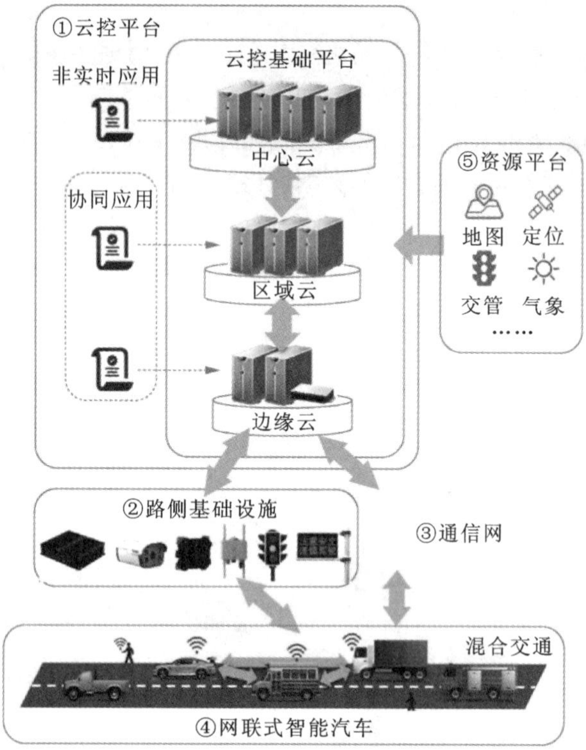

图 1-6　云控系统架构

1.3.4.1　车辆路权协同

在单车道行驶环境中，车辆仅与前、后车发生关系，其劣势并未显现。当车道数增加，车辆的相互遮挡将影响驾驶人的判断，特别是发生换道操作时，由于不能获得周边较大范围内车辆的运行状态，使得行驶中的危险性增加。自动驾驶车辆在共享决策信息后，可以提前获取变道信息，弱化了通过单车智能对周边车辆的追踪和轨迹预测。

进一步，可以通过车辆编队协同的研究，提高整体交通运营效率和安全，编队行驶可以有效降低空气阻力，减少燃油消耗和排放。相对人类驾驶行为的随机特性，人工编队往往不稳定，基于自动驾驶的编队车辆，往往服从系统的协同控制，可以可靠稳定地行驶，但如何达到协同决策最优，一般以优化车间距和稳定车速为目标。另外，也有考虑当前人机混流驾驶对车队的影响的研究，针对不同的联网和自动驾驶汽车市场渗透率研究表明，联网和自动驾驶汽车可以改善交通流的稳定性，提高交通系统吞吐量。

1.3.4.2　路口通行协同

城市路口交通流冲突汇聚，是最容易拥堵的交通场景，频繁的车辆启停及加减速变换行为极易引发能源消耗并降低通行率。从协同对象来分，主要有车辆协同控制、信号灯协同控制，以及信号灯-车辆的协同控制。

(1)车辆协同控制

车辆协同控制通过 V2I 获取信号灯配时信息，计算车辆通过一个或者多个交叉口、避免停车的建议车速。

(2)信号灯协同控制

根据所有车辆的实时数据预测车辆速度和位置状态以及行驶轨迹,对交通信号灯配时进行精细优化和控制,减少通行延误与燃油消耗。也可以根据自动驾驶车辆车速可控的特点,利用绿波车速与信号配时的协同优化方法,建立一种区域绿波协调控制模型,为车路协同环境下的自动驾驶车辆提供路段车速引导方案。

(3)信号灯-车辆协同控制

基于车路协同环境下的动态路径流量、初始排队长度等信息及车辆-信号控制系统实时通信的运行环境,研究并建立了双向协调路径、车辆动态速度和交叉口配时参数的集成优化模型。有研究提出了网联车辆轨迹规划与信号灯配时的混合整数线性规划方法,试验结果表明,该方法能降低车辆排队和怠速等待时间。

相比于单车决策技术,协同式云控系统设计更复杂,从系统分布计算来看,协同决策正逐步由局部决策发展为全局交通网集中决策。尽管有关协同式决策在智能交通系统理论中的研究较浅,但基于现有研究展现出的优越性能,可预测该技术有望成为未来智慧交通系统的重要功能支撑。

2 自动驾驶开发基础

2.1 自动驾驶常用的 Linux 系统和中间件 ROS 系统

Linux 是开放的底层操作系统，ROS 是基于 Linux 操作系统的机器人软件架构。

Linux 的基本思想是：任何文件都有其特定的作用，在 Linux 系统中做的所有工作，都是基于文件本身进行的修改、创建及运行。

ROS 本身提供了点对点网络，共同处理数据，它的基本构成包括节点、主节点、参数服务器、消息、服务、话题、包等。ROS 机器人操作系统实际上提供了多节点协同机制，使用了 topic 话题、service 服务、parameter service 参数服务器、actionlib 动作库等通信机制，同时 Ros 还提供了 Gazebo、rviz、rqt、rosbag 等工具，这些工具的本质作用也是收发通信消息。

2.1.1 Linux 系统基础知识

(1)Linux 系统的发展

20 世纪 80 年代，计算机硬件的性能不断提高，当时可供计算机选用的操作系统主要有 Unix、DOS 和 MacOS 这几种。Unix 价格昂贵，不能运行于 PC；DOS 显得简陋，且源代码被软件厂商严格保密；MacOS 是一种专门用于苹果计算机的操作系统。

计算机科学领域迫切需要一个更加完善、强大、廉价和完全开放的操作系统。由于供教学使用的典型操作系统很少，因此当时在荷兰任教的美国人 Andrew S. Tanenbaum 编写了一个操作系统，名为 MINIX。

MINIX 只是一个用于教学目的的简单操作系统，其最大的好处就是公开源代码。全世界学计算机的学生都通过钻研 MINIX 源代码来了解电脑里运行的 MINIX 操作系统，芬兰赫尔辛基大学大学二年级的学生 Linus Torvalds 就是其中一个。在吸收了 MINIX 精华的基础上，Linus 于 1991 年写出了属于自己的 Linux 操作系统，版本为 Linux0.01，是 Linux 时代开始的标志。

Linux 系统是开发者使用频率比较高的系统，我们常用的有 Ubuntu、CentOS、ArcX Linux 等，该系统并不含其他应用程序，可根据开发者需求安装软件。

Linux 的主要特点：

①系统性能稳定；

②开源软件、无版权；

③防火墙组件性能高；

④配置简单。

Linux系统的发展见图2-1。

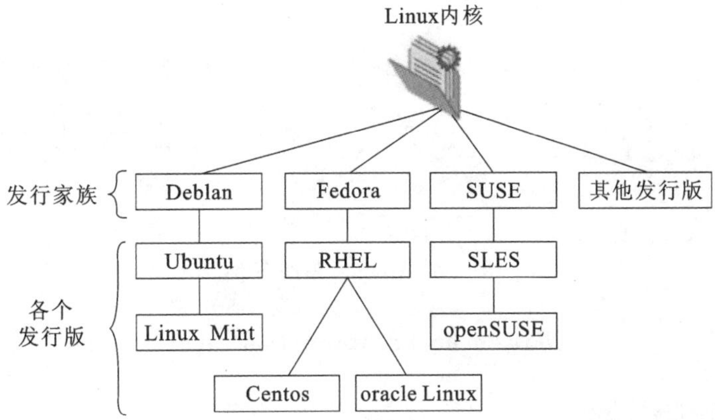

图2-1　Linux系统的发展

(2)Linux系统介绍

Linux是开放的底层操作系统，见图2-2。

操作系统是管理和控制计算机硬件与软件资源的程序，是直接运行在硬件上的最基本的系统软件，任何其他软件(ROS)都必须在操作系统的支持下才能运行。

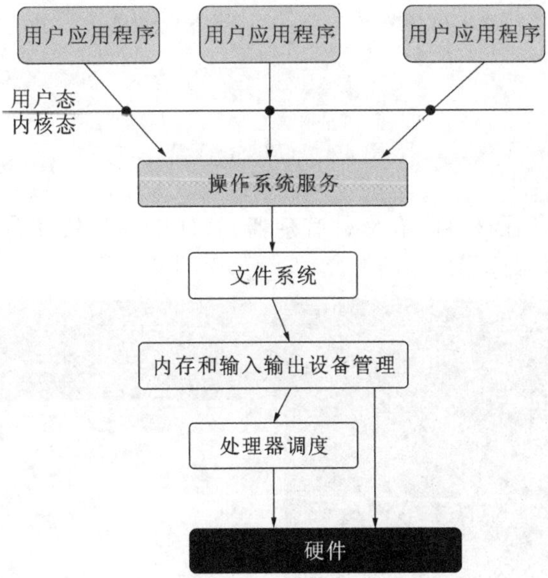

图2-2　Linux系统

(3)安装方法

Ubuntu和VM Ware在官方网站下载后(图2-3、图2-4)，根据提示完成安装。

Ubuntu系统官方下载链接：Download Ubuntu Desktop | Download | Ubuntu。

VMware官方下载链接：VMware Workstation Player | VMware | CN。

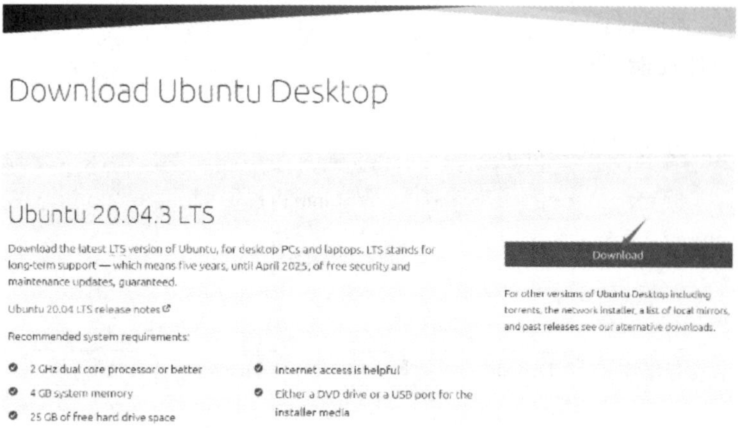

图 2-3　Ubuntu 系统下载

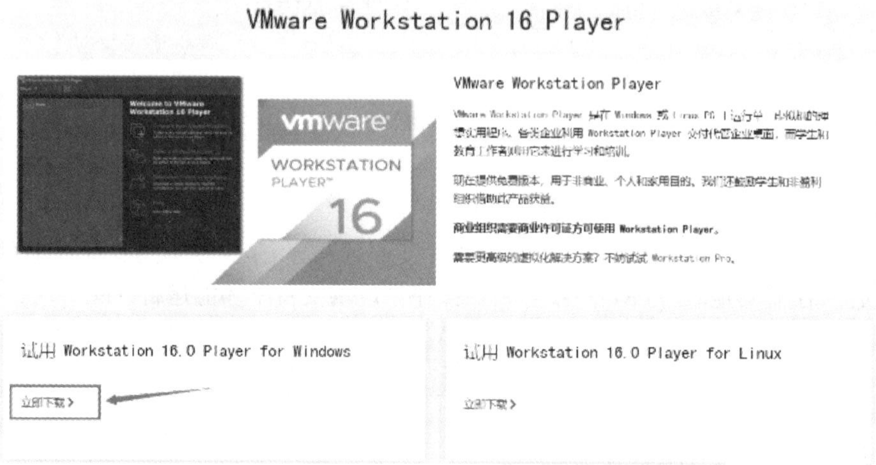

图 2-4　VMware 下载

(4)Ubuntu 常用软件

Ubuntu 系统中常用的软件，有文件管理器、软件中心与软件源配置、应用程序、终端等。见图 2-5。

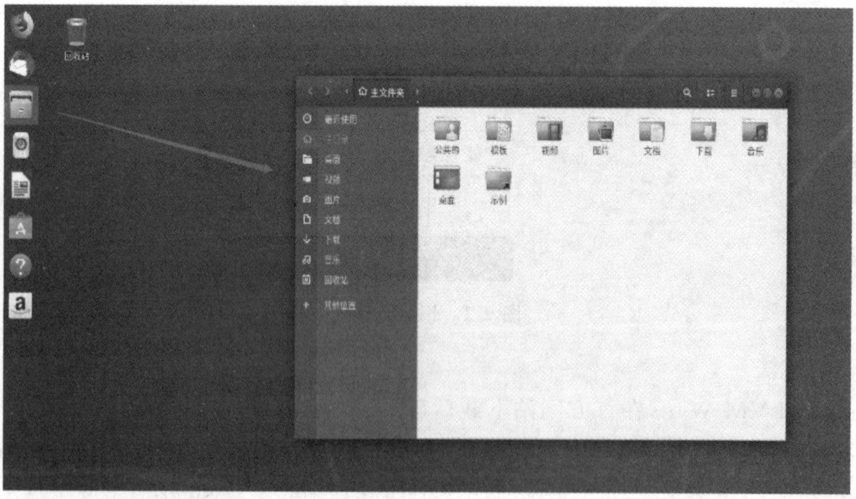

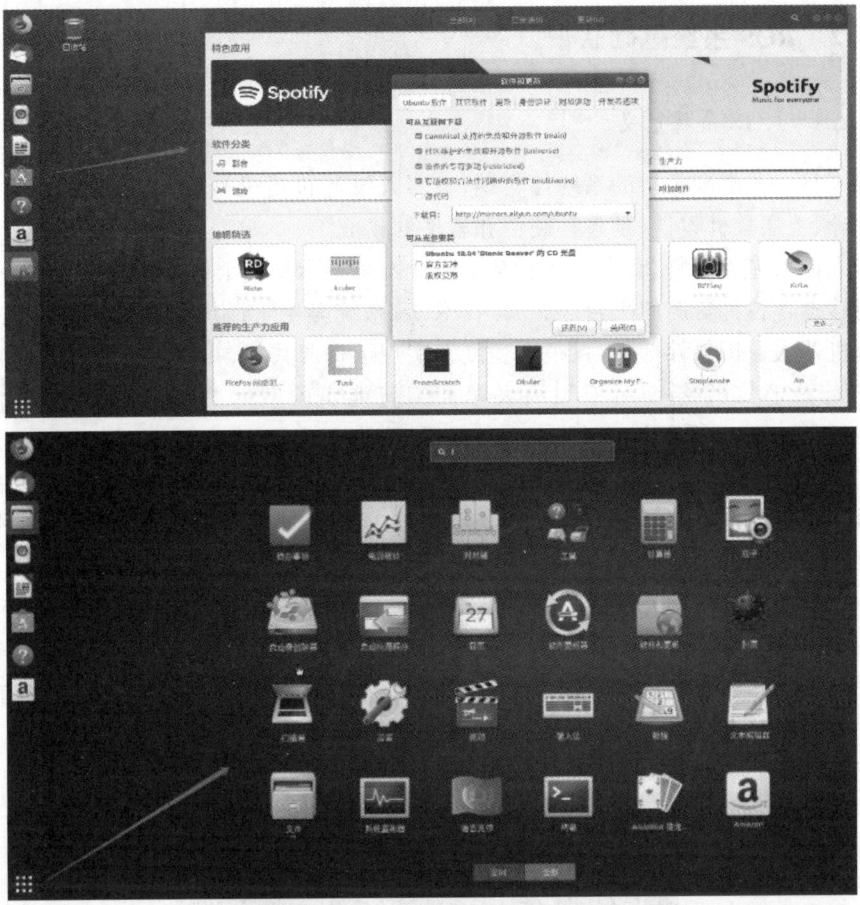

图 2-5 Ubuntu 系统中常用的软件

(5)命令行使用基础

命令行是 Linux 中最重要的操作方式，命令行操作已成为 Linux/Unix 的典型标志，命令行对于熟练使用 Linux/Unix 系统是必不可少的。见图 2-6。

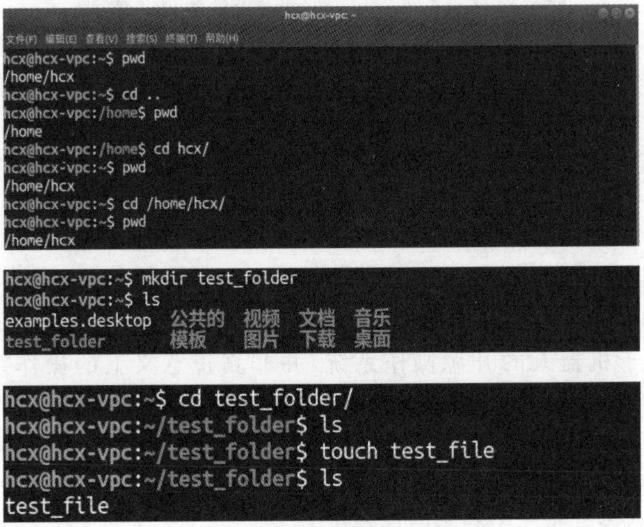

图 2-6 命令行

2.1.2 ROS系统基础认识

2.1.2.1 ROS系统定义

机器人是一种高度复杂的系统性实现，机器人设计包括机械加工、机械结构设计、嵌入式软件设计、上层软件设计，是各种硬件和软件的集成。

机器人体系庞大而复杂，个人或者某个企业不可能承担整个机器人研发工作，机器人工业急需能够整合各种资源的平台。2007年，ROS系统诞生于斯坦福大学人工智能实验室，它是一套机器人通用软件框架，在很大程度上实现了资源共享，并提高了功能模块复用率。

ROS起源于2007年前后斯坦福大学人工智能实验室的STAIR(Stanford Artificial Intel ligence Robot)项目与WillowGarage公司的个人机器人项目(Personal Robotics project)之间的合作。在2009年初推出了ROS0.4，现在所用系统的框架在这个版本中已初具雏形。经过近一年的测试后，于2010年初推出了ROS1.0版，并在当年3月份推出了正式发行版本：ROSBoxTurtle。

从2008—2013年，ROS主要由WillowGarage公司管理维护，但这并不意味着ROS是封闭的系统，相反，它是由众多学校及科研机构联合开发及维护的，这种联合开发模式也有力地促进了ROS系统生态的构建与壮大。2013年，ROS的开发和维护管理工作被移交给了新成立的开源基金会Open Source Robotics Foundation。

2018年发行的ROS1 melodic版本见图2-7。

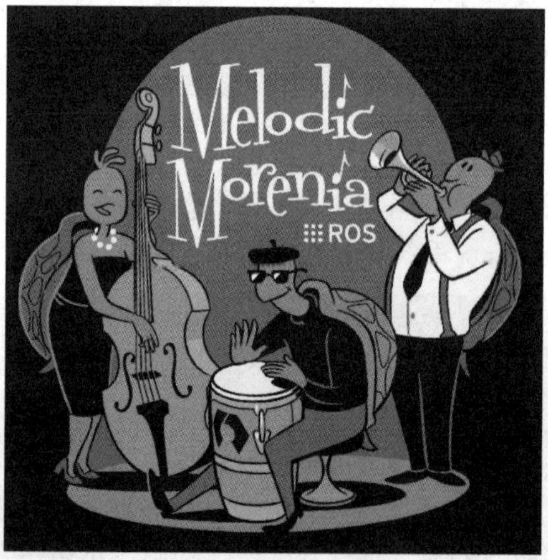

图2-7 2018年发行的ROS1 melodic版本

ROS(Robot Operating System)机器人操作系统的概念包括以下三方面：

(1)它是适用于机器人的开源操作系统，并非真正意义上的操作系统，通常运行在Ubuntu系统上，但是它提供了操作系统应有的服务，例如进程间的消息传递、包管理、常用函数实现等等。

(2)它提供了在多台计算机上获取、编译、编写和运行代码的工具和库，也就意味着它是分布式系统，可以分散计算压力到不同计算机上。

(3)ROS＝通信＋工具＋功能＋生态，通信是数据交互，工具是指 ROS 提供丰富的工具，功能是指 ROS 社区有丰富的功能包可供研发机器人使用，生态是目前最大的机器人知识库。

ROS(Robot Operating System)机器人操作系统实际上提供了多节点协同机制，使用了 topic(话题)、service(服务)、parameter service(参数服务器)、actionlib(动作库)等通信机制，同时 ROS 还提供了 Gazebo、rviz、rqt、rosbag 等工具，这些工具的本质也是对通信消息的收发。

ROS 本身提供了点对点网络，共同处理数据，它的基本概念包括节点、主节点、参数服务器、消息、服务、话题、包等等。

ROS 的主要特点如下：

①分布式架构；

②多语言支持(如 C＋＋、Python 等)；

③良好的伸缩性；

④源码开放。

从不同的角度对 ROS 的描述是不同的，一般被分为设计者、维护者、系统结构和自身结构四种角度，前文提到的 ROS＝通信＋工具＋功能＋生态，便是从设计者角度描述的，我们从系统结构和自身结构角度描述。

ROS 架构见图 2-8。OS 层为 Linux 系统，主要提供底层驱动等。中间层是对 OS 层的接口进行封装，主要把 TCP/UDP 通信封装为 TCPROS/UDPROS，提供话题、服务、参数三种通信方式，提供进程间通信的 Nodelet，以及在通信基础上提供的一些底层库，例如数据类型定义、坐标变换。应用层主要是调用中间层的接口去实现功能。

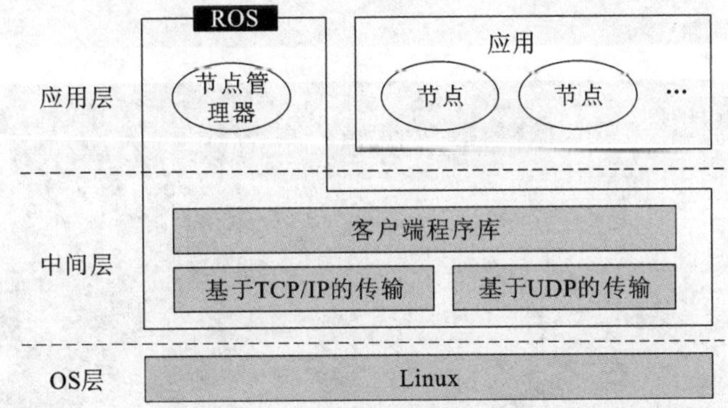

图 2-8　ROS 架构

2.1.2.2　安装 ROS 系统

首先选择 ROS 版本为 ROS Melodic，之后更改 Ubuntu 软件源，安装 ROS，初始化 rosdep，配置环境变量，运行 rosinstall。

安装成功后启动海龟例程，见图 2-9。

以海龟例程为基础，实现话题记录和话题复现，通过命令行工具 rosbag 实现海龟路径的话题信息记录，并在新的海龟终端中运行记录数据包，并在新终端内实现海龟按照记录路径运行。见图 2-10。

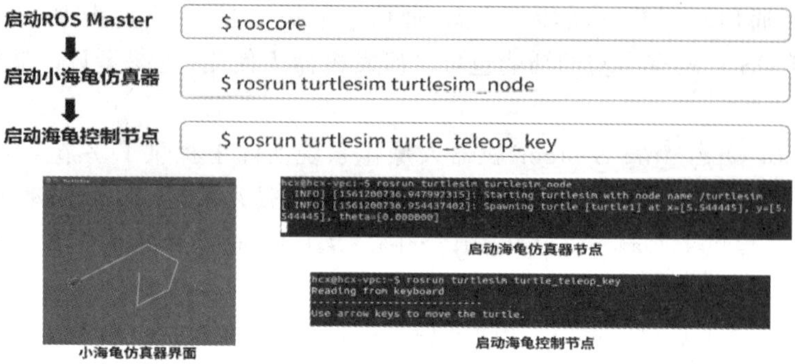

图 2-9　启动海龟例程

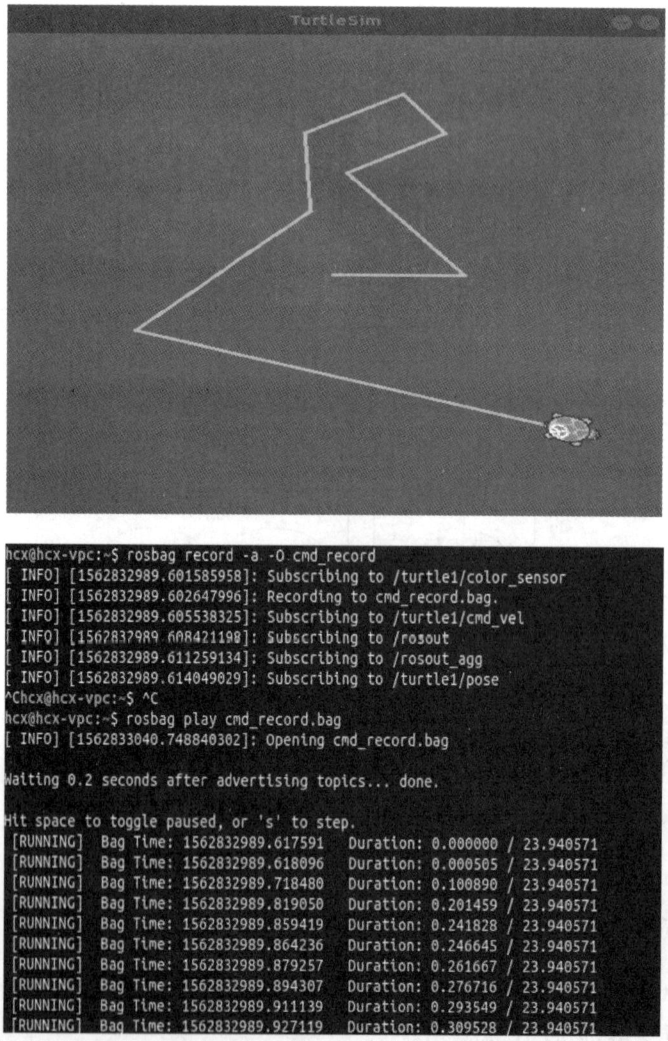

图 2-10　在新的海龟终端中运行记录数据包

2.1.2.3　ROS 的核心概念

首先认识 ROS 系统中的核心概念。见图 2-11。

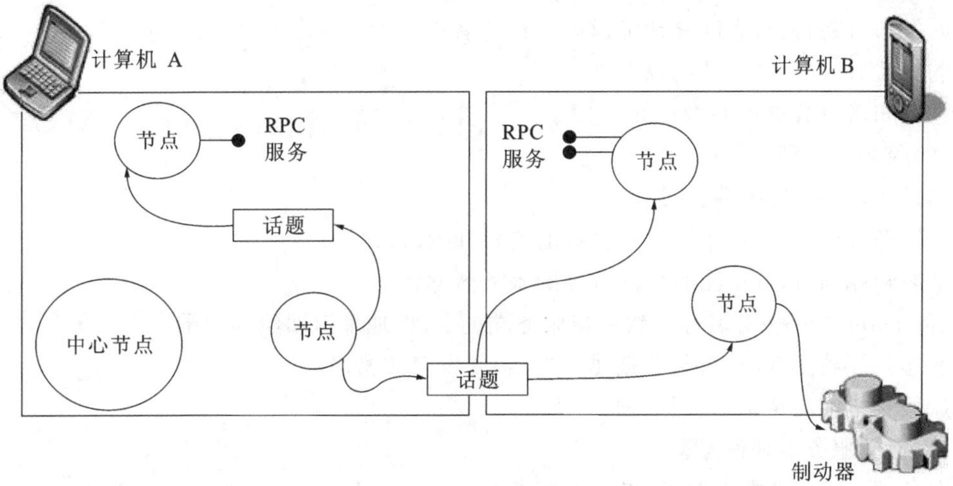

图 2-11 ROS 核心概念

①节点(node):执行单元,执行具体任务进程、独立运行的可执行文件;不同的节点可使用不同的编程语言,可分布式运行在不同主机上。

②节点管理器(ROS master):为节点提供命名和注册服务;跟踪和记录话题/服务通信,辅助节点相互查找、建立连接;提供参数服务器,节点使用此服务器存储和检索运行时的参数。

③话题(topic):异步通信机制,节点间用来传输数据的重要总线;使用发布/订阅模型,数据由发布者传输到订阅者,同一个话题的订阅者或发布者可以不唯一。

④消息(message):话题数据,具有一定的类型和数据结构,包括 ROS 提供的标准类型和用户自定义类型;使用与编程无关的. msg 文件定义,编程过程中生成对应的代码文件。

⑤服务(service):同步通信机制,使用客户端/服务器(C/S)模型,客户端发送请求数据,服务器完成处理后返回应答数据。

⑥参数(parameter):全局共享字典,可通过网络访问的共享、多变量字典;节点使用此服务器来储存和检索运行时的参数;适合存储静态、非二进制的配置参数,不适合存储动态配置的数据。

⑦功能包(package)、功能包清单(package manifest)、元功能包(meta package):功能包是 ROS 软件中的基本单元,包含节点源码、配置文件、数据定义等;功能包清单用于记录功能包的基本信息,包含作者的信息、许可信息、依赖选项、编译标志;元功能包组织多个用于同一目的的功能包。

ROS 通信机制主要有三种实现策略:话题通信(发布订阅模式)、服务通信(请求响应模式)、参数服务器(参数共享模式)。三种策略的理论模型如下:

(1)话题通信理论模型

角色:master、订阅者、发布者

①发布者向 master 注册自己的话题和 RPC(远程调用协议)地址;

②订阅者向 master 注册自己关注的话题;

③master 将话题进行对比,如果一致,则将发布者的 RPC 地址返回给订阅者;

④订阅者通过 RPC 地址远程访问发布者；

⑤发布者将自己的 TCP 地址返回给订阅者；

⑥订阅者通过 TCP 访问发布者；

⑦发布者将数据返回给订阅者。

(2)服务通信理论模型

角色：master、服务端、客户端

①服务端向 master 注册自己服务的名称和 RPC 地址；

②客户端向 master 注册自己需要的服务名称；

③master 对比服务名称一致后将服务端的 RPC 地址返回给客户端；

④客户端使用 TCP 与服务端建立连接，并发起数据请求；

⑤服务端响应请求，返回数据。

(3)参数服务器理论模型

角色：master、参数设置者、参数调用者

①参数设置者通过 RPC 向参数服务器发送参数；

②参数调用者向 master 发送需要的参数名；

③master 根据参数名查找参数列表，通过 RPC 将参数值返回给调用者。

2.1.2.4 ROS 的通信机制

ROS 为机器人开发提供了多种多样的 gui 工具，例如 rqt_graph、rqt_bag、rqt_console、rqt_plot。rqt_graph 可以用来查看计算图，rqt_bag 是录制和读取 bag 包的图形化插件，相比 rosbag 对图像数据的支持会更友好。rqt_console 是用于显示和过滤日志的图形化插件。

除 rqt 工具箱外，其余工具如下：

①Gazebo：机器人仿真工具，可以为机器人提供一个逼近现实的虚拟物理环境，例如制作交通环境复杂的交通环境，辅助无人车进行测试。

②Rviz：机器人可视化工具，对比 Gazebo，它是对数据的可视化显示。

③moveit!：集合了 ROS 与移动操作相关的组件包的运动规划库，包含运动学正逆解算、碰撞检测、环境感知和动作规划等。

④plotjuggler：类似于 rqt_plot 可视化的绘图工具，为数据分析提供了很大的便利。

在 ROS 机器人开发中，我们针对机器人某些功能进行代码开发时，各种编写的代码、参数、脚本等文件，也需要放置在某一个文件夹里进行管理，这个文件夹在 ROS 系统中就叫作工作空间。所以工作空间是一个存放项目开发相关文件的文件夹，也是开发过程中存放所有资料的大本营。

ROS 系统中典型的工作空间结构如图 2-12 所示，里面会有四个子目录，或者叫作四个子空间。

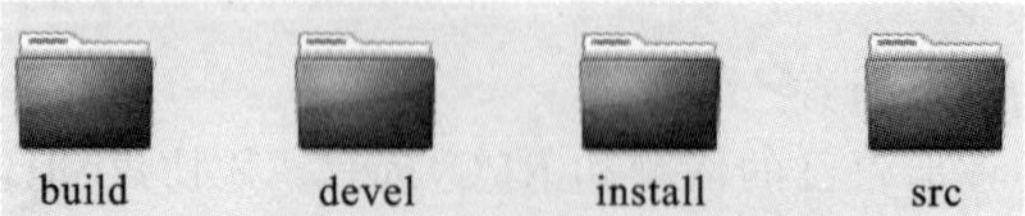

图 2-12　ROS 系统中典型的工作空间结构

```
# 创建工作空间
   mkdir -p~/catkin_ws/src # src 名不可变;- p:递归创建所有层级目录
   cd~/catkin_ws/src
   catkin_init_workspace # 把当前文件夹 src 初始化成 ros 工作空间(属性变化)
# 编译工作空间
   cd~/catkin_ws/
   catkin_make # 编译 src 下所有功能包的源码;生成 build、devel
   catkin_make install # 生成 install,非必须的
```

项目文件结构见图 2-13。

ROS 的文件结构,并非每个文件夹都是必需的,应根据业务需求设计。

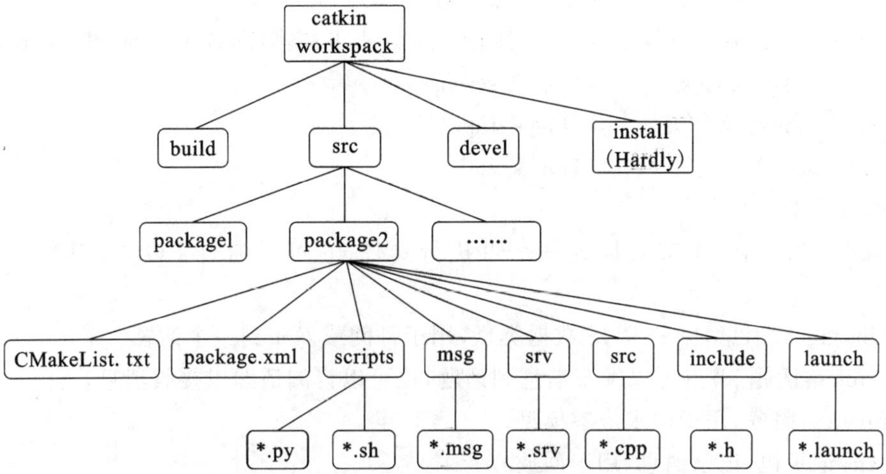

图 2-13 项目文件结构

build	# 编译空间;cmake&catkin 缓存和中间文件
src	# 源空间;ROS 的 catkin 软件包
devel	# 开发空间;生成的目标文件(包括头文件,动态链接库,静态链接库,可执行文件等)、环境变量
install	# 安装空间
CMakeList. text	# package 的编译规则
package. xml	# package 的描述信息
scripts	# 可执行脚本
msg	# 自定义信息
srv	# 自定义服务
src	# 源代码文件
include	# C++头文件
launch	# launch 文件

package 是一种特定的文件结构和文件夹组合。通常将实现同一个具体功能的程序代码放到一个 package 中。只有 CMakeLists. txt 和 package. xml 是必须的,其余路径根据软件包是否需要来决定。

|—— CMakeLists. txt ＃(必须)当前 package 的编译规则。通常需要为 C＋＋代码添加编译时的依赖,执行等操作。
|—— package. xml ＃(必须)package 的描述信息。通常添加一些 ros 库的支持。
|—— include 文件夹 ＃存放 C＋＋头文件的
|—— config 文件夹 ＃存放参数配置文件
|—— launch 文件夹 ＃存放 launch 文件(. launch 或. xml)
|—— meshes 文件夹 ＃存放机器人或仿真场景的 3D 模型(. sda，. stl，. dae 等)；
|—— urdf 文件夹 ＃存放机器人的模型描述(. urdf 或. xacro)；
|—— rviz 文件夹 ＃rviz 文件
|—— src 文件夹 ＃C＋＋源代码
|—— scripts 文件夹 ＃可执行脚本;例如 shell 脚本(. sh)、Python 脚本(. py)；
|—— srv 文件夹 ＃自定义 service
|—— msg 文件夹 ＃自定义 topic
|—— action 文件夹 ＃自定义 action

图概念描述如下：

①Nodes:节点,一个节点即为一个可执行文件,它可以通过 ROS 与其他节点进行通信。

②Messages:消息,一种 ROS 数据类型,用于订阅或发布到一个话题。

③Topics:话题,节点可以发布消息到话题,也可以订阅话题以接收消息。

④survice:服务,用于请求应答模型。

⑤bag:记录包,记录消息,用于回放查看。

⑥param:参数服务器,可通过网络访问的共享的多变量字典。

⑦Master:节点管理器,ROS 名称服务 (比如帮助节点找到彼此)。

(1)nodes 节点

节点是主要的计算执行进程。机器人是各种功能的综合体,每一项功能就像机器人的一个工作细胞,众多细胞通过一些机制连接到一起,成为一个机器人整体。在 ROS 中,我们给这些"细胞"取了一个名字,那就是节点。见表 2-1。

表 2-1 rosnode 命令的功能

rosnode 命令	功能
rosnode list	查询当前运行的所有节点
rosnode info node_name	显示该节点的详细信息
rosnode kill node_name	结束某个节点
rosnode ping	测试该节点是否存活
rosnode cleanup	清除不可运行节点的注册信息

(2)msg(消息,messages)

节点之间通过消息实现彼此的逻辑联系与数据交换。消息就相当于"细胞"间传递信息的多巴胺。见表 2-2。

表 2-2 rosmsg 命令的功能

rosmsg 命令	功能
rosmsg show	显示一条消息字段
rosmsg list	列出所有消息
rosmsg package	列出所有功能包消息
rosmsg packages	列出所有具有该消息的功能包
rosmsg md5	显示一条消息的 MD5 检验值

(3)topics(话题)

话题是一种传递消息(发布/订阅)的方式,是节点间传递数据的桥梁。

ROS 的话题消息可以使用 TCP/IP 或 UDP 传输,ROS 默认使用的传输方式是 TCP/IP。基于 TCP 传输成为 TCPROS,是一种长连接方式;基于 UDP 传输的成为 UDPROS,是一种低延迟、高效率的传输方式,但容易丢失数据,适合于远程操作。见表 2-3。

表 2-3 rostopic 命令的功能

rostopic 命令	功能
rostopic bw /topic	显示主题所使用的带宽
rostopic echo /topic	将主题对应的消息输出到屏幕
rostopic find message_type	按照类型查找主题
rostopic hz /topic	显示主题的发布频率
rostopic info /topic	输出关于该主题的信息
rostopic list	输出活动主题列表
rostopic type /topic	输出主题类型

(4)service(服务)

话题通信可以实现多个 ROS 节点之间数据的单向传输,使用这种异步通信机制,发布者无法准确知道订阅者是否收到消息,服务(service)可以实现类似"你问我答"的同步通信效果。见表 2-4。

表 2-4 rosservice 命令的功能

rosservice 命令	功能
rosservice args /service	显示服务参数
rosservice call /service	用输入的参数请求服务
rosservice find /service	按照类型查找主题
rosservice info /service	显示指定服务的信息
rosservice list	显示活动的服务信息
rosservice type /service	显示服务类型

(5)bag(消息记录包)

消息记录包是一种用于保存和回放 ROS 消息数据的文件格式,保存在.bag 文件中。是一种用于存储数据的重要机制。见表 2-5。

表 2-5　rosbag 命令的功能

rosbag 命令	作用
check	确定一个包是否可以在当前系统中进行,或者是否可以迁移
decompress	压缩一个或多个包文件
filter	解压一个或多个包文件
fix	在包文件中修复消息,以便在当前系统中播放
help	获取相关命令指引帮助信息
info	总结一个或多个包文件的内容
play	以一种时间同步的方式回放一个或多个包文件的内容
record	用指定话题的内容记录一个包文件
reindex	重新索引一个或多个包文件

(6)param(参数服务器)

参数服务器在 ROS 中主要用于实现不同节点之间的数据共享。参数服务器相当于独立于所有节点的一个公共容器,被不同的节点调用和存储数据。见表 2-6。

表 2-6　rosparam 命令的功能

rosparam 命令	作用
rosparam delete parameter	删除参数
rosparam dump file	将参数服务器中的参数写入文件
rosparam get parameter	获得参数值
rosparam list	列出参数服务器中的参数
rosparam load file	从文件中加载参数到参数服务器
rosparam set parameter value	设置参数

(7)master(节点管理器)

节点管理器用于主题、服务名称的注册和查找等。节点管理器相当于一个信息传递的平台,每个节点都可以通过某个话题把消息上传到平台数据库,或者从平台数据库下载消息。此平台可以有多个数据库,每个库相当于一个参数服务器。

(8)launch(文件)

通常我们需要开启很多个节点(Node)才能实现机器人某个功能(如用摄像头采集信息,处理信息,对这些信息做出相应判断等),这时我们就直接使用 roslaunch 命令来实现这个过程(图 2-14)。

launch文件同样也遵循着xml格式规范，是一种标签文本，它的格式包括以下标签：

```
<launch>    <!--根标签-->
<node>    <!--需要启动的node及其参数-->
<include>    <!--包含其他launch-->
<machine>    <!--指定运行的机器-->
<env-loader>    <!--设置环境变量-->
<param>    <!--定义参数到参数服务器-->
<rosparam>    <!--启动yaml文件参数到参数服务器-->
<arg>    <!--定义变量-->
<remap>    <!--设定参数映射-->
<group>    <!--设定命名空间-->
</launch>    <!--根标签-->
```

图 2-14　roslaunch **命令**

2.2　自动驾驶线控技术

线控技术的核心是智能机电传动装置，其起源于飞机上的电传操纵技术(fly-by-wire)。在未来自动驾驶车辆上，转向杆、刹车和加速踏板等都将不再保留，更先进的驾驶方式是利用车辆智能感知单元进行分析，工作指令通过线束传递给转向或制动系统来实现自动驾驶。这项技术被称为线控技术。如图 2-15 所示，以转向助力为例，传统的转向需要助力电机及机械连杆连接从而驱动转向，线控转向省去了传动连杆，通过线控技术实现与转向电机的“线性控制”。

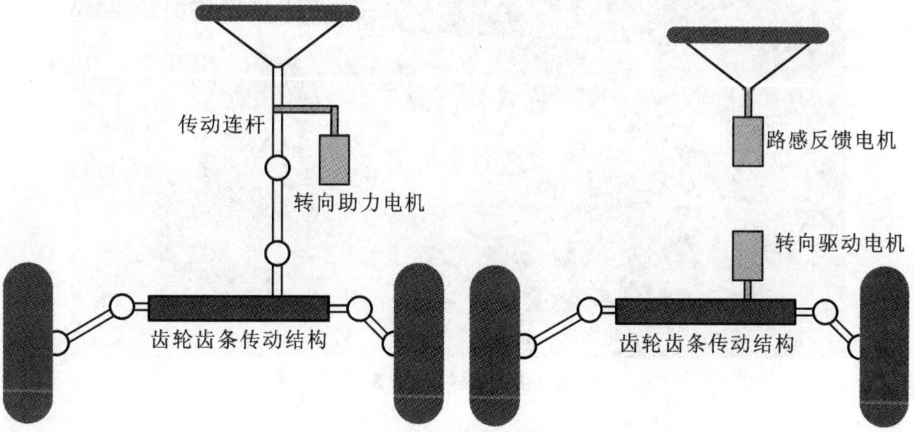

图 2-15　线控技术

东风日产旗下的英菲尼迪 Q50 所搭载的线控主动转向系统(direct adaptive steering, DAS)就是电控操纵技术，作为首款搭载此项技术的量产车型，其颠覆了 100 多年的汽车机械转向历史。

自动驾驶线控技术具有多个优点，使其在特定场景下成为有价值的解决方案。以下是一些线控技术的优点：

(1)灵活性和便利性:自动驾驶线控技术允许操作员远程操控车辆,从而避免了实际上车驾驶的需求。这种灵活性和便利性使得在狭小空间、复杂地形或者难以进入的区域进行操作成为可能,如狭窄停车位、紧凑区域等。

(2)提高安全性并降低风险:在某些危险环境下,如爆炸物解除、化学品泄漏处理等,自动驾驶线控技术可以使操作员在安全的距离内操作车辆,从而降低操作员暴露的风险。

(3)高精度操控:通过远程操作,操作员可以实现对车辆的高精度操控,比传统的手动驾驶更精准。这在需要精细动作的任务中特别有用,比如在狭小的空间内精确停车或者慢速行驶。

(4)效率和生产力提升:自动驾驶线控技术可以提高操作的效率,缩短操作时间和人工成本。在取送货物、停车场管理、仓库内运输等领域,它可以显著提高生产力。

(5)减少驾驶疲劳:对于需要长时间驾驶的任务,操作员可以通过远程操作减少驾驶疲劳,从而提高操作员的工作舒适度和安全性。

(6)技术演示和培训:自动驾驶线控技术可以用于展示汽车技术,同时为培训新的驾驶员或操作员提供一个实时的学习平台。

2.2.1 线控底盘系统

2.2.1.1 线控底盘关键零部件

线控底盘的关键零部件与传统汽车底盘的组成类似,但可能会有一些调整和特殊设计,以适应远程控制或自动驾驶线控技术的要求。如图 2-16,线控底盘关键零部件主要包括以下部分。

图 2-16 线控底盘系统

(1)线控驱动系统

电动驱动系统包括电动机、电池组和相关的电子控制单元。这些组件提供动力并驱动车辆行驶。在线控底盘中,电动驱动系统需要具备远程控制能力,以响应操作员的指令进行前进、后退、加速和减速等操作。在对车辆驱动控制上,可采用转速、转矩或混合控制,并由系统反馈控制情况。

(2)线控转向系统

转向系统包括转向电机、转向齿轮、转向柱等组件,用于控制车辆的转向。在线控底盘中，这些组件需要具备响应远程操控的能力，且需满足一定稳定性和快速响应能力，使车辆能够实现快速精准的转向。在控制过程中，可对系统转角大小及转速进行控制，并获取相应反馈内容。

(3)线控制动系统

制动系统包括制动器、刹车盘、刹车片等部件，用于控制车辆的减速和停车。线控底盘的刹车系统需要能够根据操作员的指令实现快速精确的刹车操作，以保证行驶途中的安全需求。在制动系统的使用上，往往需要冗余制动控制需求，制动系统是车辆最重要的安全保险，在设计使用过程中需要快速准确地控制及响应。

(4)ECU(electronic control unit)

电子控制器单元，又称为汽车的“行车电脑”，它的用途是控制汽车的行驶状态以及实现其各种功能，主要是利用各种传感器、总线的数据采集与交换，来判断车辆状态以及司机的意图并通过执行器来操控汽车。

构成线控底盘关键零部件实际上可能还会根据不同的应用和制造商而有所不同。这些部件的设计和整合需要考虑到远程控制、安全性和性能等因素，在满足安全性的基础上对车辆底盘各个控制需求进行添加。

2.2.1.2　线控制动系统

在车上根据功能的不同，通常会有两套制动系统：

①行车制动(脚刹)：通过制动踏板来实现车辆的减速。

②驻车制动(手刹)：保持车辆停止状态。

E-booster(电子助力制动器)是一种现代化的电子辅助制动系统，它在车辆制动过程中提供额外的助力，从而改善刹车性能和驾驶体验。见图 2-17。E-booster 系统的核心部分是电动助力器，它通常包括一个电动马达和一个液压泵。电动马达负责提供动力，使液压泵产生额外的液压压力，从而增强刹车系统的性能。其中 ECU 是 E-booster 系统的大脑，它通过分析传感器数据和驾驶员操作来决定刹车助力的大小。ECU 根据实时数据生成控制信号，控制电动助力器和液压泵的工作。E-booster 的构造和功能使其能够提供精准的刹车助力，改善刹车性能，同时为驾驶员提供更加舒适的刹车体验。见图 2-18。

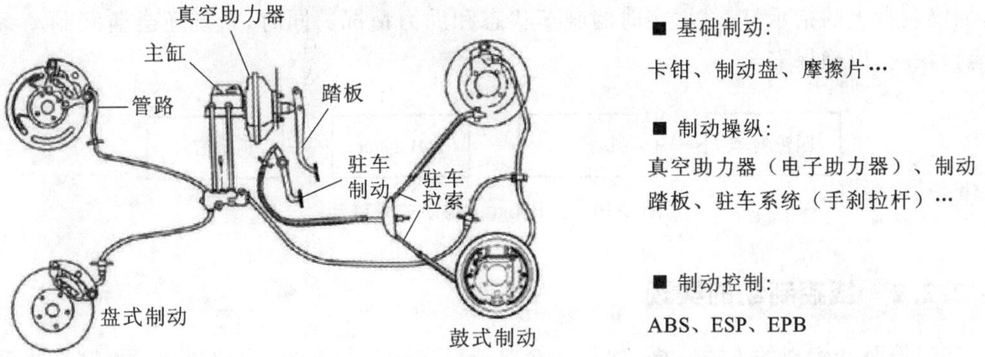

图 2-17　E-Booster 智能刹车系统

传统真空泵制动系统使用真空泵辅助产生制动助力。当进行制动时，踩下制动踏板，踏板力经杠杆放大后作用在控制阀推杆上。机械能通过传输装置传递给真空泵。这使得真空

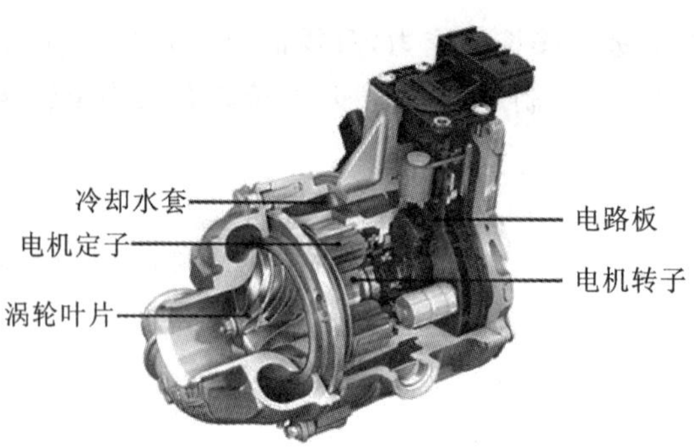

图 2-18　E-Booster 构造

泵开始运转。真空泵产生真空信号并将该真空信号发送到制动助力器，根据真空信号的大小来辅助产生制动助力。制动助力器获取驾驶员的制动操作和真空信号，并根据真空信号辅助产生的刹车力度传输到制动系统，从而帮助车辆实现减速和停车。见图 2-19。

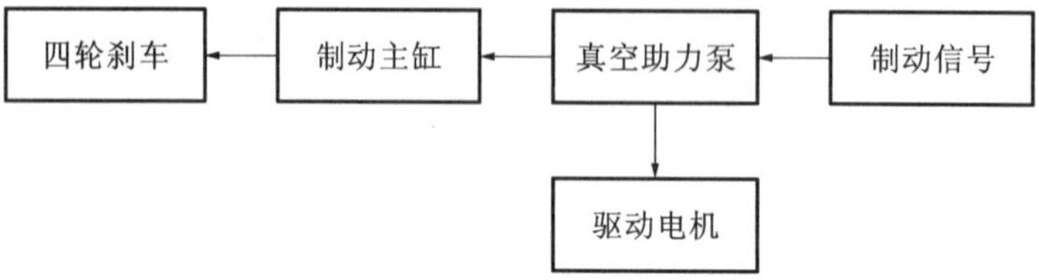

图 2-19　传统真空泵制动信号流动

总的来说，传统真空泵通过发动机的机械能来产生真空信号，然后将这个信号用于制动助力器，从而辅助产生适当的刹车助力。这种设计使得驾驶员能够更轻松地操控刹车，同时保持制动系统的效率。

现代 E-booster 制动系统是一种电子辅助制动系统，可以提供更高效、更智能的刹车性能。如图 2-20，当驾驶员踩下制动踏板时，传感器会感知到刹车操作的力度和速度，监测并收集刹车操作的相关数据。ECU 接收传感器数据并分析驾驶员的刹车意图以及车辆的当前状态，E-booster 发送信号，调整 E-booster 的助力程度。E-booster 是一个电动助力器，可以增加液压制动系统的压力，从而提供刹车助力。调整后的助力信号会传输到液压刹车系统，通过液压传递刹车力度，使其施加在车辆的制动器上完成刹车动作，此外系统会提供反馈，如仪表盘上的指示灯，显示实时的刹车状态和助力情况。同时，系统还会监测制动系统的运行状况，以确保安全。

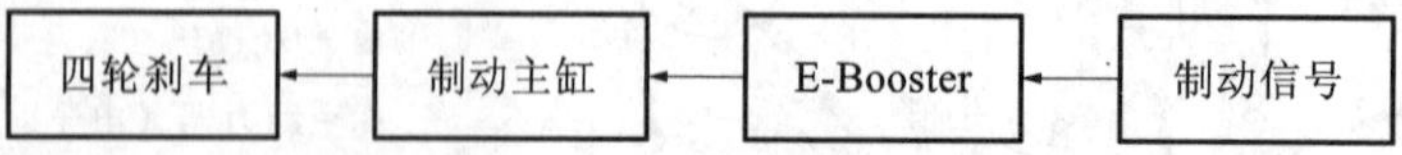

图 2-20　E-Booster 制动信号流动

2.2.2　线控制动的实现

和线控驱动实现的方式一样，加装一套执行机构和控制系统，线控制动的控制系统可以和线控驱动的控制系统结合起来，比较目标车速和实际车速，以驱动油门踏板或者驱动制动踏板。

线性制动是一种在电子控制下实现的刹车方式，它允许根据驾驶员的刹车指令或系统算法的控制，通过电子信号调整刹车力度，实现更为精准和灵活的刹车效果。

线控制动系统需要集成传感器，如制动压力传感器、轮速传感器、制动踏板传感器等，以获取车辆和驾驶员的实时数据。获取的数据将通过电子控制单元(ECU)分析，它会根据传感器数据和驾驶员操作分析刹车的需求。线性制动系统的控制算法根据传感器数据和驾驶员刹车操作，生成刹车力控制策略。ECU 会根据控制策略发送信号给刹车助力系统，调整刹车力度，包括增大或减小液压系统的压力，从而实现刹车的控制。

总的来说，线性制动实现流程涉及传感器数据采集、控制算法分析、刹车助力调整和实际刹车操作等步骤。这种刹车方式允许系统根据驾驶员需求和环境条件，实现更为精准、灵活的刹车效果。见图 2-21。

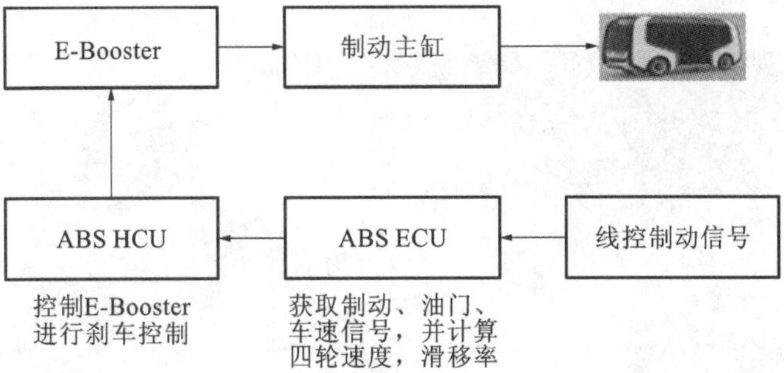

图 2-21　线控制动实现流程

自动驾驶车辆使用线控制动系统来实现车辆的准确制动控制。该系统通过感知车辆周围的道路标线，识别车辆周围信息，根据需要进行相应的制动或驻车操作。利用传感器和摄像头等装置，当自动驾驶车辆需要减速或停车时，线控制动系统会根据自动驾驶控制器下发的信息，通过控制转向系统实现车辆的准确运动轨迹和避障。此外，线控制动系统还可以配合驱动系统，实现车辆对速度的准确控制和调整。车辆在自动巡航时，线控制动系统可以保持车辆与其他车辆的安全距离，并对危险进行快速及时响应，提高行驶的安全性和稳定性。

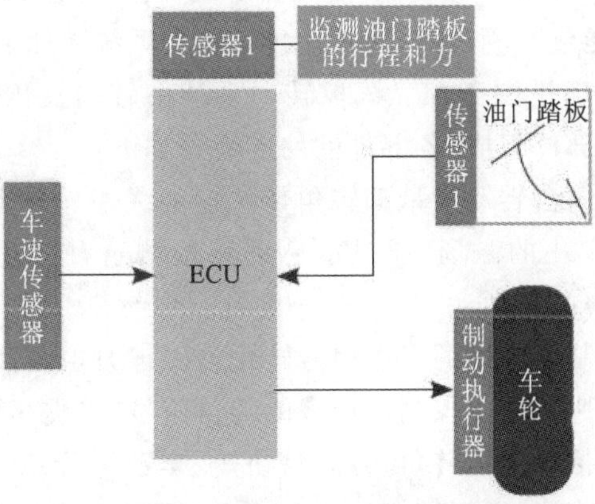

图 2-22　线控制动系统控制流程

线控制动系统在自动驾驶中的作用是通过感知和处理车辆周围环境信息，帮助车辆准确地控制减速、驻车和制动，确保车辆在车道内行驶的安全性和准确性，并为自动驾驶系统提供可靠的纵向控制。

2.2.3 线控转向的实现

电动助力转向系统(electric power steering system,EPS)是一种采用电动机作为动力源的新型动力转向装置,近年来发展迅速,正在逐渐取代传统的液压式和电液式的助力转向器。电动助力转向系统一般由机械转向器、转矩传感器、车速传感器、EPS控制器、减速器和电机等组成。其工作原理简述如下:EPS控制器通过采集各个传感器的测量值,得到驾驶员施加在转向盘上的转向力矩、转向盘转角和车速信号;根据EPS控制策略,计算出目标助力力矩并转化为电机的电流指令,控制电机产生相应的助力力矩;该助力矩经过减速机构放大后,作用在机械转向器上,辅助驾驶员克服转向阻力矩,实现车辆的转向。传统的电子助力转向机械结构包括方向盘、转向管柱、十字万向传动轴、转向扭矩传感器、转向助力电机、转向器,见图2-23。

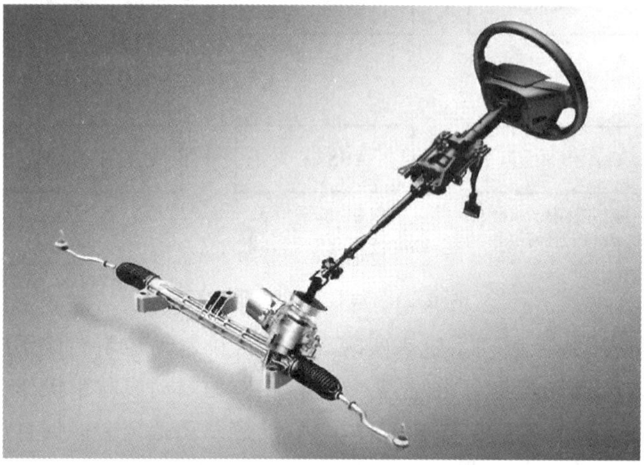

图2-23 传统电子助力转向机械结构

汽车线控转向系统(SBW)取消了转向盘与转向轮之间的机械连接,完全由电能实现转向,摆脱了传统转向系统的各种限制,不但可以自由设计汽车转向的力传递特性、角传递特性,通过控制算法实现智能化车辆转向,而且比传统转向系统更加节省安装空间,重量更轻。

线控转向系统工作原理见图2-24。线控转向系统由转向盘传感器、路感电机、转向执行总成及主控制器等核心部件组成,各部件的功能简介如下:

(1)转向盘传感器:转向盘转动时带动转角传感器的大齿轮转动,大齿轮带动装有磁体的两个小齿轮转动,产生变化的磁场,通过敏感电路检测这种变化产生的转角信号,通过CAN总线将数据发送出去;

(2)路感电机:将主控制器传来的回正信号转化为回正力矩,向驾驶员提供路感。

(3)转向执行总成:快速响应主控制器传来的转角信号,完成车辆的转向。

(4)主控制器:采集包括转向盘转角、转向盘扭矩、车速等传感器的信息,根据内部的程序,计算出合适的前轮转角并发送到转向执行电机,实现车辆转向,计算出合适的回正力矩传递给路感电机,向驾驶员提供路感。

从传统和线控转向对比中可看出后者的优势:

①机械结构简单,性能优良;

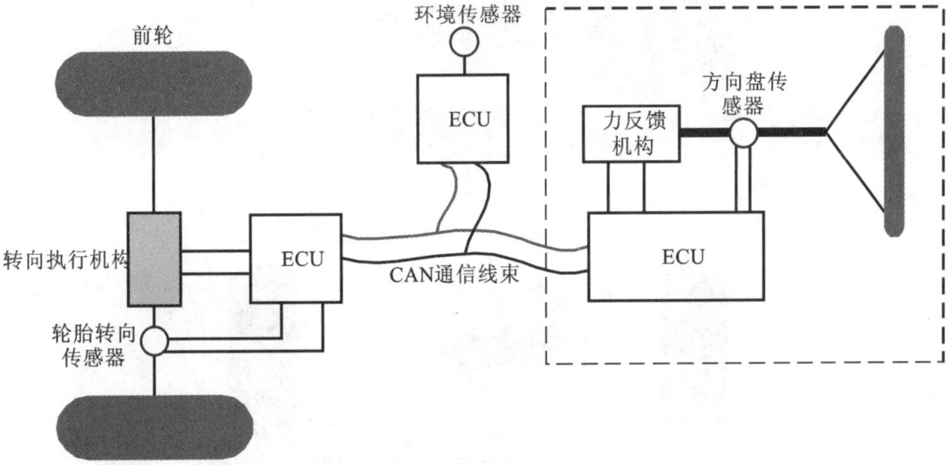

图 2-24 线控转向系统工作原理示意图

②提高汽车安全性能；

③改善驾驶特性，增强操纵性；

④改善驾驶员的路感。

图 2-25 为线控转向机实物图。传统转向和线控转向是两种不同的车辆转向方式，线控转向相对于传统转向具有一些优势。然而，值得注意的是，线控转向也可能存在一些挑战，如通信延迟、安全性问题和操作员经验等。在应用线控转向技术时，需要充分考虑这些因素，以确保系统的稳定性和安全性。

图 2-25 线控转向机实物图

线控转向系统在自动驾驶中发挥着重要作用，通过自动驾驶设备感知环境和处理传感器数据，使车辆在自动驾驶模式下进行精确的转向控制，确保车辆在指定的路径和车道内行驶。通过激光雷达、摄像头、超声波传感器等感知设备，线控转向系统可以实时获取车辆周围的障碍物、道路标志和车道线等信息。在自动驾驶模式下，线控转向系统会根据感知数据和预设的路径规划，自动计算和控制车辆的转向角度和转向力度。当需要变换车道或避开障碍物时，线控转向系统可以根据环境感知和路径规划，自动调整车辆的转向来实现安全、高效的驾驶行为。此外，线控转向系统还可以配合其他辅助系统如自动驻车系统、自适应巡航控制系统等，提供更精确的车辆操控和驾驶体验。线控转向系统控制流程见图 2-26。

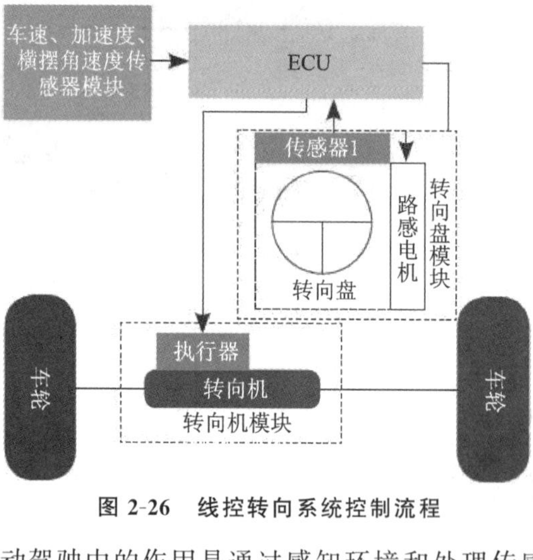

图 2-26　线控转向系统控制流程

线控转向系统在自动驾驶中的作用是通过感知环境和处理传感器数据，以及准确的车辆横向控制，实现车辆的精确转向操作，确保安全、稳定的自动驾驶体验。

2.2.4　线控驱动的实现

智能驾驶线控驱动的主要组成部分有电机控制器和驱动电机，分别见图 2-27、图 2-28。电机控制器识别出驾驶员加速意图后向驱动电机或发动机发出指令，驱动车辆加速，驱动电机发出力矩，驱动车辆行驶。

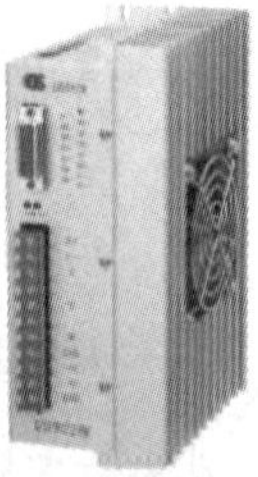

图 2-27　电机控制器(MCU)

图 2-28　驱动电机

图 2-29 为线控驱动系统的网络拓扑图，VCU 在此控制过程中起到网关的作用，通过 CAN 通信报文，VCU 可以将其他网络段的报文转发到本网络段，实现对驱动电机的控制。

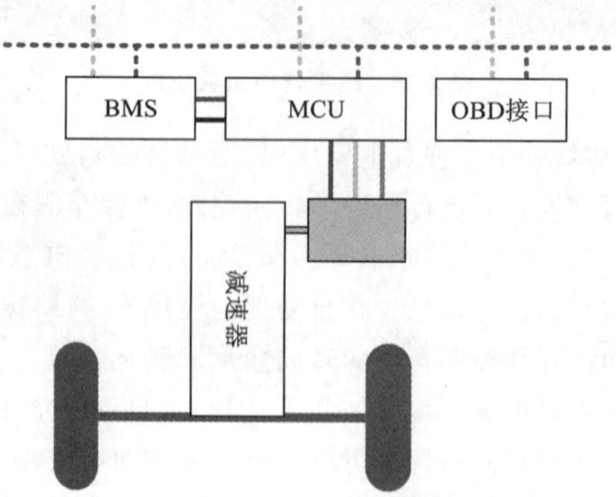

图 2-29　驱动电机网络拓扑结构示意图

在早期的传统汽车上，油门控制是通过拉索或者拉杆连接油门脚踏板和节气门(throttle)连动板而工作，见图 2-30。这样通过机械装置来控制节气门的方法虽然延迟小，但也有很大的局限性，如没有办法应对复杂道路下的各种工况，也无法很好地控制油耗和排放。

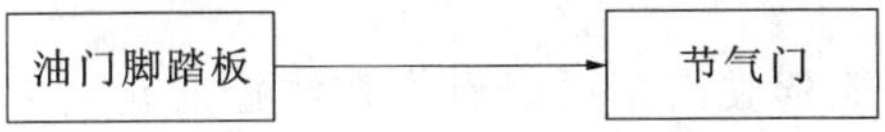

图 2-30 传统油门系统示意图

线控油门通过用导线来代替拉索或者拉杆，由油门踏板位置产生的电信号给 ECU 来进行发动机控制，取消了踏板和节气门之间的机械连接，通过检测油门脚踏板的位移(这个位移代表了驾驶员的驾驶意图)，把该位移信号传递给 ECU，进行计算处理，得到最佳节气门开度，再驱动节气门控制电动机(图 2-31)。线控油门系统主要由油门脚踏板和位移传感器、ECU (电控单元)和数据总线(负责与其他 ECU 间的通信)、电动机和节气门构成。

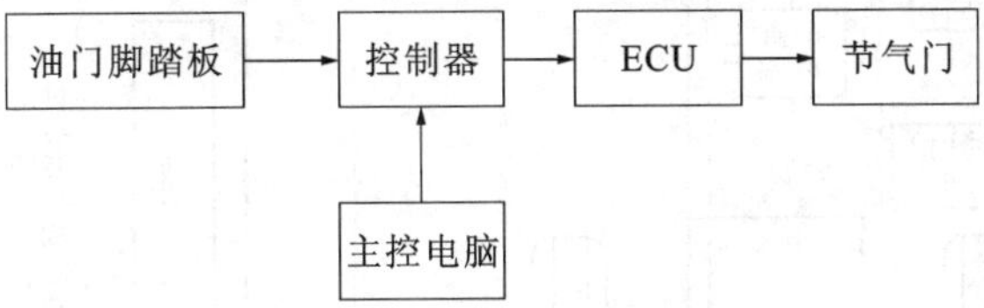

图 2-31 线控油门示意图

主控电脑如何控制油门呢？最常用的方法是在油门脚踏板和 ECU 之间接入一个专用的控制器，当处于自动驾驶模式时，控制器会接受主控电脑的信号并传输给 ECU；而未启动自动驾驶模式的，控制器仅仅作为一个继电器将油门踏板的电信号传输给 ECU。

在自动驾驶模式下，线控驱动系统根据车辆传感器获取的环境信息，结合路径规划和控制策略，自动计算车辆的速度和加速度，并通过电子控制单元向驱动系统发送指令。通过感知设备如激光雷达、摄像头、车载传感器等，可以实时获取道路状况、前方障碍物、交通信号等信息，并根据这些信息对线控驱动系统进行控制，以调整车辆的纵向运行状态。当需要加速、减速、停车或保持恒定速度时，线控驱动系统会根据感知数据和控制算法，在控制单元的指令下，精确控制车辆的动力输出。此外，线控驱动系统还可以与其他系统如制动系统、转向系统等进行协同工作，实现整车的协调运动和平稳驾驶。线控驱动系统控制流程见图 2-32。

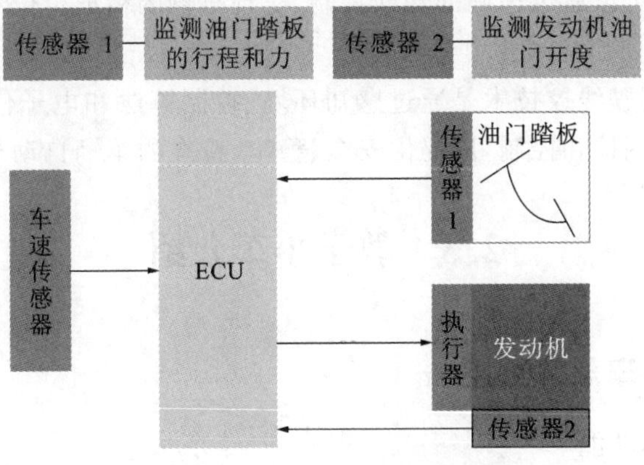

图 2-32 线控驱动系统控制流程

线控驱动系统在自动驾驶中的作用是通过感知环境、路径规划和控制策略，实现对车辆动力系统的精确控制，确保车辆在自动驾驶模式下以安全、高效的方式行驶。

2.2.5 线控底盘的应用

从控制的角度来看，智能驾驶汽车可以看作在线控底盘的基础上配置了自动驾驶控制器、远程控制器和遥控控制器等控制器件，通过对周围环境的感知，从而实现对整车的控制，以安全智能的方式实现客户的驾驶需求。自动驾驶线控系统如图 2-33 所示。

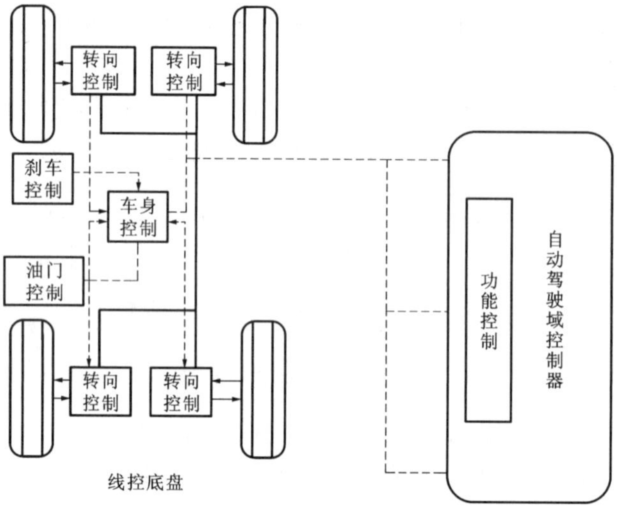

图 2-33 自动驾驶线控系统

自动驾驶车辆需要通过电子和传感器技术对车辆底盘进行线控，使自动驾驶控制器对车辆底盘实现精确的操控和控制。这项技术涉及底盘系统（包括转向系统、制动系统）以及车轮驱动系统等多个方面。在自动驾驶模式下，线控底盘技术通过车辆控制单元与各个底盘系统之间的电子信号传输和控制，实现对底盘的精确调配和控制。利用感知设备如激光雷达、摄像头、轮速传感器等，自动驾驶控制器可以实时获取车辆周围的道路情况、车辆运动状态和路面状况等信息。根据感知数据和控制算法，对车辆各个控制系统进行准确的操作，实现车辆自动驾驶，并可通过优化相应控制算法，更平稳地控制车辆行驶和减少颠簸感。此外，在自动驾驶中，还可以通过精确的转向控制，实现车辆的精准定位和路径跟踪，提高行驶的稳定性和安全性。

总的来说，自动驾驶线控技术是通过感知环境、控制算法和电子信号传输，实现对底盘系统各个部件的精确调控和控制，以提供安全、稳定、精准的车辆自动行驶和乘坐体验。

2.3 教学小车介绍

2.3.1 教学小车总体介绍

(1)教学小车总体功能

教学小车基于三合一（电机、电机控制器、减速器）车型控制器平台，结合教学功能需求及乘用车结构，选用四轮底盘，并进行相应的造型适配设计，具备自动驾驶、远程驾驶、手柄控制三种功能。

教学小车采用车规级 MCU 及 NVIDIA 嵌入式 GPU 计算平台构建自动驾驶控制器，小车集成组合惯导、智能驾驶摄像头、激光雷达、毫米波雷达、超声波雷达系统等传感器实现自动驾驶方案，车辆能够在一定环境下实现 L4 级自动驾驶。此外，教学小车搭载的远程驾驶控制器和远程驾驶广角摄像头，可以与远程驾驶台架搭配使用，实现远程驾驶控制。

教学小车主要用于自动驾驶教学使用，基于高校、职业院校及部分企业等用户的教学需求，提供自动驾驶知识普及和技术服务等教学需求。当前教学小车只开发了应用于部分场景的自动驾驶功能，后续可根据用户的个性化需要，拓展实现自动泊车、室内自动驾驶、障碍物识别、AI 语音等功能。教学小车外观如图 2-34 所示。

图 2-34 教学小车实拍图

(2)教学小车硬件架构(图 2-35)

教学小车硬件架构主要包含三个部分：整车控制系统、自动驾驶系统、远程驾驶系统。

①整车控系统：负责汽车的正常行驶、制动能量回馈、动力电池的能量管理、故障诊断及处理、车辆状态监控等。

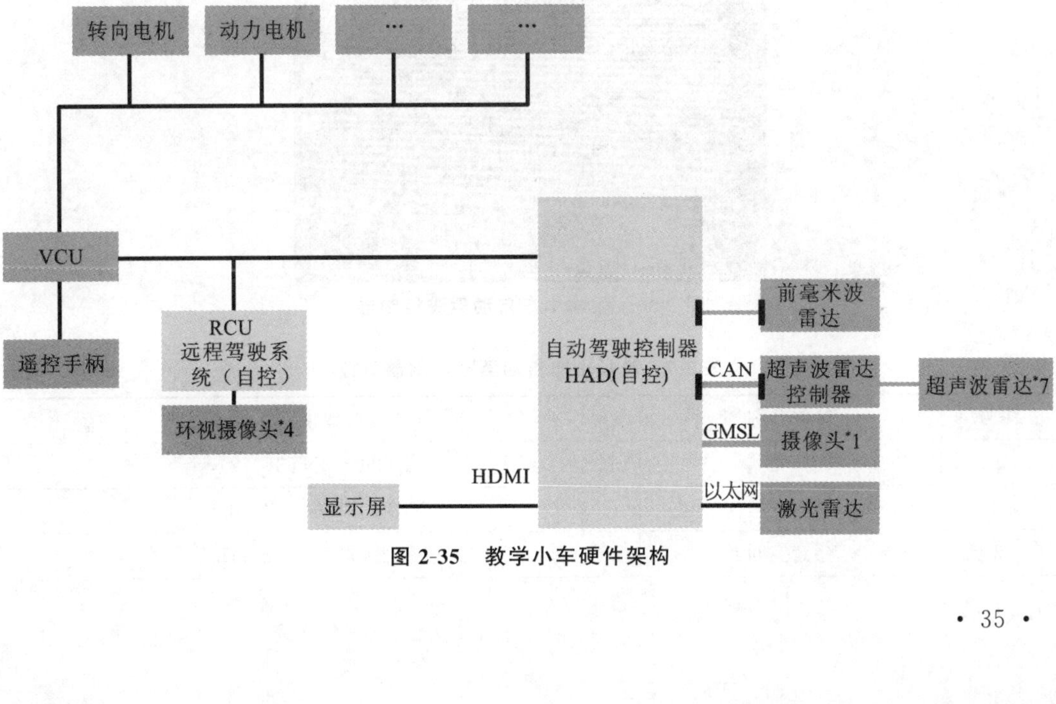

图 2-35 教学小车硬件架构

②自动驾驶系统：由自动驾驶控制器、传感器、执行器实现自动驾驶的感知、决策、规划、控制。

③远程驾驶系统：通过远程驾驶控制器、5G车载终端使得驾驶环境信息与驾驶员的远程交互，实现驾驶员操作驾驶舱，对车辆进行远程操控。

④环境感知传感器：负责环境感知的传感器，主要依靠激光雷达、摄像头、毫米波雷达的数据进行感知。

⑤计算单元部分：各类传感器采集的数据统一到计算单元处理，这里主要包括VCU、RCU、HAD。

⑥车辆控制：自动驾驶需要用电信号控制车辆的转向、制动、油门系统，目前通过CAN总线控制应用较多。

2.3.2 教学小车硬件系统

2.3.2.1 自动驾驶域控制器

自动驾驶域控制器作为一个智能计算平台，面向L3/L4级无人驾驶应用，它能够将计算密集型传感器数据处理和传感器融合工作与控制策略开发集成到一个控制单元中，支持路径规划与车辆控制，有助于建立结构化和有组织的车辆控制器网络，可以用于无人物流、无人配送/快递、无人环卫车、无人矿车等应用场景。

教学小车自动驾驶控制器由东风悦享自主研发，是一款基于NVIDIA® Jetson AGX Xavier核心模块设计的计算平台，预装Ubuntu 18.04操作系统；具备32TOPS浮点运算的AI处理能力，采用无风扇被动散热，I/O接口丰富，支持4路高清摄像头，具备超长MTBF稳定运行能力；采用主从车规级MCU双冗余备份架构，并集成高精度组合惯导和4G实时差分定位模组。自动驾驶控制器外观如图2-36所示，相关参数详见表2-7。

图2-36 教学小车自动驾驶控制器

表2-7 教学小车自动驾驶控制器参数

序号	参数名称	参数说明
1	算力	32TOPS/INT8(×2)
2	内存	32GB LPDDR4x/256bits
3	存储空间	板载2 * 32GB Emmc5.1

续表 2-7

序号	参数名称	参数说明
4	视频编码	2 * (16 * 1080p60)
5	视频解码	2 * (26 * 1080p60)
6	对外接口	相机:4 路 GMSL
7	通讯接口	千兆以太网:6 路
		CAN:6 路
		串行接口:RS232 * 3, RS422 * 1
8	同步接口	与 GPS 时间同步
9	调试接口	USB3.0:2 路
		显示:1 路 HDMI
10	工作电压	+9～+28V DC
11	额定功率	≤80W
12	工作温度	−40～+65℃/70%性能 −40～+55℃/全性能

2.3.2.2 自动驾驶传感器

教学小车环境感知系统硬件主要由激光雷达、毫米波雷达、自动驾驶摄像头、远程驾驶摄像头、超声波雷达及惯导天线组成,在教学小车上的布置位置如图 2-37 所示。

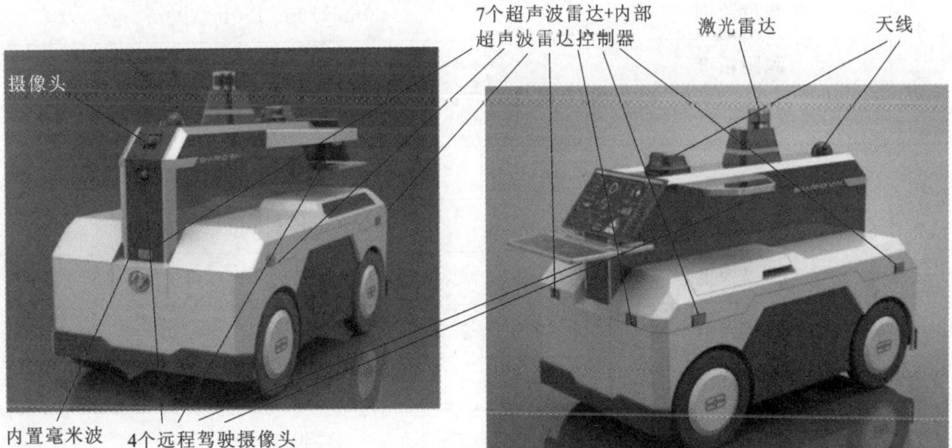

图 2-37　教学小车传感器布置示意图

(1)激光雷达

教学小车使用的激光雷达为 16 线机械式激光雷达,如图 2-38 所示,采用飞行时间测量法(Time of Flight)对障碍物进行距离测算。激光雷达发出激光脉冲时开始计时,当激光遇到目标物体光返回,接收端停止计时。16 线激光雷达装有 16 对激光发射接收模组,电机以 5Hz(或者 10Hz、20Hz)转速驱动进行 360°扫描。

图 2-38　教学小车 16 线激光雷达

激光雷达布置在顶部，用于检测车辆周围的环境信息和障碍物信息，获取障碍物的尺寸和方位信息，具有测距精度高、方位准确、测量范围广、抗干扰能力强等优点。激光雷达的具体性能参数详见表 2-8。

表 2-8　教学小车激光雷达性能参数

序号	参数名称	参数说明
1	测距方式	脉冲式
2	激光波段	905nm
3	激光等级	1 级(人眼安全)
4	激光通道	16 路
5	测量范围	70m/120m/150m/200m
6	测距精度	±3cm
7	单回波数据速率(双回波)	32 万点/秒(64 万点/秒)
8	视场角	垂直−10°～+10°(无 0°水平线)
		水平 360°
9	扫描速度	5Hz、10Hz、20Hz(可选)
10	通信接口	以太网、PPS
11	供电范围	+9～+36V DC
12	操作温度	−20～+60℃
13	储存温度	−40～+85℃
14	防护等级	IP67
15	尺寸	Φ102mm×78mm
16	重量	1050g(加 1.2m 线)/840g(轻量化加 1.2m 线)

图 2-39 所示为教学小车激光雷达扫描的点云示意图。

(2)毫米波雷达

教学小车采用频率为 77GHz 的长距离毫米波雷达，如图 2-40 所示，安装在教学小车前部正下方位置，具有质量轻，空间分辨率高，穿透雾、烟、灰尘的能力强，全天候(大雨天除外)全天时的特点。毫米波雷达能分辨识别很小的目标，而且能同时识别多个目标；成像能力强，体积小、机动性和隐蔽性好。毫米波雷达的搭载，能更好地识别车辆前方的障碍物，实现更加安全的自动驾驶。教学小车毫米波雷达详细性能参数详见表 2-9。

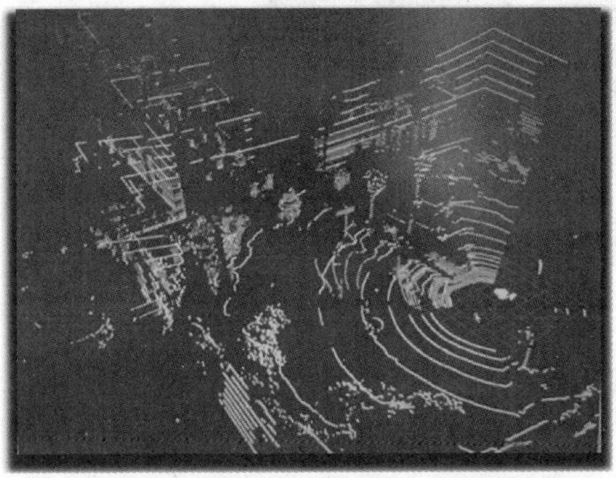

图 2-39　教学小车激光雷达点云示意

图 2-40　教学小车毫米波雷达

表 2-9　教学小车毫米波雷达性能参数

序号	参数名称	参数说明
1	工作频率	77GHz
2	带宽	300MIIz
3	芯片方案	加特兰
4	最大探测距离	＞70m
5	距离分辨率	0.5m
6	测距精度	0.05m
7	速度测量范围	±400km/h
8	速度精度	4km/h
9	角度范围	±75°
10	工作温度	－40～85℃
11	防护等级	IP67

(3)摄像头

教学小车共安装五颗摄像头，前方一颗用于自动驾驶，其他四颗摄像头为远程驾驶摄像头。自动驾驶摄像头实现对车辆前方环境信息的收集与反馈，通过视觉信息感知环境实现自动驾驶，图 2-41 所示为教学小车摄像头，其详细性能参数详见表 2-10。

图 2-41　教学小车摄像头

表 2-10　教学小车摄像头性能参数

序号	参数名称	参数说明
1	输入电压	DC 9－16V
2	消耗电流	＜200mA
3	工作温度范围	－40～＋85 ℃
4	存储温度范围	－40～＋85℃
5	图像输出分辨率	1080p
6	光学格式(英寸)	1/2.7 英寸
7	动态范围	120 dB @WDR
8	无频闪模式	50Hz 无频闪模式
9	启动时间	＜ 500ms
10	最小物体的照明	＞ 1lux
11	数据输出接口	FAKRA Z
12	视角	H:94.7°, V:52.1°(短距)HJL6062I390C1A
		H:56°,V:30.6°(中距)HJL6058G390C1A
13	F.NO	1.6(中距)
		1.7(短距)

(4)超声波雷达

超声波雷达识别距离短,角度覆盖不大,为了防止车辆由于其他传感器失效,发生碰撞意外,教学小车共安装 7 个超声波雷达,基本覆盖车辆周围环境。图 2-42 所示为教学小车超声波雷达,其详细性能参数详见表 2-11。

图 2-42 教学小车超声波雷达

表 2-11 教学小车超声波雷达性能参数

序号	参数名称	参数说明
1	工作电压	12V(9～16V)
2	工作电流	＜10mA
3	工作频率	(58±2)kHz
4	波束角	水平:85° 垂直:35°
5	最大探测范围	5m
6	工作温度	－40～85℃
7	工作湿度	≤90%
8	防护等级	IP67
9	信号类型	模拟式
10	工作寿命	＞50000h

(5)融合导航定位系统

车辆实现自动驾驶的一个关键技术就是车辆惯性导航系统(INS),它是一种自主式推算导航技术,不依赖于外部信息,也不向外部辐射能量,因此具有隐蔽性好、不受外界电磁干扰影响等独特优势。

教学小车组合导航板卡集成了 GNSS＋RTK 4G 模组,如图 2-43 所示,通过 UART 接口与 MCU 数据交换,可实现双天线辅助快速高精度定向和组合导航功能,实时解算载体的位置、速度、姿态等信息;处理器通过串口接收 GNSS 定位定向、IMU 及里程计,并通过 PPS 将 IMU 数据与 GNSS 数据同步。

小车将定位系统集成到自动驾驶控制器内部,采用 GNSS 惯导组合定位和利用实时激光点云与事先录制的点云地图定位的 NDT 定位两种方式融合的定位策略,确保车辆定位精准(加摄像头实现车道线定位)。

车辆顶部前后突起分别是车辆惯性导航系统的主、从天线,前方为惯导从天线,后方为主天线,安装在顶部以确保信号接收不受车辆本身影响,同时安装距离不能太近,防止产生信号干扰。

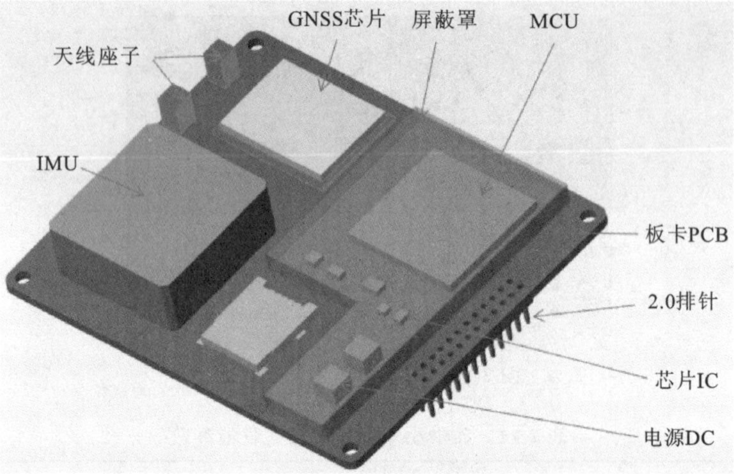

图 2-43　教学小车组合导航板卡示意

2.3.3　车载显示终端 HMI

自动驾驶教学小车监控平台是基于 ROS 系统定制开发而成的，具备监视实时底盘、传感器数据，下发控制底盘状态、自动驾驶状态等功能。同时，软件集成开发了状态仪表盘、GPS 状态显示、路线录制与编辑、用户登录与密码修改等功能，如图 2-44 所示。

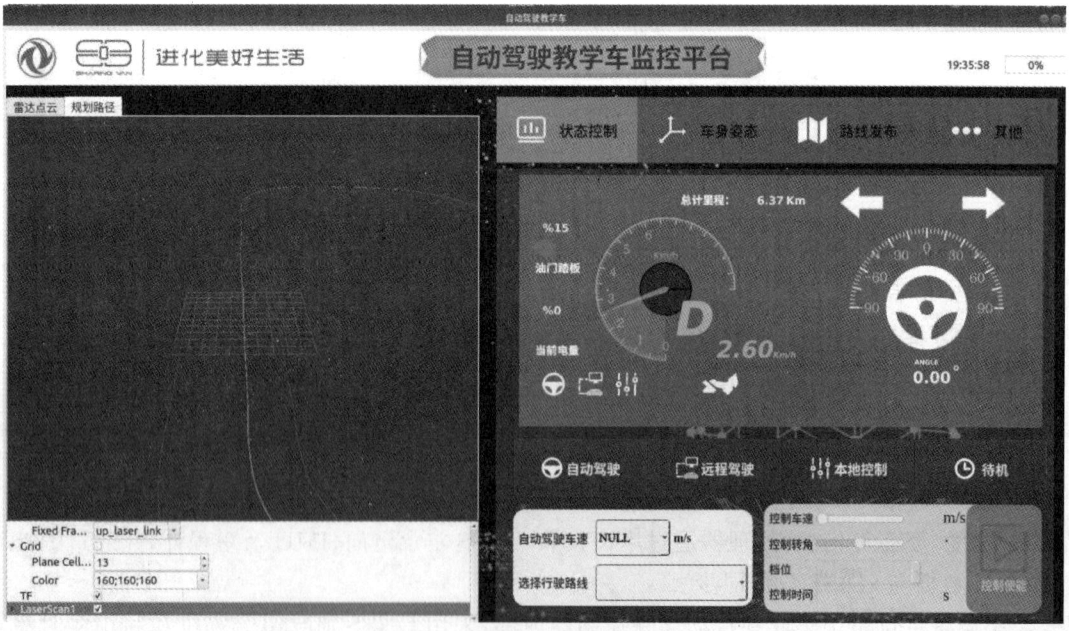

图 2-44　教学小车监控平台

教学小车监控平台显示区域主要分为三部分：仪表盘显示区、驾驶模式切换区以及控制参数设定区。

(1)仪表盘显示区。用以显示实时车速、挡位、油门踏板开度、实时电量、实时驾驶模式、实时转角等参数，同时计算并显示车辆累计行驶总里程。

(2)驾驶模式切换区：用以进行自动驾驶、远程驾驶、本地控制三种驾驶模式的切换，点击“待机”，则车辆只响应手柄控制。

(3)控制参数设定区。左侧区域为自动驾驶参数设定区，用以设置自动驾驶行驶路线、车速等；右侧为本地控制参数设定区，点击“本地控制”，激活该区域后，可直接通过滑条、下拉列表、文字输入框等控件输入数据，发送并控制车辆进行运动。

2.3.4 教学小车软件架构

教学小车软件驾驶主要包括感知融合、规划、控制及融合定位四个部分，如图 2-45 所示。

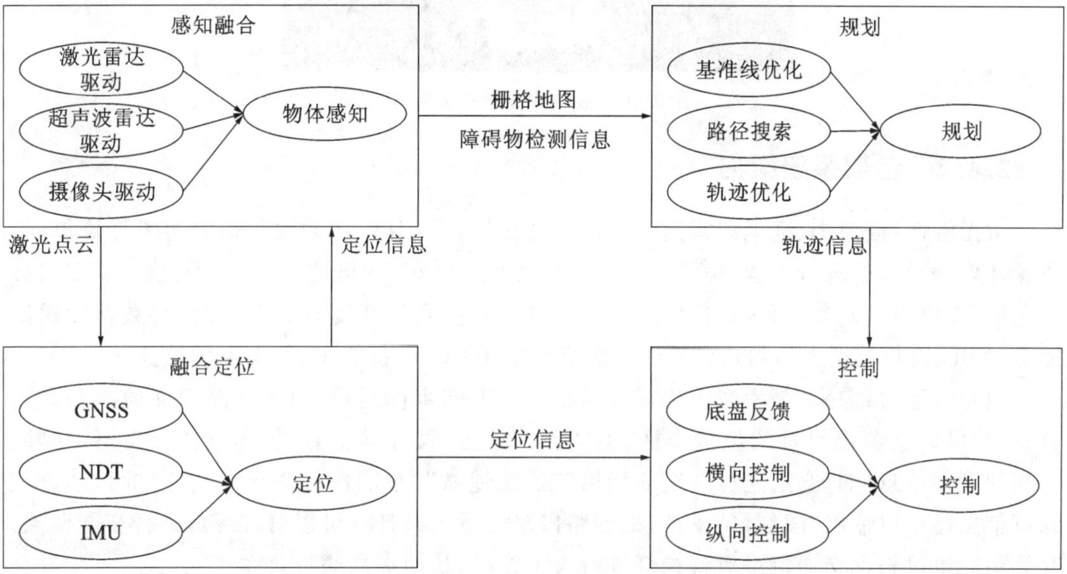

图 2-45 教学小车软件架构

2.4 移动式车路协同台架介绍

2.4.1 台架总体介绍

车路协同是创建新一代智能交通系统的核心。路侧环境感知系统为车路协同提供全时空动态交通信息的采集与融合，通过激光雷达、摄像机、毫米波雷达等传感器，对探测范围内交通道路上的各种机动车、非机动车、行人等进行精准的检测、识别处理，获取目标位姿信息，依托路侧边缘计算形成结构化感知数据，再经路侧单元(RSU)、5G 网络等通信媒介，将有效信息广播给交通管控中心和该区域内安装有车载设备(OBU)的车辆，实现对交通参与者、路况等信息的实时共享播报，一方面能够为自动驾驶车辆提供超视距感知、盲区预警、驾驶意图等感知信息，弥补单车感知局限，另一方面能够实现交通环境数据的全量汇聚，支撑构建精细化、实时性的交通监测系统。

V2X 感知系统通常将传感器安装在道路灯杆上，只能针对固定道路区域进行检测，部署使用不够灵活智能。使用移动式车路协同台架可以为智能网联测试区、示范区及国内高等院校科研教学等场景提供快速搭建柔性 V2X 测试的能力。见图 2-46。

图 2-46　移动式车路协同台架

2.4.2　台架系统架构

激光雷达、摄像头、毫米波雷达传感器经过交换机汇总后将数据传输给边缘计算单元，边缘计算再对数据进行处理，检测出道路上的各种机动车、非机动车、行人等目标，获取目标位姿信息，再根据差分 GPS 定位信息将目标位姿转换到经纬度坐标下，最后将数据发送给 RSU，RSU 再将数据发给附近区域内安装有车载 OBU 设备的车辆，实现场景触发。

激光雷达、摄像头、毫米波雷达在时间和空间上同步标定后，对十字路口交通参与者进行感知，可以检测出目标的位置坐标、类别、ID、速度、尺寸等信息，根据这些数据可以判断存在的事件信息(如"交通逆行""交通拥堵""道路遗撒""车辆慢行""异常变道"等)，结合红绿灯信息还可以输出"闯红灯"事件，根据路口车流量边缘计算可以对红绿灯进行智能调控，交管中心也可根据交通流量对红绿灯进行人工控制，从而提高通行效率。

结合 OBU APP 程序，可在车内平板电脑上展示交叉路口碰撞预警、弱势交通参与者碰撞预警、道路危险状况(施工)提示、限速预警、闯红灯预警、绿波车速引导等触发场景。台架系统架构见图 2-47。

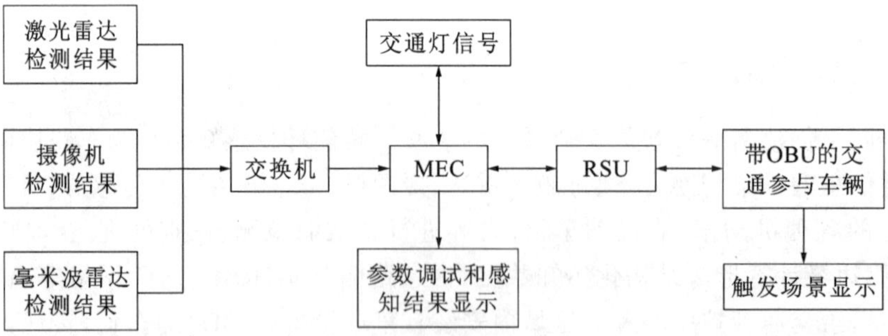

图 2-47　台架系统架构

2.4.3　台架硬件架构

台架包含 1 台激光雷达和 1 台 RSU 安装在约 3.5m 高的杆顶部，下方四周约 3m 高的支架上安装了 4 台摄像机和 4 台毫米波雷达，四面红绿灯安装在杆中部，交换机、边缘计算机和移动电源都放置在底部箱柜中，便携式显示器自带支架可固定在底箱表面，要求稳固不晃动，显示平板可放置在箱柜上表面进行操作。见图 2-48。

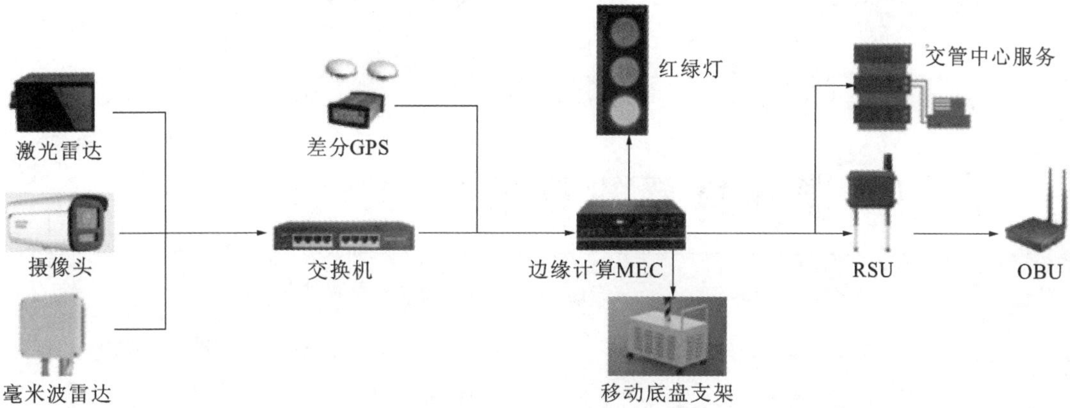

图 2-48　台架硬件架构

2.4.4　台架算法原理

移动式车路协同台架通过激光雷达点云感知 ID 目标，结合图像深度学习检测、毫米波跟踪分析，得到多传感器信息检测融合结果，可有效检测覆盖范围内的行人、非机动车和机动车的位置、速度、分类，信息广播至 RSU，结合红绿灯信号进行信息决策，完成接口和显示界面开发。

台架算法原理见图 2-49。

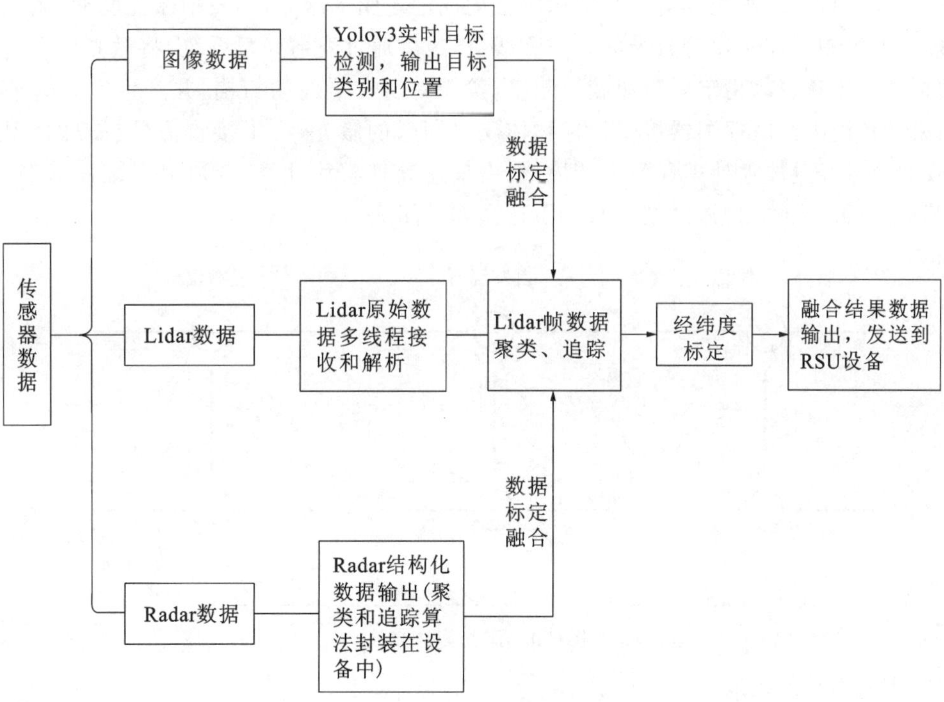

图 2-49　台架算法原理

3　自动驾驶环境感知技术

3.1　激光雷达的原理及其应用

激光雷达是一种基于光进行目标探测和测距的设备，它使用发射器发射激光束，并通过接收器对遇障碍物后返回的激光束进行探测。

3.1.1　激光雷达基本原理

(1)激光的特性

激光是一种自然界原本不存在的，因受激而发出的光，具有方向性好、亮度高、单色性好和相干性好等特点。激光发射系统中激励源周期性地驱动激光器，发射激光脉冲，激光调制器通过光束控制器控制发射激光的方向和线数，最后通过发射光学系统，将激光发射至目标物体；扫描系统负责以稳定的转速旋转起来，实现对所在平面的扫描，并产生实时的平面图信息；激光系统中光电探测器接受目标物体反射回来的激光，产生接收信号；信息处理系统中接收的信号经过放大处理和数模转换，经由信息处理模块计算，获取目标表面形态、物理属性等特性，最终建立物体模型。激光雷达光波见图 3 1。

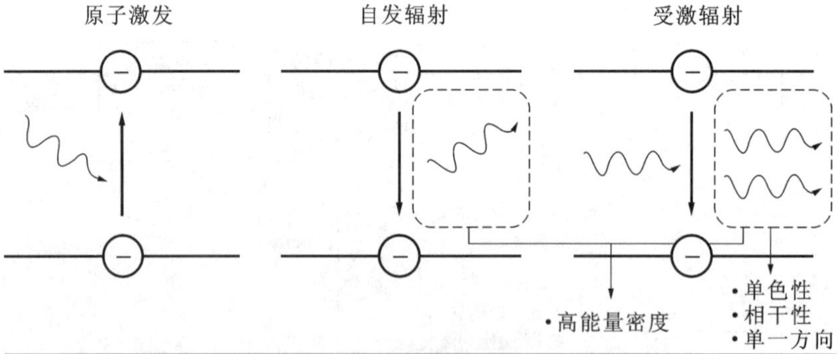

图 3-1　激光雷达光波

(2)激光雷达的组成

激光雷达主要由发射模块、接收模块、扫描模块和控制处理模块四个部分组成，其中，发射模块的核心部件为激光发射器；接收模块的核心部件为探测器；扫描模块的核心部件为扫描器，如电机、微振镜等。见图 3-2。

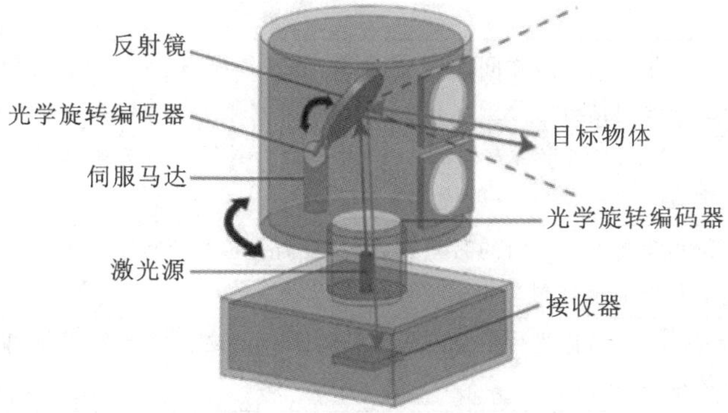

图 3-2 激光雷达系统组成

(3)激光雷达的测距原理

激光雷达的工作原理见图 3-3。

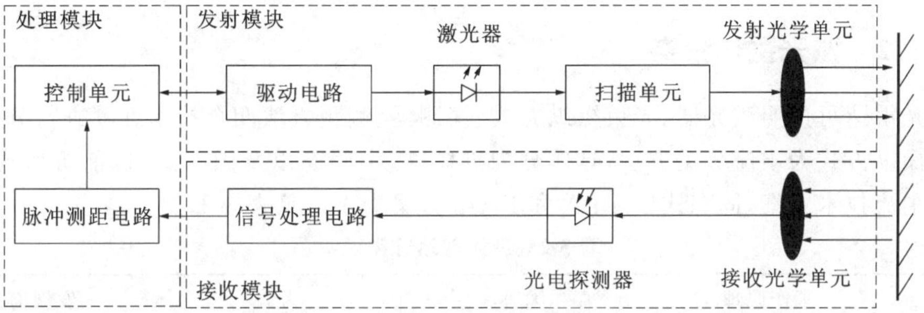

图 3-3 激光雷达工作原理

车载激光雷达主要的测距方式有 ToF 飞行时间法和 FMCW 调频连续波法两种，目前 ToF 飞行时间法是主流，FMCW 调频连续波法处于发展初期。

①ToF(Time of Flight)飞行时间法：测距仪发出光脉冲，经被测目标反射，光脉冲回到测距仪接收系统，测量发射和接收光脉冲的时间间隔，即光脉冲在待测距离上的往返传播时间，然后根据光速计算出距离。该方法的优点是精度高、性能稳定，但易受环境影响。

②FMCW 调频连续波法：发送和接收连续激光束，把回光和本地光做干涉，用混频探测技术测量发送和接收的频率差异，通过频率差换算出目标物的距离及速度。此方法支持的测距较 ToF 远，抗干扰能力强、信噪比高，可直接测量速度，但实现技术较为复杂、成本高。

(4)激光雷达的技术参数

常见激光雷达性能指标如表 3-1 所示。

表 3-1 常见激光雷达性能指标

性能指标	说明
线束	通过多个激光发射器在垂直方向上的分布，通过电机的旋转形成多条线束的扫描
探测距离	指雷达可测量的最大距离，该值通常需要标注基于某一个反射率下的测得值。一般来说，目标的反射率越高则测量的距离越远，目标的反射率越低则测量的距离越近
视场角	雷达可实现探测的角度范围(包括水平和垂直两个方向)，一般来说，测量距离越远，则视场角可覆盖范围越广

续表 3-1

性能指标	说明
角度分辨率	两个相邻测量点之间的角度间隔，角度分辨率越小，对目标物的细节分辨能力越强。一般包括垂直分辨率和水平分辨率，水平分辨率一般由电机带动实现，可以达到0.01°；垂直分辨率与发射器大小相关，也与其排布有关系，相邻两个发射器间隔越小则垂直分辨率越小，一般为0.1～1°
出点数	每秒激光雷达发射的激光点数，一般为每秒几万点至几十万点。点频越高，对目标探测和识别越有利
测量精度	对同一个目标进行重复测量得到的距离值之间的误差范围，测距精度越高则对物体的描述越准确
扫描频率	1s 内雷达完成的扫描次数
测量频率	1s 内雷达完成的点云测量数据输出量
集成度	雷达集成度越高，体积、重量越小，搭载车辆的灵活性越高

3.1.2 激光雷达分类

激光雷达可按照激光器、光束操纵方式、探测器、测距方法四个技术维度进行分类，其中按光束操纵方式为主流分类方法，具体分为机械式、半固态以及固态式，目前机械式和半固态式是主流技术方案，固态式以 OPA 和 Flash 方案为主。见表 3-2。

表 3-2 激光雷达分类说明

分类	工作原理	优势	劣势	发展前景
机械式（转镜）	利用机械转轴驱动转镜进行全空间 360°扫描成像	(1)视角好，FOV 可达 360°； (2)转镜系统成熟，方便做成垂直多线雷达	(1)体积大，对车辆外形侵略性大； (2)机械结构抗震效果差，对温度和极端天气适应性也较差，寿命低； (3)车轨认证难	目前 L4 级以上使用的激光雷达均为此类，但商业化前景不太看好，很难做到车规级
半固态式（MEMS）	利用微型马达、电磁力或压电陶瓷等控制反射镜（转镜或振镜）来实现扫描	(1)体积小； (2)可移动部件抗震性强，车辆适应性好，寿命较长	(1)与机械式相比尺寸减小； (2)接收功率减小，信噪比变差； (3)一般通过拼接，探测范围可达到FOV120°	目前有车规级产品，既可以少量配备实现 L2 级别自动驾驶，也可以整车四周全部配备实现 L4＋级别的自动驾驶，商业化前景比较明朗
固态式（Flash）	发射出一大片覆盖探测区域的激光，以高灵敏度接收器完成对环境周围图像的绘制	(1)无移动部件，无需扫描过程，成像快； (2)避免扫描过程中目标或雷达移动带来运动畸变	发射器件 VCSEL 激光功率小，测距小于 100m	目前有近距离车规级激光雷达产品（配合毫米波雷达使用），若光源功率问题得到解决，商业化前景较好

续表 3-2

分类	工作原理	优势	劣势	发展前景
固态式(OPA)	通过相控器件控制光源发光时间差，合成具有特定方向的主光束来实现空间扫描	无移动部件，硬件成本低，车辆适应性好	易形成旁瓣，影响光束作用距离和角分辨率	整体产业链尚不成熟，采用高精度集成的微阵列芯片式设计，制作工艺难度大

3.1.3 激光雷达应用

(1)激光雷达在自动驾驶中的应用

按照不同的功能定位，激光雷达在车辆的应用可分为主雷达和补盲雷达，二者可在测距和视场角上形成有效互补，提高感知精度。同时，伴随着自动驾驶进程的发展，部分厂商开始无人化载物和载人运输的常态化运营，车载激光雷达的市场需求递增。激光雷达的应用范围见图 3-4。

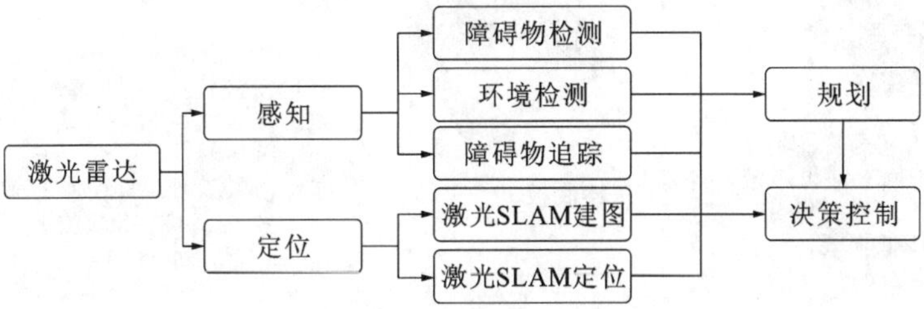

图 3-4 激光雷达的应用范围

(2)激光雷达应用的局限性

①环境感知：在雨、雾、烟尘环境下，反射光强度降低，衰减大；易受热辐射、强光等的干扰。对大雪、大雨、树叶等非有效障碍物易产生误识别，无法识别颜色信息，且固态式激光雷达探测范围有限。

②定位与建图：对特征点较少的空旷区域定位精度差。

③硬件需求：算力要求高；对控制器处理芯片有较高要求。

3.2 毫米波雷达的原理及其应用

毫米波是一种电磁波，具有如下特性：基本沿直线传播，与光的特性类似；对于 30cm 的反射面，也能很好地反射；多普勒效应对步行速度也很敏感，传播损耗很大；室内多径效应明显，绕射能力强，对衣物的穿透能力强。

3.2.1 毫米波雷达基本原理

(1)毫米波特性

毫米波雷达利用长为 1～10mm，频率 30～300GHz 的无线电频谱，通过测量回波的时间差来计算与物体的距离，具有体积小、质量小和空间分辨率高等特点，且使用时不受恶劣天气影响，具有全天候全天时特性。

(2)毫米波雷达的组成

毫米波雷达系统主要由天线、射频前端组件、数字信号处理器和雷达控制电路等组成，核心硬件是雷达芯片(MMIC和信号处理器DSP)和天线PCB板。见图3-5。

毫米波雷达主要部件功能见表3-3。

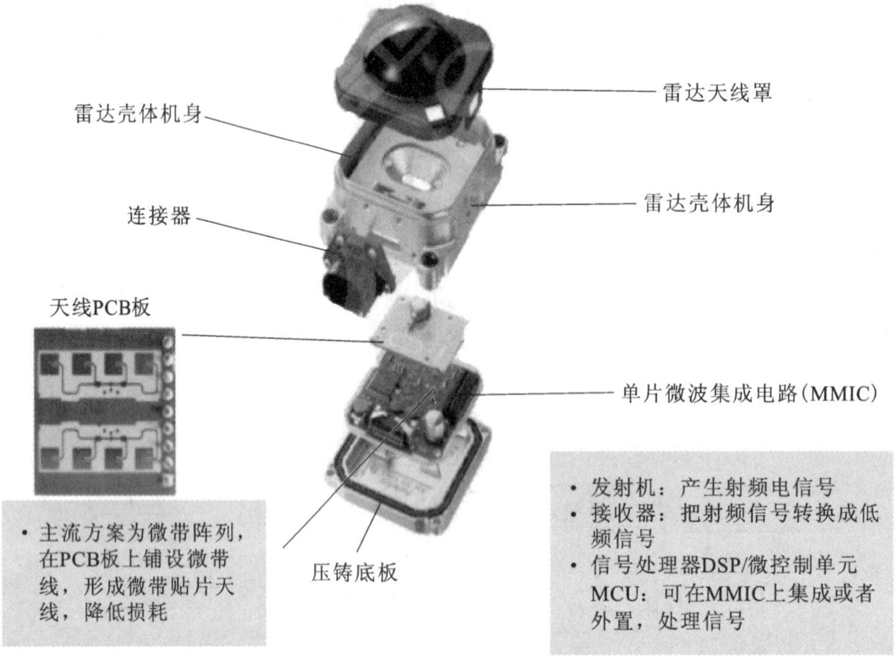

图3-5　毫米波雷达的组成

表3-3　毫米波雷达主要部件功能

主要部件	组成	作用
MMIC芯片	由发射器、接收器、功率放大器、低噪声放大器、混频器、滤波器及压控振荡器7部分构成	负责调制、发射、接收及解调毫米波信号
天线PCB板	有多根天线通过微带列阵方式集成到PCB板上	负责发射和接收信号
信号处理器	包含DSP、FPGA等MCU	通过嵌入不同的信号处理算法，如波束形成和扫描算法，测距测向算法、信息融合算法等，从信号中提取距离、速度和角度信息
控制电路	根据信号处理目标信息，结合自身速度、位置等动态信息，发出执行指令，是毫米波雷达系统实现主动控制的最后一环。控制电路包含报警显示系统和启动制动系统，占毫米波雷达总生产成本的5%	

(3)毫米波雷达的工作原理

①毫米波雷达工作原理：利用高频电路产生特定调制频率(FMCW)的电磁波，并通过天线发送电磁波和接收从目标反射回来的电磁波，通过发送和接收电磁波的参数来计算目标的各个参数。可同时对多个目标进行测距、测速以及方位测量。见图3-6。

②FMCW毫米波雷达测距原理：通过天线向外发射调频连续波(三角波)，接收目标反

射信号，与本频发射频率混频出中频信号 IF，对中频信号 IF 进行处理，从而获得目标距离和速度信息。

③FMCW 毫米波雷达测角度原理：目标方位角的测量，是通过并列的接收天线收到同一目标反射的雷达波相位差计算得到。

④FMCW 毫米波雷达测速原理：根据多普勒效应测速。

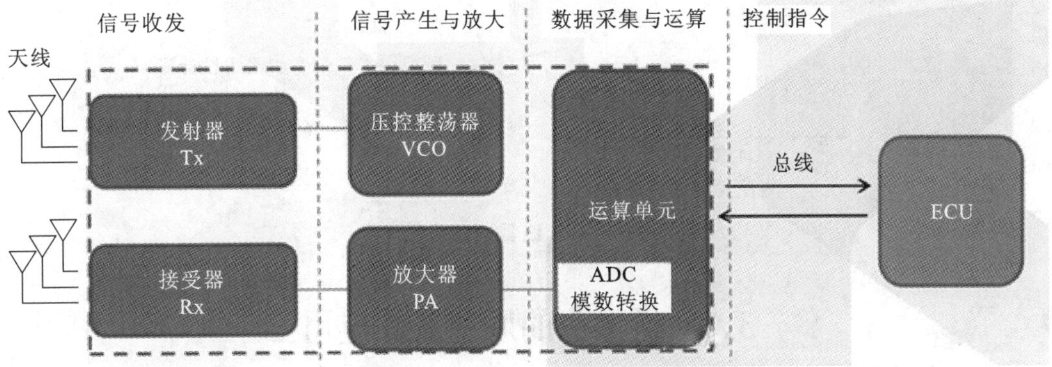

图 3-6 毫米波雷达的工作原理

3.2.2 毫米波雷达分类

车载毫米波雷达根据频段不同，主要分为 24GHz 、77GHz 和 79GHz 三类。三个频段的分类说明见表 3-4。

表 3-4 毫米波雷达分类说明

	24GHz	77GHz	79GHz
通信频段	24.25～26.65GHz	76～77GHz/76～79GHz	76～79GHz/76～81GHz
感知距离	60m 以内(SRR)	100－250m(MRR/LRR)	200m 以内(SRR/MRR)
探测角度	±75°	＋4°@25m	±75°
速度分辨率	低	高	高
频段带宽	250MHz	800MHz	4GHz
车速上线	150km/h	250km/h	250km/h
成本	低	高	高
优点	(1)低成本； (2)产品成熟可靠	(1)天线仅为 24GHz 的 1/3； (2)探测距离长、距离和速度分辨率高	(1)探测距离长； (2)替代 24GHz 毫米波雷达
缺点	分辨率不足，应用场景功能受限	成本高	(1)成本高； (2)产品可靠度需验证

3.2.3 毫米波雷达应用

智能汽车毫米波雷达搭载数量较多，相互配合形成车身环绕覆盖，并通过成熟稳定的雷达信号处理和目标跟踪算法，对行人、静止目标和横穿目标进行检测和跟踪。目前多数 L2＋产品采用 4 颗短程角雷达和 1 颗远程前向雷达的方案。毫米波雷达应用说明见图 3-7。

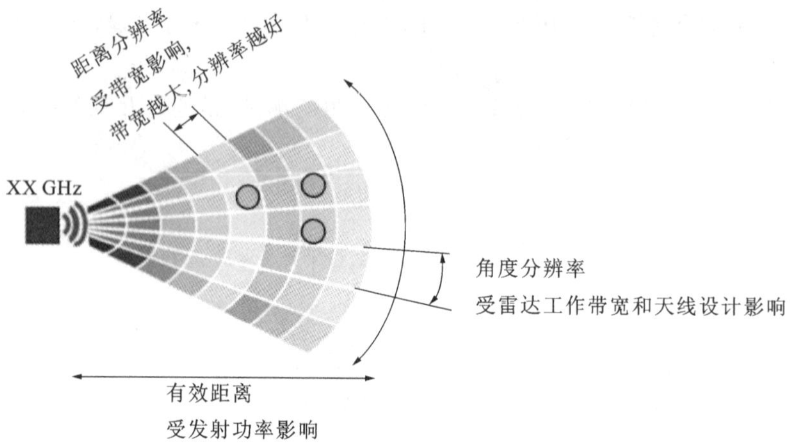

图 3-7　毫米波雷达应用说明

3.3　摄像头的原理及其应用

车载摄像头是自动驾驶汽车的主要视觉传感器，也是技术成熟的"汽车之眼"。车载摄像头具有目标识别能力，应用图像识别技术让自动驾驶汽车能够精准分辨出驾驶过程中的行人、车辆、交通标志和障碍物，目前主要应用在360°全景影像、前向碰撞预警、车道偏离预警和行人检测等ADAS功能中。

3.3.1　摄像头基本原理

车载摄像头的算法和解决方案主要依靠计算机视觉(computer vision)与机器学习，在图像采集之后，经过图像预处理，将数据传输给无人驾驶系统。

自动驾驶系统中，以深度学习为核心的计算机视觉技术进行目标检测，即对周围的环境、车辆、行人以及交通基础设施做出精准的分割和目标分类，并在图像分割和目标分类完成后，根据不同分类对象的特点，自动驾驶系统感知模块还需分别进行针对性的探测和认知，从而通过有效的图像识别指导汽车对周围的环境做出反应。见图3-8。

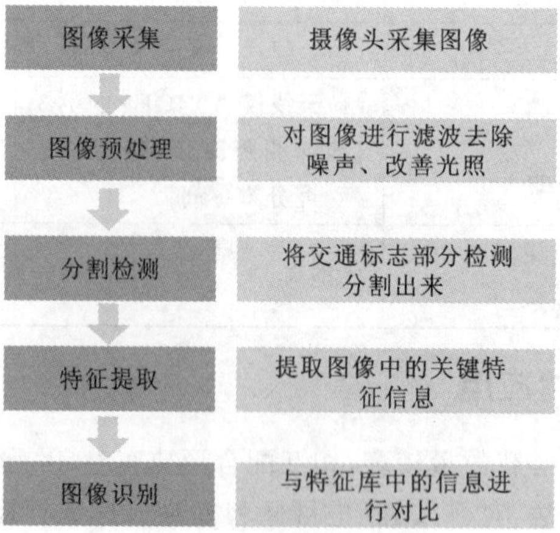

图 3-8　摄像头工作原理

3.3.2 摄像头分类

根据安装位置的不同，车载摄像头可以分为前视、侧视和后视等多种类型，见表 3-5。

表 3-5 摄像头分类说明 1

类型	实现功能	摄像头性能描述
前视	LKA 车道保持、LCA 变道辅助、EBA 电子刹车辅助、TSP 交通标志识别、LDW 车道偏离预警、SVP 全景泊车、PDS 行人检测系统、PCW 行人碰撞预警、NVS 夜视系统、FCW 前向碰撞系统、ACC 自适应巡航、AEB 自动紧急制动	视角一般为 40°～70°，负责实现汽车驾驶过程中前向环境的监测与识别
侧视	LCA 变道辅助、BSD 盲点检测、TSP 交通标志识别、SVP 全景泊车	多采用广角镜头，视角一般在 60°～120°之间，在车身周围装配多个摄像头进行图像拼接实现全景图
后视	PA 泊车辅助、SVP 全景泊车	多采用广角或鱼眼镜头，视角一般为 70°～180°＋，主要为倒车后视摄像头

根据镜头个数的不同，车载摄像头可以分为单目摄像头、双目摄像头和多目摄像头。见表 3-6。

表 3-6 摄像头分类说明 2

类型	测距原理	优点	缺点
单目摄像头	先用图像识别障碍物，再根据相对大小估算距离	成本相对较低	(1)数据库建立与模型训练成本高；(2)定焦镜头难以同时观察不同距离的对象
双目摄像头	不需要识别目标，在极化分割、立体匹配后获得精准的深度数据	测距精确	(1)使用多个摄像头，成本高；(2)计算量增大，对芯片要求高
多目摄像头		立体视觉、全视角覆盖	对摄像头之间的误差精度要求高，量产和安装较困难

3.3.3 摄像头应用

通过图像类产品收集各种天气（包括各种恶劣天气）、光线（夜晚）等路况数据，建立复杂的路况数据、对象数据等，使系统更完善。摄像头应用示例见图 3-9。

图 3-9　摄像头的应用实例

3.4　超声波雷达的原理及其应用

3.4.1　超声波雷达基本原理

超声波雷达是利用超声波测算距离的雷达传感器装置，通过发射、接收 40kHz、48kHz 或 58kHz 频率的超声波，超声波雷达利用超声波对前方障碍物进行探测。超声波发生器向某一方向发射超声波，声波在空气中传播时碰到障碍物时原路返回，超声波接收器收到回波停止计时。根据超声波在空气中传播的速度和传播的时间差，可以计算出传感器距离障碍物的距离。超声波雷达原理示意图见图 3-10。

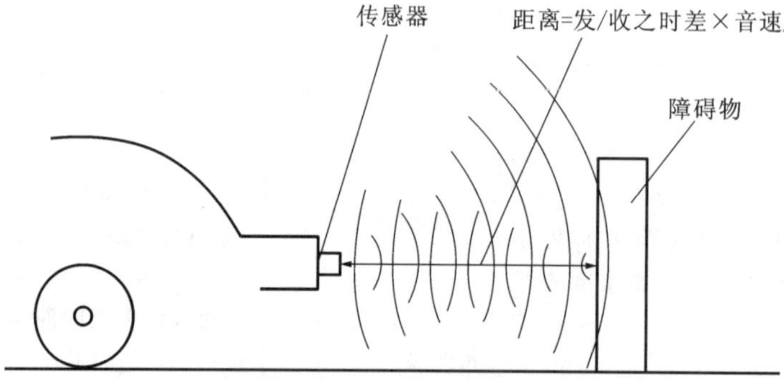

图 3-10　超声波雷达原理示意图

3.4.2　超声波雷达基本性能

(1)发射声压：声音通过空气的振动所产生的压强，简称声压，单位：帕斯卡(Pa)。

(2)发射声压级：把声压的有效值取对数来表示声音的强弱，这种表示声音强弱的数值叫作声压级，单位分贝(dB)。

(3)信号频谱：频谱为频率密度谱的简称，是频率的分布曲线。由于超声波振动并非标准单一正弦振动而是复杂振动，因此可通过将该振动分解为振幅不同和频率不同的谐振荡，将谐振荡的幅值按频率排列的图形即为频谱。

(4)发射信号中心频率:通常来说中心频率即为信号频谱图上幅值最大的频点。单位:赫兹(Hz)。

(5)余振时间:超声波雷达在停止发射信号后,机械振动的惯性会导致振动信号无法立刻衰减为零,需要一定时间才可完全衰减。在这段时间内,余振与回波信号无法区分,因此,余振时间长短决定了超声波雷达的盲区大小。

(6)发射方向图:超声波雷达在发射超声波时,沿传感器中轴线的方向上发射能量最大,由此向外能量逐渐减弱,发射方向图即为衡量发射能量随角度的分布。以雷达法线方向为0°基准,该角度所发射信号功率为基准功率,偏离不同角度所发射信号功率与基准功率的差值,即可得到方向图。该图描述了超声波雷达发射信号能量在空间的分布关系。

(7)接收灵敏度:超声波雷达对接收信号的敏感程度,即可将单位声压信号转化为多大幅度电信号。单位:V/Pa。

(8)水平检测范围:超声波传感器在水平平面能够检测到的物体范围。

(9)垂直检测范围:超声波传感器在垂直平面能够检测到的物体范围。

3.5　传感器标定原理及实践

3.5.1　传感器标定原理

(1)多激光雷达联合标定

传感器外参标定本质上是获得两个传感器的位移量(x,y,z)和旋转量(roll,pitch,yaw),三维空间中可以用变换矩阵来描述这样的变换关系,在三维数据处理领域,点云配准就是用于处理两个点云间位姿匹配问题的一类方法,本规范主要基于NDT(Normal Distribution Transform,正态分布变换)配准算法介绍多激光雷达联合标定参数获取的方法和实践。NDT配准算法,配准的目标就是找到一组三维坐标系变换参数向量,使得输点云在经过这组参数指定的旋转和平移之后,能够和标点云拟合,这组三维坐标系变换参数向量即为NDT配准参数。NDT配准参数共有两组配置参数,分别是旋转参数向量和平移参数向量,旋转参数向量表示变换后的点云相对当前输入点云在姿态角上的旋转量,平移参数向量表示在(x,y,z)三个方向的平移量。配准主要的思路就是将目标点云刻画成多个概率分布,然后通过位姿变换关系将待配准点云转换到目标点云坐标系下,计算转换后待配准点云的总概率,并将此概率的负值作为目标函数,通过高斯牛顿迭代法(高斯牛顿迭代公式由梯度向量、海森矩阵和待求的位姿增量组成)优化该目标函数以求获得负的最小概率值(即最大概率值),因此,最后整个NDT算法可以简单归为求解梯度向量、求解海森矩阵和求解位姿增量三个主要过程。用优化的方法求出使得概率密度之和最大的变换参数,此时输入点云和目标点云匹配最佳。NDT配准算法原理如图3-11。

将目标点云所占的空间划分成指定大小的网格或体素(ND体素),并计算每个网格或体素的多维正态分布参数,如图3-12所示。

假定ND体素k中包含有m个点,那么这个ND体素中所有点的均值μ_k和协差矩阵$f(\theta)$计算公式为:

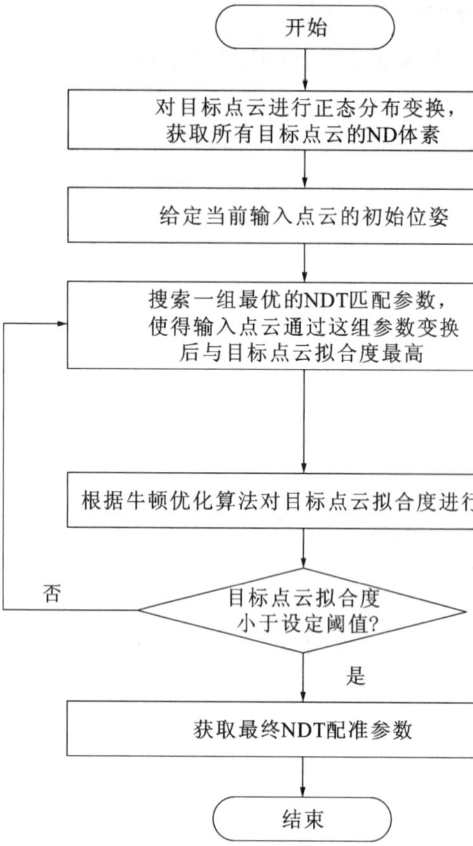

图 3-11　NDT 配准算法原理图

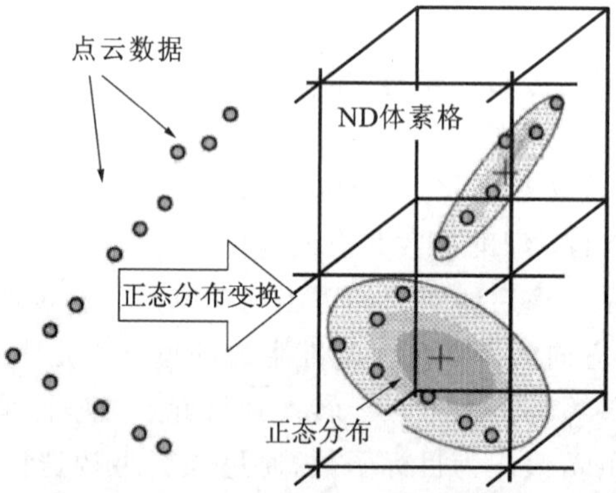

图 3-12　点云整体分布变换过程

均值：

$$\mu_k = \frac{1}{m}\sum_{i=0}^{m-1} p_{ki} \tag{3-1}$$

协方差矩阵：

$$f(\theta) = -\text{Fitness}(P,\theta) = \sum_{i=0}^{n-1}\exp\frac{-(p'_i-\mu_i)^T \sum_i^{-1}(p'_i-\mu_i)}{2} \tag{3-2}$$

其中 p_{ki} 为 ND 体素 k 中的点 i，即 $p_{ki}=(x_{ki},y_{ki},z_{ki})$，那么该 ND 体素内点的概率密度函数 $f(k)$ 可以表示为：

$$f(k)=\frac{1}{(2\pi)^{\frac{3}{2}}\sqrt{|\sum_k|}}e^{-\frac{(p_k-\mu_k)^{T}\sum_K^{-1}(p_k-\mu_k)}{2}} \tag{3-3}$$

按照此法，可以将整个参考点云使 ND 体素进行划分，并且计算每个 ND 体素内的正态分布参数。

输入当前输点云的初始位姿(x，y，z，roll，pitch，yaw)，将此位姿作为初始搜索位置。

开始搜索组最优的 NDT 匹配参数，使得输入点云在通过这组参数变换后和目标点云拟合度最高。使用如下公式来描述两个点云的拟合度：

$$\text{Fitness }(P,\theta)=\sum_{i=0}^{n-1}e^{\frac{-(p'_i-\mu_i)^{T}\sum_i^{-1}(p'_i-\mu_i)}{2}} \tag{3-4}$$

其中，p'_i 是输入点云在经过三维坐标变换参数 θ 转换后的点，$\sum_i$ 是与该输入点相对应的目标点云 ND 体素格的均值，μ_i 是相应的 ND 体素内的协差矩阵。拟合度 Fitness (P,θ) 数值越大说明输入点云和目标点云在该位置越匹配，通过搜索参数向量 θ 得到大的拟合度。NDT 配准算法使用高斯牛顿迭代法来求解最优参数，牛顿迭代法是一种最小化目标函数的方法，所以目标函数 $f(\theta)$ 为：$f(\theta)=-\text{Fitness }(P,\theta)$，其中，$\theta=(\alpha,\theta,\gamma,d_x,d_y,d_z)^{T}$，是输入点云到目标点云的三维坐标转换参数。通过牛顿迭代法不断调整 θ 向量，使得 $f(\theta)$ 小于设定阈值，则称 NDT 参数优化已经收敛，根据此时的变换参数向量 θ 即可确定输入点云在目标点云中的姿态，也就是输入激光雷达到目标激光雷达的坐标转换关系。

(2)激光雷达到 IMU 的标定

标定方案采用激光雷达局部地图优化方案。激光雷达点云通过待优化的标定参数转到 IMU(或车体)坐标系，然后使用组合导航提供的位姿转到世界坐标系。叠加数帧点云后，可形成一张局部点云地图。如果标定是正确的，该地图清晰，反之则模糊。标定原始就是通过建立单帧激光点云到局部地图的残差，通过非线性最小二乘的方法，迭代优化标定参数。

设 T_L^I 为 LIDAR-IMU 的外参($T_L^I\in SE(e)$)，该优化问题可以表示为：

$$\hat{T}=\text{argmin}\{\sum_{i=1}^{n}(\|r_i^L\|^2)\} \tag{3-5}$$

其中 r 是每个激光雷达点的残差，n 是激光点数量，残差定义为激光点到地图的点到面误差。

$$r=\boldsymbol{n}\cdot(p^m-T_I^M * T_L^I * p^L) \tag{3-6}$$

其中，p^L 为激光雷达点，T_L^I 为待优化标定，T_L^I 为组合导航提供的位姿。p^m 是该点在地图上的最近邻点，$\boldsymbol{n}$ 是地图点对应的法向量。

使用 Ceres 构建该优化问题，使用 LM 算法求解。

注意事项：

a. 由于位姿不参与优化，位姿的精度直接影响最终标定质量。因此，务必保证有 RTK，并且组合导航的输出收敛至可用状态。

b. 采集范围不可过大，可绕开 8 字大小即可，标定算法只使用绕 8 字的部分。周围

(50m 内)要有一些明显特征,例如静止的汽车、平房、树、灯杆、交通牌等。最好有建筑物,但是建筑物高度要低于 3 层。如果有树,树冠不可以过大以至于头顶天空被遮盖。

(3)激光雷达和相机联合标定

不同传感器在时间和空间上的对齐是传感器融合的基础和前提。本小节主要介绍相机和激光雷达之间的联合标定,实现两种传感器空间同步。相机和激光雷达之间的联合标定目的即得到激光雷达相对于相机的旋转和平移变换参数,主要包括两个步骤:相机内参标定、相机和激光雷达的外参标定。相机坐标系如图 3-13 所示。相机坐标系和激光雷达坐标系的转换如图 3-14 所示。

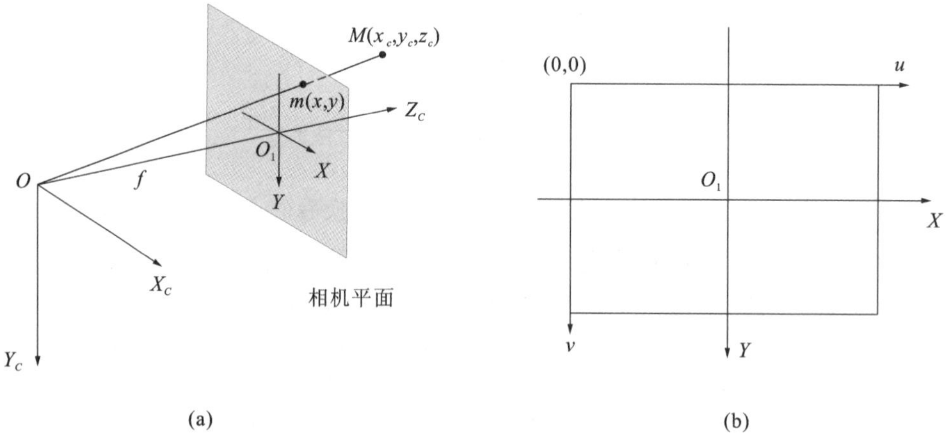

图 3-13　相机坐标系

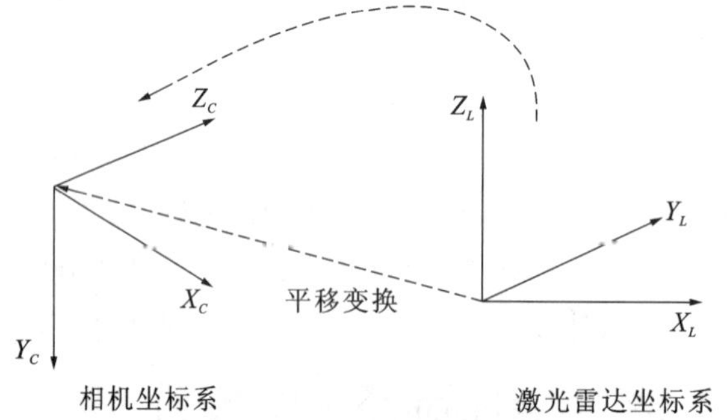

图 3-14　相机坐标系和激光雷达坐标系的转换

相机内参标定主要是为了获取相机传感器的焦距、偏心和像素横纵比(+畸变系数)等参数,这些参数反映了相机成像过程中的映射关系。张正友等提出的张氏标定法简单高效,是目前流行的相机内参标定方法。

$$Z_c\begin{bmatrix}u\\v\\1\end{bmatrix}=\begin{bmatrix}\frac{1}{\mathrm{d}x} & 0 & u_0\\0 & \frac{1}{\mathrm{d}y} & v_0\\0 & 0 & 1\end{bmatrix}\begin{bmatrix}f & 0 & 0\\0 & f & 0\\0 & 0 & 1\end{bmatrix}\begin{bmatrix}X_C\\Y_C\\Z_C\end{bmatrix}\tag{3-7}$$

其中,$\mathrm{d}x$ 和 $\mathrm{d}y$ 是像素的实际物理尺寸大小,u_0 和 v_0 表示图像的中心像素与原点像素的横向和纵向像素数的差值,f 为相机的焦距。

相机和激光雷达的外参标定主要是为了获取相机坐标系和激光雷达坐标系之间的转换关系，一般为 6 自由度姿态参数。

$$\begin{bmatrix} X_C \\ Y_C \\ Z_C \\ 1 \end{bmatrix} = \begin{bmatrix} \boldsymbol{R} & \boldsymbol{T} \\ 0 & 1 \end{bmatrix} \begin{bmatrix} X_L \\ Y_L \\ Z_L \\ 1 \end{bmatrix} \tag{3-8}$$

其中，R 和 T 分别为激光雷达坐标系到相机坐标系转换的旋转矩阵和平移向量。

联合标定结果将点云投影到图像上的可视化结果如图 3-15 所示。

(a) (b) (c)

图 3-15 图像和激光雷达点云数据及配准结果

(a)图像；(b)激光雷达点云；(c)点云投影到图像

(4)传感器联合标定工具介绍

传感器标定主界面如图 3-16 所示。

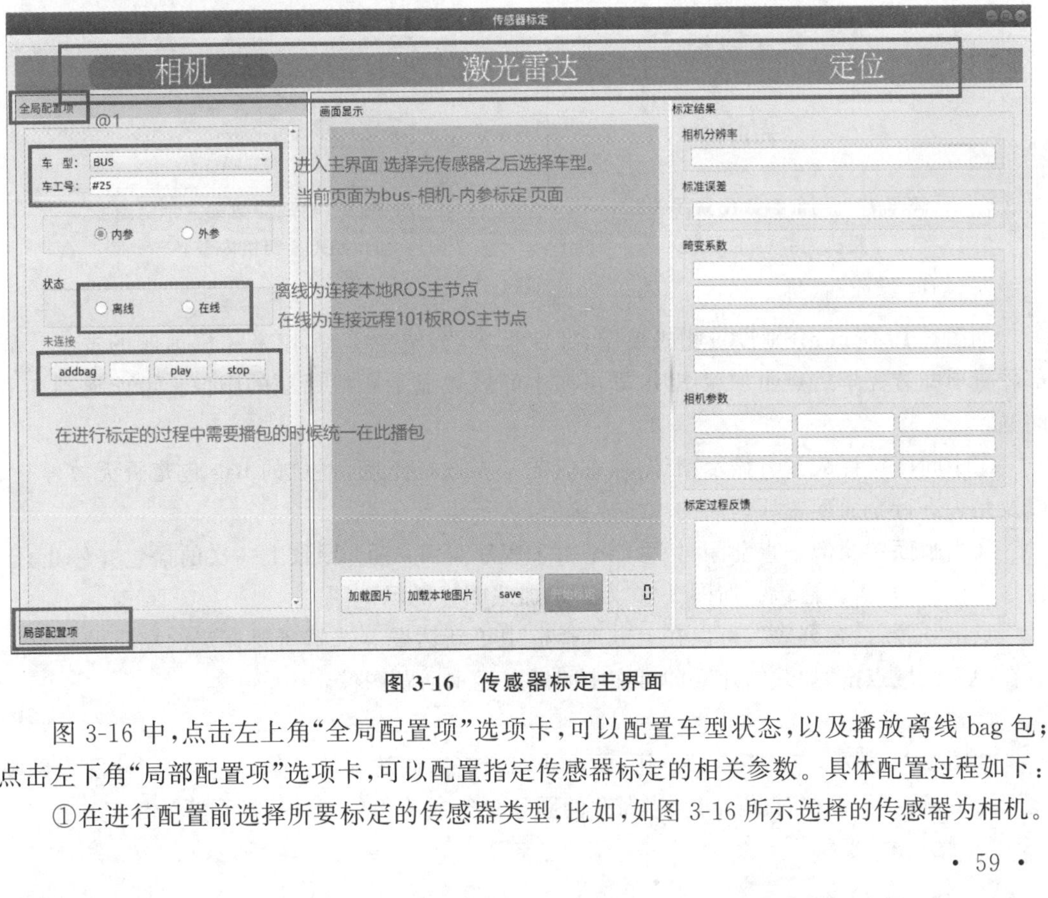

图 3-16 传感器标定主界面

图 3-16 中，点击左上角“全局配置项”选项卡，可以配置车型状态，以及播放离线 bag 包；点击左下角“局部配置项”选项卡，可以配置指定传感器标定的相关参数。具体配置过程如下：

①在进行配置前选择所要标定的传感器类型，比如，如图 3-16 所示选择的传感器为相机。

②点击“全局配置项”，选择需要标定的车型(bus、集卡)，配置状态(离线、在线)，若离线，需要播放 bag 包，则点击“addbag”按钮添加包，点击“play”按钮开始播放，点击“stop”停止播放。

注：点击“离线”即为连接本地 ros 主节点，点击“在线”即为连接远程 101 板上面的 ros 主节点。

点击“局部配置项”，即可进入对应传感器标定功能的局部参数配置。图 3-17 所示为以相机内参的局部参数配置的示例。

3.5.2 相机内参标定

(1)配置全局项

分别选择 bus—内参—离线。此时跳转到内参标定页面。播放标定相机内参需要的 bag 包。见图 3-18。

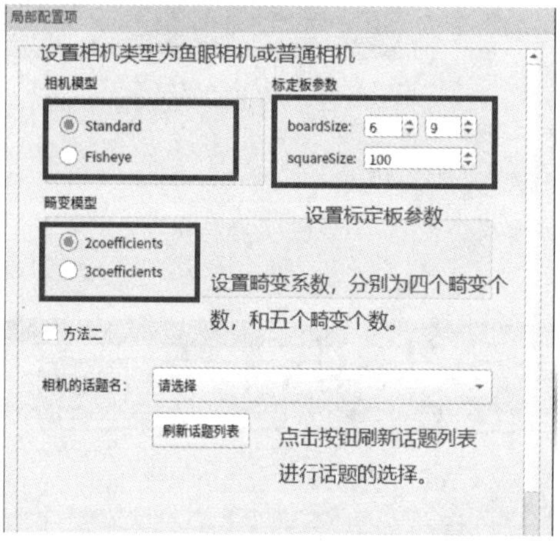

图 3-17　局部参数配置示例图

(相机内参标定配置)

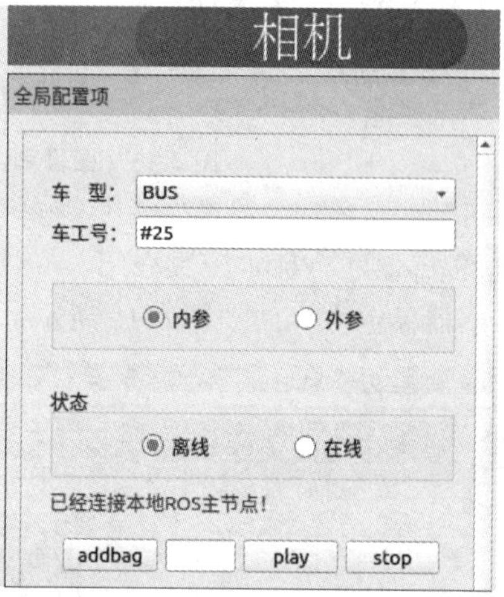

图 3-18　全局参数配置示例图

(BUS 相机内参)

(2)配置局部项

如图 3-19 所示，分别设置相机模型、标定板参数、畸变模型，以及相机话题的选择。局部配置项配置完毕后点击加载图片，即可在中间区域显示相机话题的图像。可能遇到如下问题：

①中间区域许久没有显示图像，检查话题是否选择正确，播放的 bag 包是否无故停止，以及是否进行全局配置项里面的离线连接。

②当画面中图像一直乱颤时，可能是由于程序异常终止，导致上一次的播包并停止，点击停止播包，并重新播包。如图 3-20 为正常加载图像的示例图。

点击“刷新话题列表”，可以在上方选择框中更新话题。选择所要标定的相机的话题之后在中间区域点击“加载图片”，即可在中间区域显示话题图像。

(3)开始标定

如图 3-21 所示，点击“save”按钮，即可获取当前播放的一帧图像，并对这一帧图像判断是否可用，可用则右侧计数加 1。当保存的图片大于或等于 40 张时，即可开始标定。

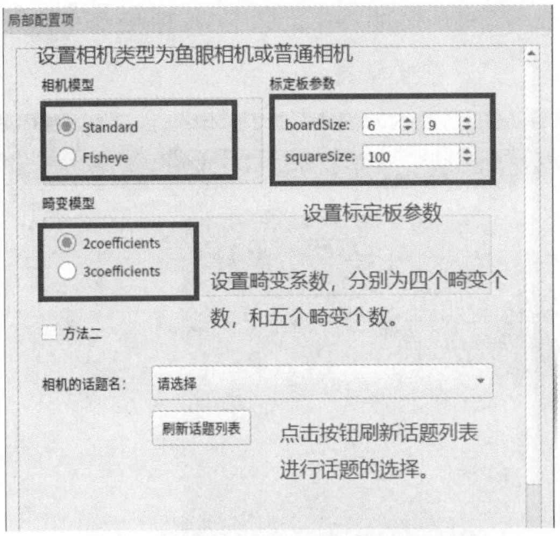

图 3-19　相机内参局部配置项示例图

图 3-20　加载图像示例图

图 3-21　保存图片示例图

当保存的图片大于或等于 20 张时，“开始标定”按钮变为可点击状态，并且按钮变为绿色。如图 3-22 所示。

图 3-22　开始标定示例图

点击“开始标定”按钮，会提示选择标定的相机编号，如图 3-23 所示。该编号主要用于存储结果时做记录。选择完编号之后开始进行标定。如图 3-24 所示为标定成功示例图。

标定完成之后如果误差较大可点击“重新标定”按钮进行再次标定，重新标定会删除上一次标定过程中误差较大的图片。如图 3-25 所示。

当本地已经存在用于相机标定的图片时，可直接点击加载本地图片来导入图片，如图 3-26 所示，多选图片，点击 “open”导入图片。当导入图片的计数大于或等于 40 时，即可点击“开始标定”，结果同上。

图 3-23　相机编号选择示例图

图 3-24　标定成功示例图

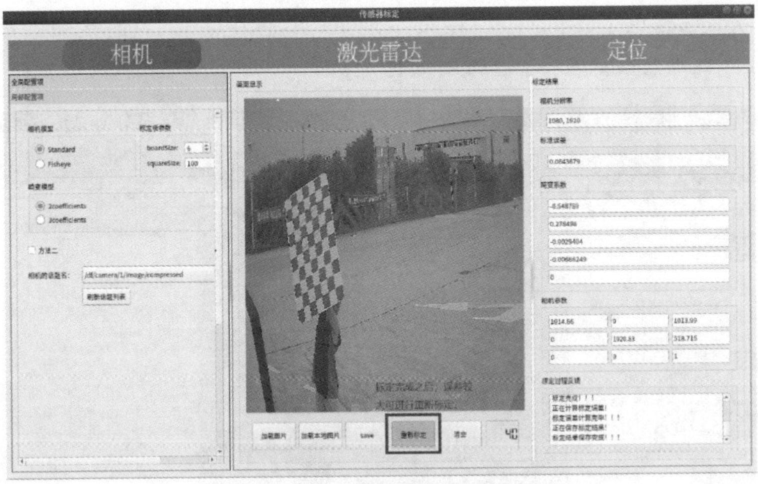

图 3-25　重新标定示例图

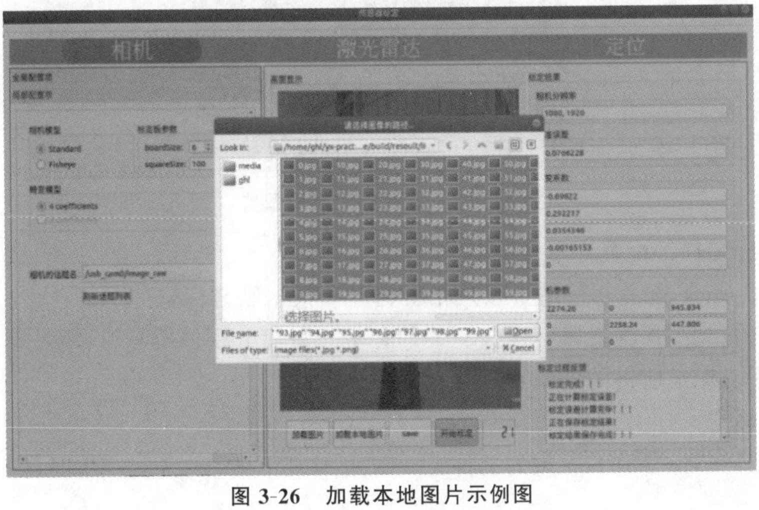

图 3-26　加载本地图片示例图

(4)结果保存

结果保存在传感器标定文件夹中的 resoult 目录中。如图 3-27 所示。

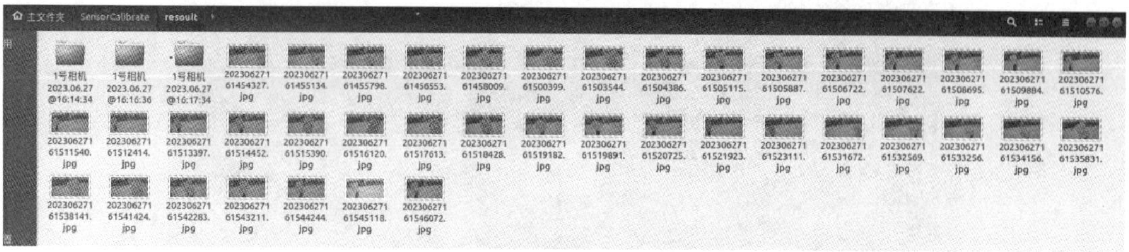

图 3-27 标定结果查看示例图

3.5.3 相机+激光雷达联合标定

(1)联合标定全局配置

如图 3-28 所示,点击相机,选择车型为“BUS”、选择“外参”标定、“离线”连接。离线连接成功后,下方出现绿色字体的“已经连接本地 ROS 主节点”。当连接失败后,再点击“离线”,重新连接。直到连接成功,才进行后续标定。

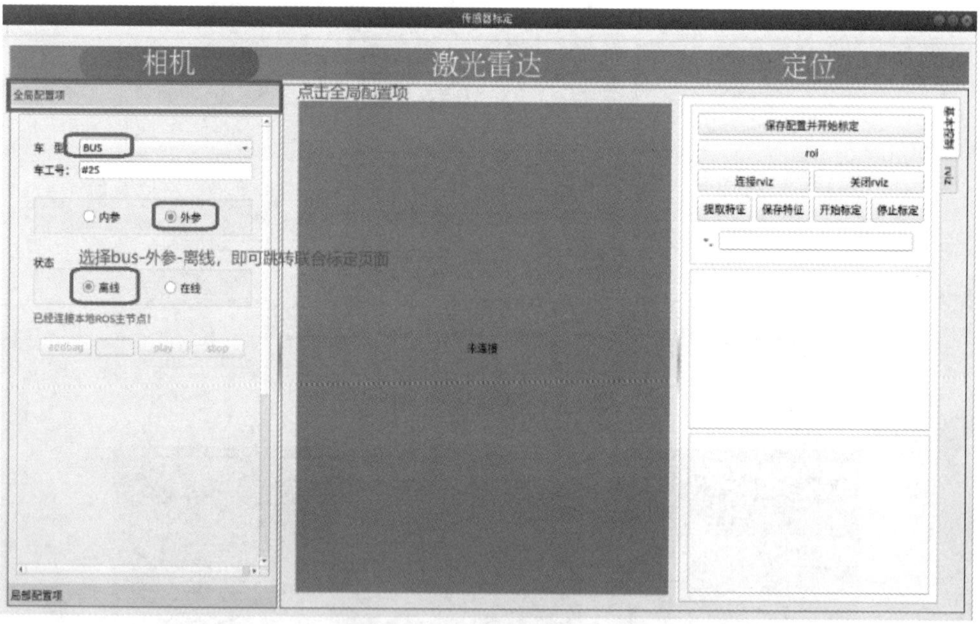

图 3-28 联合标定全局配置

(2)联合标定局部配置

如图 3-29 所示,配置相机编号以及相机类型。根据联合标定的 bag 包中标定板的内角点数量、格子的长度,来配置跟标定板有关的参数。最后分别修改相机参数、畸变系数,点击保存,至此,联合标定所需的配置项配置完成。

(3)开始标定

在标定之前选择存放 bag 包的文件夹。双击列表中的 bag 包名字,即可开始播包。如图 3-30 所示。

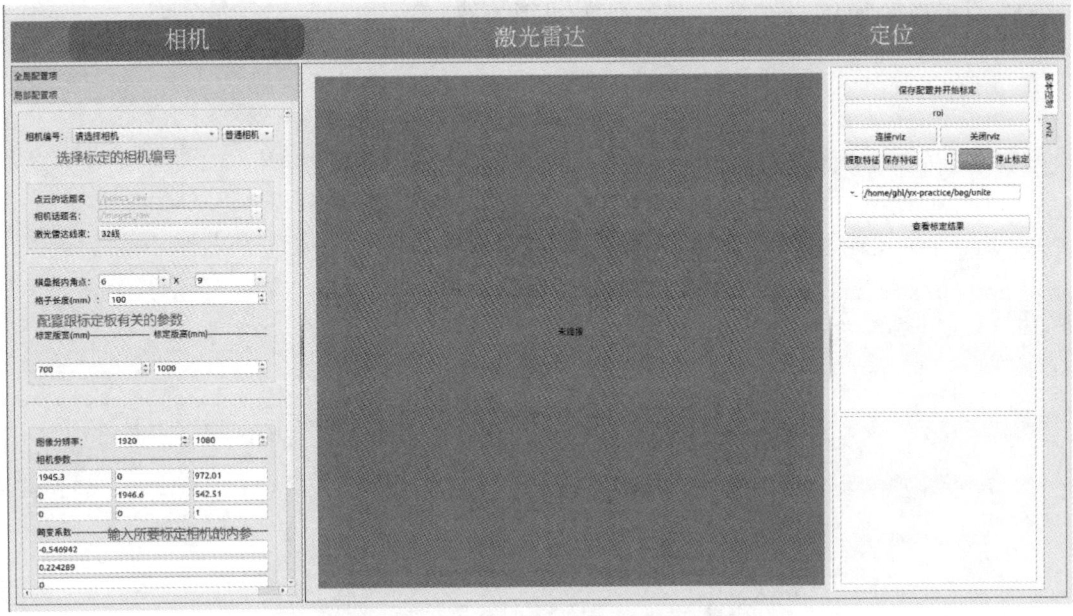

图 3-29　联合标定局部配置页面示例图

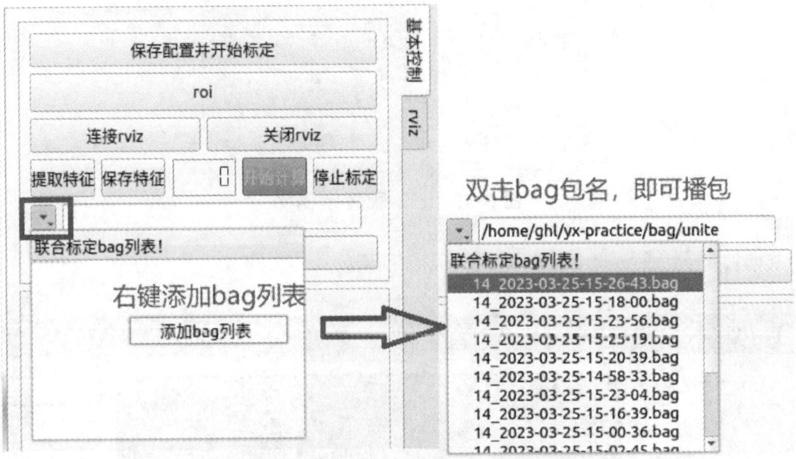

图 3-30　添加联合标定 bag 包示例图

播包后标定流程如下：

①点击“保存配置并开始标定”按钮，标定程序开始运行，按钮变为不可点击状态，显示“正在标定中”，如图 3-31 所示。

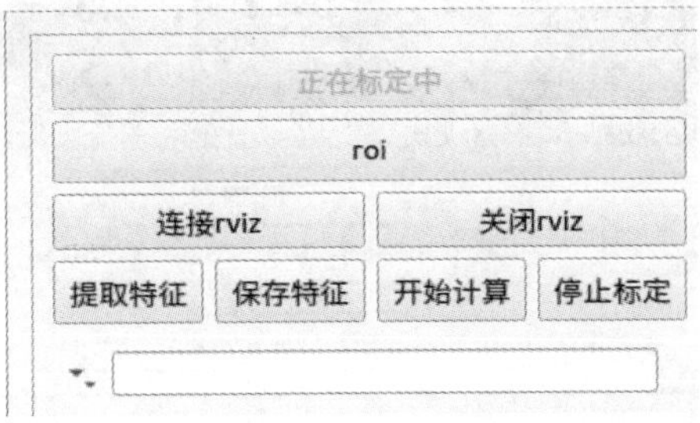

图 3-31　标定中示例图

②点击连接 Rviz，并对 Rviz 进行配置，见图 3-32。

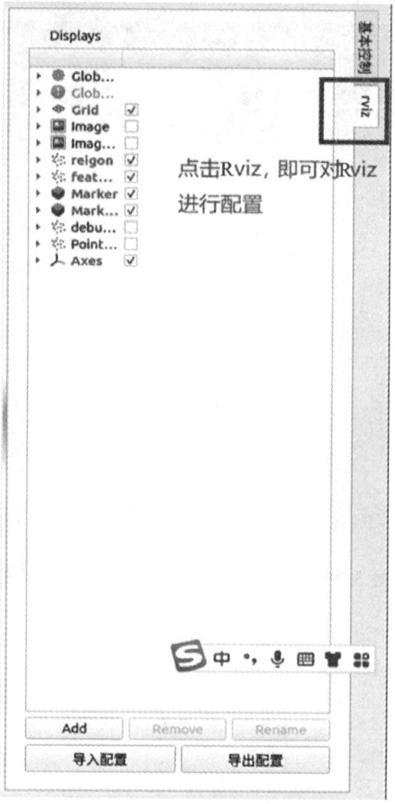

图 3-32　rviz 配置示例图

③点击 ROI，调整感兴趣区域，如图 3-33 所示。

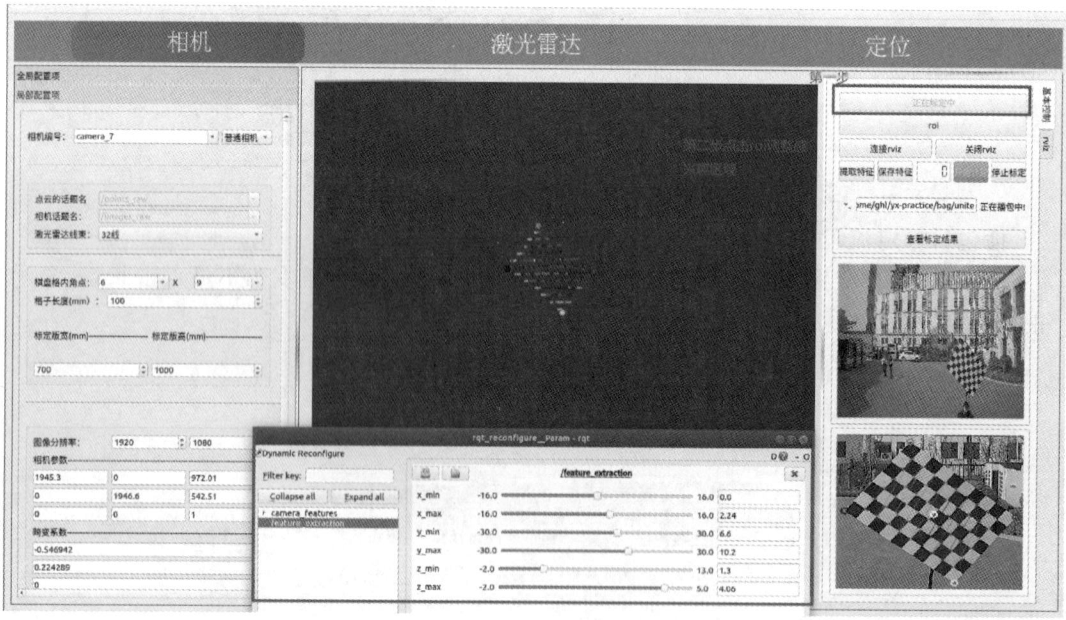

图 3-33　ROI 示例图

通过调整感兴趣的区域，过滤掉除了标定板之外的其他点云，如图 3-34 所示。

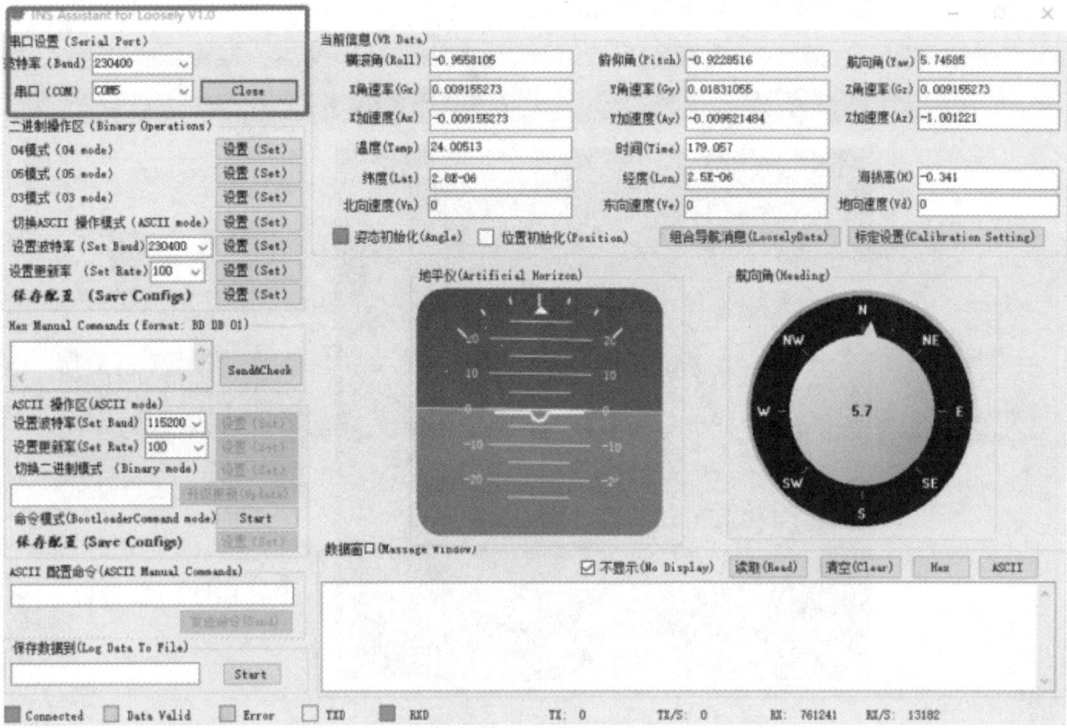

图 3-34　过滤点云

④点击提取特征按钮。如图 3-35 所示。

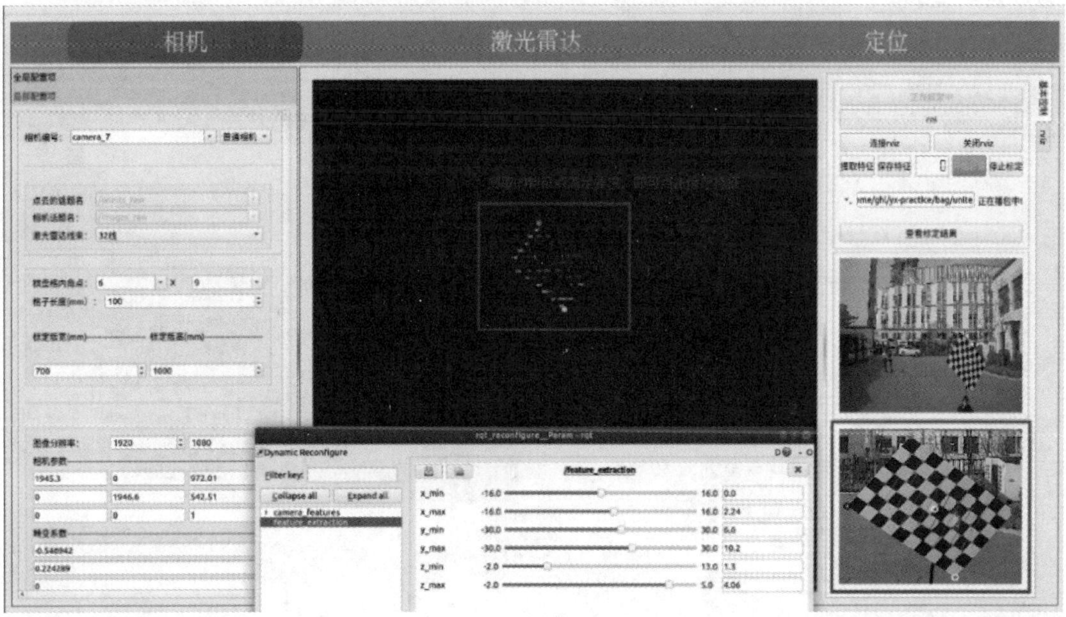

图 3-35　提取特征

如果提取的特征点满足要求，即可点击保存特征，保存成功，计数加 1，此时系统会自动播放下一个 bag 包，重新调整 ROI，并提取特征，满足要求就保存特征，重复进行这两步。当提取的特征点满足大于或等于 10 时，即可开始计算。计算完成后点击“停止标定”，会显示“标定成功”或“标定失败”，如图 3-36 所示。

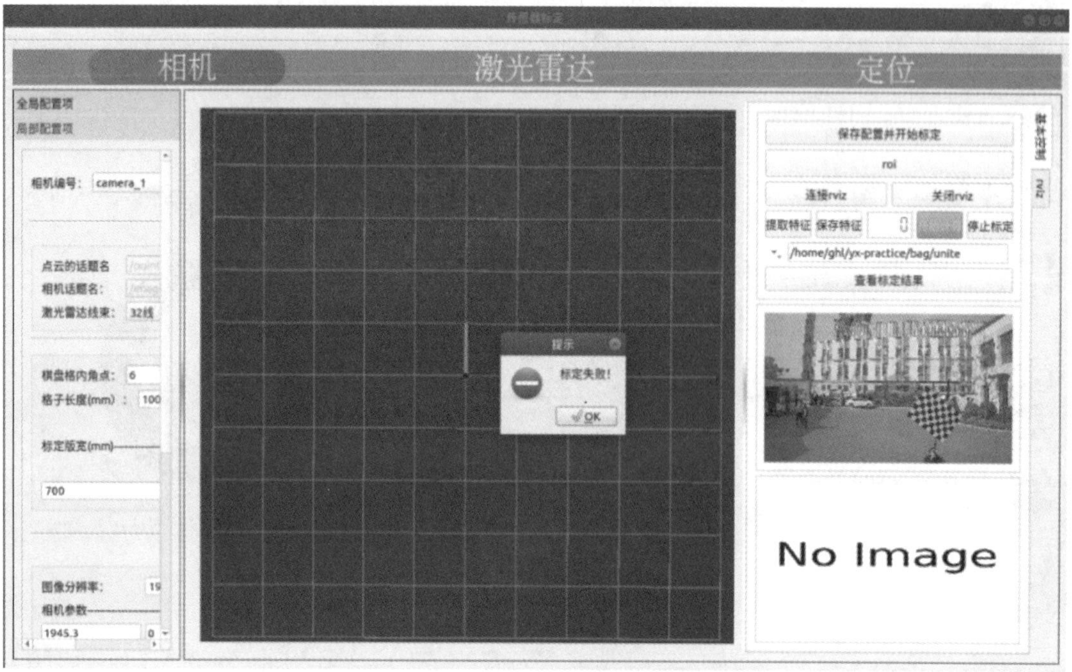

图 3-36　标定失败示例图

⑤点击“OK”后显示出标定的结果，如图 3-37 所示。点击下一张，可依次查看每张图片的标定误差。

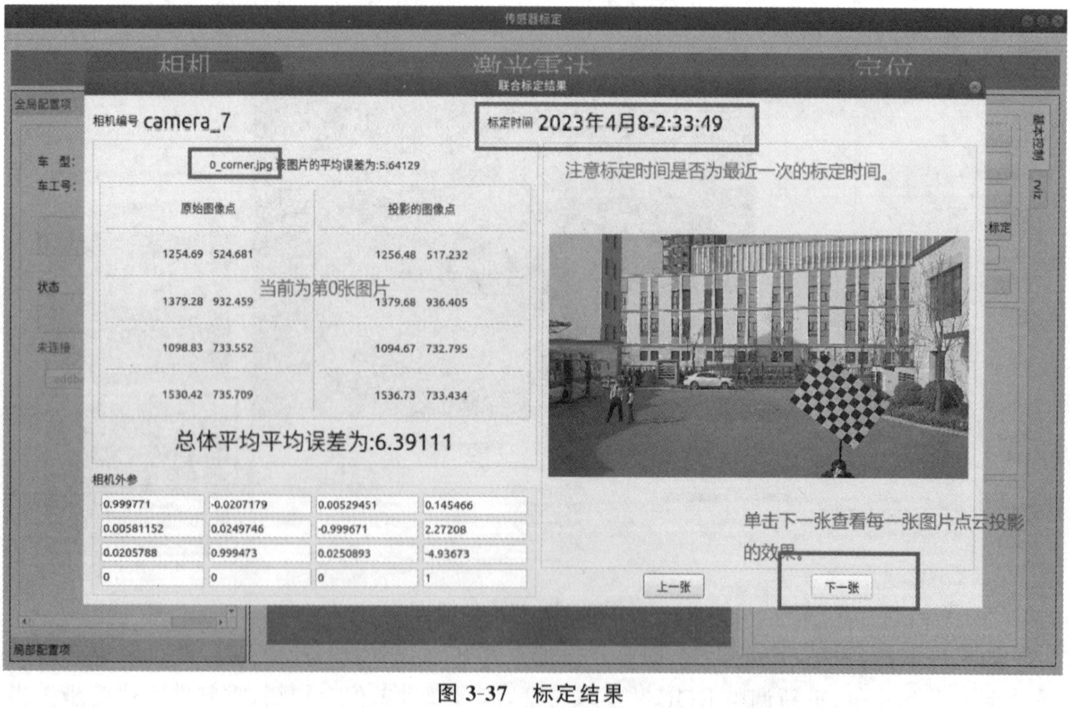

图 3-37　标定结果

⑥点击“保存结果”，则会保存联合标定的结果，并弹出结果所在文件的路径，如图 3-38 所示。

图 3-38　联合标定结果保存示例

3.5.4　多激光雷达拼接标定

拼接标定主界面如图 3-39 所示。

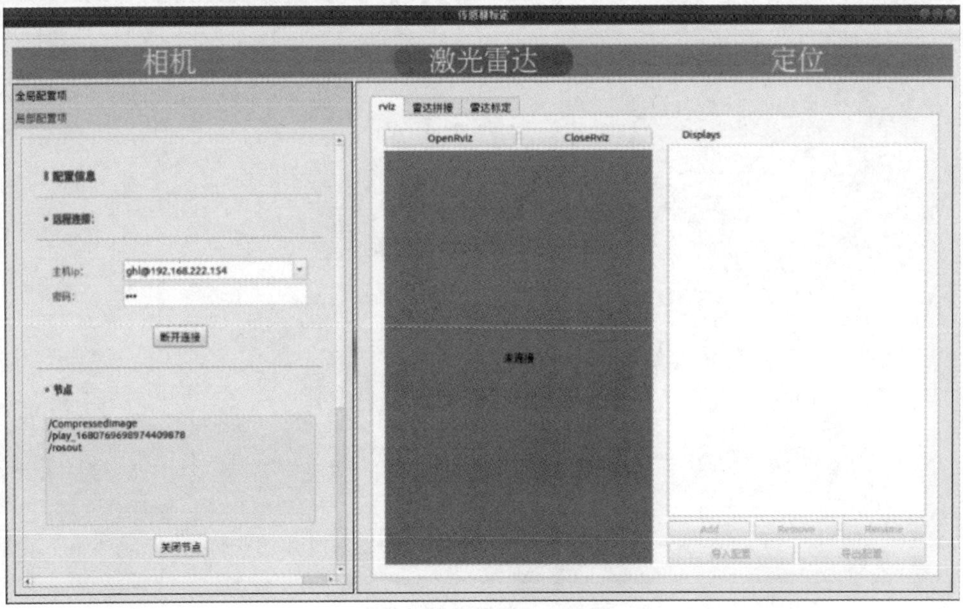

图 3-39　拼接标定主界面

连接 Rviz，点击右激光雷达标定按钮，开始将右激光雷达拼接到前激光雷达，见图 3-40。

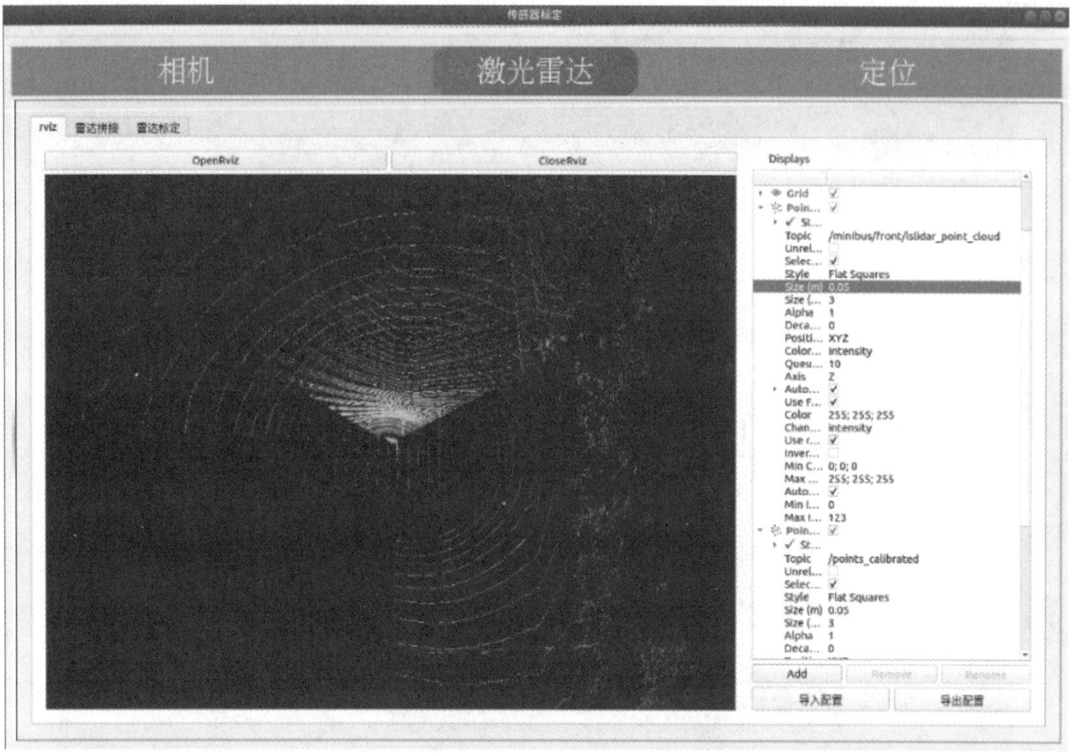

图 3-40　Rviz 显示

当右侧激光雷达与前激光雷达图像重合时，点击暂停，获取到最后一行的标定参数。见图 3-41。

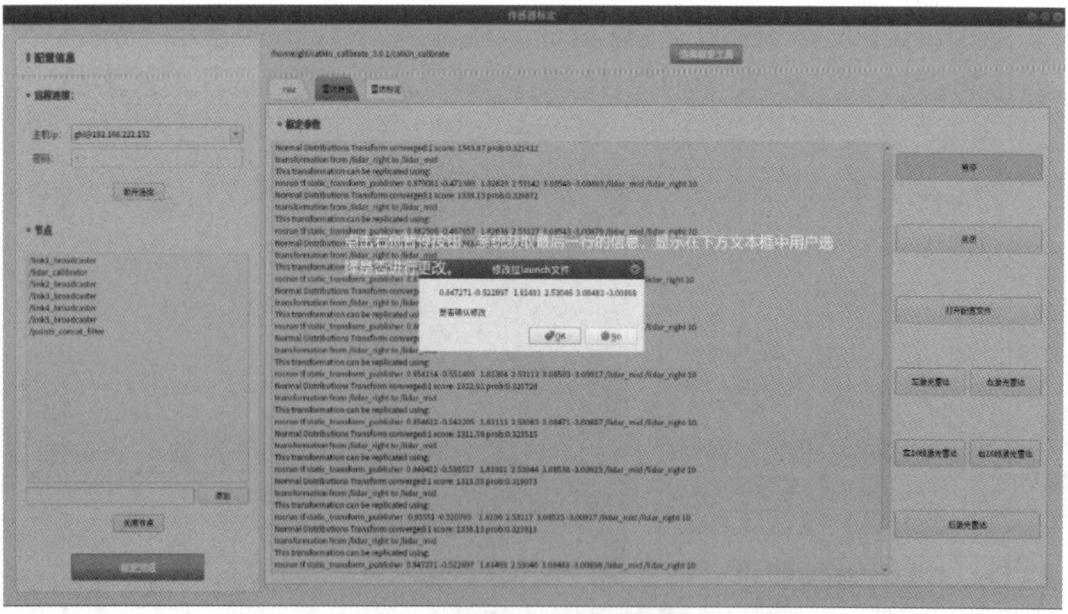

图 3-41　获取参数并保存

依次点击左激光雷达、后激光雷达等，重复上述步骤，完成标定。

3.5.5　GPS惯导标定

（1）标定前的工作

①检查线束连接是否正确、有无破损现象；

②检查有无插物联网卡、并确认卡已缴费；

③检查惯导安装方向是否正确、安装是否牢固；

④使用232转USB线连接4G模块，配置千寻账号。

（2）指示灯（标定前提一）

指示灯从左至右分别为：电源、GNSS信号、轮速信号及工作状态信号灯。见表3-7。

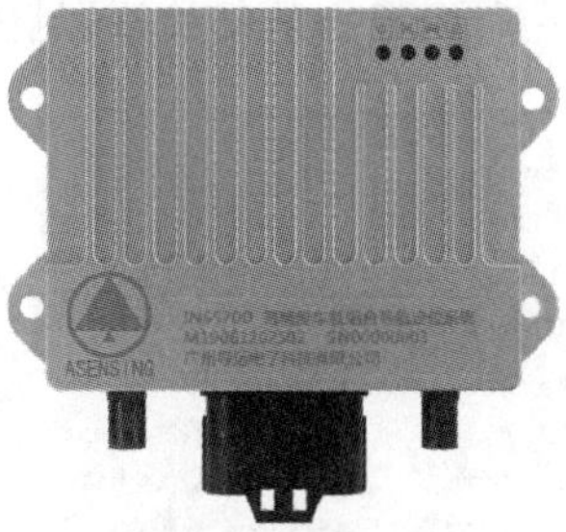

图3-42　导远570D

表3-7　指示灯状态说明

图标	信号名称	状态说明	
	电源指示灯	常亮：通电；	熄灭：断电。
	GNSS信号指示灯	熄灭：NONE；　慢闪：SINGLE；	快闪：DGPS/RTK_Float；　常亮：RTK FIX。
	轮速信号指示灯	常亮：正常接收底盘协议；	熄灭：未接收到底盘协议。
	工作状态指示灯	常亮：初始化完毕；	闪烁：未初始化。

注：标定前四个灯全部常亮进行标定才有意义，否则可能标定失败，标定时轮速信号灯闪动是正常的。

（3）轮速挡位信息检查（标定前提二）

通过上位机AsensingConverter_new查看轮速与挡位信息，如图3-43所示。

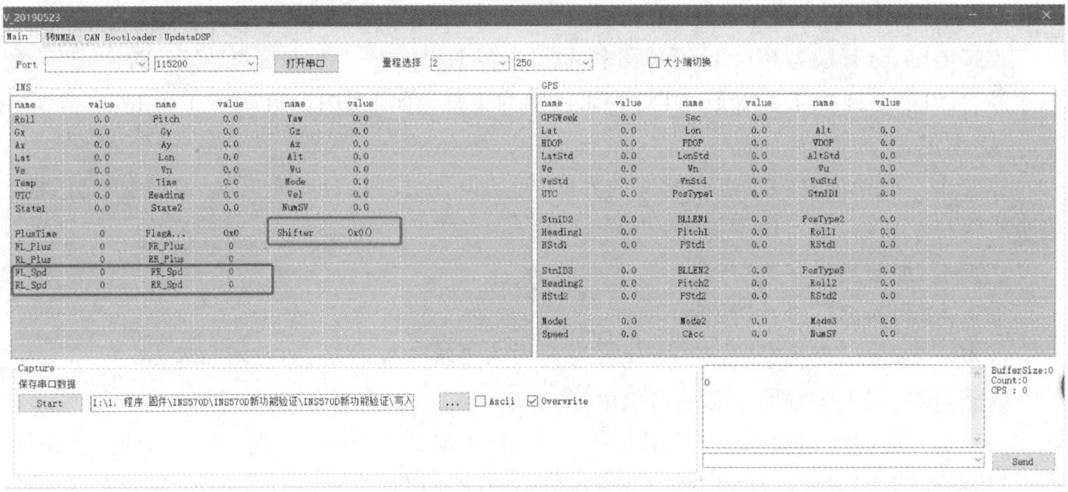

图3-43　底盘信息检查

绿框是挡位，车辆停止也能看到数值，如显示“08”，对应关系为8765-PRND挡。红色框是轮速信息，必须车动起来才能看到。（这两个数值只要接上惯导和底盘就能看到，不需要RTK，目的是验证惯导是否通过CAN收到底盘轮速）。

这两个数值不能看所代表的信息正确与否，且有这两个数据不一定标定成功，但没有这两个数据一定标定失败。

(4)软件正常开机测试(标定前提三)

首先进行软件检查，见图 3-44。

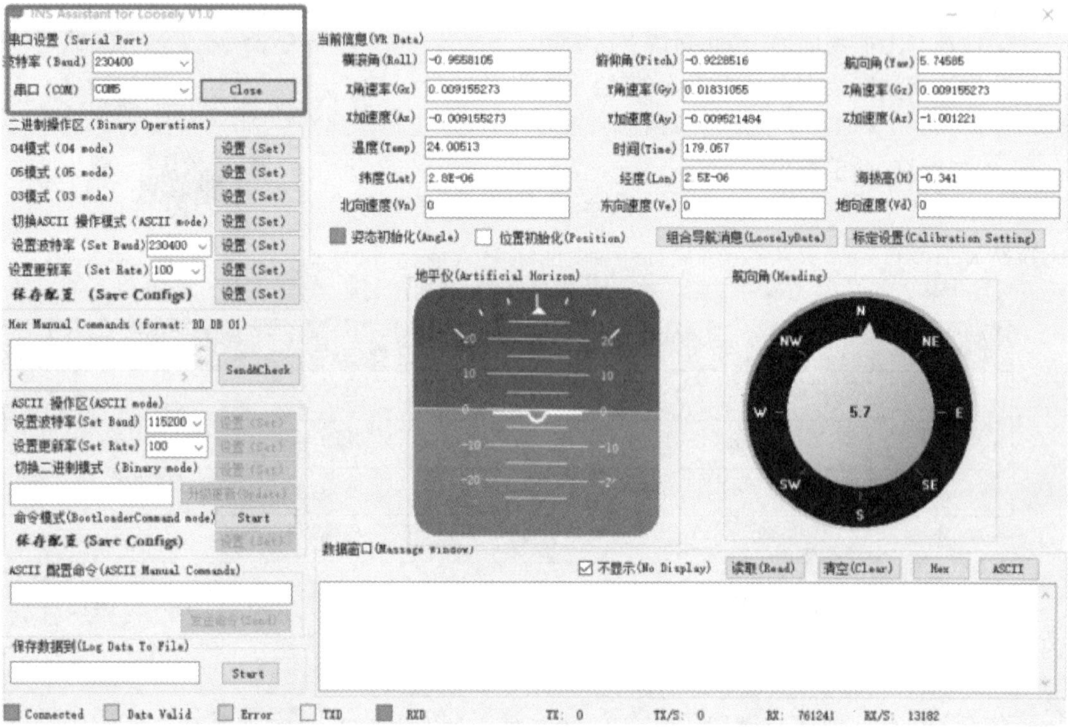

图 3-44　软件检查

连接电脑，选择波特率(230400)及串口(422 转 USB 线)；“当前信息(VR Data)”有数据刷新，且“姿态初始化 (Angle)”灯为绿色则为正常；否则无法标定。

(5)标定

恢复出厂设置(归零)。点击软件主界面“标定设置”按钮，自动弹出“标定设置”对话框，各数据保持默认值，进行以下操作：

①点击“加载出厂参数”按钮

②点击“写入出厂参数”按钮

③点击“读取出厂参数”按钮，对比各参数如图虚线方框所示，即成功归零

④重启设备(组合导航设备重新上电)

将车辆停放在水平路面上，观察软件主界面“当前信息”中的数据；若“横滚角”、“俯仰角”数值绝对值≥1，则在“标定设置”将对应数值取反。以惯导为原点，写出惯导到车后轮轴中心的距离矢量；以惯导为原点，写出惯导到主天线/定位天线(如测量天线)的距离矢量。见图 3-45、图 3-46。

三合一在 CATIA 中测量上述两个数据：

①ltc:X/Y/Z:0.1/0/0.8(单位:m)

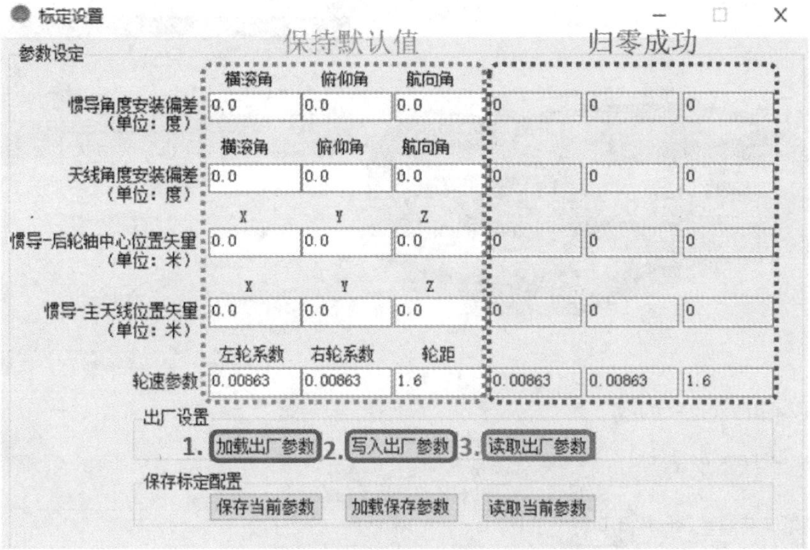

图 3-45　惯导角度安装偏差设置

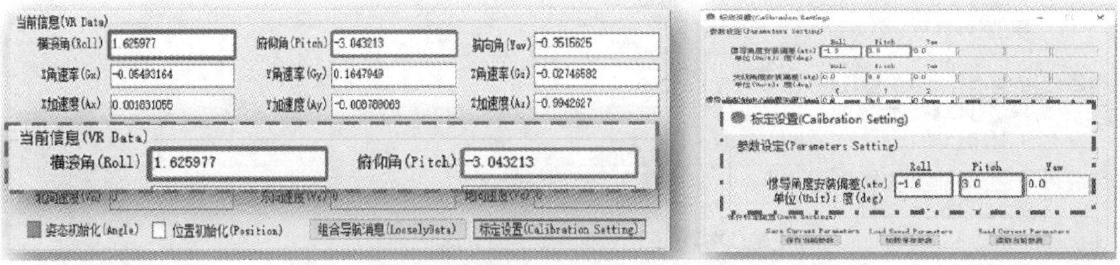

图 3-46　惯导-后轮轴 /主天线设置

②ltg：X/Y/Z：0/0/−0.2(单位：m)

将车辆停放在水平路面上，在上位机“标定设置”对话框进行标定参数写入，如图 3-47 灰色方框所示。写入出厂参数后，依次进行以下操作：

①点击“加载出厂参数”按钮；

②点击“写入出厂参数”按钮；

③点击“读取出厂参数”按钮；

④对比参数应与写入参数一致，即车辆坐标参数写入成功；

⑤重启设备(惯导设备重新上电)。

在卫星信号良好(如：收星数>17 颗)情况下，软件主界面“姿态初始化”“位置初始化”指示灯应点亮(绿灯与蓝灯)。

点击主界面“组合导航消息”，弹出“组合导航消息”框，卫星状态信息栏应为三个 NARROW_INT 状态，状态信息栏中 PP1S、H2_R 指示灯应均匀闪烁绿灯，TimeGPS2IMU(ms)数值不为 0，车辆行驶时，R2_R 指示灯应正常闪烁绿灯，停车则熄灭。

(1)惯导初始化状态检查无误后，开始跑车标定。见图 3-48、图 3-49。尽量跑“日”字(包含左、右转弯和拐弯后需直行)见图 3-50。

(2)场地尺寸：尽量大于 50m * 50m。标定场地选择较空旷场地即可，一般 RTK_Fix 能

图 3-47 写入车辆坐标参数

达到 95％的标定效果即可满足要求。

(3)跑车时间尽量在 5～10min，待“组合导航消息_状态”信息栏中“标定误差”数值稳定，波动小于 0.1°，认为标定完成。

若无理想路线，必须包含左转、右转、拐弯后需直行状态。

完成跑车标定后，继续进行标定数据写入，期间设备不能断电。

(4)写入跑车标定数据。分析标定数据，分析正常后可按以下步骤写入标定参数：

①点击“保存当前参数”按钮；

②点击“加载保存参数”按钮；

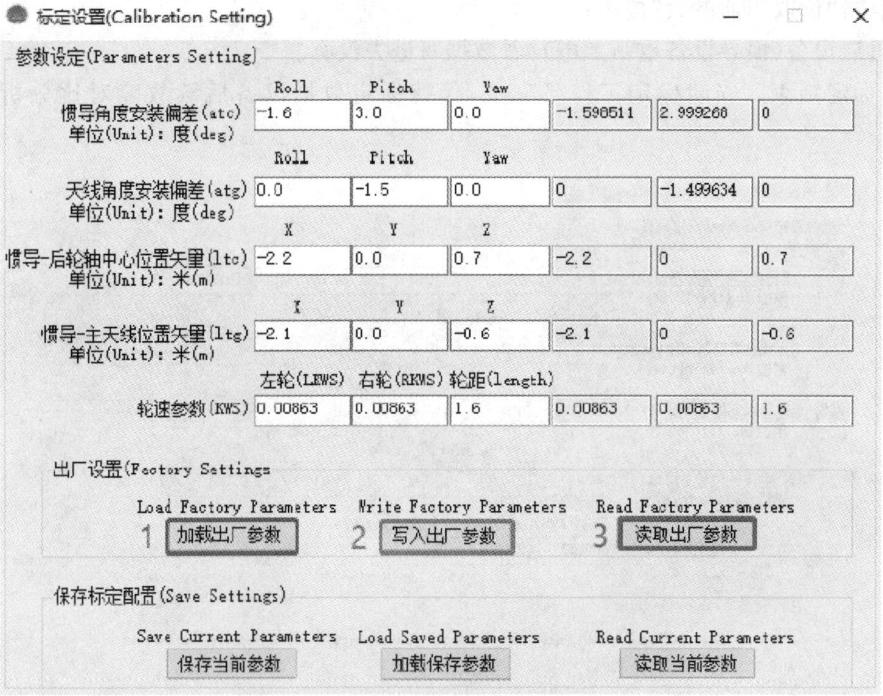

图 3-48　惯导初始化

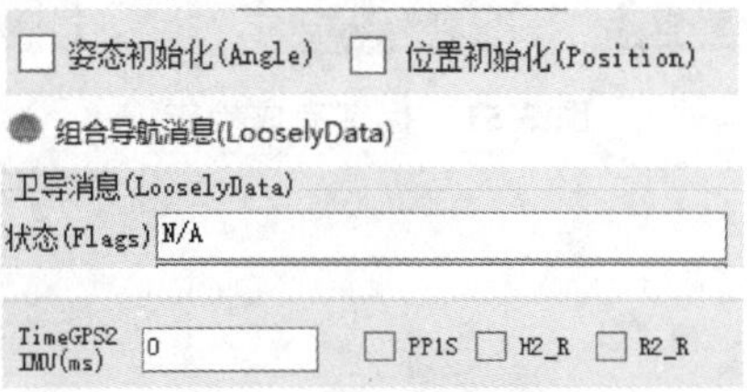

图 3-49　跑车标定

图 3-50　标准差检查

③点击“读取当前参数”按钮；

④重启设备(惯导设备重新上电)：看数据写进去没有。

(5)标定结束。安装标定工作已完成，保持标定数据以备后续故障对比分析。见图3-51。

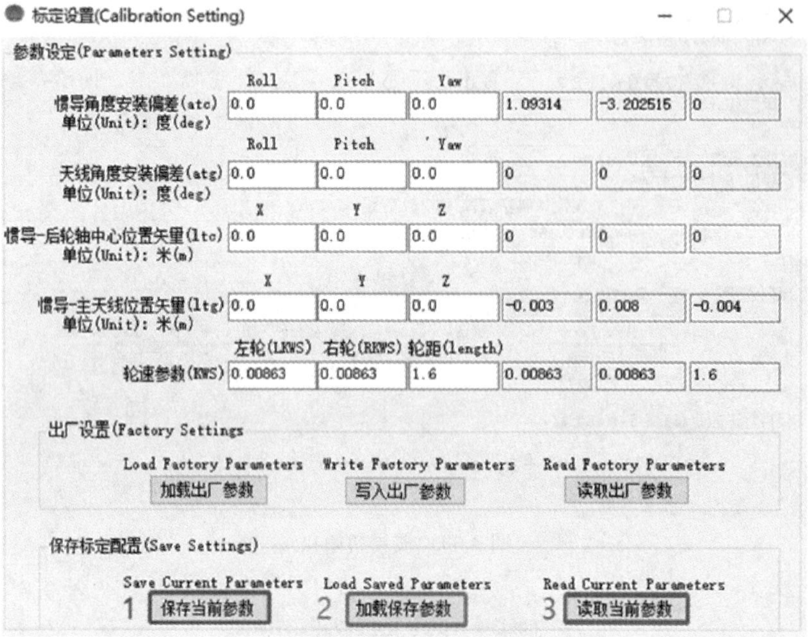

图 3-51　标定完成检查

4 高精度地图与定位

4.1 高精度地图基本概念

4.1.1 导航地图分类

(1)基础导航地图 SD Map(standard definition map)

基础导航地图的精度约在 10～100m 等级。主要关注点在道路上，精度和更新频率都较其他地物(如建筑物等)高。

(2)ADAS 地图 (advanced driver assistant system)

ADAS 地图主要用于辅助驾驶的预警提示，精度一般在米级左右。

(3)高精地图 HD Map(high-precision map)

高精度地图的道路信息更详细，一般在亚米级精度，支持车道级定位，能够高度还原道路场景。可用于智能驾驶系统进行控车辅助。

SD Map 包含的信息极为有限，只能用来导航。而 HD Map 的信息就比 SD Map 丰富得多，主要用以实现 ADAS L2＋以上的功能。基于业务需求，HD Map 和 SD Map 中间隔着一个 ADAS Map，它包含道路坡度、曲率、航向以及简单车道信息，可以给 L2 及以下级别的功能提供一些帮助。

表 4-1 是不同地图的特点。

表 4-1　导航地图分类

分类	基础导航地图	ADAS 地图	高精地图
内容要素	道路、POI、水系、绿地、建筑等	相比基础导航地图，它包含道路坡度、曲率、航向以及简单车道信息	车道级的道路及路口模型、部件、属性及其他定位图层信息等；交通信号元素：路牌，信号灯等；其他道路元素：高架、护栏、树木、路缘、路标、路灯等；地图元素的逻辑关系表述
精度	5～10m	1～5m	绝对精度 0.5m 内，相对精度 10～20cm 内
使用者	驾驶员	驾驶员、辅助驾驶系统	自动驾驶系统
用途	导航搜索，目视	导航搜索，目视，环境感知	环境感知，定位，路径规划

续表 4-1

分类	基础导航地图	ADAS 地图	高精地图
更新频率	日级/小时级更新	日级/小时级更新	动态实时更新 注:实时更新仅从定义和愿景出发。当前业界难以达到此标准,是高精地图需要攻克的难题之一
生产模式	采集车辆	采集车辆	高精地图采集车辆或众包采集

4.1.2 高精地图格式

当前主流的通用格式规范分为 NDS 和 OpenDRIVE 两种。

(1)NDS 格式

NDS(navigation data standard association)是面向汽车生态系统的地图数据全球标准,由宝马、大众、戴姆勒等知名国际汽车厂商、系统商以及数据商为主导成立,旨在通过多方的共同努力,制定出新的适合汽车制造商、系统供应商以及地图供应商未来发展的标准导航电子地图数据格式。

其突出特点是:在兼顾性能和功能的基础上,采用了细分数据库技术存储地图数据,能够比较好地解决地图增量更新、扩展和数据安全的问题。其价值在于全球规格、地图切换、增量更新、云混合、高精度地图标准等。

在自动驾驶领域,NDS 格式可以算是高精度地图行业的默认专业标准。

(2)OpenDRIVE 格式

OpenDRIVE 是由德国制定的国际通用的标准。OpenDRIVE 格式是以可扩展标记语言(XML)为基础,文件后缀为 xodr 格式的描述道路及道路网的通用标准。存储在 OpenDRIVE 文件中的数据描述了道路的几何形状以及沿线的特征并且定义了可以影响交通逻辑的交通标志以及道路基础设施,例如车道和信号灯。OpenDRIVE 示意图如图 4-1 所示。

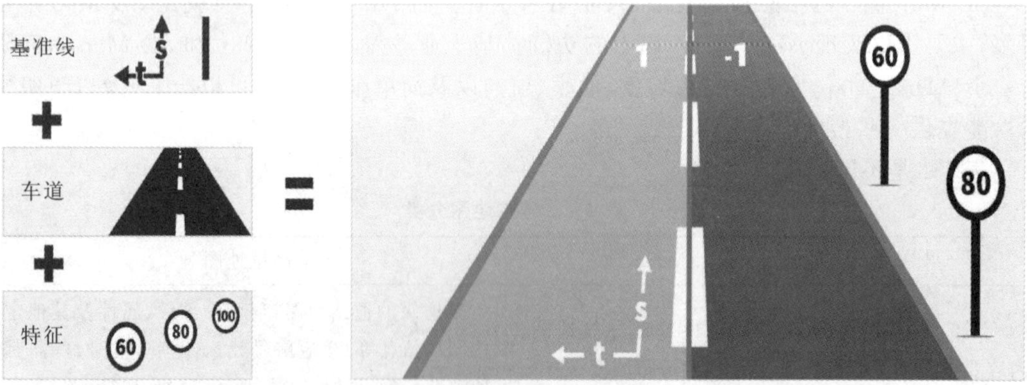

图 4-1 OpenDRIVE 示意图

路网是 OpenDRIVE 文件中描述的道路信息,既可以是基于经验建造的,也可以是依据真实道路数据生成的。OpenDRIVE 的主要目的是提供一种可用于仿真模拟的道路网络描述,并且使得这些道路以及道路网的描述可以在仿真平台或仿真软件中被自定义或改变。

OpenDRIVE 根据 XML 的格式以节点和元素描述道路中的各类信息。这样的通用格式有助于虚拟仿真测试的高度专业化,并且可以保持不同国家之间数据交换所需的相互操作性。

4.2 高精定位技术

高精定位技术致力于提升自动驾驶车辆的综合定位性能，并满足其在多种复杂工况下的定位精度及稳定性，主要采用 RTK＋GNSS＋IMU＋HD Map＋Target Map 的组合，赋予车辆及环境地球位置坐标。

①GNSS(global navigation satellite system，全球导航卫星系统)：通过不少于 4 颗卫星进行车辆位置解算，精度米级。

②RTK (real-time kinematic，实时动态)：采用载波相位差分技术，通过基准站进行更高精度实时差分解算，精度厘米级。

③IMU(inertial measurement unit，惯性测量单元)：基于车辆初始位置及航向进行位置推算。

组合导航定位融合 RTK＋GNSS＋IMU，互相补偿修正定位信息。

④视觉定位：摄像头可以在近距离范围内提供清晰的、高精度的测量结果和特征信息。

⑤激光定位：可以在雷达的测量范围内获取高精度的测量结果，并实现栅格化，与地图中的点云进行匹配定位。

国内车企对高精度定位的需求及指标，须同时满足横向车道级行驶及纵向高速跟车的需求。横向 20cm、纵向 1.5m 的精度可满足 L3 及以上级别自动驾驶的需求，需通过减少环境的影响来提高定位精度。但想要实现厘米级精准定位、全局定位和规划及超视距感知和预判，单一技术难以满足多种场景/天气工况，定位系统采用多传感器融合定位方案，不依赖单一传感器，在整个运行场景，利用多源融合定位算法，有机融合组合导航、视觉特征匹配定位、激光特征匹配定位、激光里程计定位以及惯性传感器 IMU 和轮速信息，保证在整个系统运行场景下，具备全局定位稳定性和鲁棒性。全局融合定位算法框架见图 4 2。

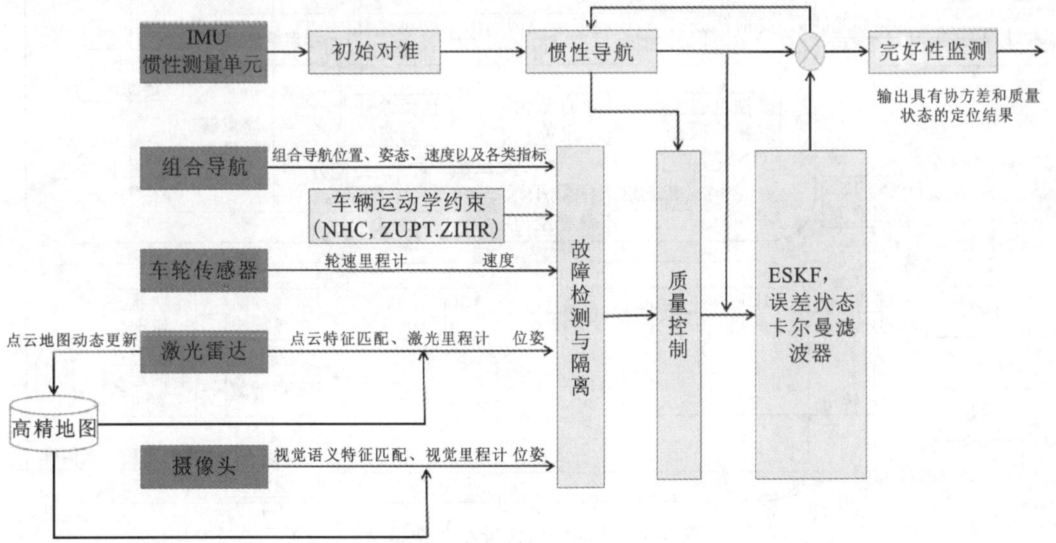

图 4-2 全局融合定位算法框架

4.2.1 组合导航定位

(1)紧耦合组合导航简介

紧耦合是将 GNSS 输出的观测量(伪距、伪距率)与 INS 输出的惯性数据作差,并将差值输出给滤波器,从而用来进行 INS 误差的估计,并将误差补偿通过反馈的方式补偿给 INS,经过校正的 INS 惯性数据输入组合导航模块滤波器,结合 RTK 定位结果,最终得到组合导航解。

紧耦合在原始 GNSS 观测量端进行融合,因此当卫星数量低于最低数量时,紧耦合的模式依然可以提供 GNSS 信号更新,但结构上会比较复杂。结构上复杂带来的好处就是在相同硬件配置下,紧耦合的鲁棒性会更好。

(2)紧耦合组合导航原理

图 4-3 为组合导航算法原理框图,利用 RTK 技术、INS 技术、DR 技术进行多传感器融合,解决 GNSS 因遮挡导致卫星搜星数量减少或者多路径效应强烈时,GNSS 输出精度变差,固定率降低或者出现假固定现象。

紧耦合组合导航具有以下算法优势:

①林荫、CBD、密集集装箱等半遮挡环境 GNSS 信号利用率更高,惯导累积误差更小,半遮挡环境整体精度提升 2 倍以上,固定率提高 10%~20%;

②INS 可以辅助 RTK 固定,可以更便利和充分地利用 INS 短期导航精度高的优势,提升质量控制能力与检核能力,减少 GNSS 假固定情况;

③INS 充分利用 INS 推算短期精度高的优势,探测和修复小的周跳,性能更稳定;

④可实现 RTK 快速模糊度固定,在短时间遮挡环境下,RTK 固定解恢复更快。

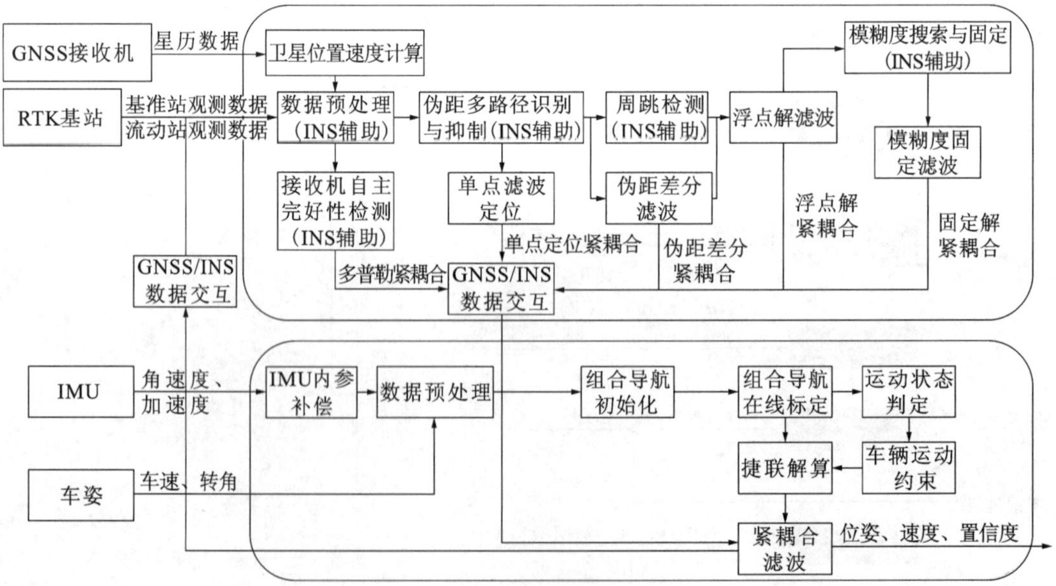

图 4-3 紧耦合组合导航算法框架

4.2.1.1　在 n 系下速度更新

$$\frac{\mathrm{d}v}{\mathrm{d}t}=f-(\omega_{ie}+\omega_{if})\times v+g_p, f=i,e,n \tag{4-1}$$

$$\frac{\mathrm{d}v}{\mathrm{d}t}=f_n-(2\omega_e+\omega_n)\times v_n+gp \tag{4-2}$$

$$=C_{fb}-(2\omega_{ie}+\omega_{nen})\times v_n+gp$$

$$v_k=v_{k-1}+\Delta v_k+\Delta v_g \tag{4-3}$$

式中，v_{k-1} 和 v_k 分别为前一历元 t_{k-1} 和当前历元 t_k 的速度向量。

重力是位置的函数，当惯导更新频率足够高时，在$[t_{k-1}, t_k]$时段内载体的位置变化幅度较小(图 4-4)。由位置变化引起的重力变化为小量，且变化较为平缓。因此，在一个积分周期内将重力向量看作常值向量，其具体数值根据积分周期内中间时刻的位置进行计算。

n 系(x，y 轴跟随当地水平面，z 轴垂直纸面向里) 坐标轴的空间指向随原点位置的变化而改变，比力积分项的被积量(比力) 在积分区间 $[t_{k-1},t_k]$ 内其大小和方向均可能发生快速的变化，因而要考虑时变向量积分的不可交换性误差补偿(图 4-5)。考虑导航坐标系(n 系) 和与载体坐系(b 系) 在积分周期内的旋转。

$$\zeta_{n(k-1)n(k)}\approx\int_{t_{k-1}}^{t_k}\omega_n(k-1)n(t)\mathrm{d}t=\int_{t_{k-1}}^{t_k}\omega_n(k-1)i+\omega_{in}(t)\mathrm{d}t \tag{4-4}$$

对等效旋转矢量的模作小量假设(假设惯导更新频率足够高，以保证是一个合理的小量，例如不大于 0.05rad)，则有 $\sin\phi/\phi\approx1$，同时忽略等式右边第三项(ϕ 的二阶项)，可得

$$\zeta_{n(k-1),n(k)}=(\omega_{ie}+\omega_{en})_{t_k-1/2}\Delta t=$$

$$\Delta v_k+\frac{1}{2}\Delta\theta_k\times\Delta v_k+\frac{1}{12}(\Delta\theta_{k-1}\times\Delta v_k+\Delta v_{k-1}\times\Delta\theta_k) \tag{4-5}$$

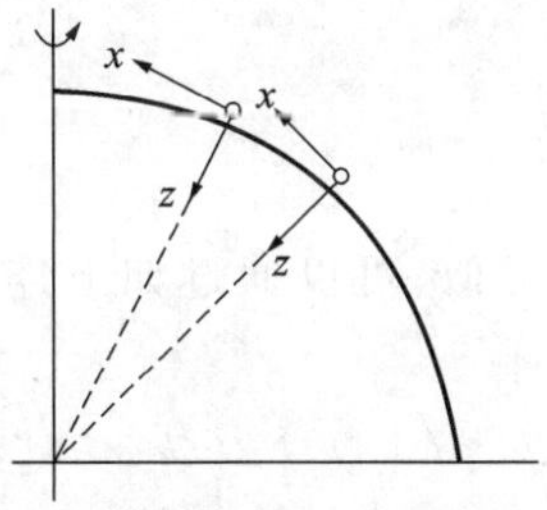

图 4-4　载体变化示意图

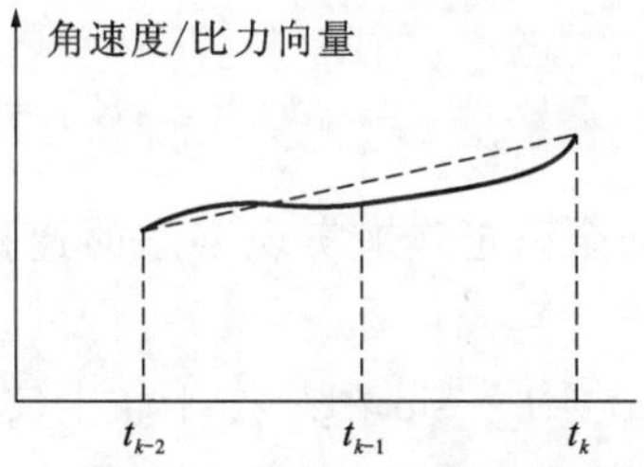

图 4-5　角速度/比力向量

4.2.1.2　位置更新

载体的位置可用大地坐标(纬度 φ、经度 λ 和椭球高 h)来表示。位置随时间的变化可用下面一组微分方程来描述：

$$\dot{\varphi}=\frac{v_N}{R_M+h} \tag{4-6}$$

$$\dot{\lambda}=\frac{v_E}{(R_N+h)\cos\varphi} \tag{4-7}$$

$$\dot{h}=-v_D \tag{4-8}$$

更新纬度时，在积分周期内忽略子午圈半径 R_M 随纬度（和时间）的变化，简化为常值，高程 h 在积分周期内简化为常值，令其等于积分周期内的平均高程。

$R_{k-1/2}$ 表示用中间时刻的纬度计算 R_N，$h^{-}=12(hk+hk-1)$，$\varphi^{-}=12(\varphi k+\varphi k-1)$。

$$\omega_{ie}^{e}=[0 \quad 0 \quad \omega_e]^{\mathrm{T}} \tag{4-9}$$

$$R_M=\frac{a(1-\mathrm{e}^2)}{(1-\mathrm{e}^2\sin^2\varphi)^{3/2}} \tag{4-10}$$

$$R_N=\frac{a}{\sqrt{(1-\mathrm{e}^2\sin^2\varphi)}} \tag{4-11}$$

$$\omega_{ie}^{n}=[\omega_e\cos\varphi 0-\omega_e\sin\varphi]^{\mathrm{T}} \tag{4-12}$$

$$\omega_{en}^{n}=\begin{bmatrix}\dfrac{v_E}{R_N+h} & \dfrac{-v_N}{R_M+h} & -\dfrac{v_E\tan\varphi}{R_N+h}\end{bmatrix}^{\mathrm{T}} \tag{4-13}$$

4.2.1.3 **姿态更新**

ζk 表示 n 系变化对应的等效旋转矢量，可理解为 n 系从 t_{k-1} 时刻的状态，记作 $n(k-1)$，绕向量 ζ_k 正转角度 $/\!/ \zeta_k /\!/$ 后达到 t_k 时刻的状态，即 $n(k)$。ζk 计算如下：

$$\omega_{en}^{n}=\begin{bmatrix}\dfrac{v_E}{R_N+h}\\ \dfrac{-v_N}{R_M+h}\\ -\dfrac{v_E\tan\varphi}{R_N+h}\end{bmatrix} \tag{4-14}$$

$$R_M=\frac{a(1-\mathrm{e}^2)}{(1-\mathrm{e}^2\sin^2\varphi)^{3}} \tag{4-15}$$

$$R_N=\frac{a}{\sqrt{(1-\mathrm{c}^2\sin^2\varphi)}} \tag{4-16}$$

用方向余弦矩阵来实现姿态的递推计算，跟四元数类似，可以通过如下连乘运算来实现：

$$Cn(\mathrm{k})=I-\sin|\zeta k|/|\zeta k|(\zeta k\times)+1-\cos|\zeta k|/|\zeta k|2(\zeta k\times)(\zeta k\times) \tag{4-17}$$

惯导误差微分方程：

$$\begin{cases}\delta\dot{r}_{eb}^{e}=\delta v_{eb}^{e}\\ \delta\dot{v}_{eb}^{e}=[C_b^e f_b\times]\phi+C_b^e(b_a+s_a f^b)-2\omega_{ie}^{e}\times\delta v_{eb}^{e}\\ \dot{\phi}=-C_b^e(b_g+s_g\omega_{ib}^{b})-\omega_{ie}^{e}\times\phi\\ \dot{b}_g=-b_g/T_{bg}+\varepsilon_{bg}\\ \dot{b}_a=-b_a/T_{ba}+\varepsilon_{ba}\\ \dot{s}_g=-s_a/T_{sg}+\varepsilon_{sg}\\ \dot{s}_a=-s_a/T_{sa}+\varepsilon_{sa}\end{cases} \tag{4-18}$$

$$
\boldsymbol{F}=\begin{pmatrix}
0 & I & 0 & 0 & 0 & 0 & 0 \\
0 & -2\boldsymbol{\omega}_{ie}^{e}\times & [C_{b}^{e}f_{b}\times] & 0 & C_{b}^{e} & 0 & C_{b}^{e}f^{b} \\
0 & 0 & -\boldsymbol{\omega}_{ie}^{e}\times & -C_{b}^{e} & 0 & -C_{b}^{e}\boldsymbol{\omega}_{ib}^{b} & 0 \\
0 & 0 & 0 & -I/T_{bg} & 0 & 0 & 0 \\
0 & 0 & 0 & 0 & -I/T_{bg} & 0 & 0 \\
0 & 0 & 0 & 0 & 0 & -I/T_{sg} & 0 \\
0 & 0 & 0 & 0 & 0 & 0 & -I/T_{sa}
\end{pmatrix} \tag{4-19}
$$

紧耦合状态方程：

$$
\begin{pmatrix} \dot{x}_{COM} \\ \dot{x}_{IMU} \\ \dot{x}_{GNSS} \end{pmatrix}=\begin{pmatrix} F_{C} & F_{C,J} & 0_{g\cdot(2+m)} \\ 0 & F_{I} & 0_{g\cdot(2+m)} \\ 0 & 0 & F_{G} \end{pmatrix}=\begin{pmatrix} x_{COM} \\ x_{IMU} \\ x_{GNSS} \end{pmatrix}+\begin{pmatrix} \omega_{COM} \\ \omega_{IMU} \\ \omega_{GNSS} \end{pmatrix} \tag{4-20}
$$

$$
\dot{x}_{TC}=F\cdot x_{TC}+G\cdot w \tag{4-21}
$$

$$
\boldsymbol{F}=\begin{pmatrix}
0 & I_{3\times3} & 0 & 0 & 0 & 0 & 0 & 0 & 0 & 0 & \cdots \\
0 & -2\omega_{ie}^{e}\times & C_{b}^{e}f_{b}\times & 0 & C_{b}^{e} & 0 & C_{b}^{e}f^{b} & 0 & 0 & 0 & \cdots \\
0 & 0 & 0 & -I/T_{bg} & 0 & 0 & 0 & 0 & 0 & 0 & \cdots \\
0 & 0 & 0 & 0 & -I/T_{ba} & 0 & 0 & 0 & 0 & 0 & \cdots \\
0 & 0 & 0 & 0 & 0 & -I/T_{sg} & 0 & 0 & 0 & 0 & \cdots \\
0 & 0 & 0 & 0 & 0 & 0 & -I/T_{sa} & 0 & 0 & 0 & \cdots \\
0 & 0 & 0 & 0 & 0 & 0 & 0 & -I/T_{ST_{w}} & 0 & 0 & \cdots \\
0 & 0 & 0 & 0 & 0 & 0 & 0 & 0 & -I/T_{t_{r}} & 0 & \cdots \\
0 & 0 & 0 & 0 & 0 & 0 & 0 & 0 & 0 & 0 & \cdots \\
\vdots & \vdots & \vdots & \vdots & \vdots & \vdots & \vdots & \vdots & \vdots & \vdots & \vdots
\end{pmatrix} \tag{4-22}
$$

时间对齐策略如图 4-6 所示。

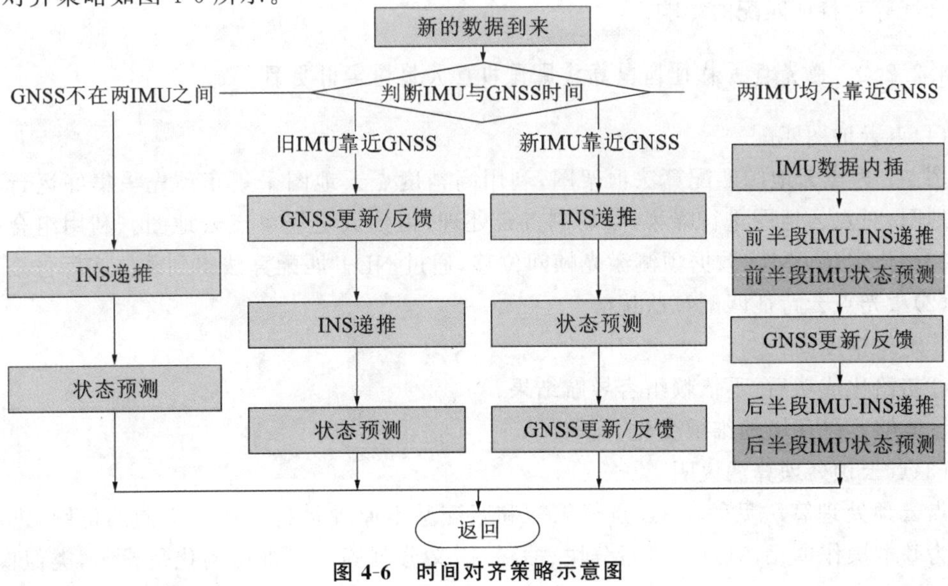

图 4-6 时间对齐策略示意图

4.2.2 激光点云特征匹配定位

4.2.2.1 激光点云特征匹配定位简介

点云配准的工作原理是激光雷达由于受到环境等各种因素的限制，在点云采集过程中，单次采集到的点云只能覆盖目标物表面的一部分，为了得到完整的目标物点云信息，就需要对目标物进行多次扫描，并将得到的三维点云数据进行坐标系的刚体变换，把目标物上的局部点云数据转换到同一坐标系下。

点云配准也就是如何寻找到初始点云和目标点云之间的对应关系，然后通过这个对应关系将原始点云和目标点云进行匹配，并计算出它们的特征相似度，最后统一到一个坐标精配准的技术方法。

(1)ICP(iterative closest point，最近点迭代法)

方法原理：选取两片点云中距离最近的点作为对应点，通过对所有对应点求解旋转和平移变换矩阵，并通过不断迭代的方式使两片点云之间的配准误差越来越小，直至满足我们提前设定的阈值要求或迭代次数。

优点：

①不需要对点云集进行分割和特征提取；

②在初值较好的情况下，可以得到很好的算法收敛性。

(2)NDT(normal distribution transform，正态分布点云算法)

方法原理：先将待配准点云进行栅格化处理，将其划分为指定大小的网格，通过正态分布的方式，构建每个网格的概率分布函数，之后优化求解出最优变换参数，使得源点云概率密度分布达到最大，以实现两个点云之间的最佳匹配。

优点：

①对初始配准的要求不高，即使初始值的误差较大，也能有很好的效果；

②不需要进行点云之间的特征匹配，避免了特征匹配中出现的点云噪声、物体移动、点云重合度等对特征匹配的影响。

4.2.2.2 激光点云特征匹配算法原理和点云地图实时更新

(1)点云地图匹配

图 4-7 为点云地图匹配算法框架图，利用高精度点云地图采集车预先采集好运行场景点云地图，对点云地图进行降采样，切割点云处理，得到固定场景点云地图。利用组合导航进行初始化定位，IMU 数据预测激光帧间位移，通过 NDT 匹配算法得到载体实际位姿。

(2)激光点云特征匹配算法优势

①定位精度高；

②初始化成功后，不依赖组合导航结果；

③能够容忍环境的细微变化。

(3)点云预处理算法说明

点云预处理算法见图 4-8。点云采样和匹配基本原理是将点放入不同的格网，进而以格网为基本操作单元，对点云进行分块、抽稀、语义分割等。二维格网化是投影，类似像素；

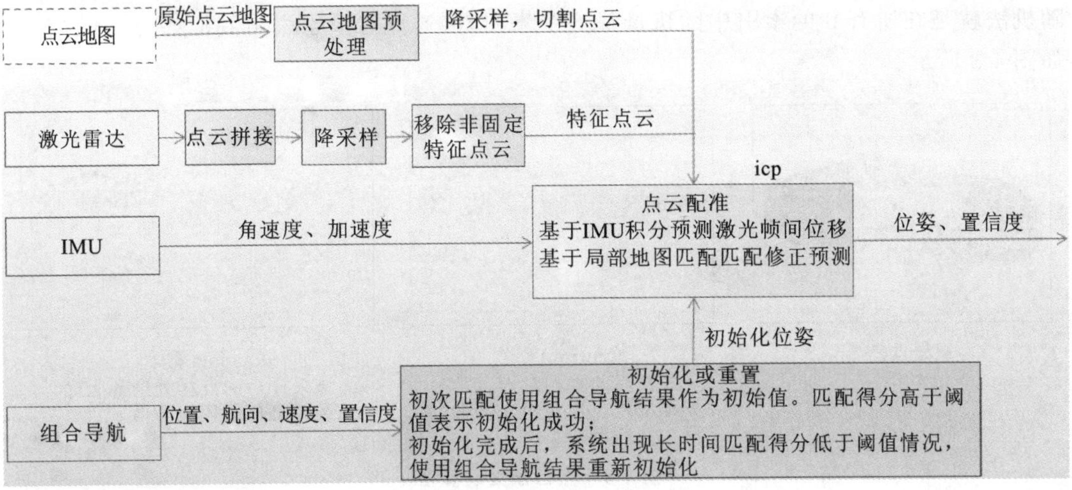

图 4-7　点云匹配算法框架

三维格网化是体素。算法原理如下所示。

$$\left.\begin{aligned}col &= int\left(\frac{X-X_{\min}}{GSD}\right)+1\\ row &= int\left(\frac{Y-Y_{\min}}{GSD}\right)+1\\ lay &= int\left(\frac{Z-Z_{\min}}{GSD}\right)+1\end{aligned}\right\}\tag{4-23}$$

(4)定位——降采样处理算法说明

计算三维点集的最大值和最小值

$$\left.\begin{aligned}x_{\max} &= \max(x_1,x_2,\cdots,x_N)x_{\min}=\min(x_1,x_2,\cdots,x_N)\\ y_{\max} &= \max(y_1,y_2,\cdots,y_N)y_{\min}=\min(y_1,y_2,\cdots,y_N)\\ z_{\max} &= \max(z_1,z_2,\cdots,z_N)z_{\min}=\min(z_1,z_2,\cdots,z_N)\end{aligned}\right\}\tag{4-24}$$

设置一个 voxel grid 的大小并计算 x、y、z 关于 voxel grid 的维数

$$\left.\begin{aligned}D_x &= \left\|\frac{(x_{\max}-x_{\min})}{r}\right\|\\ D_y &= \left\|\frac{(y_{\max}-y_{\min})}{r}\right\|\\ D_z &= \left\|\frac{(z_{\max}-z_{\min})}{r}\right\|\end{aligned}\right\}\tag{4-25}$$

计算每个点关于 voxel 的索引并对索引进行排序

$$\left.\begin{aligned}h_x &= (x-x_{\min})/r\\ h_y &= (y-y_{\min})/r\\ h_z &= (z-z_{\min})/r\\ h &= h_x+h_y*D_x+h_z*D_x*D_y\end{aligned}\right\}\tag{4-26}$$

选择一种选取点的方案(质心法或随机法)进行筛选。例如排序后 h 的索引为 0,0,0,

0,3,3,3,8,8,8,8,8,8,.... 那么质心法就是在所有 0 的索引所对应的原始点云中求均值，随机法就是在所有 0 的索引中随机选择一个索引，再通过这个索引得到原始点云的数据。如图 4-8 所示。

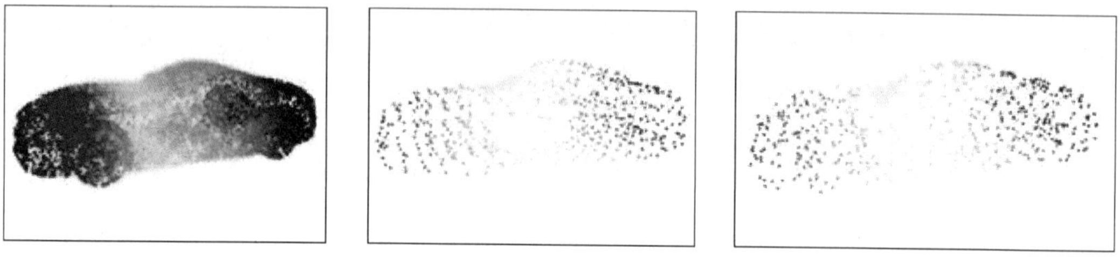

原始点云

Centroid采样
采样后的点相对而言排列整洁有序，点与点之间的间隔大致相同。

Random采样
该采样后的点排列杂乱无序，点与点之间的间隔不等。

图 4-8　点云预处理算法

点云匹配算法说明，以 NDT 匹配为例：

初始化变换参数

$$P=(tx,ty,\Phi)T \tag{4-27}$$

赋予零值或者使用里程计数据赋值。

对于配准的点云，通过变换 T 将其转换到参考点云的网格中 $X'i=T(Xi,P)$位——ndt 配准算法说明

$$T:\begin{pmatrix}x'\\y'\end{pmatrix}=\begin{pmatrix}\cos\phi & -\sin\phi\\\sin\phi & \cos\phi\end{pmatrix}\begin{pmatrix}x\\y\end{pmatrix}+\begin{pmatrix}t_x\\t_y\end{pmatrix} \tag{4-28}$$

根据正态分布参数计算每个转换点的概率密度

$$p(x)\sim\exp\left(-\frac{(x-q)^{\mathrm{T}}\sum^{-1}(x-q)}{2}\right) \tag{4-29}$$

NDT 配准得分(score)通过对每个网格计算出的概率密度相加得到

$$\operatorname{score}(p)=\sum_i\exp\left(-\frac{(x'_i-q_i)^{\mathrm{T}}\sum_i^{-1}(x'_i-q_i)}{2}\right) \tag{4-30}$$

根据牛顿优化算法对目标函数 score 进行优化，即寻找变换参数 P 使得 score 的值最大。优化的关键步骤是要计算目标函数的梯度和 Hessian 矩阵：

目标函数 score 由每个格子的值 s 累加得到，令 $q=x'i-qi$，则：

$$s=-\exp\left(\frac{-q^{\mathrm{T}}\sum^{-1}q}{w}\right) \tag{4-31}$$

根据链式求导法则及向量、矩阵求导的公式，s 梯度方向为：

$$\frac{\partial s}{\partial p_i}=\frac{\partial s}{\partial q}\frac{\partial q}{\partial p_i}=q^{\mathrm{T}}\sum^{-1}\frac{\partial q}{\partial p_i}exp\left(\frac{-q^{\mathrm{T}}\sum^{-1}q}{2}\right) \tag{4-32}$$

其中 q 对变换参数 pi 的偏导数即为变换 T 的雅克比矩阵：

$$\frac{\partial q}{\partial p_i}=J_T=\begin{pmatrix}1 & 0 & -x\sin\phi-y\cos\phi\\0 & 1 & x\cos\phi-y\sin\phi\end{pmatrix} \tag{4-33}$$

根据上面的梯度的计算结果，继续求 s 关于变量 p_i、p_j 的二阶偏导：

$$H_{ij}=\frac{\partial^2 s}{\partial p_i \partial\theta p_j}=\partial\left(\frac{\partial s}{\partial p_i}\right)/\partial p_j=\partial\left(q^{\mathrm{T}}\sum^{-1}\frac{\partial q}{\partial p_i}\exp\left(\frac{-q^{\mathrm{T}}\sum^{-1}q}{2}\right)\right)/\partial p_j$$

$$=\left(\partial\left(q^{\mathrm{T}}\sum^{-1}\frac{\partial q}{\partial p_i}\right)/\partial p\right)\exp\left(\frac{-q^{\mathrm{T}}\sum^{-1}q}{2}\right)+\left(q^{\mathrm{T}}\sum^{-1}\frac{\partial q}{\partial p_i}\right)(\partial\exp\left(\frac{-q^{\mathrm{T}}\sum^{-1}q}{2}\right)/\partial p_i)$$

$$=-\exp\left(\frac{-q^{\mathrm{T}}\sum^{-1}q}{2}\right)\left[\left(q^{\mathrm{T}}\sum^{-1}\frac{\partial q}{\partial p_i}\right)\left(q^{\mathrm{T}}\sum^{-1}\frac{\partial q}{\partial p_j}\right)-\left(\frac{\partial q^{\mathrm{T}}}{\partial p_j}\sum^{-1}\frac{\partial q}{\partial p_i}\right)-\left(q^{\mathrm{T}}\sum^{-1}\frac{\partial^2 q}{\partial p_i\partial p_j}\right)\right] \tag{4-34}$$

根据变换方程，向量 $\boldsymbol{q}$ 对变换参数 p 的二阶导数的向量为：

$$\frac{\partial^2 q}{\partial p_i\partial p_j}=\begin{cases}\begin{pmatrix}-z\cos\phi+y\sin\phi\\-x\sin\phi-y\cos\phi\end{pmatrix} & i=j=3\\ \begin{pmatrix}0\\0\end{pmatrix} & \text{其他}\end{cases} \tag{4-35}$$

4.2.3　矢量地图匹配定位

矢量地图匹配是指针对实际场景的标志或具有显著特征的固定物体进行矢量上的匹配，在港口中贝位号和车道线具有上述特点，对加强定位精度有显著作用。

(1)车道线匹配定位简介

自动驾驶定位系统的误差都不可避免，定位结果通常偏离实际位置。引入地图匹配可以有效消除系统随机误差，校正传感器参数，弥补廊桥、楼宇等 GNSS 定位失效而导致 INS 误差急剧增大的定位真空期。

基于高精度矢量地图的车道线匹配定位技术是指将自动驾驶汽车行驶轨迹的经纬度采样序列与高精度地图路网匹配的过程。地图匹配定位技术将汽车定位信息与高精度地图提供的道路位置信息进行比较，并采用适当算法确定汽车当前的行驶路段以及在路段中的准确位置，校正定位误差，并为自动驾驶路径规划提供可靠依据。车道线高精定位过程见图 4-9。

(2)车道线匹配定位算法原理

依据给定车道线的高精地图，使用待修正的初始位姿在高精地图中查找附近车道线。将查找到的车道线通过初始位姿转到车体坐标系后，和感知提供的摄像头检测对比，差值即为需要修正到初始位姿上的偏移量。具体偏移量的计算方法有很多，本项目选择基于优化的方法。由于车道线为 2D 屏幕上的一条曲线，车道线匹配算法只能提供横向(X 轴)和偏航角的修正。

车道线匹配原理基于如下步骤：

①数据同步：对位姿进行插值，计算车道线数据到达时刻车辆的位姿；

②地图数据与场景管理：综合所在道路信息、传感器状态信息对当前场景进行分类，对车道定位代价因子的权重进行重新分配；

③代价因子计算：遍历当前道路中的每条车道，将车道位置、车道线数量、车道线分布、车道线类型颜色等信息作为不同的定位因子，与输入的感知车道线数量、类型、分布、颜色等属性进行对比，计算差值并进行归一化处理，生成对应的代价值；

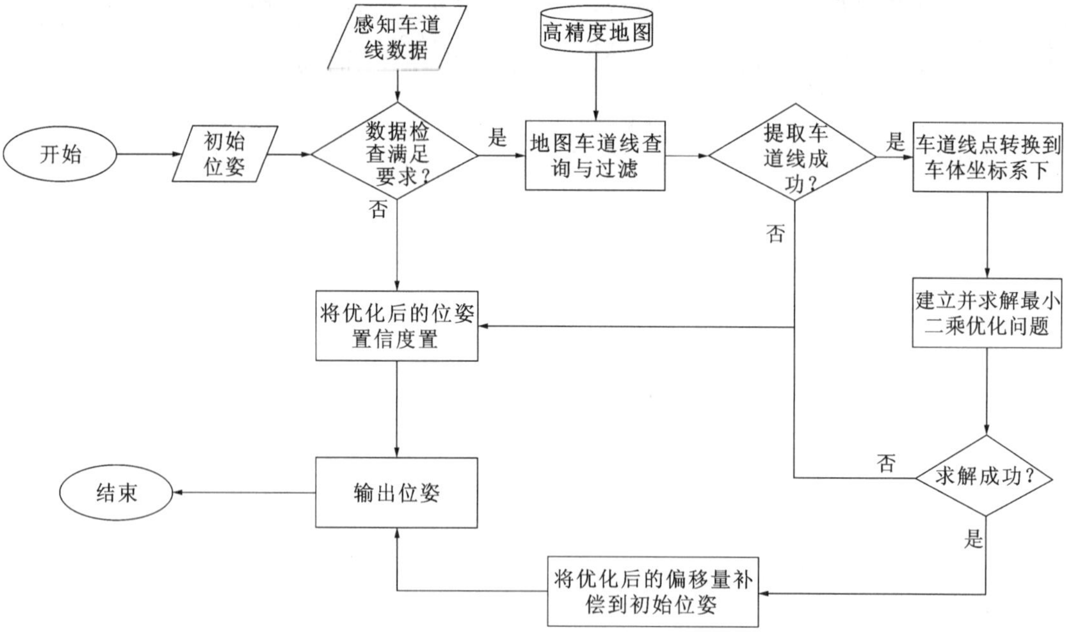

图 4-9　车道线高精定位

④定位车道代价值计算：根据车道线代价因子、因子权重、拓扑关系、变道判断信息等计算候选车道的代价值，选择最小代价值的车道作为定位最优车道；

⑤车道线匹配：摄像头检测到的车道线为车体坐标系下的三次曲线，构型为：

$$x = c0 + c1 \times y + c2 \times y^2 + c3 \times y^3$$

其中 x、y 为车体坐标系下的横、纵向坐标，$c0 \sim c3$ 为 4 个曲线参数。T_0 为初始位姿，T 为待优化的局部补偿位姿，$p_world(x, y, 0)$为车道线点在世界坐标系下的表示。将世界坐标系的车道线点转到车体坐标系，记为 p_robot。有如下关系：

$$\begin{bmatrix} x_{\text{robot}} \\ y_{\text{robot}} \end{bmatrix} = \boldsymbol{T} \times \boldsymbol{T}_0 \begin{bmatrix} x_{\text{world}} \\ y \end{bmatrix} \tag{4-36}$$

假设 $\boldsymbol{T}$ 为带优化的补偿位姿，可建立如下残差：

$$residual = x_{\text{robot}} - (c0 + c1 \times y_{\text{robot}} + c2 \times y^2_{\text{robot}} + c3 \times y^3_{\text{robot}}) \tag{4-37}$$

使用 CERES 求解这个优化问题，计算出偏移量，转换成校正后的位置。

⑥自车车道位置计算：根据定位车道中心线为参考线，建立 frenet 坐标系，其中沿着中心线的方向为 s 轴，垂直于 s 轴的顺时针方向为 d 轴，计算校正后的位置在此坐标系下的输出(s, d)。

4.2.4　融合定位

(1)融合定位算法原理

为了将光学、激光和全球定位系统通过柔性的方法集成到统一的框架下，采用基于 ESKF(Error-State Kalman Filter)的多传感器融合框架来处理多个传感器的输入数据。ESKF 意思是误差状态卡尔曼滤波，是一个非常经典的卡尔曼滤波框架，具有以下几个优点：

① error state 中的参数数量与运动自由度是相等的，避免了过参数化（over-parameterization or redundancy）引起的协方差矩阵奇异的风险。

② error state 总是接近于 0，Kalman Filter 工作在原点附近。因此，远离奇异值、万向节锁，并且保证了线性化的合理性和有效性。

③ error state 总是很小，因此二阶项都可以忽略，雅可比矩阵的计算会很简单，很迅速。

④ error state 的变化平缓，因此 KF 修正的频率不需要太高。

鉴于以上优点，我们使用此框架进行融合定位的算法研发，下面就融合定位 ESKF 算法原理和算法框架分别进行介绍。

本项目采用卡尔曼滤波优化算法，可对 IMU 零偏进行实时估计和补偿，融合定位包括两种输入，一种是原始传感器测量，另一种是子定位模块输出的测量。原始传感器测量包括轮速、IMU 和组合导航，子定位模块包括激光里程计、激光点云特征匹配定位、车道线定位和贝位号定位。

ESKF 采用 21 维度系统误差状态，包括位置误差、速度误差、姿态误差、IMU 零偏、比例因子。姿态角采用 phi 角模型，速度、位置误差定义在导航坐标系下。

ESKF 中的状态定义为 $\boldsymbol{x}$，$\boldsymbol{x}=[p,v,R,a_b,w_b]^{\mathrm{T}}$，其中 p 表示位置，v 表示速度，R 表示姿态（旋转矩阵），a_b 表示加速度的 bias，w_b 表示陀螺仪的 bias。其中 δ 前缀表示 error state 或者 innovation，无下标表示 nominal state，下标 t 表示 true state。

$$p_t = p + \delta_p \tag{4-38}$$

$$v_t = v + \delta_v \tag{4-39}$$

$$R_t = \delta R R \tag{4-40}$$

$$a_{bt} = a_b + \delta a_b \tag{4-41}$$

$$w_{bt} = w_b + \delta w_b \tag{4-42}$$

状态方程

定义 error state 为 $\delta\boldsymbol{x}=[\delta p,\delta v,\delta\theta,\delta a_b,\delta w_b]^{\mathrm{T}}$，可得：

$$\delta\boldsymbol{x} = \boldsymbol{A}\delta\boldsymbol{x} + \boldsymbol{BC} \tag{4-43}$$

其中：

$$\boldsymbol{A} = \begin{bmatrix} 0 & I & 0 & 0 & 0 & 0 & 0 & 0 & 0 \\ 0 & 0 & -[R(a_m - a_b)] & 0 & 0 & 0 & 0 & 0 & 0 \\ 0 & 0 & -[W_{ie}] & -R & 0 & 0 & 0 & 0 & 0 \\ 0 & 0 & 0 & 0 & -R & 0 & 0 & 0 & 0 \\ 0 & 0 & 0 & -\frac{1}{a_t} & 0 & 0 & 0 & 0 & 0 \\ 0 & 0 & 0 & 0 & -\frac{1}{w_t} & 0 & 0 & 0 & 0 \\ 0 & 0 & 0 & 0 & 0 & 0 & -\frac{1}{t_g} & 0 & 0 \\ 0 & 0 & 0 & 0 & 0 & 0 & 0 & -\frac{1}{T_a} & 0 \\ 0 & 0 & 0 & 0 & 0 & 0 & 0 & 0 & -\frac{1}{T_w} \end{bmatrix} \tag{4-44}$$

$$\boldsymbol{B}=\begin{bmatrix} 0 & I & 0 & 0\cdots \\ -R & 0 & 0 & 0\cdots \\ 0 & -R & 0 & 0\cdots \\ 0 & 0 & I & 0\cdots \\ 0 & 0 & \phi & 0\cdots \\ 0 & 0 & A\mathrm{com} & 0\cdots \\ 0 & 0 & 0 & Ap \end{bmatrix} \tag{4-45}$$

$$\boldsymbol{C}=\begin{bmatrix} a_n \\ w_n \\ a_w \\ V \\ R \\ bg \\ ba \\ sg \\ sa \end{bmatrix} \tag{4-46}$$

矩阵 **A** 是微分方程和状态量相关的系数，矩阵 **B** 是微分方程和噪声量、扰动量相关的系数的扰动矩阵，矩阵 **C** 是预测阶段 IMU 带来的噪声（这里把控制噪声和扰动噪声放在一起处理）。若不考虑地球自转，直接将 $-[W_{ie}]_x$ 置于 0 即可。

(2)定位源置信度处理

①组合导航：组合导航状态、纬度方差、经度方差、高度方差阈值判断。

②激光里程计：激光里程计对齐距离，激光里程计状态判断。

③激光特征匹配定位：匹配打分阈值。

④视觉特征匹配定位：感知置信度，匹配状态打分阈值。

4.3 高精地图制作

4.3.1 矢量地图制作

4.3.1.1 工具软件说明

QGIS（原称 Quantum GIS）是一个用户界面友好的开源桌面端软件，支持数据的可视化、管理、编辑、分析以及印刷地图的制作，并支持多种矢量、栅格与数据库格式及功能，可运行在 Linux、Unix、Mac OSX 和 Windows 等平台之上。

QGIS 是基于跨平台的图形工具 Qt 软件包、使用 C++ 开发的跨平台开源版桌面地理信息系统，提供了常见的 GIS 功能。它是开源 GIS 的集大成者，整合了 GRASS、SAGA GIS 等多个开源桌面软件工具。

QGIS 使用 GNU 授权，属于 Open Source geospatial Foundation(OSGeo)的官方计划。

在 GNU 授权下，开发者可以自行检阅与调整程序代码，并保证让所有使用者可以免费且自由地修改程序。

图 4-10　QGIS 软件

4.3.1.2　软件特点

①支持多种 GIS 数据文件格式，通过 GDAL/OGR 扩展可以支持多达几十种数据格式。

②支持 PostGIS 数据库。

③支持从 WMS、WFS 服务器中获取数据。

④集成了 GRASS 的部分功能。

⑤支持对 GIS 数据的基本操纵，如属性的编辑、修改等。

⑥支持创建地图。

⑦通过插件的形式支持功能的扩展。

4.3.1.3　环境配置

系统：Windows 11、Ubuntu 18.04。

软件工具：QGIS 3.22、ros-melodic-full-desktop。

4.3.2　基于打点数据制作初版地图

制作初版地图时，通常会制作点图层、面图层和线图层，相关流程如下：

4.3.2.1　导入数据

基于打点设备采集数据，按如下步骤（图文匹配）将数据导入 QGIS（图 4-11）。

①打开文本数据。

②选择数据。

③配置文本数据分隔类型。

④针对行首是否有标题名，确定是否勾选。

⑤选择对应的坐标系及坐标轴。制图过程中一般采用 WGS 84 坐标系，X 轴为经度，Y 轴为纬度。

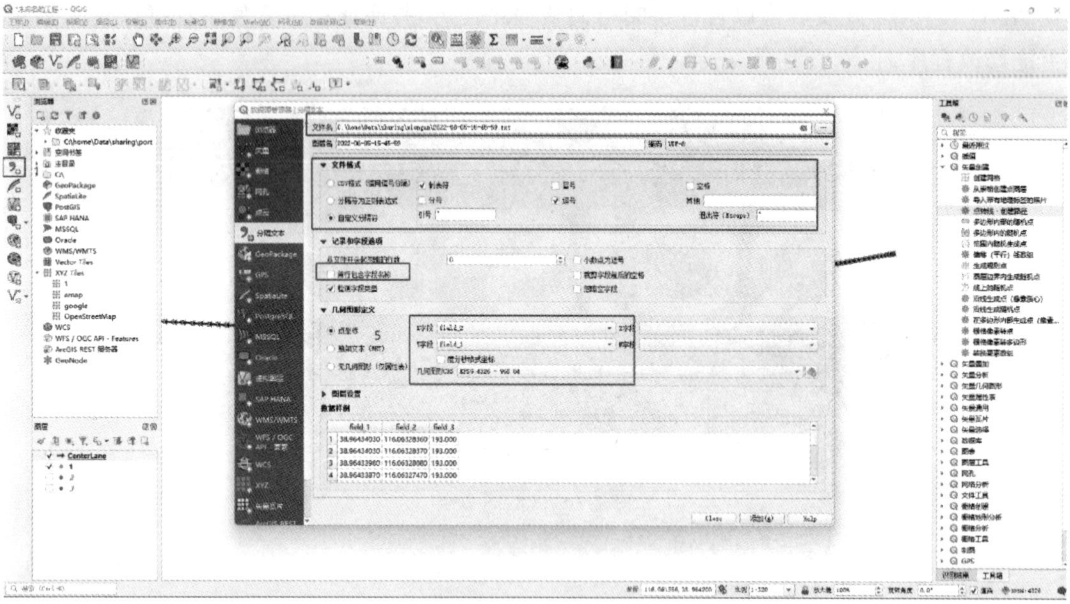

图 4-11　导入数据

4.3.2.2　图层制作

高精度地图生产过程为：以道路为基准，生成车道线，进而拟合中心线，再由中心线延伸生成左右边界和相匹配的道路拓扑、路口、特征点等。

（1）生成图层文件

中心线生成过程见图 4-12，基于打点数据在工具箱使用“点转线”功能生成线，制作点和面图层类似。通过点转线工具，选择 WGS 84 地理坐标系，生成 CenterLane 图层。

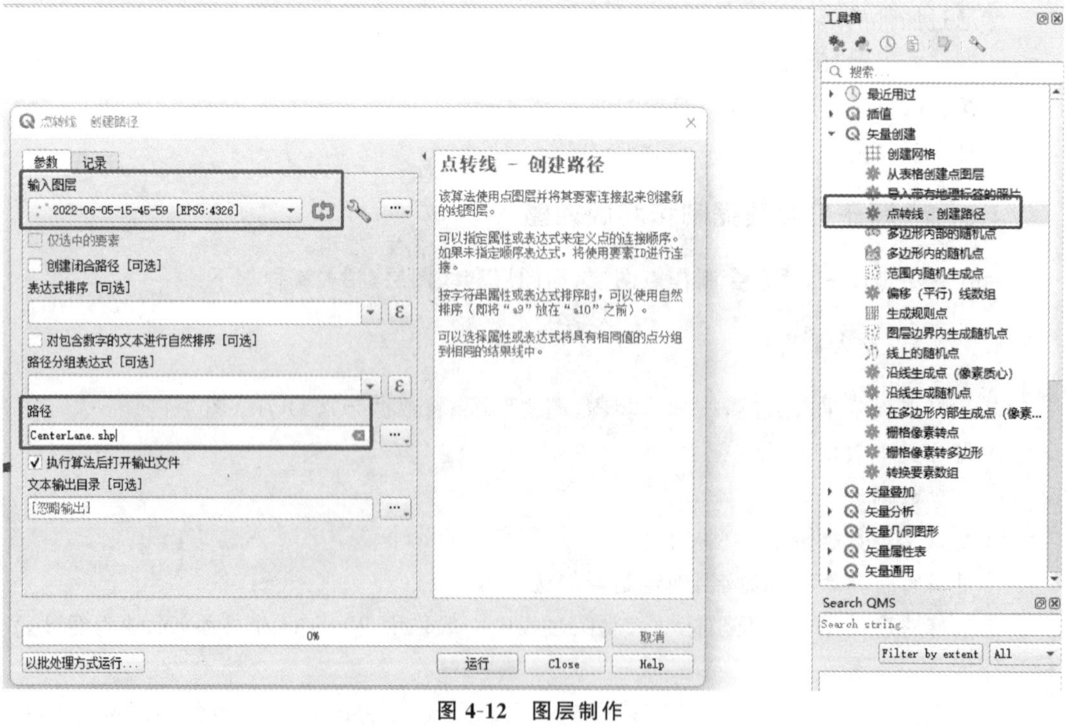

图 4-12　图层制作

(2)图层属性设置

如图 4-13 所示,右键图层选择“切换到编辑状态”,在邮件图层选择“打开属性表”;在属性表界面选择“字段”,点击字段界面左上角第一个按钮添加属性。

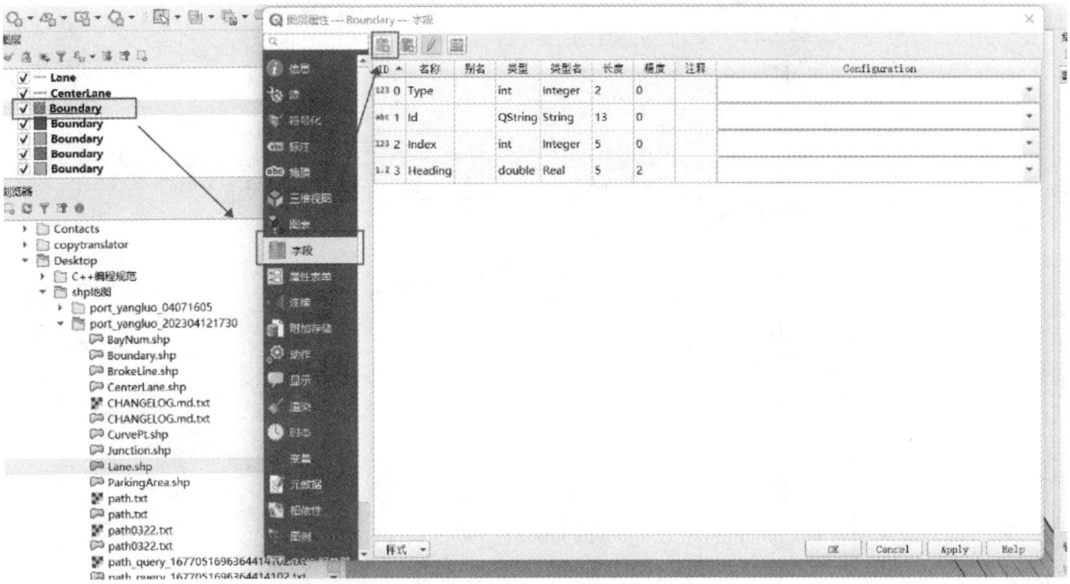

图 4-13　图层属性设置

第二种方法,在 QGIS 主界面菜单栏选择“图层”,选择“新建图层”(图 4-14),在新建图层时同步完成属性的添加(图 4-15)。

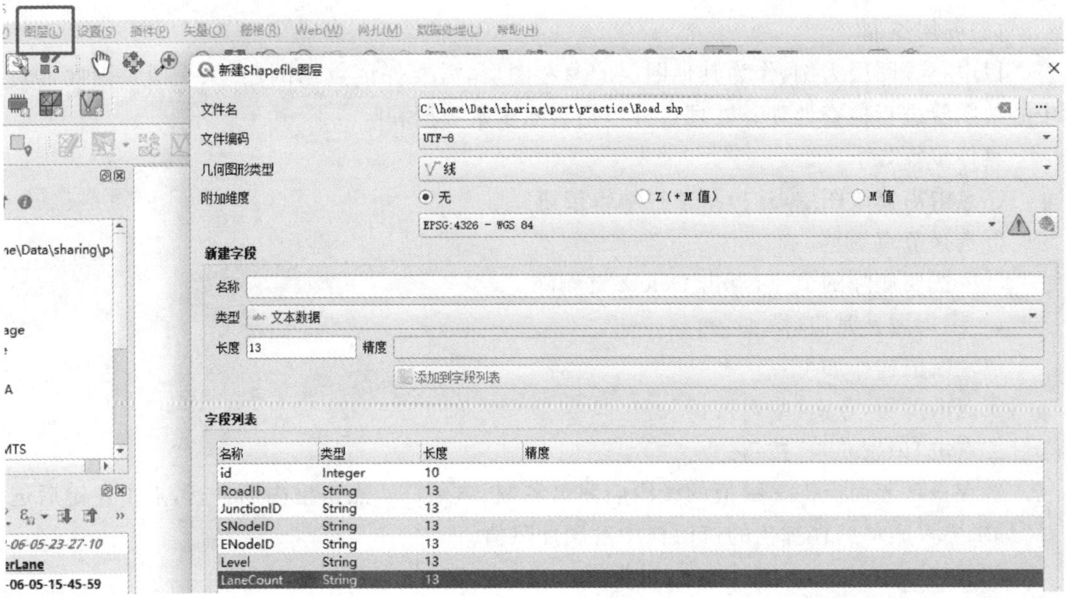

图 4-14　新建图层

属性增加有如下几个注意点：

①各个图层内部 ID 不重复。

②拓扑关联字段，如中心线图层增加 JunctionID 字段关联路口。

③相关属性字段，对拓扑节点类型、车道虚实线、限速等以字段进行补充。

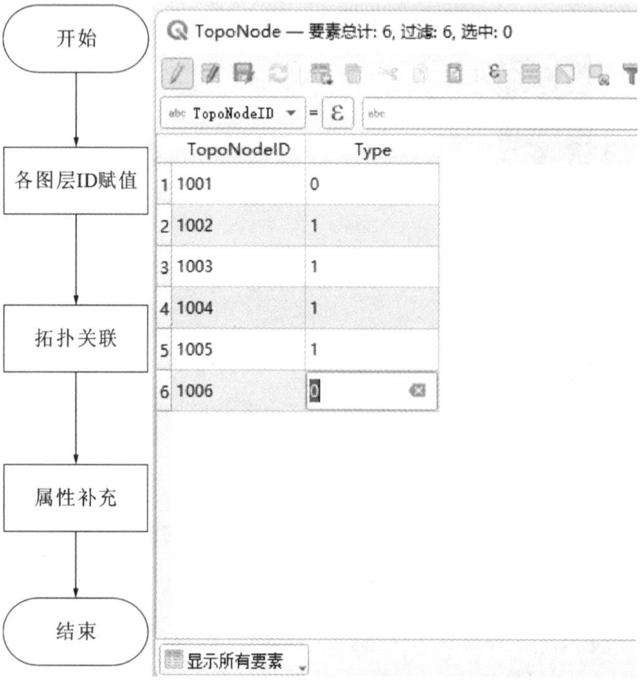

图 4-15 图层属性

(3)图层绘制

以中心线图层为例，作为其他图层的参考图层，需要保证数据的连续、平滑。因此需对中心线图层进行检查处理。处理过程包括删除多余数据和噪点。

具体步骤如下：

①点击需修改图层，选择菜单栏编辑按钮。

②选择节点工具。

③框选要删除的节点，点击 Delete 键删除。

(4)图层属性赋值(图 4-17)

属性赋值操作如下：

①点击图层，点击“编辑按钮”。

②点击“识别要素”按钮。

③在显示界面点击需赋值的线段会弹出右侧“结果”框，点击框内第一行，点击左键后选择“编辑要素表单”，在弹出的修改框中对属性赋值。

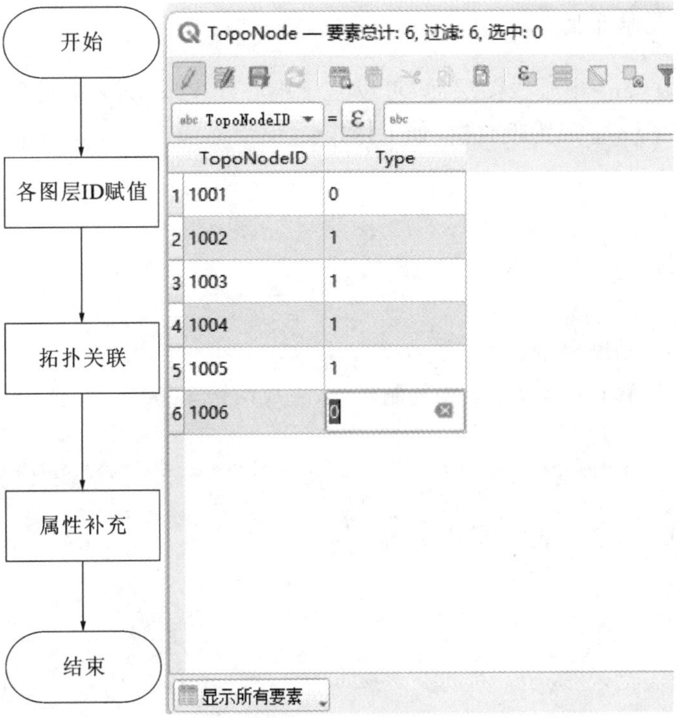

图 4-16　图层设置

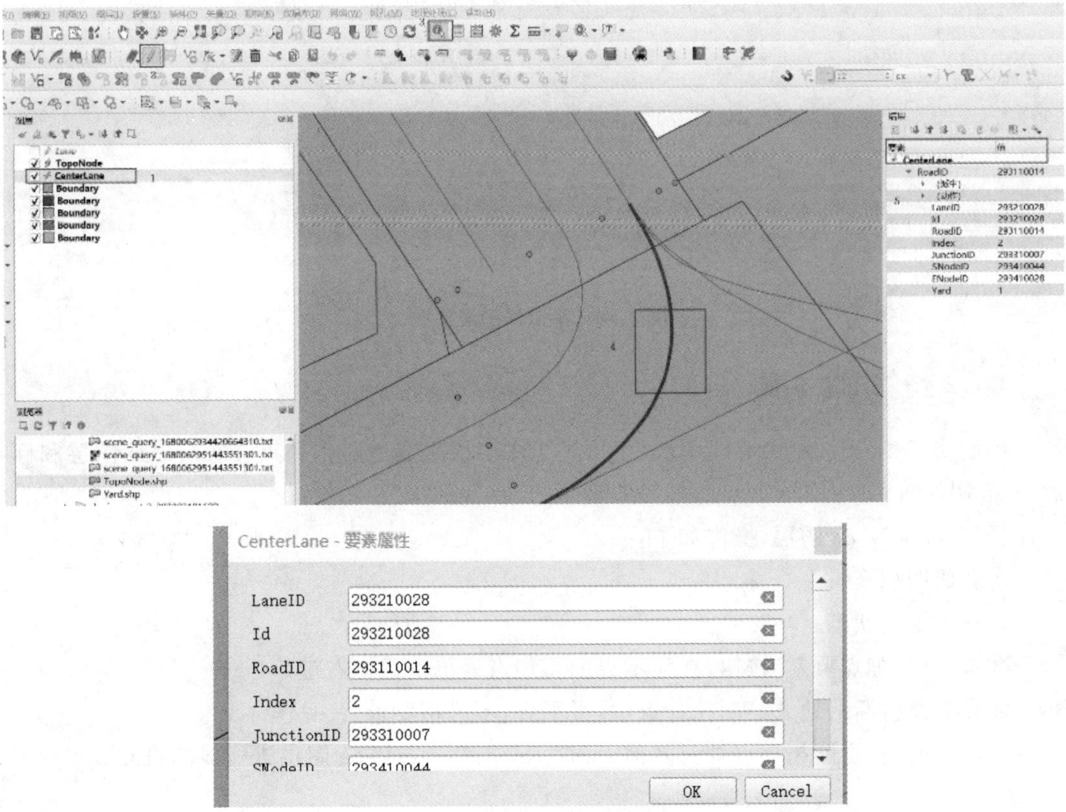

图 4-17　图层属性赋值

4.3.2.3 线图层拓展

绘制完 CenterLane 中心线图层后，可以基于中心线生成 Lane 车道边界和 Road 道路图层（图 4-18）。以 Lane 层为例，进行如下操作：

①新建图层。

②进入编辑状态。

③选择要复制的 CenterLane。

④复制要素。

⑤在 Lane 图层粘贴要素。

⑥在 Lane 图层移动要素，移动并复制要素，生成两条车道线。

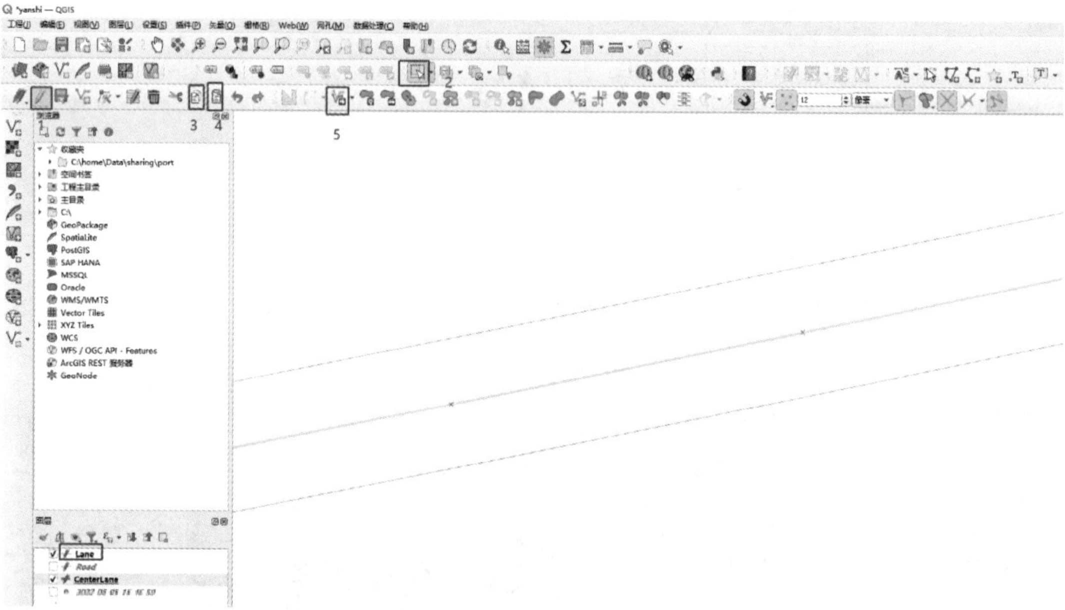

图 4-18 车道线图层扩展

4.3.2.4 点图层扩展

绘制完 CenterLane 中心线图层后，可基于中心线生成道路拓扑点 TopoNode 图层和标牌 Sign 图层等。

新建 TopoNode 图层，操作如下：

①新建图层。

②进入编辑状态。

③选择"添加点要素"按钮，在显示界面需加点处单击鼠标右键。

④在需要打断的地方绘制拓扑点（尽量平齐，不严格要求）。见图 4-19。

⑤对应的，在道路拓扑点处对其他 Lane、Road、CenterLane 图层进行线的打断。

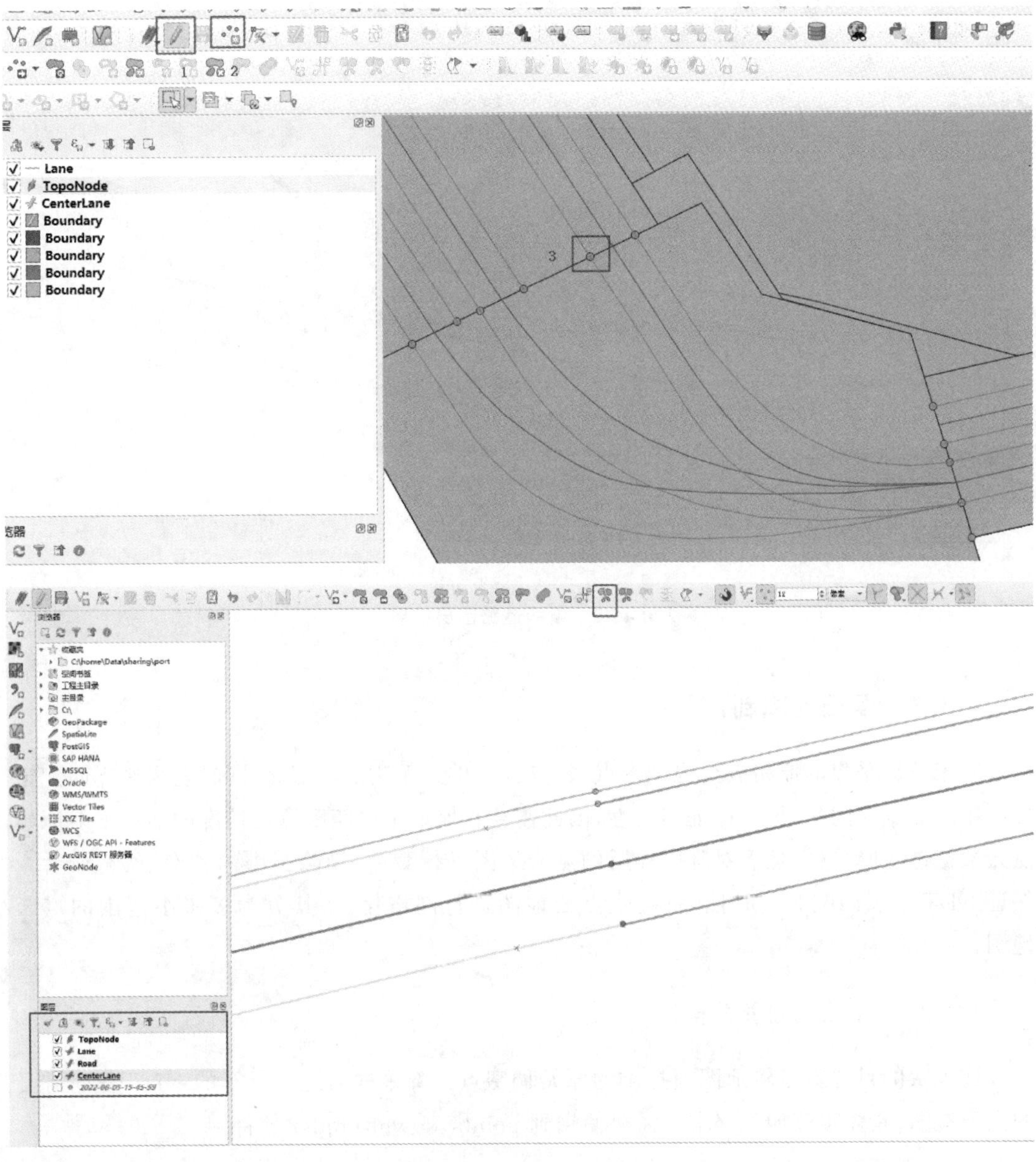

图 4-19　关键节点设置

4.3.2.5　面图层扩展

绘制完 CenterLane 中心线图层后，可基于中心线生成路口 Junction 等面图层。具体操作如下：

①新建图层。

②进入编辑状态。

③选择“添加多边形要素”按钮，在显示界面依次点击增加面要素的角点来生成面，以矩形为例，点 4 个角点后自动生成面。见图 4-20。

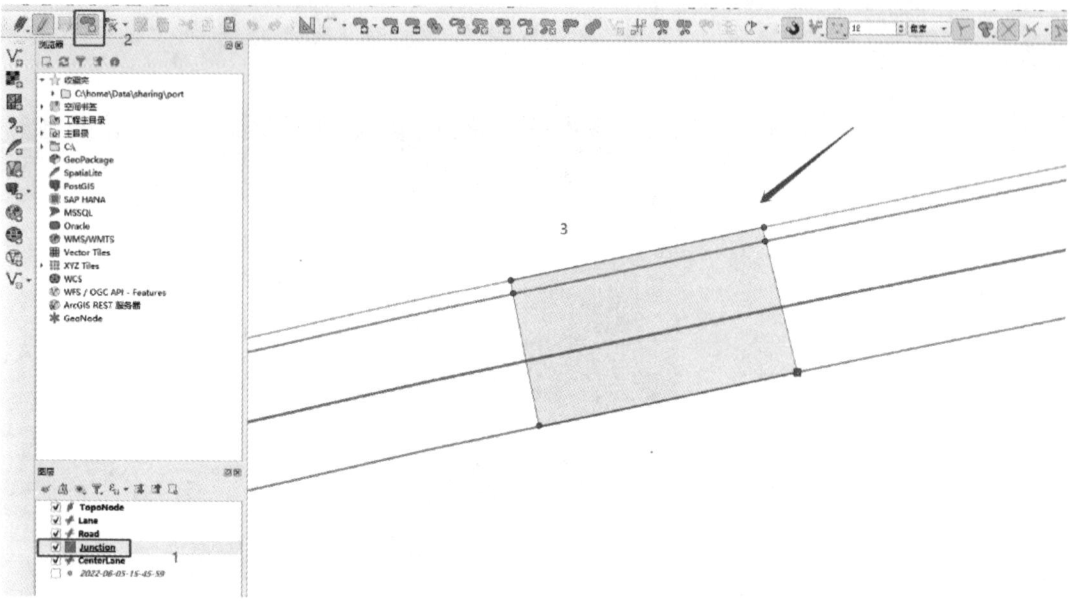

图 4-20 结构道路图层扩展

4.3.3 点云地图制作

基于车辆采集的原始点云为稠密点云，点云文件大无法上车部署，同时全局激光匹配定位使用时加载时间长，无法保证实时性，因此需要在保证全局匹配算法精度的前提下对原始点云数据进行降采样，然后对降采样后的点云地图进行裁剪，剔除其中的动态点云，最后为保证 NDT 点云匹配的实时性，将整张点云地图进行网格化，将其分为多张小范围的点云地图。

4.3.2.1 点云地图降采样

该步骤的目的就是将地图商提供的原始稠密点云降采样为适合上车的 NDT 程序需要的点云地图，具体步骤如下：（本节需要使用到 points_downsampler 软件）

（1）配置文件

对软件的 launch 文件进行配置，具体路径如下：catkin_meta_global_matching/src/lidar_matching/meta_lidar_localizer/points_downsampler/launch/map_downsampler.launch。

```
<launch>
  <node pkg="points_downsampler" name="map_downsampler" type="map_downsampler">
    <param name="input_folder" value="/media/wangt/Extreme SSD/pcd/xionganxincheng/" />
    <param name="output_folder" value="/media/wangt/Extreme SSD/pcd/xionganxincheng/xiongan_902_PCD_1/" />
    <param name="resolution" value="0.5" />
  </node>
</launch>
```

其中：

“input_folder”为原始点云的地图 pcd 文件的输入路径，“output_folder”为点云降采样文件的输出路径，“resoulution”为点云体素网格的大小。(注：因为程序中设置的点云地图体素大小为 1m，所以设置的点云体素网格必须小于 1，我们一般设置为 0.5)

(2)运行软件

启动工具软件，见图 4-21。

```
# youmin @ youmin-PC in ~/bus_localization/catkin_meta_global_matching/catk
in_meta_lidar_process [10:20:57]
$ roslaunch points_downsampler map_downsampler.launch
... logging to /home/youmin/.ros/log/90d0bcc0-326d-11ee-b4e6-8c554ae682f0/r
oslaunch-youmin-PC-9861.log
Checking log directory for disk usage. This may take a while.
Press Ctrl-C to interrupt
Done checking log file disk usage. Usage is <1GB.

started roslaunch server http://youmin-PC:46649/
```

图 4-21　启动工具软件

(2)降采样前后的文件大小

降采样前点云地图大，以某运营路线为例，原始 PCD 文件大小为 73.5GB，无法在车端进行部署；原始点云 PCD 太大，无法加载全部路段显示，因此加载两段进行显示。见图 4-22。

图 4-22　原始点云 PCD 文件

降采样后点云地图 200MB 左右(图 4-23)，适合放在车端进行部署，图 4-24 为降采样后的整体路线图。

4.3.3.2　剔除异常点云

在进行 NDT 点云匹配的时候，点云地图内的动态点云或者杂点容易对点云匹配产生不好的影响，因此需要对其进行剔除。

建议使用裁剪及显示工具 cloudcompare，Windows 和 Ubuntu 系统均支持。

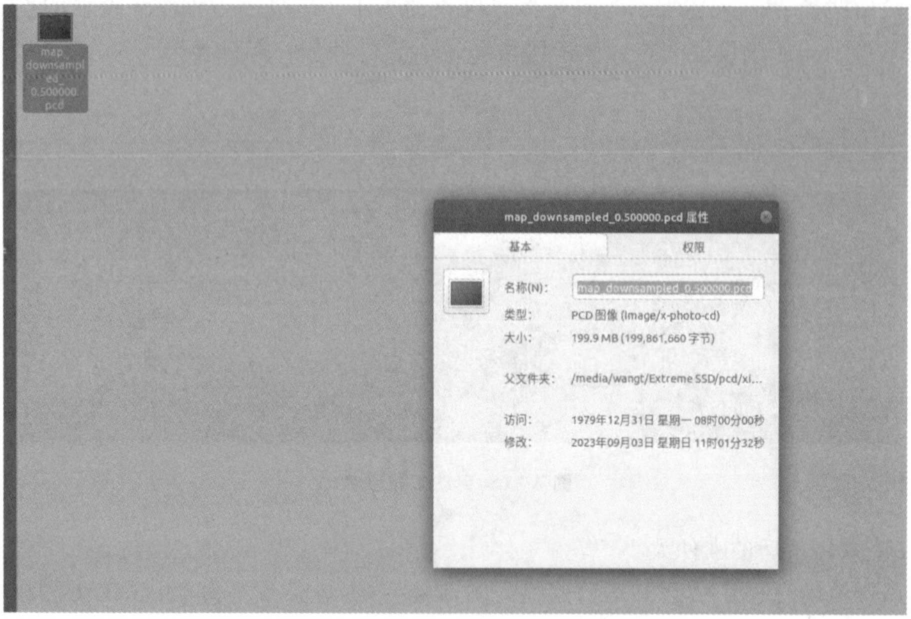

图 4-23　降采样后点云 PCD 文件

图 4-24　整体点云展示

具体步骤如下:(剔除路边较少树木的杂点)

①打开 Cloudcompare 软件,将需要修改的 PCD 文件拖入该软件中。见图 4-25。

②选中需要裁剪的目标文件后，选择工具栏中的 segment 工具，通过左键依次点击选择需要剔除的范围，最后通过右键闭合；点击 segment out 选项，移除框选区域。确认后点击绿色对钩图标执行操作。见图 4-26。

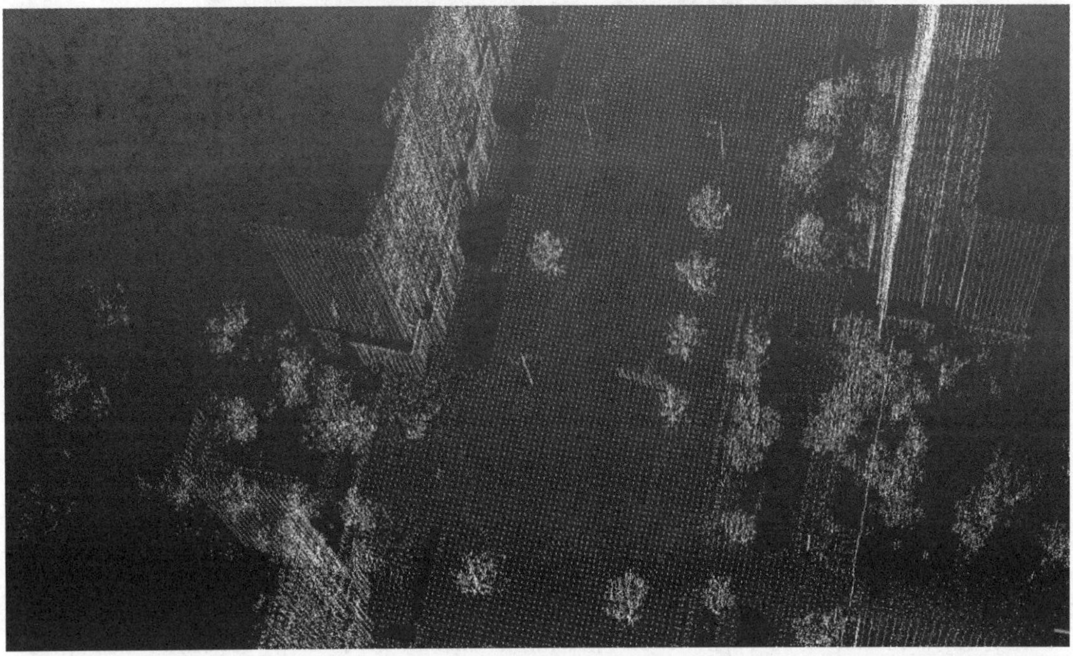

图 4-25　局部点云展示

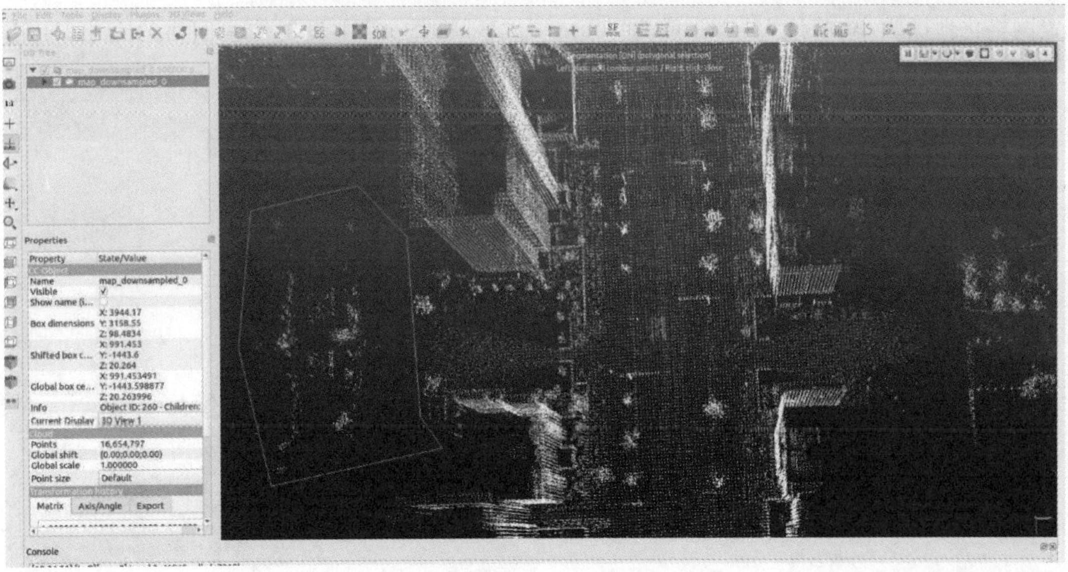

图 4-26　选择点云杂点

③图 4-27 为裁剪过后的点云图，点击 Crtl＋S 保存到本地。

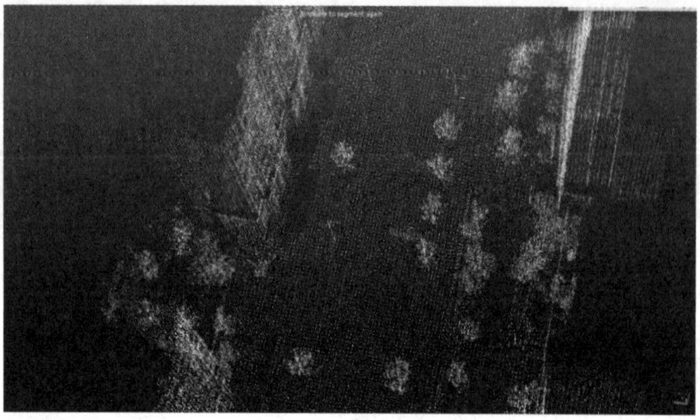

图 4-27 保存裁剪后点云图

4.3.3.3 点云地图网格化

上述整个点云地图场景过大，会增加点云匹配的耗时，在高速情况下实时性不足；因此需要将点云地图网格化为一个个小的地图，降低点云匹配的耗时，经过测试，当车速为 40km/h 左右时，适合用 100～200m 的网格，通过动态加载的方式来加载点云地图。

本节使用的工具为 SmartCar-pcd-map-Tools-master。

将降采样完成后的 pcd 点云地图放置到 src 目录下，并且在 src 目录下新建一个空文件夹，运行程序，在工作空间下打开终端，输入指令 rosrun grid_map_generator pcd_grid_divider。

在“Input”中输入 pcd 的路径，在“Output”中，输入空文件夹的路径，在“Grid Size”中设置网格化地图大小，单位为 m，一般为 100m，在“Voxel Size”中设置体素网格的大小，一般为 0.5，最后点击“RUN”运行。见图 4-28。

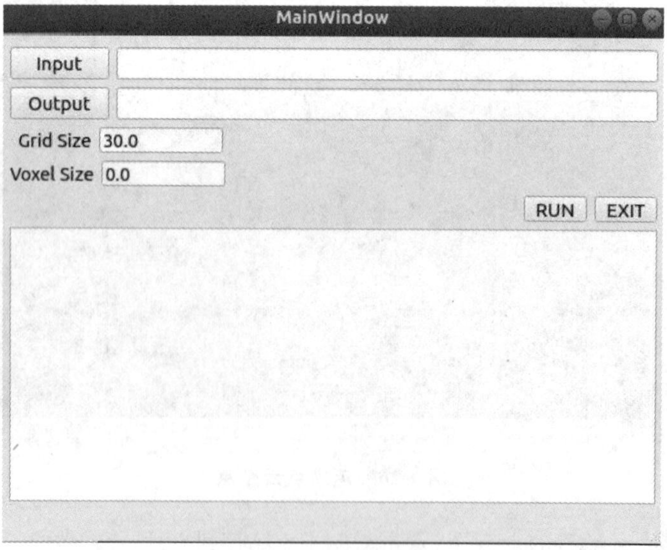

图 4-28 网格设置

4.4 定位系统实践

4.4.1 组合导航测试结果分析

(1)全程轨迹和置信度

整体轨迹包含组合导航、ndt 匹配定位、车道线匹配定位以及融合定位轨迹,从图 4-29 中可以看出,各轨迹未出现明显跳变或飞点。与现有地图叠加显示后,与车道中心线轨迹重合度较高。

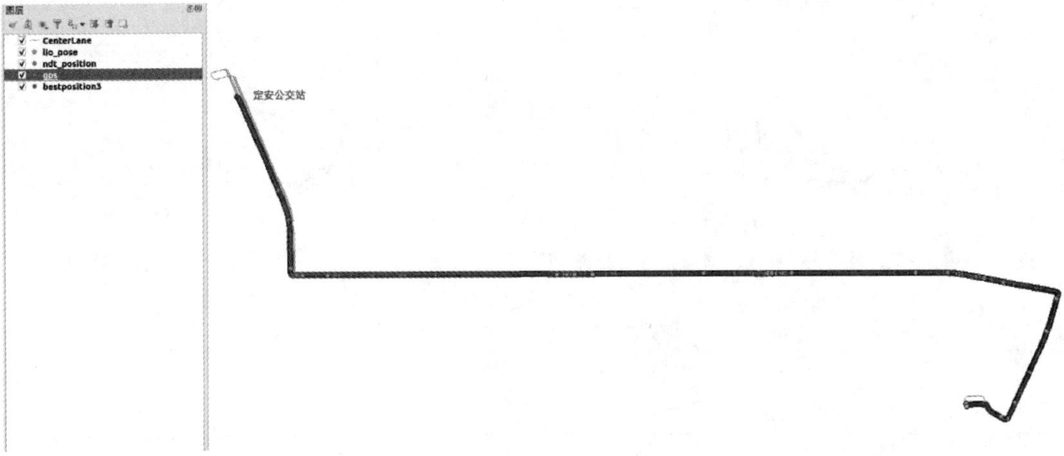

图 4-29 某路段全局地图展示

(2)单独分析组合导航轨迹

组合导航定位数据直接通过解析设备通信协议即可获取,进一步使用 QGIS 软件的测距模块,将组合导航轨迹与高精度地图车道中心线(作为真值)放大后进行精度对比分析。见图 4-30。

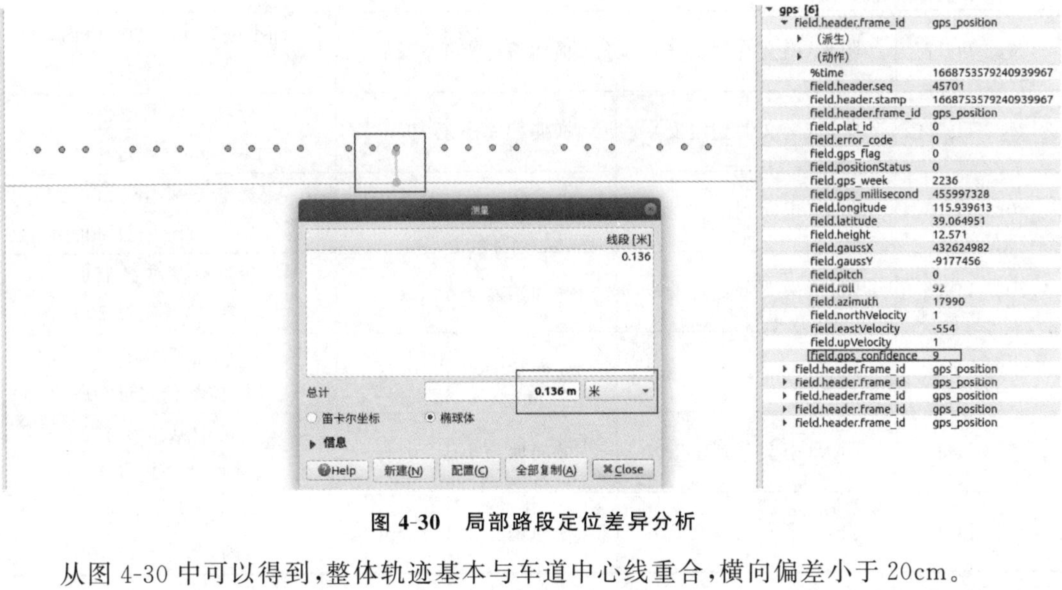

图 4-30 局部路段定位差异分析

从图 4-30 中可以得到,整体轨迹基本与车道中心线重合,横向偏差小于 20cm。

将 rosbag 包导入 plotjuggle 软件进行置信度分析，可见在整段路线上，组合导航的经纬度标准差(作为组合导航轨迹是否可以的评价条件)正常在 100 以下，少许路段会上升至 200 以上。见图 4-31。标准差阈值>300 不可用，建议融合其他定位方式。

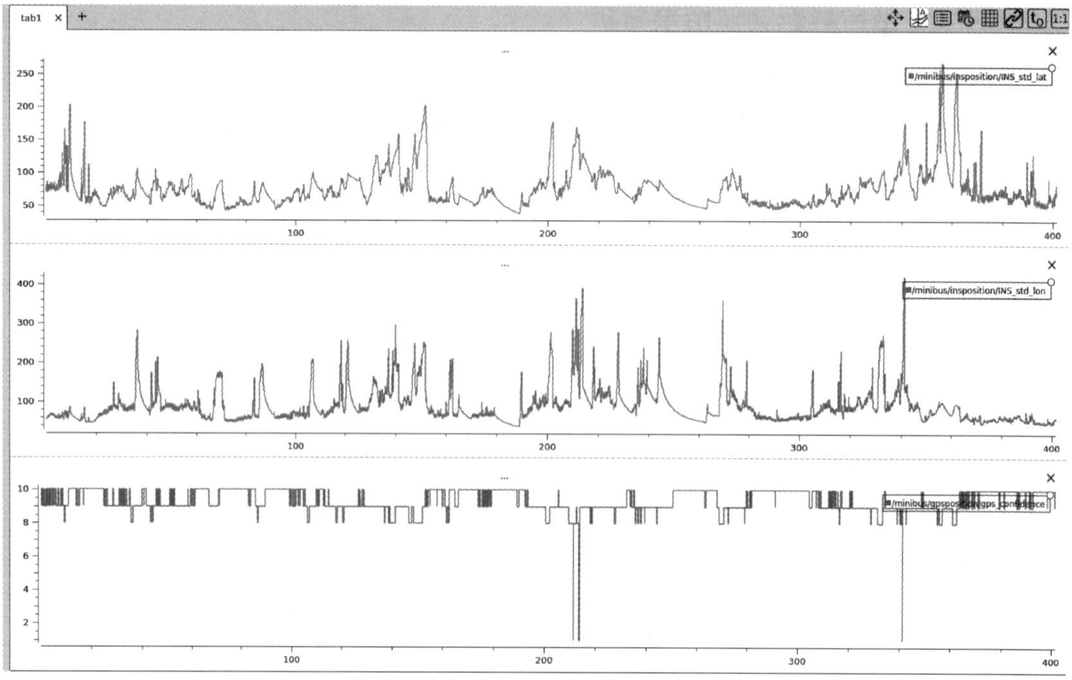

图 4-31　局部路段组合惯导定位置信度分析

各定位与高精度地图误差统计见表 4-2。

表 4-2　各定位与高精度地图误差统计

日期	场景	位置误差范围	标准差范围
2022-11-17	阴天(定安到南文营)	横向偏差小于 10cm	标准差基本在 200 以内
2022-11-17	阴天(南文营到定安)	横向偏差小于 10cm	标准差基本在 200 以内，部分超过 300
2022-11-18	阴天(南文营到定安)	横向偏差小于 10cm	标准差基本在 200 以内，部分超过 400
2022-11-18	阴天(定安到南文营)	横向偏差小于 10cm	标准差基本在 200 以内，部分超过 300
2022-11-18	阴天(南文营到定安)	横向偏差小于 10cm	标准差基本在 150 以内，部分超过 200
2022-11-19	阴天(定安到南文营)	横向偏差小于 10cm	标准差基本在 150 以内，部分超过 200
2022-11-19	阴天(南文营到定安)	横向偏差小于 10cm	标准差基本在 150 以内，部分超过 300
2022-11-19	阴天(定安到南文营)	横向偏差小于 10cm	标准差基本在 200 以内，部分超过 400

4.4.2 点云特征匹配实战

下载代码 catkin_meta_global_matching.zip。在解压文件夹内使用 catkin build 命令编译 ROS 代码功能包。

(1)修改 pcd 地图文件

①将对应的 pcd 文件放到该文件夹下,如果为网格化地图,需要将.csv 文件拷贝到该目录下。

②如果为整张 pcd 点云文件,则进入 catkin_meta_global_matching/src/lidar_matching/meta_lidar_localizer/metaware_config/launch 目录下,修改 map.launch 文件中的 pcd 文件名。

```
<launch>

  <!-- TF -->
  <include file="$(find metaware_config)/launch/tf.launch"/>

  <!-- Point Cloud-->
  <node pkg="map_file" type="points_map_loader" name="points_map_loader" args="noupdate $(find
metaware_config)/map/yangluo_map_downsampled_2.pcd" />

</launch>
```

③同时修改 localization_truck_online.launch 文件,注释掉网格化地图加载。

```
<!--
<include file="$(find map_loader)/launch/map_loader.launch"/>
-->

<include file="$(find metaware_config)/launch/map.launch"/>
```

④打开 map 的地图加载。

⑤如果为网格化的点云地图文件,则进入 catkin_meta_global_matching/src/lidar_matching/map_util/points_map_loader/launch 的路径下,修改 map_loader.launch 文件,将网格点云地图的文件夹名修改到如下位置。

```
<launch>

  <arg name="map_dir" default = "$(find metaware_config)/map/yangluoyouhua" />

  <node pkg="map_loader" type="map_loader_node" name="map_loader" args="500 $(arg map_dir) pcd"
output="screen">

    <!-- 过滤单个的噪点 -->
    <param name="filterSpeckles" type="bool" value="false" />

    <!-- topic from where pointcloud2 messages are subscribed -->
    <!-- <remap from="/octomap_point_cloud_centers" to="points_map" /> -->

  </node>
</launch>
```

⑥同时修改 localization_truck_online.launch 文件,注释掉整张地图加载。

```
<!--
<include file="$(find map_loader)/launch/map_loader.launch"/>
-->

<include file="$(find metaware_config)/launch/map.launch"/>
```

⑦编译完成后，终端使用命令 source devel/setup. bash 更新终端环境。

⑧修改 launch 文件：catkin_meta_global_matching/src/lidar_matching/meta_lidar_localizer/metaware_config/launch 目录下，修改 location. launch 文件。

（axes_type 表示为地图坐标系选择 0 是 gauss 坐标系，1 是 utm 坐标系，center_longitude 表示中央经纬度，kGpsOffsetX，kGpsOffsetY，kGpsOffsetZ 表示第一个点的初始坐标。）

```
<arg name="axes_type" default="0" />  <!-- axes_type : gauss = 0 , utm=1 -->
<arg name="center_longitude" default="117" />
<arg name="kGpsOffsetX" default="98407.36" />
<arg name="kGpsOffsetY" default="2706566.63" />
<arg name="kGpsOffsetZ" default="15.48" />
```

修改雷达的标定参数：

```
<include file="$(find runtime_manager)/scripts/setup_tf.launch">
  <arg name="x" value="-0.96" />
  <arg name="y" value="4.70" />
  <arg name="z" value="2.55" />
  <arg name="yaw" value="0.553" />
  <arg name="pitch" value="-0.039" />
  <arg name="roll" value="-0.018" />
  <arg name="frame_id" value="base_link_loc" />
  <arg name="child_frame_id" value="lidar_mid_loc" />
  <arg name="period_in_ms" value="10"/>
  <arg name="x2" value="0.96" />
  <arg name="y2" value="4.70" />
  <arg name="z2" value="2.55" />
  <arg name="yaw2" value="-0.610" />
  <arg name="pitch2" value="-0.032" />
  <arg name="roll2" value="-0.012" />
  <arg name="frame_id2" value="base_link_loc" />
  <arg name="child_frame_id2" value="lidar_rear_loc" />
  <arg name="period_in_ms2" value="10"/>
</include>
```

使用 roslaunch metaware_config location. launch 启动 ROS 节点。

（2）NDT 算法流程

输入：两帧点云数据 S1，S2。

输出：位姿变换数据 R，t。

①对 S1 计算正太分布变换（NDT）；

②初始化需要估计的参数 R，t，设置为 0 或者采用里程计数据；

③根据参数 R，t，将 S2 中的所有样本点投影到对应的坐标系下；

④确定每一个映射点对应的正态分布，即 S2 映射点属于 S1 中的哪一个 cell；

⑤通过评估每个映射点的分布并对结果求和来确定参数的得分；

⑥通过尝试优化分数来计算新的参数估计，这是通过执行牛顿算法的一个步骤来实现的；

⑦转到②，直到满足收敛条件。

（3）核心 DNT 匹配代码

```
#include <iostream>
#include <thread>

#include <pcl/io/pcd_io.h>
#include <pcl/point_types.h>
```

```
#include <pcl/registration/ndt.h>
#include <pcl/filters/approximate_voxel_grid.h>

#include <pcl/visualization/pcl_visualizer.h>

using namespace std::chrono_literals;

int
main ()
{
  // 加载扫描点云
  pcl::PointCloud<pcl::PointXYZ>::Ptr target_cloud (new pcl::PointCloud<pcl::PointXYZ>);
  if (pcl::io::loadPCDFile<pcl::PointXYZ> ("room_scan1.pcd", *target_cloud) == -1)
  {
    PCL_ERROR ("Couldn't read file room_scan1.pcd \n");
    return (-1);
  }
  std::cout << "Loaded " << target_cloud->size () << " data points from room_scan1.pcd" << std::endl;

  // 重新加载第二帧点云
  pcl::PointCloud<pcl::PointXYZ>::Ptr input_cloud (new pcl::PointCloud<pcl::PointXYZ>);
  if (pcl::io::loadPCDFile<pcl::PointXYZ> ("room_scan2.pcd", *input_cloud) == -1)
  {
    PCL_ERROR ("Couldn't read file room_scan2.pcd \n");
    return (-1);
  }
  std::cout << "Loaded " << input_cloud->size () << " data points from room_scan2.pcd" << std::endl;

  // 过滤输入扫描到原始尺寸的10%左右，以提高配准速度.
  pcl::PointCloud<pcl::PointXYZ>::Ptr filtered_cloud (new pcl::PointCloud<pcl::PointXYZ>);
  pcl::ApproximateVoxelGrid<pcl::PointXYZ> approximate_voxel_filter;
  approximate_voxel_filter.setLeafSize (0.2, 0.2, 0.2);
  approximate_voxel_filter.setInputCloud (input_cloud);
  approximate_voxel_filter.filter (*filtered_cloud);
  std::cout << "Filtered cloud contains " << filtered_cloud->size ()
      << " data points from room_scan2.pcd" << std::endl;

  // 设置初始对齐估计.
  Eigen::AngleAxisf init_rotation (0.6931, Eigen::Vector3f::UnitZ ());
  Eigen::Translation3f init_translation (1.79387, 0.720047, 0);
  Eigen::Matrix4f init_guess = (init_translation * init_rotation).matrix ();

  // 计算所需的刚性变换以使输入云与目标云对齐.
  pcl::PointCloud<pcl::PointXYZ>::Ptr output_cloud (new pcl::PointCloud<pcl::PointXYZ>);
  ndt.align (*output_cloud, init_guess);

  std::cout << "Normal Distributions Transform has converged:" << ndt.hasConverged ()
      << " score: " << ndt.getFitnessScore () << std::endl;

  // 使用found transform转换未过滤的输入云.
  pcl::transformPointCloud (*input_cloud, *output_cloud, ndt.getFinalTransformation ());

  // 保存转换后的输入点云.
  pcl::io::savePCDFileASCII ("room_scan2_transformed.pcd", *output_cloud);
```

```
// 初始化点云可视化器
pcl::visualization::PCLVisualizer::Ptr
viewer_final (new pcl::visualization::PCLVisualizer ("3D Viewer"));
viewer_final->setBackgroundColor (0, 0, 0);

// Coloring and visualizing target cloud (red).
pcl::visualization::PointCloudColorHandlerCustom<pcl::PointXYZ>
target_color (target_cloud, 255, 0, 0);
viewer_final->addPointCloud<pcl::PointXYZ> (target_cloud, target_color, "target cloud");
viewer_final->setPointCloudRenderingProperties (pcl::visualization::PCL_VISUALIZER_POINT_SIZE,
                                                1, "target cloud");

// Coloring and visualizing transformed input cloud (green).
pcl::visualization::PointCloudColorHandlerCustom<pcl::PointXYZ>
output_color (output_cloud, 0, 255, 0);
viewer_final->addPointCloud<pcl::PointXYZ> (output_cloud, output_color, "output cloud");
viewer_final->setPointCloudRenderingProperties (pcl::visualization::PCL_VISUALIZER_POINT_SIZE,
                                                1, "output cloud");

// Starting visualizer
viewer_final->addCoordinateSystem (1.0, "global");
viewer_final->initCameraParameters ();

// Starting visualizer
viewer_final->addCoordinateSystem (1.0, "global");
viewer_final->initCameraParameters ();

// Wait until visualizer window is closed.
while (!viewer_final->wasStopped ())
{
  viewer_final->spinOnce (100);
  std::this_thread::sleep_for(100ms);
}

return (0);
}
```

激光点云匹配定位的主要功能是为了在组合导航失效的情况下使定位模块能够提供一个可靠的定位源。在无遮挡的地方 GPS 信号强，组合导航定位置信度高，作为点云地图加载初始化。在有遮挡或者 GPS 信号弱的地方，组合导航的定位置信度低，采用上一帧的 NDT 置信度较好的定位源来作为动态点云加载的初始化的位姿信息，从而降低 NDT 对于组合导航的依赖性，提高 NDT 的鲁棒性。整体定位分析见图 4-32。NDT 匹配定位位置与高精度地图误差统计见表 4-2。

整体来看轨迹正常，未出现明显跳变或飞点，NDT 匹配定位输出结果，与轨迹中心线匹配度较高。NDT 匹配定位结果的好坏取决于原始点云地图的精度、原始点云地图与当前环境的差异、当前环境是否有特征退化、点云是否被遮挡等因素。

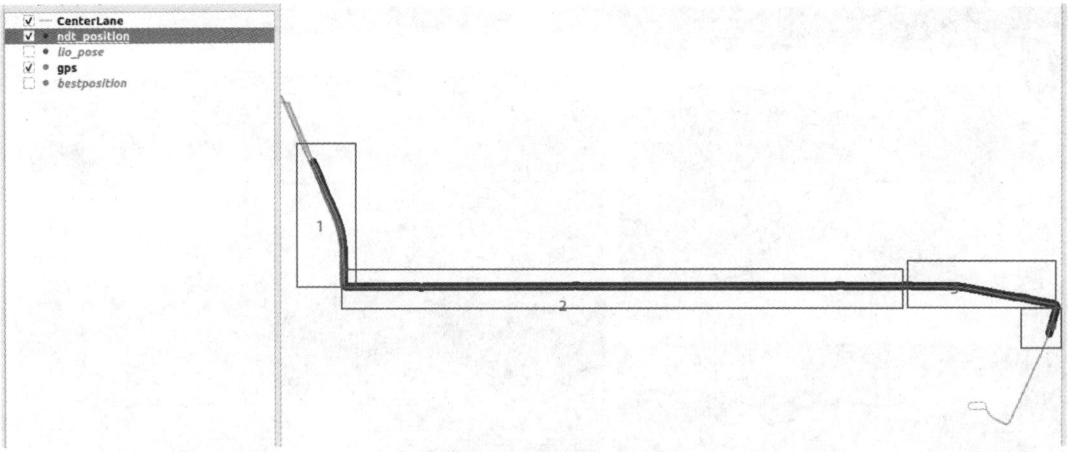

图 4-32　整体定位分析

表 4-3　NDT 匹配定位位置与高精度地图误差统计

日期	场景	位置偏差示意图	置信度
2022-11-17	阴天(定安到南文营)	横向偏差小于 20cm(不是完整一圈)	前段基本在 8 以上,偶尔有跳变,后面有较多置信度小于 8
2022-11-17	阴天(南文营到定安)	除了开始一段不在路线上定位无输出,路线上的定位结果偏差基本在 20cm 以内	开始一段置信度为 0,后续路线上置信度基本在 8 以上
2022-11-18	阴天(南文营到定安)	开始一段偏差在 30cm 左右,置信度小于 8,后面大部分偏差在 20cm 以内	开始一段置信度小于 8,后面大部分大于 8
2022-11-18	阴天(定安到南文营)	前段横向偏差小于 20cm,后小段偏差在 30cm 左右	前段置信度基本为 8,后端置信度大部分小于 8
2022-11-18	阴天(南文营到定安)	开始一段偏差在 30cm 左右,置信度小于 8,后面大部分偏差在 20cm 以内	开始一段置信度小于 8,后面大部分大于 8
2022-11-19	阴天(定安到南文营)	横向偏差基本在 20cm 以内	置信度大部分大于 8
2022-11-19	阴天(南文营到定安)	开始一段偏差在 30cm 左右,后面大部分偏差在 20cm 以内	开始一段置信度小于 8,后面大部分大于 8
2022-11-19	阴天(定安到南文营)	横向偏差基本在 20cm 以内	置信度基本大于 8,后面小部分小于 8

从表 4-3 中的 8 组数据可以看出,NDT 匹配定位在匹配效果较好时,匹配精度基本都在 20cm 以内,如果匹配效果不好,匹配定位结果横向偏差大于 30cm。

图 4-33 为某段高架桥下的路段,此时组合导航的置信度较低,组合导航处于浮点解不可用的状态,刚好需要加载下一张点云地图,通过右侧我们可以看到另外一张地图已经加载完成,且激光雷达点云基本上与点云地图的点云重合。

图 4-33　某高架桥下定位分析

4.4.3　矢量地图匹配—车道线横向匹配定位

(1)车道线定位代码实战

①下载配套代码 catkin_meta_hdm_matching. zip;

②在解压文件夹内使用 catkin build 命令编译 ROS 代码功能包;

③编译完成后终端使用命令 source devel/setup. bash 更新终端环境。

④使用 roslaunch meta_hdmap_localization run_port_exp_online. launch 启动 ROS 节点,launch 文件如下:

```
<launch>

    <arg name="map_path" default="$(find meta_hdmap_localization)/data/2045" />

    <!-- CAM -->
    <node pkg="meta_hdmap_localization" type="hdmap_localization_node" name="hdmap_localization_node" output="screen">
        <param name="map_path" type="string" value="$(arg map_path)" />
    </node>

</launch>
```

其中 map_path 表示当前矢量地图所在文件夹位置。

在进入隧道前,GPS 信号强,组合导航定位置置信度高,作为融合定位主要定位输入。进入隧道后,车道线定位相对于组合导航更稳定,可以作为融合定位主要定位源。根据各定位源的置信度决定融合定位权重分配。由于组合导航结果在隧道中会产生较大偏差,使用融合定位结果作为车道线定位的输入,保证车道定位的准确性。

在进入隧道前,根据融合定位获取周边地图信息,根据当前车辆位置及航向角进行地图车道定位,同时获取车辆所在位置的地图车道拓扑关系、道路类型信息。进入隧道后,将进入隧道的信息发送给融合定位系统,适当调整车道线定位和组合导航定位的权重;根据地图拓扑关系,获取进入隧道后的车道信息,与车辆位置信息校验,保证车辆在正确的定位车道上;根据输入的感知车道线信息,与当前定位车道的车道线进行匹配,输出偏移量,同时根据当前的车速、车道宽度对偏移量进行约束，保证车辆校正量不会产生较大跳变。在融合定位结果基础上加上车道线定位偏移，将校正定位结果输入融合定位，在组合导航置信度差时保证车辆在正确的车道中运行，确保自动驾驶功能在隧道场景下的正常运行。

车道线匹配算法流程见图 4-34。

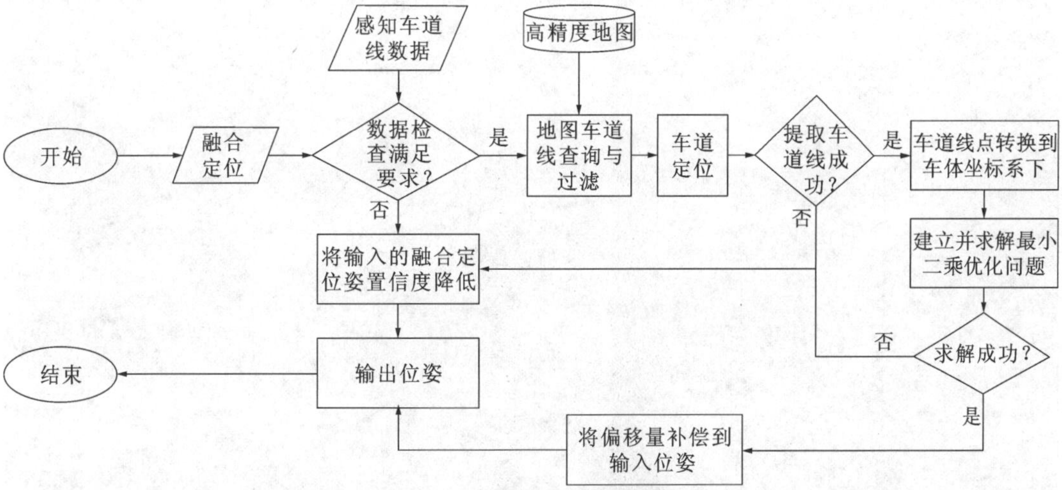

图 4-34　车道线匹配算法流程

(2)代码示例

```
LaneFactor(const std::array<double, 4>& cam_param, const Eigen::Vector2d& lane_local)
    : cam_param_(cam_param), lane_local_(lane_local) {}

static ceres::CostFunction* Create(const std::array<double, 4>& cam_param,
                                   const Eigen::Vector2d& lane_local) {
  return (
      new ceres::AutoDiffCostFunction<LaneFactor, 1, 2>(new LaneFactor(cam_param, lane_local)));
}

template <typename T>
bool operator()(const T* parameters, T* residuals) const {
  const T x = parameters[0];
  const T yaw = parameters[1];

  Eigen::Matrix<T, 3, 3> lane_to_cam;
  lane_to_cam << cos(yaw),           -sin(yaw),          x,
                 sin(yaw),           cos(yaw),           static_cast<T>(0),
                 static_cast<T>(0),  static_cast<T>(0),  static_cast<T>(1);

  // 转换车道线到车身坐标系下
  Eigen::Matrix<T, 3, 1> lane_local =
      lane_to_cam * Eigen::Matrix<T, 3, 1>(lane_local_.cast<T>().x(), lane_local_.cast<T>().y(),
                                           static_cast<T>(1.0));
  residuals[0] =
      static_cast<T>(cam_param_[0]) + static_cast<T>(cam_param_[1]) * lane_local.y() +
      static_cast<T>(cam_param_[2]) * lane_local.y() * lane_local.y() +
      static_cast<T>(cam_param_[3]) * lane_local.y() * lane_local.y() * lane_local.y() -
      lane_local.x();
  return true;
}
locate2(const std::array<double, 4>& camera_param_left,
                                const std::array<double, 4>& camera_param_right,
                                const std::vector<Eigen::Vector2d>& hdmap_left_local,
                                const std::vector<Eigen::Vector2d>& hdmap_right_local,
```

```
                              const Eigen::Vector2d& init_x_y_yaw,
                              Eigen::Vector2d* match_result) {
  if (hdmap_left_local.empty() || hdmap_right_local.empty()) {
    return 999;
  }
  Eigen::Vector2d result = init_x_y_yaw;
  ceres::Problem problem;
  problem.AddParameterBlock(result.data(), 2);
  for (const Eigen::Vector2d& p : hdmap_left_local) {
    ceres::CostFunction* cost = LaneFactor::Create(camera_param_left, p);
    problem.AddResidualBlock(cost, nullptr, result.data());
  }
  for (const Eigen::Vector2d& p : hdmap_right_local) {
    ceres::CostFunction* cost = LaneFactor::Create(camera_param_right, p);
    problem.AddResidualBlock(cost, nullptr, result.data());
  }
  ceres::Solver::Options options;
  options.linear_solver_type = ceres::DENSE_QR;
  options.minimizer_progress_to_stdout = false;
  options.max_solver_time_in_seconds = 0.5;

  ceres::Solver::Summary summary;
  ceres::Solve(options, &problem, &summary);

  if (!summary.IsSolutionUsable()) {
    return 999;
  }
  *match_result = result;
  return summary.final_cost;
}
```

图 4-35 为刚出隧道场景，此时组合导航定位数据（红色箭头）向左侧偏移，最大误差约 0.6m，会导致规划认为距离左侧边界太近导致车辆急刹；此时车道线定位结果（黄色箭头）与融合定位结果（绿色箭头）仍然保持在车道中心线附近，误差约 0.1m。实际运行过程中自动驾驶功能正常，无急刹、停车等异常情况。

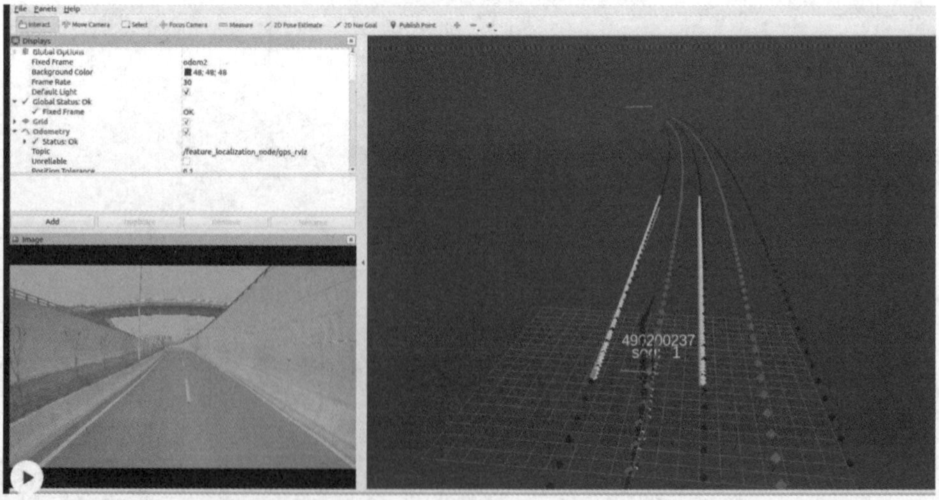

图 4-35　运行匹配定位程序

通过比较 GPS 与车道线匹配的差值可以观察到 GPS 与车道线匹配在隧道的轨迹误差基本上小于 20cm，且航向角平均误差小于 0.1°，满足定位的需求。

5 传感器感知识别

5.1 常用感知算法介绍

5.1.1 激光雷达感知算法

激光雷达感知系统主要负责点云数据的目标检测、目标跟踪以及道路边界线检测任务，利用3D点云处理算法（点云分割，关联目标）来感知周围环境中的障碍物信息、道路边界线信息。首先，将不同激光雷达点云数据转换到同一坐标系并进行点云拼接，在车辆感兴趣区域进行地面剔除。在剔除地面的障碍点上分别进行道路边界线检测、障碍物检测及跟踪。

激光雷达感知模块架构如图5-1所示，将原始点云数据进行点云拼接之后，先进行地面检测，在剔除地面的高架点上分别进行障碍物检测、跟踪以及道路边界线检测，在道路边界线，检测结果支持在车辆可行驶区域内过滤障碍物的功能。目标跟踪结果分别输出融合算法端的目标列表信息以及决策规划端的栅格图信息。

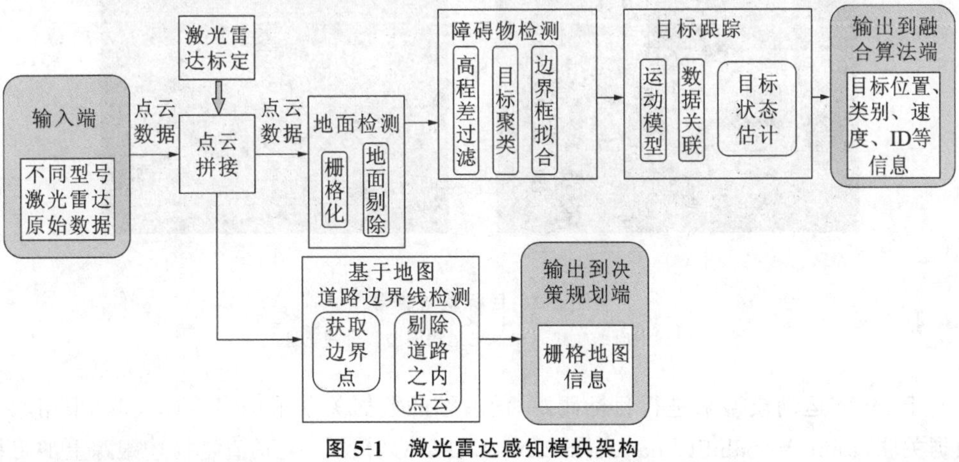

图5-1 激光雷达感知模块架构

(1)点云数据拼接模块

通过NDT算法的点云配准获取不同激光雷达传感器的位姿信息，将该信息转换为坐标转移矩阵作为NDT点云匹配算法的输入，经过NDT点云匹配后可以得到精确的坐标转移矩阵。将不同坐标系下的激光雷达点云数据转换到同一个坐标系下，对点云直接叠加进行拼接。

(2)地面检测模块

首先,将点云数据划分为一个个的正方形栅格,在二维的栅格图中处理三维点云中的高度信息。每个网格 S(LAN,POR)都有一个位置 ID,允许使用方向特性来处理整个点云数据。LAN 表示水平坐标,POR 表示垂直坐标。网格是 N×M 大小,每个网格给出三个特征:S(Zdist,Zmax,Zmin)。这三个值分别是网格中的点云高度信息:最高值 Zmax 和最低值 Zmin,以及点云的最大高度差 Zdist。根据每一个栅格内部的高度差以及相邻栅格之间的高度差来判断地面点云。

(3)障碍物检测模块

首先,对地面剔除之后的高架点进行聚类,提取欧式聚类算法聚类后的障碍物点云集合;然后,对较小物体采用 MAR 算法,进行边界框拟合,对于有遮挡的较大物体特别是车辆采用 L-shape 算法来进行边界框拟合。最小面积包围矩形的实现基于 OpenCV 来实现。由于 MAR 方法在点云有遮挡的情况下会生成目标航向角有偏差的不准确矩形框。为解决这个问题,采用基于特征的 L-Shape 算法来获取 yaw 方向上的偏航。

(4)目标跟踪模块

相邻两帧点云之间的目标连接,构成一条轨迹,由于只考虑了距离因素,这样的轨迹往往是无规律的,如图 5-2 所示。为了能从这些轨迹中筛选出可能是运动目标留下的轨迹,做出以下假设:

①在短时间内,道路上的移动目标做近直线运动。

②在短时间内,道路上的移动目标做近匀速运动。

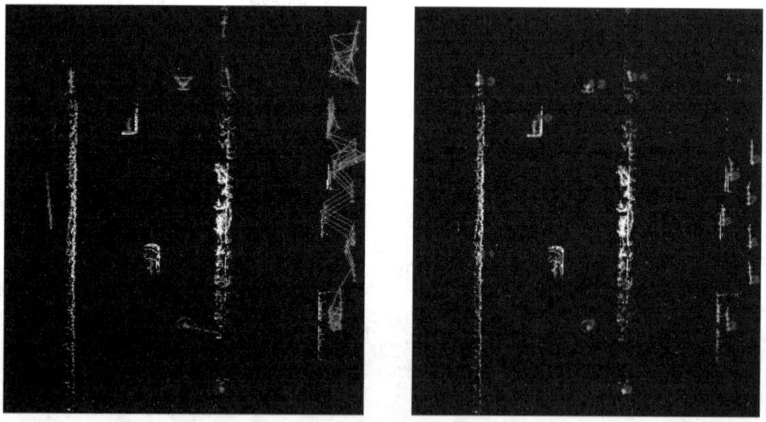

(a) (b)

图 5-2 目标轨迹集合

(a)所有的轨迹;(b)满足运动模型假设的轨迹

基于 IMM 运动模型来进行目标跟踪,前后帧的数据关联采用多目标关联,采用联合概率数据关联(joint probability data association,JPDA)算法。关联值是描述跟踪上的目标与当前检测得到的目标的相似程度,在计算得到关联值之后,对于一个已经跟踪上的目标,在门限范围内的所有当前帧检测目标,根据关联值的大小计算其属于这个已经跟踪上的目标的概率,再根据各个目标的概率综合加权,维护已经跟踪上的目标。目标的相似可以体现在三个方面:物理位置相似、几何形状相似和运动状态相似。对前后帧数据关联的结果采用卡尔曼算法(KF)进行目标状态估计,图5-3为卡尔曼滤波器算法流程图。

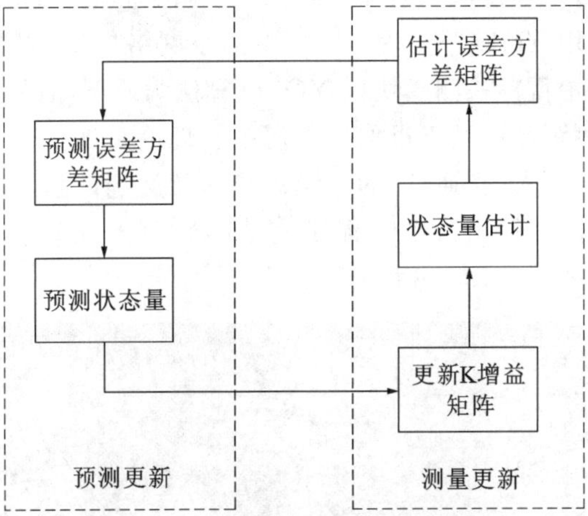

图5-3　卡尔曼滤波器算法流程图

(5)道路边界线检测模块

①纯点云方法:首先,在地面检测模块获得的高架点上进行光束模型划分。在每个划分的光束区域中提取一个道路边界候选点,然后对候选点所属的道路边界线进行分类。其中,每一个类别代表一条道路边界。之后,在每一条道路边界候选点上过滤道路之外的候选点,过滤时采用距离过滤器以及RANSAC过滤器。最后,将获得的道路边界点采用RANSAC曲线模型进行道路边界线拟合。

②基于地图的方法:将大地坐标系下的车道线中心点信息、车道线与边界的距离、自车的航向角,计算出道路边界点,然后转到自车坐标系下。在基于自车坐标下的边界,按照距离判断点云中的每一个点是否在道路边界线之内,最后将道路之内的边界点剔除。将道路之外的点云通过栅格地图发送到决策规划模块。见图5-4。

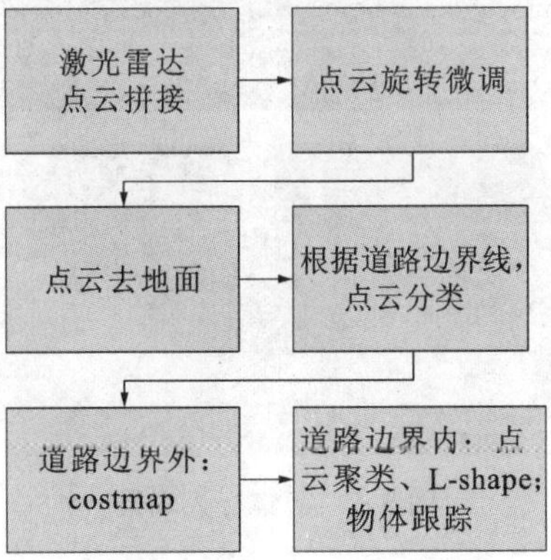

图5-4　激光雷达模块逻辑流程图

5.1.2　视觉感知之目标检测

(1)原理介绍

视觉感知功能是对车载摄像头拍摄的画面中的目标物进行检测。视觉目标检测采用深度神经网络 YOLOV5 模型，基于 ROS 框架开发与运行。视觉目标检测主要包含目标检测模块、属性分类模块及后处理模块。为在有限算力下满足算法运行效率，视觉感知模块中的深度神经网络模型将采用 YOLOV5 系列模型中的小网络模型，跟踪及测距算法将主要基于规则的方法实现。其中目标检测模块以 YOLO 算法为原型，后处理模块的跟踪算法基于卡尔曼滤波理论实现，测距算法基于摄像机几何投影理论实现。目标检测模块输入为原始图像，输出目标物(车辆、行人、交通灯)的二维边界框及类别信息。后处理模块主要包括目标物的跟踪算法、测距算法，输出为目标的 ID 号、距离信息。

测评中典型样例如图 5-5、图 5-6 所示。

图 5-5　夜间测试场景

图 5-6　密集行人场景

5.1.3　视觉感知之车道线检测

(1)原理介绍

车道线分割模块以 Ultra fast lane detection 算法为原型，属性分类模块基于规则匹配的方法。车道线检测为寻找车道线在图像中某些行的位置的集合，即基于行方向上的位置选择、分类。

车道线检测算法效果见图 5-7。

图 5-7 车道线检测算法效果

5.2 算法库实践案例——激光雷达感知算法

本测试案例主要包含激光雷达点云拼接、去地面、聚类和目标跟踪模块。调试代码以ROS工程为基础，程序启动入口为各模块的launch文件。

5.2.1 点云拼接

(1)算法程序说明

本模块主要针对多个来自不同安装位置的雷达点云进行拼接，包括时间同步、坐标转换和点云拼接发布。

点云拼接程序的类主要包含同步函数声明，回调函数声明和tf坐标转换关系监听声明，及其他变量和函数的声明，见图5-8。

```cpp
// 点云拼接类声明
class PointsConcatFilter
{
public:
  PointsConcatFilter();

private:
  typedef pcl::PointXYZI PointT;
  typedef pcl::PointCloud<PointT> PointCloudT;
  typedef sensor_msgs::PointCloud2 PointCloudMsgT;

  // ROS多消息时间戳同步函数
  typedef message_filters::sync_policies::ApproximateTime<PointCloudMsgT, PointCloudMsgT, PointCloudMsgT,
                                                          PointCloudMsgT, PointCloudMsgT, PointCloudMsgT,
                                                          PointCloudMsgT, PointCloudMsgT>
      SyncPolicyT;

  ros::NodeHandle node_handle_, private_node_handle_;
  message_filters::Subscriber<PointCloudMsgT> *cloud_subscribers_[8];
  message_filters::Synchronizer<SyncPolicyT> *cloud_synchronizer_;
  ros::Subscriber config_subscriber_;
  ros::Publisher cloud_publisher_;
  tf::TransformListener tf_listener_;

  size_t input_topics_size_;
  std::string input_topics_;
  std::string output_frame_id_;
  static bool    filter_128;

  // 点云拼接回调函数
  void pointcloud_callback(const PointCloudMsgT::ConstPtr &msg1, const PointCloudMsgT::ConstPtr &msg2,
                           const PointCloudMsgT::ConstPtr &msg3, const PointCloudMsgT::ConstPtr &msg4,
                           const PointCloudMsgT::ConstPtr &msg5, const PointCloudMsgT::ConstPtr &msg6,
                           const PointCloudMsgT::ConstPtr &msg7, const PointCloudMsgT::ConstPtr &msg8);
};
```

图5-8 点云拼接程序类声明

时间同步采用ROS的message_filters实用程序库。它集合了许多常用的消息“过滤”算法。消息过滤器message_filters类似一个消息缓存，当消息到达消息过滤器的时候，可能并不会立即输出，而是在稍后的时间点里满足一定条件下输出。举个例子，比如时间同步器，它接收来自多个源的不同类型的消息，并且仅当它们在具有相同时间戳的每个源上接收到消息时才输出它们，也就是起到消息同步输出的作用。本代码示例可以实现2～8个激光雷达的拼接功能,具体相关代码定义见图 5-9。

```cpp
// 点云拼接类初始化函数
PointsConcatFilter::PointsConcatFilter() : node_handle_(), private_node_handle_("~"), tf_listener_()
{
  // 输入话题参数
  private_node_handle_.param("input_topics", input_topics_, std::string("[/points_alpha, /points_beta]"));
  private_node_handle_.param("output_frame_id", output_frame_id_, std::string("velodyne"));

  YAML::Node topics = YAML::Load(input_topics_);
  input_topics_size_ = topics.size();
  if (input_topics_size_ < 2 || 8 < input_topics_size_)
  {
    ROS_ERROR("The size of input_topics must be between 2 and 8");
    ros::shutdown();
  }

  //
  for (size_t i = 0; i < 8; ++i)
  {
    if (i < input_topics_size_)
    {
      cloud_subscribers_[i] =
          new message_filters::Subscriber<PointCloudMsgT>(node_handle_, topics[i].as<std::string>(), 1);
    }
    else
    {
      cloud_subscribers_[i] =
          new message_filters::Subscriber<PointCloudMsgT>(node_handle_, topics[0].as<std::string>(), 1);
    }
  }

  // 雷达点云同步
  cloud_synchronizer_ = new message_filters::Synchronizer<SyncPolicyT>(
      SyncPolicyT(10), *cloud_subscribers_[0], *cloud_subscribers_[1], *cloud_subscribers_[2], *cloud_subscribers_[3],
      *cloud_subscribers_[4], *cloud_subscribers_[5], *cloud_subscribers_[6], *cloud_subscribers_[7]);
  cloud_synchronizer_->registerCallback(
      boost::bind(&PointsConcatFilter::pointcloud_callback, this, _1, _2, _3, _4, _5, _6, _7, _8));

  // 拼接点云输出发布声明
  cloud_publisher_ = node_handle_.advertise<PointCloudMsgT>("/points_concat", 1);
}
```

图 5-9 点云拼接类初始化函数

在实现多个激光雷达点云时间同步的基础上,程序触发回调函数进行多个激光雷达的坐标转换,统一转换到车辆坐标系之后,将所有点云拼接发布,用于下游模块。其主要步骤中,点云坐标转换对应 transform points 代码段;点云拼接步骤对应 merge points 代码段;点云发布对应 publish points 代码段。见图 5-10。

```cpp
// 点云拼接回调函数
void PointsConcatFilter::pointcloud_callback(const PointCloudMsgT::ConstPtr &msg1, const PointCloudMsgT::ConstPtr &msg2,
                                             const PointCloudMsgT::ConstPtr &msg3, const PointCloudMsgT::ConstPtr &msg4,
                                             const PointCloudMsgT::ConstPtr &msg5, const PointCloudMsgT::ConstPtr &msg6,
                                             const PointCloudMsgT::ConstPtr &msg7, const PointCloudMsgT::ConstPtr &msg8)
{
  // 校验输入个数
  assert(2 <= input_topics_size_ && input_topics_size_ <= 8);

  PointCloudMsgT::ConstPtr msgs[8] = { msg1, msg2, msg3, msg4, msg5, msg6, msg7, msg8 };
  PointCloudT::Ptr cloud_sources[8];
  PointCloudT::Ptr cloud_concatenated(new PointCloudT);

  // transform points 转换多个点云到车辆坐标系
  try
  {
    for (size_t i = 0; i < input_topics_size_; ++i)
    {
      cloud_sources[i] = PointCloudT().makeShared();
      pcl::fromROSMsg(*msgs[i], *cloud_sources[i]);

      if(!m_lidars_tf.at(i).is_changed){
        tf::TransformListener listener;
```

```
        listener.waitForTransform(output_frame_id_, msgs[i]->header.frame_id, ros::Time(0), ros::Duration(1.0));
        try{
            listener.lookupTransform(output_frame_id_, msgs[i]->header.frame_id, ros::Time(0),  m_lidars_tf.at(i).transform);
            pcl_ros::transformPointCloud (*cloud_sources[i], *cloud_sources[i], m_lidars_tf.at(i).transform);
            m_lidars_tf.at(i).is_changed = true;
            ROS_INFO("Received tf");
        }
        catch (tf::TransformException ex){
                ROS_ERROR("CloudPoits Waiting  lidar_mid to base_link Tf  !!");
                return;
        }
    }else{
        pcl_ros::transformPointCloud (*cloud_sources[i], *cloud_sources[i], m_lidars_tf.at(i).transform);
    }

  }
}
catch (tf::TransformException &ex)
{
  ROS_ERROR("%s", ex.what());
  return;
}

// merge points 拼接多个点云
for (size_t i = 0; i < input_topics_size_; ++i)
{
  *cloud_concatenated =*cloud_concatenated+*cloud_sources[i];
}


// publish points 发布拼接点云
cloud_concatenated->header = pcl_conversions::toPCL(msgs[0]->header);
cloud_concatenated->header.frame_id = output_frame_id_;
pcl_conversions::toPCL(ros::Time::now(), cloud_concatenated->header.stamp);
cloud_publisher_.publish(cloud_concatenated);
}
```

图 5-10　点云拼接程序回调函数

(2)程序启动 launch 文件说明

点云拼接程序启动文件目录:catkin_lidar_detection/src/points_preprocessor/points_concat_filter. launch。

launch 文件如图 5-11 所示。

```
<!-- -->
<launch>
  <arg name="input_topics" default="[/minibus/front/lslidar_point_cloud, /minibus/rear/lslidar_point_cloud,/minibus/rslidar/front/rslidar_point_cloud, /minibus/rslidar/left/rslidar

  <arg name="output_topic" default="/points_concat" />
  <arg name="output_frame_id" default="/base_link" />

  <node pkg="tf" type="static_transform_publisher" name="link1_broadcaster" args="  -0.298816 -0.0809565  -0.133262  1.74684 -1.66094  3.06685 /lidar_rear /rslidar_rear 10" />
  <node pkg="tf" type="static_transform_publisher" name="link2_broadcaster" args="-1.01871 -7.25386 0.118985  1.63736 -1.67429 -1.57895 /lidar_mid /rslidar_left 10" />
  <node pkg="tf" type="static_transform_publisher" name="link3_broadcaster" args="0.697414 -14.8025 0.559551    3.1164 -0.0603959  0.0434555   /lidar_mid /lidar_rear 10" />
  <node pkg="tf" type="static_transform_publisher" name="link4_broadcaster" args="1.73529   -7.02033 -0.0349233   1.1621 -1.41216  2.05811 /lidar_mid /rslidar_right 10" />
  <node pkg="tf" type="static_transform_publisher" name="link5_broadcaster" args="-0.273732 -0.0665769  -0.126014 0.256183 -1.77336 -1.80719  /lidar_mid /rslidar_front 10" />
  <node pkg="tf" type="static_transform_publisher" name="base_link_to_lidar_mid" args="0.067 7.4146 0.49 -0.0457385 -0.0379865 0.0456869 /base_link /lidar_mid 10" />

  <node pkg="points_preprocessor" type="points_concat_filter"
        name="points_concat_filter" output="screen">
    <param name="output_frame_id" value="$(arg output_frame_id)" />
    <param name="input_topics" value="$(arg input_topics)" />
    <remap from="/points_concat" to="$(arg output_topic)" />
  </node>
</launch>
```

图 5-11　点云拼接程序启动 launch 文件

其中各变量名称对应含义如表 5-1 所示。

表 5-1　点云拼接 launch 参数说明

序号	变量名	含义	说明
1	input_topics	需要拼接的点云话题名称	按实际需求填写点云话题名称
2	output_topic	点云拼接输出的 topic 名称	示例为:/points_concat
3	frame_id	点云拼接输出的坐标系名称	示例为:base_link,即车辆坐标系

续表 5-1

序号	变量名	含义	说明
4	link1_broadcaster～link6_broadcaster	各个雷达的标定参数	6个标定参数分别对应 x 轴、y 轴和 z 轴的偏移量，和 z 轴、y 轴和 x 轴的旋转量

(3)常见问题说明

①点云拼接效果取决于多个雷达之间的时空同步精度。

②空间同步需要雷达的外参标定精度符合要求，时间同步要求多个雷达之间的触发符合实际需求。

5.2.2 地面去除

(1)算法程序说明

算法输入为拼接后的点云，去地面采用的是栅格化的方法，首先划分栅格为 20cm×20cm，然后将每一个点云按所属格子进行划分并计算栅格内点云的最值及高度差。遍历栅格，计算栅格内最低值与相邻栅格的最低值之差是否在阈值内，并计算每个栅格的高度差是否在阈值内，若满足以上两个阈值则认为是地面点。

地面去除程序接收点云拼接程序输出的拼接点云，发布去地面点云。类声明如图 5-12 所示，主要包含回调函数声明，及其他变量和函数的声明。

```
// 地面去除类声明
class ExtractGround
{
public:

    typedef pcl::PointXYZI              PointT;
    typedef pcl::PointXYZRGB            PointV;

    ExtractGround();
    ~ExtractGround();

    // 运行主序函数
    void Run();

    void getCellIndexFromPoints(float x, float y, int &row, int &col);
    void getGridMapCellIndexFromPoints(float x, float y, int &row, int &col);
    void getPointFromCellIndex(int row, int col, float &x, float &y);
    void filterCloud(pcl::PointCloud<PointT>::Ptr cloud, pcl::PointCloud<PointT> & filteredCloud,
                array<array<Cell, numCol>, numRow>& polarData);
    void filter_mid_area_limitation();
    void filter_mid_area(pcl::PointCloud<PointT> ::Ptr input, pcl::PointCloud<PointT> ::Ptr output);
    bool estimateGroundPlane(pcl::PointCloud<PointT>::Ptr &in_cloud, pcl::PointCloud<PointT>::Ptr &z_filter_cloud,
                        const float in_distance_thre);

    double gauss(double sigma, double x);
    std::vector<double> gaussKernel(int samples, double sigma);
    void gaussSmoothen(std::array<Cell, numCol>& values, double sigma, int samples);
    void computeDiff(array<Cell, numCol>& channelData);
    void estimateNeighbor( array<array<Cell, numCol>, numRow>& polarData,  int row_center, int col_center);
    void applyMedianFilter(array<array<Cell, numCol>, numRow>& polarData);
    void applySewer(array<array<Cell, numCol>, numRow>& polarData);
    void cloud_callback(const PointCloud2::ConstPtr& input_cloud);
    void lidartrack_callback( jsk_recognition_msgs::BoundingBoxArray boundingbox_array);
    jsk_recognition_msgs::BoundingBox GetBoundingBox(const pcl::PointCloud<PointT>::Ptr in_origin_cloud_ptr,
      const std::vector<int>& in_cluster_indices, uint8_t in_r,uint8_t in_g,uint8_t in_b);
    void DownsampleCloud(const pcl::PointCloud<PointT>::Ptr in_cloud_ptr,
      pcl::PointCloud<PointT>::Ptr out_cloud_ptr, float in_leaf_size);
    void clusterCloud(const pcl::PointCloud<PointT>::Ptr in_cloud_ptr,pcl::PointCloud<PointV>::Ptr out_cloud_ptr);
    void getPointsInPcFrame(Point2f rectPoints[], vector<Point2f>& pcPoints, int offsetX, int offsetY);
    void getBoundingBox(vector<pcl::PointCloud<PointT>> clusteredPoints, pcl::PointCloud<PointT>::Ptr bbPoints);
    void PublishCloud(const ros::Publisher& in_publisher, pcl::PointCloud<PointT>::ConstPtr in_cloud_to_publish_ptr,
      std::string frameid);
```

```
private:
    pcl::ConditionalRemoval<PointT> condrem;
    pcl::VoxelGrid<PointT> points_sor;

    // 话题发布声明
    ros::Publisher auxpoint_pub;
    ros::Publisher groundcloud_pub;
    ros::Publisher roicloud_pub;                              // 感兴趣区域点云
    ros::Publisher voxelfilteredcloud_pub;                    // 体素降采样后的点云
    ros::Publisher groundbeyond_pub;
    ros::Publisher cell_pub;
    ros::Publisher road_pub;
    ros::Publisher groundbelow_pub;
    std_msgs::Header header_;

    int frame_cnt;
    float cell_length ;                                       //= 0.2;
    float car_width ;                                         //= 5.0;

    int numGridMapRow;                                        //栅格地图行数
    int numGridMapCol;                                        //栅格地图列数

    float roi_front;
    float roi_back;
    float roi_left;
    float roi_right;

    float tHmin ;
    float tHmax ;
    float tHmin_2 ;
    float tHmax_2 ;
    float tHmin_3 ;
    float tHmax_3 ;

    float leaf_size;

    float tMaxHDiff ;
    float tMinHDiff ;
    float tMaxInnerDiff ;
    float tMinInnerDiff ;
    float Detection_Roi;
    float hSeonsor ;
```

图 5-12　地面去除程序类声明

回调函数主要实现地面点云和非地面点云的分辨，主要包含点云话题转换、极坐标转换、地面点云估计和结果发布等步骤，其中点云话题转换将 ROS 点云形式转换成 PCL 点云形式，对应 convert cloud to points 代码段；极坐标转换将笛卡尔坐标系点云转换成极坐标系点云，进行栅格化，对应 convert points to polar data 代码段；地面点云根据栅格中点的特征进行地面点和非地面点估计，对应 estimate ground and non-ground points 代码段；结果发布将地面点云和非地面点云转换成 ROS 形式并发布用于下游模块，对应 publish result points 代码段。回调函数整体代码如图 5-13 所示。

```
// 地面去除类回调函数
void ExtractGround::cloud_callback(const PointCloud2::ConstPtr& input_cloud){

  // 点云临时变量声明
  pcl::PointCloud<PointT>::Ptr laser_cloud (new pcl::PointCloud<PointT> ());
  pcl::PointCloud<PointT>::Ptr rotation_cloud (new pcl::PointCloud<PointT> ());
  pcl::PointCloud<PointT>::Ptr filter_cloud1 (new pcl::PointCloud<PointT> ());
  pcl::PointCloud<PointT>::Ptr extract_cloud (new pcl::PointCloud<PointT> ());
  pcl::PointCloud<PointT>::Ptr  elevatedCloud (new pcl::PointCloud<PointT> ());
  pcl::PointCloud<PointT>::Ptr  downsampled_cloud_ptr (new pcl::PointCloud<PointT> ());

  // convert cloud to pcl points ROS点云转换PCL点云
  pcl::fromROSMsg(*input_cloud, *laser_cloud);
  ros::Time input_time = input_cloud->header.stamp;
  header_lidar  = input_cloud->header;

  ros::Time begin_time = ros::Time::now ();
```

```
// convert points to polar data 笛卡尔坐标点云转换为极坐标点云
array<array<Cell, numCol>, numRow> polarData;
array<array<int, numCol>, numRow> Mapcell;

filterCloud(laser_cloud, *filter_cloud1, polarData);

// estimate ground and non-ground points 地面点云估计
for (int row = 0; row < numRow; row++){
    for (int col = 0; col < numCol; col ++){
        float zi = polarData[row][col].getMinZ();
        polarData[row][col].updataHeight(zi);

    }
    gaussSmoothen(polarData[row], 1, 3);
    computeDiff(polarData[row]);
    for (int col = 0; col < numCol; col ++){
        if(polarData[row][col].getHDiff() < tHDiff &&
            polarData[row][col].getInnerDiff() < tInnerDiff )
        {
            polarData[row][col].updateGround();
        }
    }
}
applyMedianFilter(polarData);
for (int i = 0; i < filter_cloud1->size(); i++) {
    float x = filter_cloud1->points[i].x;
    float y = filter_cloud1->points[i].y;
    float z = filter_cloud1->points[i].z;
    PointT o;
    o.x = x;
    o.y = y;
    o.z = z;
    int row, col;
    getCellIndexFromPoints(x, y, row, col);
    if(row < 0 || row >=numRow || col < 0 || col >= numCol) continue;
    if (polarData[row][col].isThisGround()) {
  extract_cloud->push_back(o);

    }
    else
    {
        elevatedCloud->push_back(o);
    }
}
// publish result points 发布地面点云和非地面点云
PublishCloud(groundbeyond_pub, extract_cloud, "base_link");
PublishCloud(groundcloud_pub, elevatedCloud, "base_link");
}
```

图 5-13　地面去除类回调函数

(2)地面去除程序启动 launch 文件说明

地面去除程序启动文件目录：catkin_lidar_detection/src/ground_detection/object. launch。见图 5-14。

```
<launch>
  <arg name="cell_length" default="0.2" />
  <arg name="points_topic_str" default="/points_concat"/>

  <!-- vehicle body base on /base_link  -->
  <arg name="tHmax" default="1.6" />
  <arg name="tHmin" default="-1.6" />
  <arg name="tHmax_2" default="8.2" />
  <arg name="tHmin_2" default="-8" />
  <arg name="tHmax_3" default="5.0" />                <!--点云z轴滤波时，z值最大值-->
  <arg name="tHmin_3" default="-2" />                 <!--点云z轴滤波时，z值最小值-->

  <arg name="tMaxHDiff" default="0.3" />              <!--栅格单元点云z值最大高度差-->
  <arg name="tMinHDiff" default="0.2" />              <!--栅格单元点云z值最小高度差-->
  <arg name="tMaxInnerDiff" default="0.3" />          <!--栅格单元点云z值最大高度差-->
  <arg name="tMinInnerDiff" default="0.2" />          <!--栅格单元点云z值最小高度差-->
  <arg name="roi_left" default="15.0" />
  <arg name="roi_right" default="-15.0" />
  <arg name="roi_front" default="40" />
```

```
  <arg name="roi_back" default="-20" />
  <arg name="leaf_size" default="0.2" />

  <node name= "extract_ground" pkg= "ground_detection" type="extract_ground" output= "screen" required = "true">
   <param name="points_topic_str" value="$(arg points_topic_str)" />
   <param name="tHmax" value="$(arg tHmax)" />
   <param name="tHmin" value="$(arg tHmin)" />
   <param name="tHmax_2" value="$(arg tHmax_2)" />
   <param name="tHmin_2" value="$(arg tHmin_2)" />
   <param name="tHmax_3" value="$(arg tHmax_3)" />
   <param name="tHmin_3" value="$(arg tHmin_3)" />
   <param name="cell_length" value="$(arg cell_length)" />
   <param name="tMaxHDiff" value="$(arg tMaxHDiff)" />
   <param name="tMinHDiff" value="$(arg tMinHDiff)" />
   <param name="tMaxInnerDiff" value="$(arg tMaxInnerDiff)" />
   <param name="tMinInnerDiff" value="$(arg tMinInnerDiff)" />
   <param name="roi_right" value="$(arg roi_right)" />
   <param name="roi_left" value="$(arg roi_left)" />
   <param name="roi_front" value="$(arg roi_front)" />
   <param name="roi_back" value="$(arg roi_back)" />
   <param name="leaf_size" value="$(arg leaf_size)" />
  </node>
</launch>
```

图 5-14 地面去除程序启动 launch 文件

点云地面去除功能程序 launch 文件参数说明如表 5-2 所示。

表 5-2 地面去除功能程序 launch 文件参数说明

序号	变量名	含义	说明
1	points_topic_str	需要去地面的点云话题名称	按实际需求填写点云话题名称，示例为点云拼接话题的名称/points_concat
2	output_topic	去地面输出的 topic 名称	示例为:/object_cloud
3	Cell_width	点云栅格化的分辨率	示例为:0.2m×0.2m 的单元格
4	tHmin、tHmin_2、tHmin_3	去车身 x 轴、y 轴、z 轴最小值	
5	tHmax、tHmax_2、tHmax_3	去车身 x 轴、y 轴、z 轴最大值	
6	tMaxHDiff	栅格内最低点的结果与左右相邻删格最低点结果差值是否满足此阈值	
7	tMaxInnerDiff	栅格内最高点的结果与最低点的结果差值是否满足此阈值	
8	roi_left、roi_right、roi_front、roi_back	ROI 的区域范围	示例为车左右 15m，前后各 40m
9	leaf_size	点云下采样分辨率	

(3)常见问题说明

点云地面去除节点的输入是所有激光雷达经过 tf 坐标系变换转到车辆坐标系下的结果，即“points_concat”。若发现地面没有去除干净，可能是点云拼接的参数不够准确。

5.2.3 点云聚类

(1)点云聚类算法程序说明

点云聚类的输入是地面去除之后的障碍点,聚类算法目前采用的是欧式聚类,欧式聚类中含有并行计算加速的功能以及小的聚类结果合并为一个大的聚类结果的功能。聚类后的点云进行边界框拟合,采用 MAR 以及 L-shape 两种方法结合的方案。

点云聚类程序接收去地面之后的非地面点云,发布聚类结果。聚类程序声明如下图 5-15 所示。

```
// 点云聚类类声明
class Cluster {
  pcl::PointCloud<pcl::PointXYZRGB>::Ptr  pointcloud_;
  pcl::PointXYZ            min_point_;
  pcl::PointXYZ            max_point_;
  pcl::PointXYZ            average_point_;
  pcl::PointXYZ            centroid_;
  double                 orientation_angle_;
  float                  length_, width_, height_;

  jsk_recognition_msgs::BoundingBox   bounding_box_;
  geometry_msgs::PolygonStamped     polygon_;

  std::string          label_;
  int                  id_;
  int                  r_, g_, b_;

  Eigen::Matrix3f          eigen_vectors_;
  Eigen::Vector3f          eigen_values_;

  bool                 valid_cluster_;

public:
  void SetCloud(const pcl::PointCloud<pcl::PointXYZ>::Ptr in_origin_cloud_ptr, const std::vector<int>& in_cluster_indices, std_msgs::Header in_ros_header,
    int in_id, int in_r, int in_g, int in_b, std::string in_label, bool in_estimate_pose);
  void ToRosMessage(std_msgs::Header in_ros_header, autoware_msgs::CloudCluster& out_cluster_message);

  Cluster();
  virtual ~Cluster();
  /* \brief Returns the pointer to the PointCloud containing the points in this Cluster */
  pcl::PointCloud<pcl::PointXYZRGB>::Ptr  GetCloud();
  /* \brief Returns the minimum point in the cluster */
  pcl::PointXYZ              GetMinPoint();
  /* \brief Returns the maximum point in the cluster*/
  pcl::PointXYZ              GetMaxPoint();
  /* \brief Returns the average point in the cluster*/
  pcl::PointXYZ              GetAveragePoint();
  /* \brief Returns the centroid point in the cluster */
  pcl::PointXYZ              GetCentroid();
  /* \brief Returns the calculated BoundingBox of the object */
  jsk_recognition_msgs::BoundingBox GetBoundingBox();
  /* \brief Returns the calculated PolygonArray of the object */
  geometry_msgs::PolygonStamped GetPolygon();
  /* \brief Returns the angle in radians of the BoundingBox. 0 if pose estimation was not enabled. */
  double                  GetOrientationAngle();
  /* \brief Returns the Length of the Cluster */
  float                 GetLenght();
  /* \brief Returns the Width of the Cluster */
  float                 GetWidth();
  /* \brief Returns the Height of the Cluster */
  float                 GetHeight();
  /* \brief Returns the Id of the Cluster */
  int                   GetId();
  /* \brief Returns the Label of the Cluster */
  std::string                GetLabel();
  /* \brief Returns the Eigen Vectors of the cluster */
  Eigen::Matrix3f            GetEigenVectors();
  /* \brief Returns the Eigen Values of the Cluster */
  Eigen::Vector3f            GetEigenValues();

  /* \brief Returns if the Cluster is marked as valid or not*/
  bool                  IsValid();
  /* \brief Sets whether the Cluster is valid or not*/
  void                  SetValidity(bool in_valid);


  pcl::PointCloud<pcl::PointXYZ>::Ptr JoinCloud(const pcl::PointCloud<pcl::PointXYZ>::Ptr in_cloud_ptr);
  std::vector<float> GetFpfhDescriptor(const unsigned int& in_ompnum_threads, const double& in_normal_search_radius,
    const double& in_fpfh_search_radius);
};
```

图 5-15 点云聚类程序声明

接收到非地面点云后进入回调函数中，进行非地面点云聚类处理，主要包括点云格式转换、聚类和多边形生成和结果发布等步骤，见图 5-16。其中点云话题转换将 ROS 点云形式转换成 PCL 点云形式，对应 convert cloud to points 代码段；点云聚类和多边形生成主要实现基于欧式距离的点云聚类和多边形包络框生成，对应 create cluster and polygon 代码段；结果发布主要将聚类结果和多边形结果转成 ROS 话题发布，对应 publish results 代码段。

```
// 点云聚类程序回调函数
void velodyne_callback(const sensor_msgs::PointCloud2ConstPtr& in_sensor_cloud)
{
  ros::Time begin_time = ros::Time::now ();
  need_publish_cloud_ptr->clear();
  if (!_using_sensor_cloud)
  {
    _using_sensor_cloud = true;

    pcl::PointCloud<pcl::PointXYZ>::Ptr current_sensor_cloud_ptr (new pcl::PointCloud<pcl::PointXYZ>);
    pcl::PointCloud<pcl::PointXYZ>::Ptr inlanes_cloud_ptr (new pcl::PointCloud<pcl::PointXYZ>);
    pcl::PointCloud<pcl::PointXYZ>::Ptr diffnormals_cloud_ptr (new pcl::PointCloud<pcl::PointXYZ>);
    pcl::PointCloud<pcl::PointXYZ>::Ptr clipped_cloud_ptr (new pcl::PointCloud<pcl::PointXYZ>);
    pcl::PointCloud<pcl::PointXYZRGB>::Ptr colored_clustered_cloud_ptr (new pcl::PointCloud<pcl::PointXYZRGB>);

    autoware_msgs::centroids centroids;
    autoware_msgs::CloudClusterArray cloud_clusters;

    jsk_recognition_msgs::BoundingBoxArray boundingbox_array;
    jsk_recognition_msgs::PolygonArray polygon_array;
    jsk_rviz_plugins::PictogramArray pictograms_array;
    common_msgs::cicv_moving_objects message_jskbboxes_output;

    // conver cloud to pcl points ROS点云转成PCL点云
    pcl::fromROSMsg(*in_sensor_cloud, *current_sensor_cloud_ptr);
    _velodyne_header = in_sensor_cloud->header;

    if(_keep_lanes)
      keepLanePoints(current_sensor_cloud_ptr, inlanes_cloud_ptr, _keep_lane_left_distance, _keep_lane_right_distance);
    else
      inlanes_cloud_ptr = current_sensor_cloud_ptr;

    if (_use_diffnormals)
      differenceNormalsSegmentation(inlanes_cloud_ptr, diffnormals_cloud_ptr);
    else
      diffnormals_cloud_ptr = inlanes_cloud_ptr;
```

```
    // create cluster and polygon 聚类并生成多边形包络框
    segmentByDistance(diffnormals_cloud_ptr, colored_clustered_cloud_ptr, boundingbox_array, centroids, cloud_clusters,
      polygon_array, pictograms_array);

    // publish results 发布输出结果
    publishColorCloud(&_pub_cluster_cloud, colored_clustered_cloud_ptr);
    boundingbox_array.header = _velodyne_header;
    _output_frame=_velodyne_header.frame_id;
    _pub_jsk_hulls.publish(polygon_array);  //publish convex hulls

    publishBoundingBoxArray(&_pub_jsk_boundingboxes, boundingbox_array, _output_frame, _velodyne_header);

    cloud_clusters.header = _velodyne_header;

    publishBoundingMessage (&pub_jskbbox_array_,cloud_clusters, message_jskbboxes_output);
    _using_sensor_cloud = false;
  }
}
```

图 5-16 点云聚类程序回调函数

(2)launch 文件说明

点云聚类程序启动文件目录：

catkin_lidar_detection/src/lidar_euclidean_cluster_detect/lidar_euclidean_cluster_detect.launch

launch 文件如图 5-17 所示。

点云聚类功能参数配置说明如表 5-3 所示。

```xml
<launch>
  <arg name="points_node" default="/ obstacle_cloud " />
  <!--CHANGE THIS TO READ WHETHER FRO    ground_cloud -->
  <arg name="cluster_size_min" default="8" /><!-- Minimum number of points to consider a cluster as valid-->
  <arg name="cluster_size_max" default="30000" /><!-- Maximum number of points to allow inside a cluster-->
  <arg name="use_diffnormals" default="false" />
  <arg name="pose_estimation" default="true" />
  <arg name="keep_lanes" default="false" />
  <arg name="keep_lane_left_distance" default="5" />
  <arg name="keep_lane_right_distance" default="5" />          <!--在道路边界线之内,此部分代码还未开发-->
  <arg name="clustering_distances" default="[50,80,100]" />    <!-- Distances to segment pointcloud -->
  <arg name="clustering_thresholds" default="[0.5,1.0,0.9,1.1]" /> <!-- Euclidean Clustering threshold distance for each segment -->
  <arg name="max_boundingbox_side" default="10" />
  <arg name="cluster_merge_threshold" default="3" />
  <arg name="use_gpu" default="false" />

  <node pkg="lidar_euclidean_cluster_detect" type="lidar_euclidean_cluster_detect" name="lidar_euclidean_cluster_detect" output="screen">
    <param name="points_node" value="$(arg points_node)" />
    <param name="cluster_size_min" value="$(arg cluster_size_min)" />
    <param name="cluster_size_max" value="$(arg cluster_size_max)" />
    <param name="use_diffnormals" value="$(arg use_diffnormals)" />
    <param name="pose_estimation" value="$(arg pose_estimation)" />
    <param name="keep_lanes" value="$(arg keep_lanes)" />
    <param name="keep_lane_left_distance" value="$(arg keep_lane_left_distance)" />
    <param name="keep_lane_right_distance" value="$(arg keep_lane_right_distance)" />
    <param name="max_boundingbox_side" value="$(arg max_boundingbox_side)" />
    <param name="cluster_merge_threshold" value="$(arg cluster_merge_threshold)" />
    <param name="use_gpu" value="$(arg use_gpu)" />
  </node>
</launch>
```

图 5-17　点云聚类程序启动 launch 文件

表 5-3　点云聚类功能程序启动文件参数配置

序号	变量名	含义	说明
1	points_node	需要聚类的点云话题名称	按实际需求填写点云话题名称,示例为点云非地面点云话题的名称/obstacle_cloud
2	cluster_size_min	点云聚类最小点数	
3	cluster_size_max	点云聚类最大点数	
4	use_diffnormals	聚类是否使用法线信息	
5	pose_estimation	包络框拟合采用 L-shape 或 MAR 方法	
6	clustering_distances、clustering_thresholds	欧式聚类的阈值参数	示例中 0～50m 以内,距离小于或等于 0.4m 的点视为一类;其中 50～80m 以内,距离小于或等于 0.5m 的点视为一类;其中 80～100m 以内,距离小于或等于 0.9m 的点视为一类;其中大于 100m 以内,距离小于或等于 1.1m 的点视为一类
7	max_boundingbox_side	边界框拟合后的结果大于该阈值	超过该阈值不输出
8	cluster_merge_threshold	不同的点云聚类识别时是否归为一类点云的距离阈值参数	聚类中心小于该阈值时再次聚类
9	use_gpu	是否采用 GPU 加速运算	

5.3 视觉感知标注——以目标检测为例

目标检测是对图像中的可变数量的目标进行查找和分类，确定它们的类别、位置和大小。目标检测主要用于人脸检测、车辆检测、行人计数、自动驾驶、安全系统等。我们当前主要将其运用于识别交通信号灯，以及一些如行人、车辆等的动态目标物，判断周边状况以使车辆自动作出反应。

5.3.1 整体标注要求

动态目标物的最小标注像素尺寸为 15×15，如行人和车辆。静态目标物中，红绿灯的最小标注像素尺寸为 5×5，球形石墩的最小标注像素尺寸为 8×8，其他静态目标物的最小标注像素尺寸为 4×8 或 8×4，只有一边满足的不标注，标注误差为 3 个像素。对于尺寸较小的目标物，质检时需更注意标注贴合情况。

静态目标物虽尺寸较小，但也需在当前帧能清晰分辨目标物轮廓的前提下进行标注，不可随意对距离较远处仅根据后续帧才能分辨的目标物进行聚合标注。

错误示例见图 5-18。

图 5-18 点云跟踪 launch 文件配置

除交通信号灯之外的目标物都需要标注其显示属性，含“正常”“局部遮挡(cover)”“多个无法区分(crowd)”，示例如图 5-19 所示。

正常　　局部遮挡(cover)　　多个无法区分(crowd)

图 5-19 遮挡情况图示

对于图像中不清晰的目标物不做标注，这里的不清晰指不能准确确定目标物的轮廓或目标物的标签。部分目标物可根据连续帧确定标签，但是当前帧像素模糊，放大后显示为马赛克，轮廓无法确定，故也不做标注。示例如图 5-20 所示。

图 5-20　不清晰目标图示

如果确实因为光源过曝导致存在较多目标物均无法判断轮廓的情况，则可以直接丢弃当前帧(即标注为无效数据)。没有任何目标检测对象的数据也直接勾选为无效。

目标物语义信息不全、虽边界完整但存在局部缺失的，不能脑补的、仅标注了局部的目标物都需要标注遮挡 cover 属性。

若目标物语义信息完全缺失，则不需要做标注，如透明玻璃完全遮挡的目标物、完全在围栏里面的目标物、商铺里面的目标物。

部分目标物反光或倒映在玻璃广告牌或水面中，并非实际存在的，均不需进行标注，需注意区分。示例如图 5-21 所示。

图 5-21　反光目标图示

被玻璃遮挡一半或高于围栏的目标物，以及正在进入商店的人等，可按照可见情况进行标注，能看到完整边界的情况就按完整轮廓进行标注。

5.3.2 标注类别定义

根据驾驶场景常见目标类别，对所需标注的类别进行了分类和名称定义，如表 5-4 所示。

表 5-4 标注分类

分类	类别名称	对应英文字段
行人	行人	person
非机动车及其骑行者	骑自行车的人	bicyclist
	自行车(自车)	bicycle
	骑摩托车(电动车)的人	motorcyclist
	摩托车(电动车)(自车)	motorcycle
	轮椅上的人	inWheelchair
	轮椅(自椅)	wheelchair
	三轮车上的人	tricycllist
	三轮车(自车)	tricycle
车辆	普通私家车	car
	SUV	SUV
	面包车	van
	MPV	MPV
	警车	policeCar
	卡车	truck
	集卡	lorry
	公交车	bus
	校车	schoolBus
	环卫清扫车	saniSweeper
	洒水车	sprinkler
	水泥灌车	cementTruck
	消防车	fireTruck
	救护车	ambulance
	工程救援车	roadRescuer
	工程车	constructVehicle
	叉车及堆高机	forkLift
	桥吊	containerCrane
	轮胎吊	rubberTyreCrane
	厂区货架车	shelfCar
	厂区小推车	trolley
	异型车	otherehicle

续表 5-4

分类	类别名称	对应英文字段
交通锥	石墩	stonePier
	路肩隔离石	curbStone
	水马	waterHorse
	路中间(三角)警示牌	warningSign
	常规交通锥	trafficCone
	防撞柱	crashpost
箱盒子	纸箱子	paperBox
	塑料瓶	plasticBottle
	箱包	luggage
	钮锁箱	containerTwistLockBox
	石头	stone
活体动物	猫、狗等爬行小动物	cat
	飞鸟、乌鸦等飞行动物	bird
不影响行车安全的障碍物	漂浮的塑料袋	floatePlastic
	漂浮的落叶	floateLeaf
交通信号灯	交通信号灯	trafficLight
	交通灯计时板	trafficPanel
地上附着物	井盖	manholecover
地面障碍物	减速带	speedbump
其他	其他障碍物	other

5.3.3 标注过程介绍——以 labelimg 为例

当前开源标注工具种类较多，如 labelimg、labelme、labelbox、rectlabel、cvat、via 等，能支持不同形状的区域标注组件如矩形、多边形、线、点等，满足基本的标注类别分类需求，另有一些数据标注公司的系统，能支持更多的标注功能。

LabelImg 是一款可视化的图形图像标注工具，只能标注矩形，常用于目标识别和目标检测。该工具由 Python 语言编写，共可以输出三种格式：

①yolo 标签格式，保存为 txt 文件；

②PascalVOC 标签格式，保存为 xml 文件；

③CreateML 标签格式，保存为 json 文件。

下面以 labelimg 为例介绍标注矩形框的基本流程。

(1)下载并安装 labelimg

labelimg 为开源工具，直接通过网页搜索即可下载安装。

(2)导入待标数据

打开 IabelImg,选择“Open Dir”,打开待标注文件夹。见图 5-22。

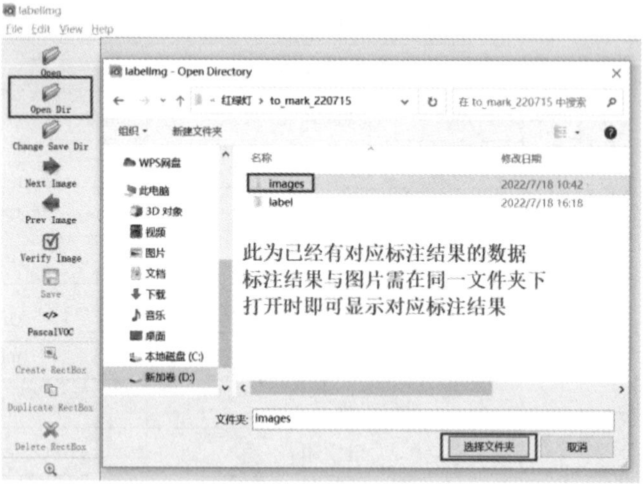

图 5-22　导入标注文件

(3)修改标注结果存储路径

选择“Change Save Dir”修改标注结果存储路径。

(4)设置数据自动保存

为保障标注结果及时得到保存,在标注前需设置自动保存,点击左上角“view”,将“Auto Save mode”前打钩。见图 5-23。

图 5-23　设置数据保存

(5)开启正式标注

点击页面左侧的“Create RectBox”或使用快捷键“w”，出现十字形的辅助线，根据辅助线贴合想要标注的目标物临近两侧，点击鼠标左键，即可拖动生成矩形框，再点击一次，即可出现添加标签名称的输入框，输入标签名称后点击“OK”即保存成功。见图 5-24。

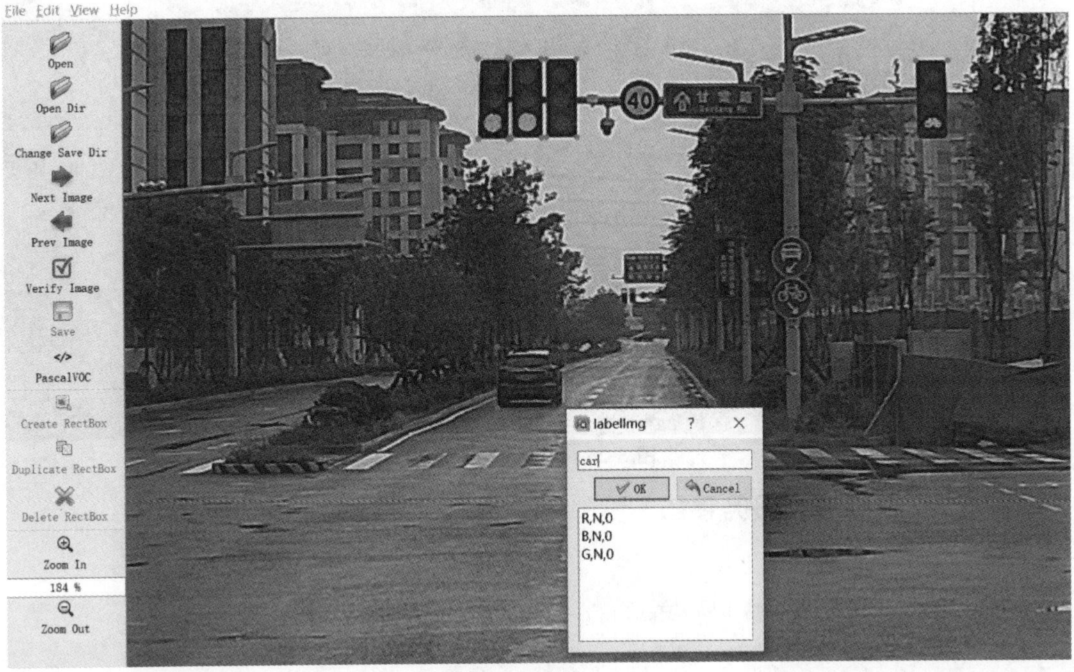

图 5-24　数据标注保存

(6)数据质检

在当帧或连续多帧数据标注完成后，可重新浏览一遍标注结果，筛查标注过程中出现的错标或漏标问题，及时进行修正，若只是标注标签或属性问题，可在右侧窗口点击修改或删除。

(7)数据归档

完成标注与质检工作后，将原始标注 2D 图像与标注结果文件对应存储归档，以便后续模型训练使用。

5.4　算法实践案例——视觉目标检测

本小节主要介绍基于 YoloV5 的 2D 目标检测算法的训练、转换和推理部署。模型具备一定泛化能力，在计算平台算力充足的情况下尽可能选择大模型部署，在满足实时性的前提下可得到较高的检测精度和召回率指标。示例：xavier 上在相机硬件为 10～30Hz 帧率的情况下，yolov5m 版本的模型可在 20ms 内处理完当前帧数据，且精度可提升近 10 个百分点。见图 5-25。

图 5-25 目标检测保存

5.4.1 模型训练服务接口

(1)安装环境依赖

创建 yolov5 模型训练虚拟环境。

```
$ conda create - n yolov5 python= 3.8
```

官方给出的要求是:python> = 3.7、PyTorch> = 1.5

```
$ cd yolov5
$ pip install - U - r requirements.txt
$ conda activate yolov5
```

(2)下载预训练模型

到 https://github.com/ultralytics/yolov5.git 仓库里面下载对应的预训练模型,然后在 yolov5 的根目录下新建 weights 文件夹,将下载好的模型放到 weights 文件夹下即可。见图 5-26。

Pretrained Checkpoints

Model	size (pixels)	mAP^{val} 0.5:0.95	mAP^{val} 0.5	Speed CPU b1 (ms)	Speed V100 b1 (ms)	Speed V100 b32 (ms)	params (M)	FLOPs @640 (B)
YOLOv5n	640	28.0	45.7	**45**	**6.3**	**0.6**	**1.9**	**4.5**
YOLOv5s	640	37.4	56.8	98	6.4	0.9	7.2	16.5
YOLOv5m	640	45.4	64.1	224	8.2	1.7	21.2	49.0
YOLOv5l	640	49.0	67.3	430	10.1	2.7	46.5	109.1
YOLOv5x	640	50.7	68.9	766	12.1	4.8	86.7	205.7
YOLOv5n6	1280	36.0	54.4	153	8.1	2.1	3.2	4.6
YOLOv5s6	1280	44.8	63.7	385	8.2	3.6	12.6	16.8
YOLOv5m6	1280	51.3	69.3	887	11.1	6.8	35.7	50.0
YOLOv5l6	1280	53.7	71.3	1784	15.8	10.5	76.8	111.4
YOLOv5x6 + TTA	1280 1536	55.0 **55.8**	72.7 **72.7**	3136 -	26.2 -	19.4 -	140.7 -	209.8 -

图 5-26 预训练模型下载位置

(3)制作自定义训练数据集

①制作并生成训练标签数据。

在 yolov5 训练代码文件夹的根目录下新建 datasets 文件夹,目录结构如图 5-27。

```
— yolov5
  └── datasets
      ├── images
      ├── ImageSets
      │   └── Main
      ├── labels
      ├── script
      │   ├── get_txtfile.py
      │   └── get_voc_label.py
      └── xml
```

图 5-27 yolov5 **目录结构**

其中:images 用于存放原始图片,xml 用于存放标注好的 xml 格式的标签数据,script 用于存放生成训练数据和标签的脚本,修改 get_label. py 中需要参与训练的标签名称。

②执行如下命令即可生成对应的训练和验证集数据:

MYM python script/get_txtfile. py

MYM python script/get_label. py

③修改 yaml 文件。复制 data 目录下的 coco128. yaml 到 models 文件夹下,并将其命名为自定义名称,例如 bus_obs_data. yaml,主要修改三个地方:一是修改 train,val,test 的路径为自己刚刚生成的路径;二是修改 nc 里的数字代表数据集的类别;三是修改 names 里为自己数据集标注的类名称。

yaml 配置文件见图 5-28。

```
# YOLOv5 🚀 by Ultralytics, GPL-3.0 license
# COCO128 dataset https://www.kaggle.com/ultralytics/coco128 (first 128 images from COCO train2017) by Ultralytics
# Example usage: python train.py --data coco128.yaml
# parent
# ├── yolov5
# └── datasets
#     └── coco128  ← downloads here (7 MB)


# Train/val/test sets as 1) dir: path/to/imgs, 2) file: path/to/imgs.txt, or 3) list: [path/to/imgs1, path/to/imgs2, ..]
path: datasets/bus_obs  # dataset root dir
train: train_2017.txt     # train images (relative to 'path') 128 images
val: train_2017.txt       # val images (relative to 'path') 128 images
test: test_2017.txt       # test images (optional)

# Classes
nc: 11  # number of classes
names: ['person', 'noneVeh', 'car', 'truck', 'sprinkler', 'specialVeh', 'otherVeh', 'trafficone', 'animal', 'other']  # class names
```

图 5-28 yaml **配置文件**

④修改 models 模型文件。models 文件夹下有四个模型,s、m、l、x 需要训练的时间依次增加,按照需求选择一个文件进行修改即可,此处选择修改 yolov5m. yaml,将其拷贝一份并重命名为 yolov5m_obs. yaml,此处仅需要修改其 nc 字段为训练的标签类别数即可。

⑤模型训练

训练命令:

```
$ nohup python train.py - - data datasets/bus_obs_data.yaml - - cfg models/yolov5m_obs.yaml - - weights weights/yolov5m.pt - - epochs 300 - - batch- size 128 - - img 640 - - device 0,1 > light_train.log 2> &1 &
```

测试命令：

$ python detect.py - - weights runs/train/exp/weights/best.pt - - source data/Samples/ - - device 0 - - save- txt

5.4.2 模型转换服务接口

(1)模型转换代码拉取

克隆模型转换代码

$ git@ git.svdc.com:ad_software_system/ad_perception/atomic_algorithm/vision_object_detect/yolov5m/train_code/modelconvert.git。

(2)生成 wts 文件

将训练好的.pt 文件拷贝到 yolov5_getwts 文件夹下，然后执行命令即可在当前文件夹下生成 yolov5m.wts 文件。

$ python gen_wts.py - w yolov5s.pt - o yolov5m.wts

(3)序列化推理引擎文件

①将生成的.wts 文件拷贝到 yolov5_series 文件夹下。

$ cd yolov5_series

$ mkdir build

$ cd build

$ vim ../CMakeLists.txt

②修改 CMakeLists.txt 文件内容如下，主要修改 opencv 和 tensorrt 路径。见图 5-29。

```
set(OpenCV_DIR /opt/libs-x64/opencv/opencv-4.4.0/lib/cmake/opencv4)
find_package(OpenCV REQUIRED)
include_directories(${OpenCV_INCLUDE_DIRS})


include_directories(${PROJECT_SOURCE_DIR}/include)
# include and link dirs of cuda and tensorrt, you need adapt them if yours are different
# cuda
include_directories(/usr/local/cuda/include)
link_directories(/usr/local/cuda/lib64)
# tensorrt
include_directories(/opt/libs-x64/TensorRT-7.0.0.11/include)
link_directories(/opt/libs-x64/TensorRT-7.0.0.11/lib)
# opencv
include_directories(/opt/libs-x64/opencv/opencv-4.4.0/include)
link_directories(/opt/libs-x64/opencv/opencv-4.4.0/lib)

set(CMAKE_CXX_FLAGS "${CMAKE_CXX_FLAGS} -std=c++11 -Wall -Ofast -g -Wfatal-errors -D_MWAITXINTRIN_H_INCLUDED")
cuda_add_library(myplugins SHARED yololayer.cu)
target_link_libraries(myplugins nvinfer cudart)
```

图 5-29 CMakeList **文件**

③将 yololayer.h 文件中 CLASS_NUM 改为自定义数据集类别的数量。

④修改 yolov5.cpp 文件中的 FP16/FP32 和 BATCH，然后构建执行文件。

$ cmake ..

$ make

$ ./yolov5 - s yolov5_custom.wts yolov5.engine m

其中－s 表示要序列化引擎文件，m 表示模型用的是 m 版本

(4)模型反序列化及测试

$ ./yolov5 - d yolov5m.engine ../testdata

5.4.3　模型推理服务接口

(1)目标检测服务接口

①模型及配置文件:程序可执行文件同级目录下需包含 config 文件夹,用于存放算法配置文件和深度学习模型文件,目录结构如图 5-30 所示。

图 5-30　模型推理程序路径

②算法库的使用:函数调用共两个参数,其中:

第一个参数类型为 TMultiCamData,为用户可自由配置的一个或多个相机的原始图像数据,用户只需将自己的数据转换为参数接收的数据类型即可;

第二个参数类型为 TMultiCamDetData,为与用户输入对应的目标检测结果。

具体结构体定义见目标检测服务接口定义描述。

(2)目标检测数据结构定义

①目标检测框(左上角开始逆时针旋转依次为 1、2、3、4),见表 5-5。

表 5-5　目标检测框

信号名称	信号描述	数据类型	备注
TRect4I	目标检测框	结构体	
>x1	左上角 x	int	
>y1	左上角 y	int	
>x2	左下角 x	int	
>y2	左下角 y	int	
>x3	右下角 x	int	
>y3	右下角 y	int	
>x4	右上角 x	int	
>y4	右上角 y	int	

②相机接收图像参数描述,见表 5-6。

表 5-6　相机接收图像参数描述

信号名称	信号描述	数据类型	备注
TCamParam	相机参数	结构体	
>camPos	相机位置	int	
>heght	图像高度	int	
>width	图像宽度	int	

续表 5-6

信号名称	信号描述	数据类型	备注
＞internalMat[9]	相机内参矩阵	double	
＞externalMat[16]	相机外参矩阵	double	
＞distortionMat[5]	相机畸变系数矩阵	double	

③深度学习模型并行推理网络参数描述，见表 5-7。

表 5-7 深度学习模型并行推理网络参数描述

信号名称	信号描述	数据类型	备注
TCamParallelInferParam	并行推理网络参数	结构体	
＞index	并行推理网络序号	int	
＞networks	推理网络名称	std::vector＜std::string＞	
＞camPosList	使用的相机列表	std::vector＜int＞	

④相机输入元数据描述，见表 5-8。

表 5-8 相机输入元数据描述

信号名称	信号描述	数据类型	备注
TCamData	原始图像元数据	结构体	
＞camPos	相机位置	int	
＞timeStamp	时间戳	long int	
＞image	图像	cv::Mat	

⑤相机并行推理输入数据描述，见表 5-9。

表 5-9 相机并行推理输入数据描述

信号名称	信号描述	数据类型	备注
TMultiCamData			
＞data	原始图像数据容器	std::map＜int，TCamData＞	
＞parallelInferIdx	并行推理索引号	int	
＞timeStamp	时间戳	long int	

⑥目标检测输出元数据，见表 5-10。

表 5-10 目标检测输出元数据

信号名称	信号描述	数据类型	备注
TCamObjInfo	单目标结果数据	结构体	
＞id	障碍物 ID	std::map＜int，TCamData＞	
＞type	障碍物类别	int	
＞confidence	置信度	long int	
＞rect	矩形框	TRect4I	

⑦视觉目标检测结果数据类型,见表 5-11。

表 5-11 视觉目标检测结果数据类型

信号名称	信号描述	数据类型	备注
TCamObsDetData	单相机结果数据	结构体	
＞camPos	相机位置	int	
＞timeStamp	时间戳	long int	
＞curImg	图像	cv::Mat	
＞objs	障碍物列表	std::vector＜TCamObjInfo＞	

⑧视觉多相机目标检测结果数据类型,见表 5-12。

表 5-12 视觉多相机目标检测结果数据类型

信号名称	信号描述	数据类型	备注
TMultiCamDetData	多相机结果数据	结构体	
＞parallelInferIdx	并行推理网络索引	int	
＞timeStamp	时间戳	long int	
＞data	多相机数据容器	std::vector＜TCamObsDetData＞	

5.5 算法实践案例——车道线检测

本节主要介绍基于 UFLD 的车道线检测算法的训练、转换和推理部署。模型具备一定泛化能力,在计算平台算力充足的情况下尽可能选择大模型部署,在满足实时性的前提下可得到较高的检测精度和召回率指标。示例:xavier 上在相机硬件为 10～30Hz 帧率的情况下,m 版本的模型可在 20ms 内处理完当前帧数据。见图 5-31。

图 5-31 车道线检测效果

5.5.1 模型训练服务接口

(1)安装环境

创建 ufld 模型训练虚拟环境。

```
$ conda create - nufld python= 3.8
```

官方给出的要求是:python> = 3.7MYM cd ufld。

```
$ pip install - U - r requirements.txt
$ conda activate ufld
```

(2) 制作自定义训练数据集

①制作并生成训练标签数据。

在 ufld 训练代码文件夹的根目录下新建 datasets 文件夹，目录结构如图 5-32 所示。

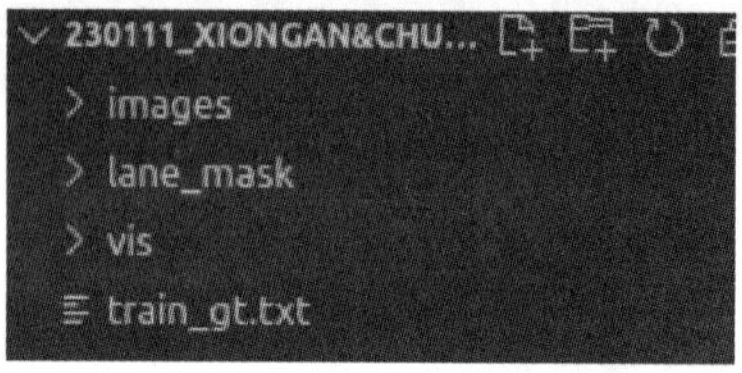

图 5-32　车道线数据集路径

其中：

images 用于存放原始图片。

lane_mask 用于存放 mask 图。

train_gt. txt 用于记录训练数据和标签的对应关系，每一行结构为 imgae_path mask_path /n。

②修改 config/all. py 中训练参数，主要修改两个地方：修改 data_root 的路径为数据存放的路径；log_path 为模型存放路径。

(3)模型训练

训练命令：

```
$ nohup python train.py config all.py > lane_train.log 2> &1 &
```

测试命令：

```
python test.py config all.py
```

车道线模型训练配置文件见图 5-33。

```
# DATA
# dataset='Tusimple'
dataset = 'all'
# data_root = '/data/data/lane_mark/train_dataset_220818/'
data_root = '/opt/data/private/data/20230615_port'

# TRAIN
epoch = 500
# batch_size = 32
batch_size = 64
optimizer = 'Adam'  # ['SGD','Adam']
# learning_rate = 0.1
learning_rate = 4e-4
weight_decay = 1e-4
momentum = 0.9

scheduler = 'cos'  # ['multi', 'cos']
# steps = [50,75]
gamma = 0.1
warmup = 'linear'
warmup_iters = 100

# NETWORK
backbone = '34'
griding_num = 100
use_aux = True

# LOSS
sim_loss_w = 1.0
shp_loss_w = 0.0

# EXP
note = ''

log_path = '/opt/data/private/model/port/'
```

图 5-33　车道线模型训练配置文件

5.5.2　模型转换服务接口

(1)生成 wts 文件

在根目录下找到 gen_wts_tusimple.py，修改模型文件路径与存储文件路径，执行 $ pythongen_wts_tusimple.py，即可在指定路径下生成.wts 文件。

(2)序列化推理引擎文件

将生成的.wts 文件拷贝到 2engine 文件夹下并修改名称为 lane.wts。

```
$ cd 2engine
$ mkdir build
$ cd build
$ vim ../CMakeLists.txt
```

修改 CMakeLists.txt 文件内容如下(图 5-34)，主要修改 opencv 和 tensorrt 路径。

```
set(OpenCV_DIR /opt/libs-x64/opencv/opencv-4.4.0/lib/cmake/opencv4)
find_package(OpenCV REQUIRED)
include_directories(${OpenCV_INCLUDE_DIRS})


include_directories(${PROJECT_SOURCE_DIR}/include)
# include and link dirs of cuda and tensorrt, you need adapt them if yours are different
# cuda
include_directories(/usr/local/cuda/include)
link_directories(/usr/local/cuda/lib64)
# tensorrt
include_directories(/opt/libs-x64/TensorRT-7.0.0.11/include)
link_directories(/opt/libs-x64/TensorRT-7.0.0.11/lib)
# opencv
include_directories(/opt/libs-x64/opencv/opencv-4.4.0/include)
link_directories(/opt/libs-x64/opencv/opencv-4.4.0/lib)

set(CMAKE_CXX_FLAGS "${CMAKE_CXX_FLAGS} -std=c++11 -Wall -Ofast -g -Wfatal-errors -D_MWAITXINTRIN_H_INCLUDED")
cuda_add_library(myplugins SHARED yololayer.cu)
target_link_libraries(myplugins nvinfer cudart)
```

图 5-34　模型转换配置文件

完成配置文件修改后运行如下命令，进行模型序列化：

```
$ cmake ..
$ make
$ ./ufld - s
```

(3)模型反序列化及测试

```
$ ./ufld - d ../testdata
```

5.5.3　模型推理服务接口

(1)目标检测服务接口

①模型及配置文件：程序可执行文件同级目录下需包含 config 文件夹，用于存放算法配置文件和深度学习模型文件，目录结构如图 5-35 所示。

②算法库的使用：函数调用两个参数，其中第一个参数类型为 TMultiCamData，用户可自由配置的一个或多个相机的原始图像数据，只需将自己的数据转换为参数接收的数据类型即可；

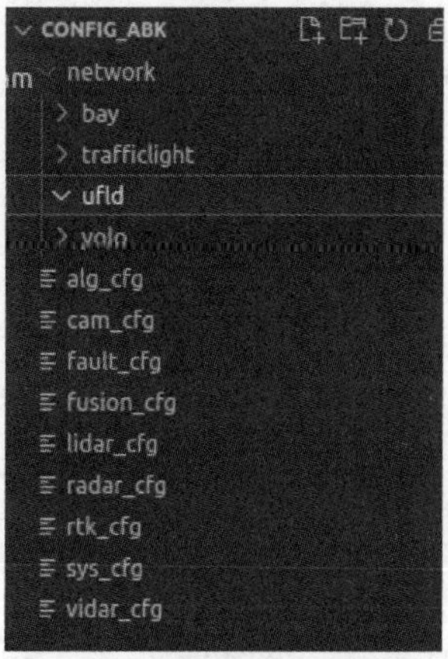

图 5-35　模型推理程序路径

第二个参数类型为 TMultiCamDetData，为用户输入对应的目标检测结果。

具体结构体定义见目标检测服务接口定义描述。

(2)目标检测数据结构定义

①相机接收图像参数描述，见表 5-13。

表 5-13　相机接收图像参数

信号名称	信号描述	数据类型	备注
TCamParam	相机参数	结构体	
＞camPos	相机位置	int	
＞heght	图像高度	int	
＞width	图像宽度	int	
＞internalMat[9]	相机内参矩阵	double	
＞externalMat[16]	相机外参矩阵	double	
＞distortionMat[5]	相机畸变系数矩阵	double	

②深度学习模型并行推理网络参数描述，见表 5-14。

表 5-14　并行推理网络参数

信号名称	信号描述	数据类型	备注
TCamParallelInferParam	并行推理网络参数	结构体	
＞index	并行推理网络序号	int	
＞networks	推理网络名称	std::vector＜std::string＞	
＞camPosList	使用的相机列表	std::vector＜int＞	

③相机输入元数据描述，见表 5-15。

表 5-15　相机输入元数据

信号名称	信号描述	数据类型	备注
TCamData	原始图像元数据	结构体	
＞camPos	相机位置	int	
＞timeStamp	时间戳	long int	
＞image	图像	cv::Mat	

④相机并行推理输入数据描述，见表 5-16。

表 5-16　并行推理输入数据

信号名称	信号描述	数据类型	备注
TMultiCamData			
＞data	原始图像数据容器	std::map＜int, TCamData＞	
＞parallelInferIdx	并行推理索引号	int	
＞timeStamp	时间戳	long int	

⑤目标检测输出元数据，见表 5-17。

表 5-17　输出元数据

信号名称	信号描述	数据类型	备注
TCamLanePt	单目标结果数据	结构体	
>point	车道线检测点	cv::Point	
>conf	置信度	float	

⑥视觉目标检测结果数据类型，见表 5-18。

表 5-18　视觉目标检测结果数据

信号名称	信号描述	数据类型	备注
TCameDetLane	单相机结果数据	结构体	
>camPos	相机位置	int	
>timeStamp	时间戳	long int	
>curImg	图像	cv::Mat	
>objs	车道线点列表	std::vector<std::vector<PTCamLanePt>	

⑦视觉多相机目标检测结果数据类型，见表 5-19。

表 5-19　多相机目标检测结果数据

信号名称	信号描述	数据类型	备注
TMultiCamLaneData	多相机结果数据	结构体	
>parallelInferIdx	并行推理网络索引	int	
>timeStamp	时间戳	long int	
>data	多相机数据容器	std::vector<PTCameDetLane>	
>camLaneNum	车道线结果数量	int	
>velo	车辆速度	float	
>anglevelo	车辆角速度	float	

6 自动驾驶决策规划技术

6.1 决策规划技术概述

决策规划相当于自动驾驶汽车的大脑，它通过综合分析环境感知系统提供的信息，以高性能处理平台的实时运算能力为基础，对当前的车辆行为进行规划（速度规划、避障局部路径规划等），并产生相应的决策，见图 6-1。其中规划阶段根据感知和定位信息，以及目标和约束条件，确定车辆在特定时间内的最佳行驶路线。这些目标和约束条件可能包括遵守交通规则、最小化行驶时间、确保安全距离等。决策阶段根据规划的路径和当前环境，做出实时的决策。例如，决定何时加速、刹车、换道、避障或如何应对复杂交通状况。

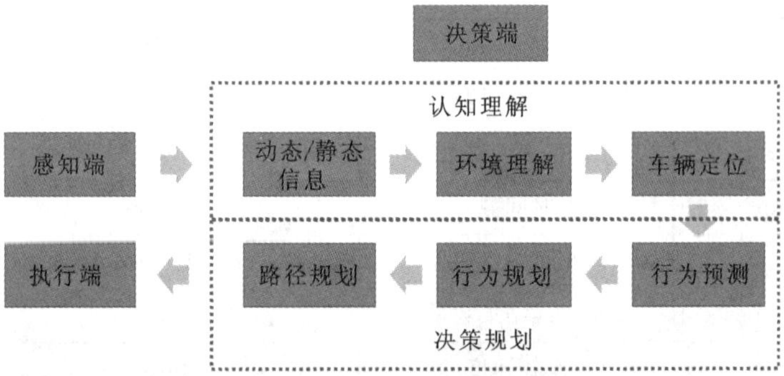

图 6-1　决策规划简介

自动驾驶规划决策的目标是确保车辆在各种道路和交通情况下行驶安全稳定，同时最大限度地遵守交通规则，并能够高效地到达目的地。同时，为了确保安全，自动驾驶系统还需具备高度的可靠性和容错性，能够应对传感器故障或其他突发情况。

自动驾驶规划控制模块主要包括感知预测、地图定位以及反馈控制三个部分。

(1)感知预测模块

感知预测模块——感知周边目标及预测信息（车道检测、车辆检测、行人检测、交通标志和交通信号的检测并对检测到的移动信息进行预测）；

(2)地图定位模块——高精度地图，丰富、精确的车道级信息，融入动态道路状态信息。地图定位可以分为三类：①基于信号的定位，典型代表就是 GNSS 定位，即全球卫星导航系统；②航迹推算 IMU ，根据上一时刻的位置和方位推断现在的位置和方位；③环境特征匹配,基于激光雷达/立体视觉的定位。

(3)反馈控制模块

反馈控制包括横向控制和纵向控制。其中横向控制用于方向盘转角(LQR 、Stanley、纯跟踪),纵向控制用于油门、刹车(PID 、MPC) 车辆状态反馈(速度、加速度、底盘)。见图 6-2。

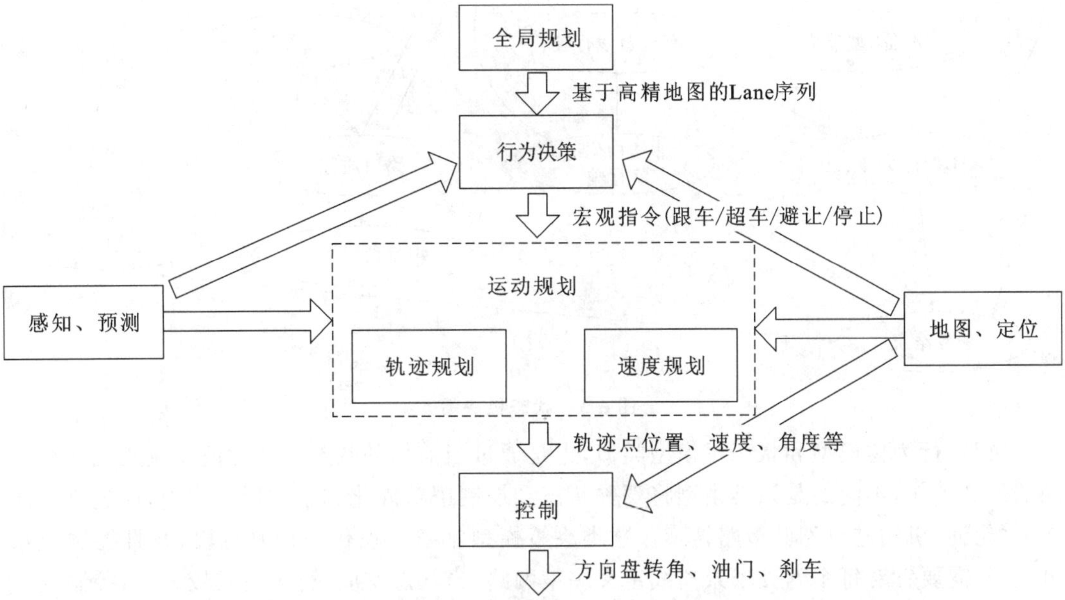

图 6-2　决策规划模块

6.1.1　基于规则的行为决策

基于规则的行为决策是指将无人车的运动行为进行划分,依据当前任务路线、交通环境、交通法规以及驾驶规则知识库等建立行为规则库,对不同的环境状态进行行为决策逻辑推理。有限状态机法是其中最经典也是最具有代表性的方法。

(1)有限状态机模型

自动驾驶车辆最开始的决策模型为有限状态机模型,车辆根据当前环境选择合适的驾驶行为,如停车、换道、超车、避让、缓慢行驶等模式,状态机模型通过构建有限的有向连通图来描述不同的驾驶状态以及状态之间的转移关系,从而根据驾驶状态的迁移反应式地生成驾驶动作(图 6-3)。

有限状态机模型因为简单、易行,是无人驾驶领域目前最广泛的行为决策模型,但该类模型忽略了环境的动态性和不确定性,此外,当驾驶场景特征较多时,状态的划分和管理比较繁琐,多适用于简单场景,很难胜任复杂城区道路环境下的行为决策任务。

(2)决策树模型

行为树(behavior tree,BT)是计算机科学、机器人、控制系统和视频游戏中使用的规划执行的数学模型。它们以模块化方式描述有限任务集之间的切换。优势来自创建由简单任务组成的复杂任务的能力,不必担心简单任务是如何实现的。且 BT 与分层状态机(hierarchical state machine)有一些相似之处,主要区别在于,行为的主要构建块是任务而不是状态。BT 易于人类理解,所以不易出错,BT 已经被证明可以概括其他几种控制架构。

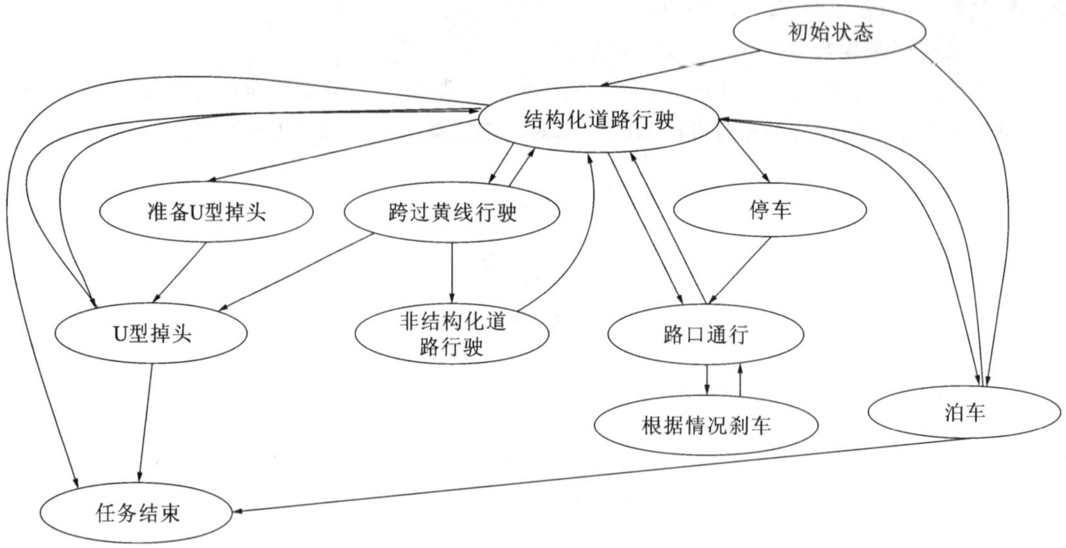

图 6-3 状态机决策

决策/行为树模型和状态机模型类似,也是通过当前驾驶状态的属性值反应式地选择不同的驾驶动作,不同的是该类模型将驾驶状态和控制逻辑固化到了树形结构中,通过自顶向下的"轮询"机制进行驾驶策略搜索。这类决策模型具备可视化的控制逻辑,并且控制节点可复用,需要针对每个驾驶场景离线定义决策网路,当状态空间、行为空间较大时,控制逻辑将比较复杂,但相比于 FSM 架构行为树模型更便于开发和维护,是取代有限状态机的理想模型,适用于需要复杂决策的应用场景。见图 6-4。

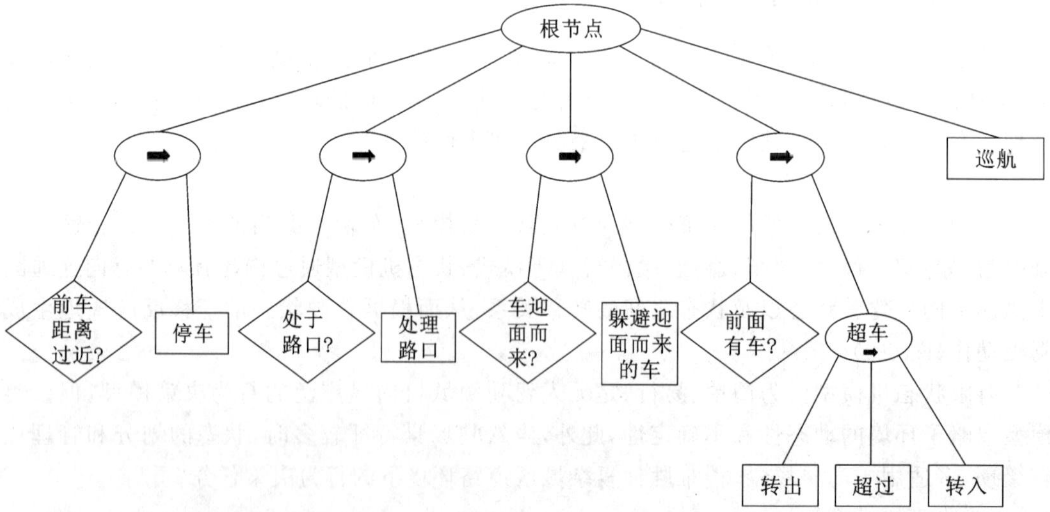

图 6-4 行为树决策

6.1.2 基于强化学习的行为决策

基于强化学习的行为决策将感知模块获得的数据作为神经网络的输入,通过神经网络训练得到输出的车辆行为和参考路径。近年来,随着 GPU 计算能力的提高,基于深度强化学习的方法得到了广泛的应用。异步优势行动者评论家算法(asynchronous advantage actor critic, A3C)、深度确定性策略梯度算法(deep deterministic policy gradient, DDPG)等逐渐实现了在自动驾驶中进行连续的转向、加速和制动动作。利用马尔科夫决策、Q学习算法、神经网络Q学习算法等使感知系统感知周边环境信息,并传递给强化学习决策系统。此时强化学习决策系统的作用就相当于人脑,对各类信息进行分析和处理,并结合经验对无人驾驶汽车做出行为决策。见图 6-5。

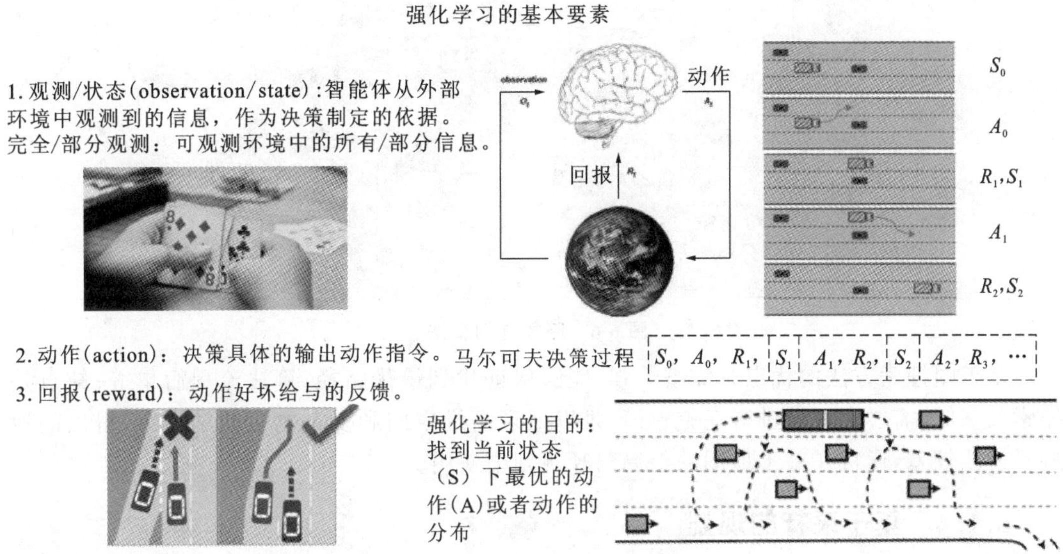

图 6-5　基于强化学习的决策

6.1.3　基于图搜索法的规划

通过遍历状态空间得到一条从起点到终点的路径,状态空间通常采用栅格地图进行栅格化处理,从而将规划问题转化为栅格图搜索问题。根据节点的弹出策略、代价函数的定义和启发函数的不同,可以分为以下几种典型的算法:

①深度优先搜索(DFS):使用栈(stack)数据结构,是一种以空间换时间的方法。搜索时间快,但是显然找到的路径并非最优。

②广度优先搜索(BFS):采用队列(queue)作为 openlist,是一种以时间换空间的方法。使用了大量的入队、出队操作,耗时增加,但是能保证找到最优路径。

③启发式搜索算法:DFS 与 BFS 方法未考虑目标位置等因素,只基于所采用的数据结构将节点进入容器的顺序作为弹出节点的依据,使搜索过程变得漫无目的,导致效率低下。在此基础上,启发式搜索算法使用优先队列(priority queue),队列中元素使用代价函数赋予了优先级,作为优先级判断的标准,最高优先级元素优先删除。但是,该方法容易陷入局部最优的陷阱,并且找不到最优路径。

④Dijkstra 算法:一种带权重的 BFS 算法,它在启发式搜索算法的基础上,对代价函数进行改进,将从起点到当前点的移动代价作为代价函数,能够实现对角移动的路径规划,但是排序时与 BFS 算法一样需要对所有节点遍历,因而搜索效率较低。

⑤A * 算法:GBFS 和 Dijkstra 算法,两者都采用优先队列作为 openlist,而代价函数的

不同导致两者具有不同的优点：GBFS 用节点到目标点的距离作为代价函数，将搜索方向引向目标点，搜索效率高；而 Dijkstra 算法采用起点到当前扩展节点的移动代价作为代价函数，能够确保路径最优。A * 算法则在代价函数上将两者融合，在保证路径最优的同时提高搜索效率。

路径规划算法见图 6-6。

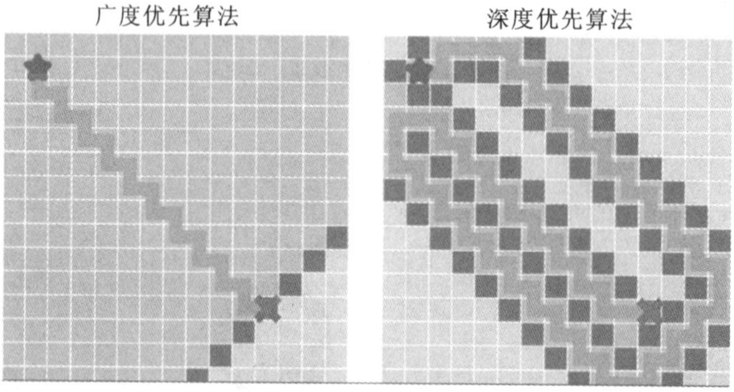

图 6-6 路径规划算法

基于图搜索方法的优点是完备性强，能够保证找到最优路径，算法流程简单等；缺点是搜索效率低，需要对环境进行完整建模，难以处理高维空间和复杂的运动学约束，得出的轨迹平滑性较差，通常在基于地图的全局路径规划中使用。

6.1.4 基于采样的规划

基于采样的路径规划方法是一种适用于高维空间的路径规划方法，它通过随机采样的方式在环境中生成一些节点和边，然后在这些节点和边上进行图搜索，找到一条从起点到终点的可行路径。

(1)概率路图法(PRM)

PRM 使用随机采样的方式在环境中建立路径网络图，将连续的空间转换为离散的空间，然后在路径网络图上进行路径规划，解决在高维空间中搜索效率低的问题。

特点：参数少、结构简单，能够提高高维空间搜索效率，也能在生成概率路图时考虑运动学约束，并且概率路图只需要建立一次就可以一直使用，重用性强。但由于采样过程是完全随机的，得到的节点大多数都偏离最终路径，会增加额外的计算量。PRM 适用于环境已知的静态场景，不适用于智能车辆的轨迹规划研究。

(2)快速随机扩展树算法(RRT)

RRT 类似于一棵树不断生长、向四周扩散的过程进行搜索，它以起点作为根节点构建一棵搜索树，尽可能快地找到一条从起点到终点的可行路径。

特点：RRT 作为一种随机采样的规划算法，它的复杂度也不受地图的离散程度影响，在高维空间中仍具有很高的搜索效率。但是前面 RRT 是一种类似 DFS 算法，只负责尽快找到可行路径，所以最终路径并不是最优的。

(3)RRT-connect

在 RRT 的基础上引入了双树扩展环节，分别以起点和目标点为根节点生成两棵树进行双向扩展，当两棵树建立连接时可认为路径规划成功。

特点：较于单树扩展的 RRT 算法，RRT-Connect 加入了启发式步骤，加快了搜索速度，对于狭窄通道也具有较好的效果。但是 RRT-Connect 也无法保证最终路径最优。

(4)RRT *

渐近最优算法，在选择父节点时会有一个重连(Rewire)过程，在采样的新节点领域内寻找与父节点最近路径的节点。

特点：具有渐进收敛的性质，但只有当采样数量接近无穷大时 RRT * 才能取到最优解路径，路径由线段拼接而成，不平滑。

(5)双向 RRT *(Bidirectional RRT *, B-RRT *)、最优 B-RRT *

采用双树连接和启发式搜索的方式提高了 RRT * 的收敛速度，因运用了多个启发式函数，计算负担依然很大。

(6)快速 RRT *(Quick RRT *, Q-RRT *)

在 RRT * 的 ChooseParent 和 Rewire 函数上引入三角不等关系，加快了收敛速度，且可以和其他采样方法联合使用，进一步提高运算效果。

(7)闭环 RRT(Close loop RRT, CL-RRT)

采用了基于车辆运动学模型的纯追踪进行节点扩张，同时在路径跟踪时同样采用纯追踪，以保证生成的路径满足运动学约束，但 CL-RRT 只能求得次优解。

RRT 路径规划算法见图 6-7。

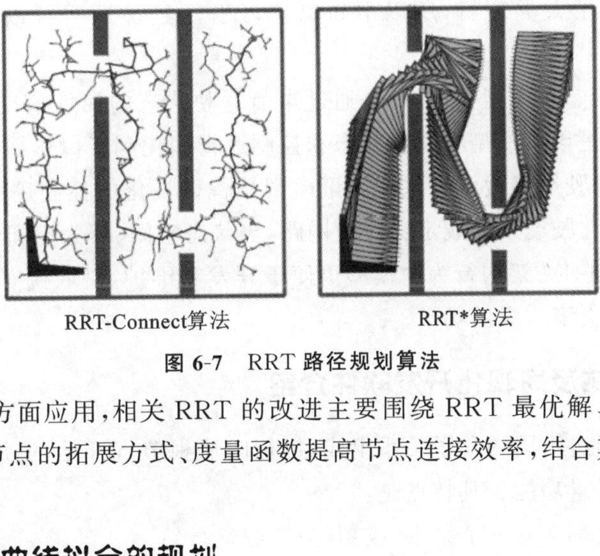

RRT-Connect算法　　RRT*算法

图 6-7　RRT 路径规划算法

为适应在车辆方面应用，相关 RRT 的改进主要围绕 RRT 最优解、路径质量和收敛速度进行，通过改进节点的拓展方式、度量函数提高节点连接效率，结合其余规划方法，改善 RRT 算法的性能。

6.1.5　基于曲线拟合的规划

将地图数据表示为离散的点集，然后在点集上进行曲线拟合的路径规划方法叫作基于曲线拟合的规划，它们可以用于高维空间或者有权图的路径规划问题。

基于曲线拟合的路径规划方法有多种，根据拟合函数的形式、参数的求解和误差的度量，可以分为 Dubin 曲线、螺旋线、多项式曲线、样条曲线、贝塞尔曲线等。其优点是搜索效率高，能够生成光滑连续的轨迹，易于处理动力学约束等；缺点是完备性差，需要对环境进行离散化，难以保证安全性和稳定性等。

多项式曲线的路径规划见图 6-8。

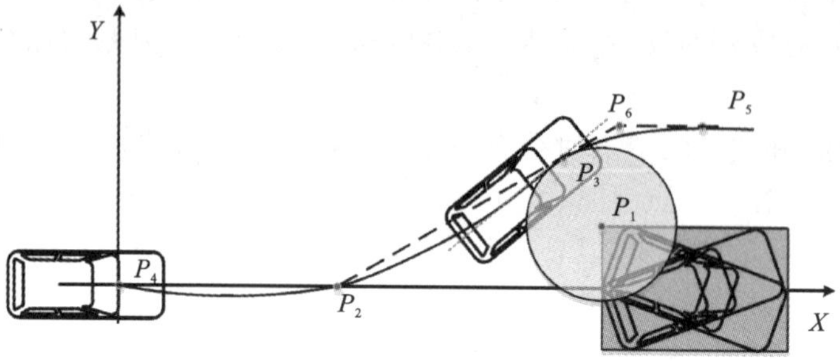

图 6-8　多项式曲线的路径规划

6.2　算法实践——跟车及绕障决策

本节主要介绍基于行为树模型实现自动驾驶跟车及变道绕障的行为决策。

行为树(BT,behavior tree)是计算机科学、机器人、控制系统和视频游戏中使用的规划执行的数学模型。它们以模块化方式描述有限任务集之间的切换。优势来自创建由简单任务组成的复杂任务的能力,不必担心简单任务是如何实现的。BT 与分层状态机(hierarchical state machine)有一些相似之处,主要区别在于,行为树的主要构建块是任务而不是状态。BT 易于人类理解,所以不易出错,BT 已经被证明可以概括其他几种控制架构。

行为树模型和状态机模型类似,也是通过当前驾驶状态的属性值反应式地选择不同的驾驶动作,但不同的是该类模型将驾驶状态和控制逻辑固化到了树形结构中,通过自顶向下的"轮询"机制进行驾驶策略搜索。这类决策模型具备可视化的控制逻辑,并且控制节点可复用,需要针对每个驾驶场景离线定义决策网路,当状态空间、行为空间较大时,控制逻辑将比较复杂,但相比于 FSM 架构行为树模型更便于开发和维护,是取代有限状态机的理想模型,适用于需要复杂决策的应用场景。

6.2.1　行为树及可视化开发软件介绍

行为树由节点通过不同的父子关系组成,执行时从根节点开始,遍历所有节点,根据树的逻辑实现不同的场景功能。其特点是:

①执行每个节点都会有一个结果(成功,失败或运行);

②子节点的执行结果由其父节点控制和管理;

③返回运行结果的节点被视作处于运行状态,处于运行状态的节点将被持续执行一直到其返回结束(成功或失败),在其结束前,其父节点不会把控制转移到后续节点。

行为树节点主要分为逻辑控制节点和叶节点,其中逻辑控制节点主要包含:序列节点、选择节点、并行节点、修饰节点;叶节点主要包含:动作节点、条件节点。各节点详细的功能策略如表 6-1 所示。

安装行为树模型可视化设计软件 Groot(https://github.com/BehaviorTree/Groot.git)方法如下:

环境准备，首先需要准备的是 CMake 3.2。

表 6-1　行为树节点介绍

<table>
<tr><th>节点分类</th><th>具体节点</th><th>节点功能/策略</th><th>备注</th></tr>
<tr><td rowspan="4">逻辑控制节点</td><td>选择节点</td><td>从 begin 到 end 迭代执行自己的 Child Node：如遇到一个 Child Node 执行后返回 Success，停止迭代，本 Node 向自己的 Parent Node 也返回 Success；否则所有 Child Node 都返回 Fail，本 Node 向自己的 Parent Node 返回 Fail</td><td rowspan="6">每个节点可以返回以下三种状态：
Running，Success，　Fail
Running 状态用于表明该节点的结果不能立刻获知，比如游戏中的角色进行“向目标移动”这个动作，很显然这个动作不能在这一帧中立刻完成，当行为树运行到此节点时，并不能获知 Success 或者 fail，于是返回 running，表示该节点正在运行中，并记录此节点的位置，下一帧运行到此节点的父节点时，则从此节点继续运行，跳过之前的节点</td></tr>
<tr><td>顺序节点</td><td>从 begin 到 end 迭代执行自己的 Child Node：如遇到一个 Child Node 执行后返回 Fail，停止迭代，本 Node 向自己的 Parent Node 也返回 Fail；否则所有 Child Node 都返回 Success，本 Node 向自己的 Parent Node 返回 Success</td></tr>
<tr><td>平行节点</td><td>并发执行所有 Child Node</td></tr>
<tr><td>修饰节点</td><td>将 Child Node 执行后返回的结果值做额外处理后，再返回给它 Parent Node</td></tr>
<tr><td rowspan="2">叶节点</td><td>条件节点(叶节点)</td><td>仅当满足 Condition 时返回 Success</td></tr>
<tr><td>动作节点(叶节点)</td><td>完成具体的一次(或一个 step)的行为，视需求返回值</td></tr>
</table>

Qt5 包含 SVG 模块，使用下面命令直接安装：

sudo apt install qtbase5-dev libqt5svg5-dev libzmq3-dev libdw-dev Groot 下载和安装

git clone https://github.com/BehaviorTree/Groot.git

mkdir build; cd build

cmake ..

make

在 build 文件下运行./Groot，出现图 6-9 所示界面。

根据伪代码在 Groot 软件上搭建如图 6-10 所示的行为树模型。

STStraightLC 结构如图 6-11 所示。

STLCForObs 结构如图 6-12 所示。

使用 BehaviorTree 库(https://github.com/BehaviorTree/BehaviorTree.CPP)，读取 Groot 软件，生成 xml 格式的行为树模型，开始自顶向下“轮询”机制进行驾驶策略搜索。

BehaviorTree 库安装方法如下：

(1)下载代码

git clone https://github.com/BehaviorTree/BehaviorTree.CPP -b 3.8.0

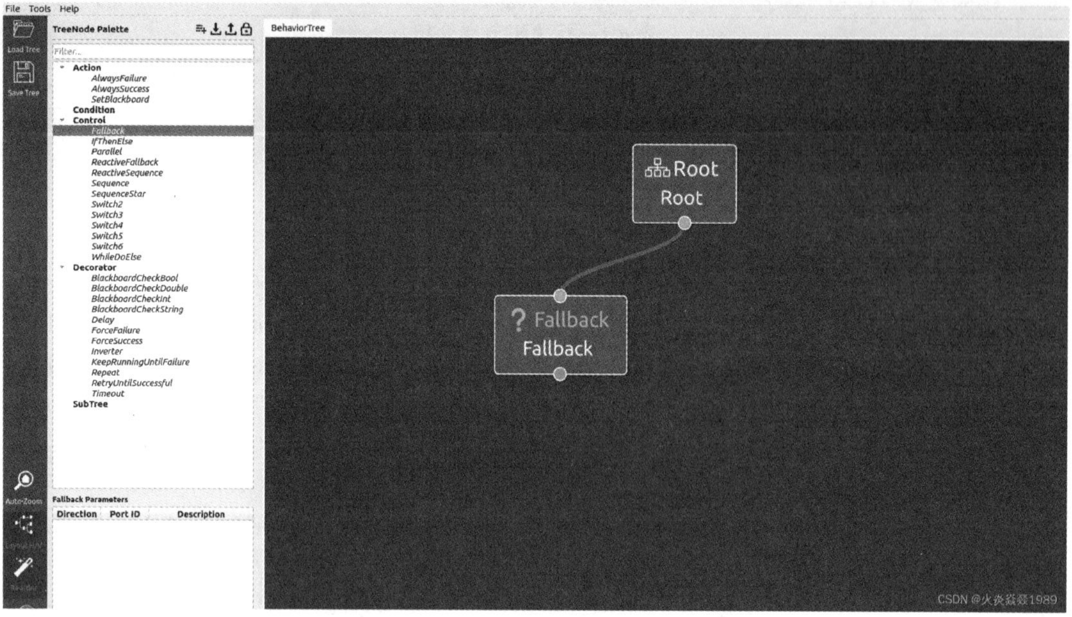

图 6-9　Groot 软件界面

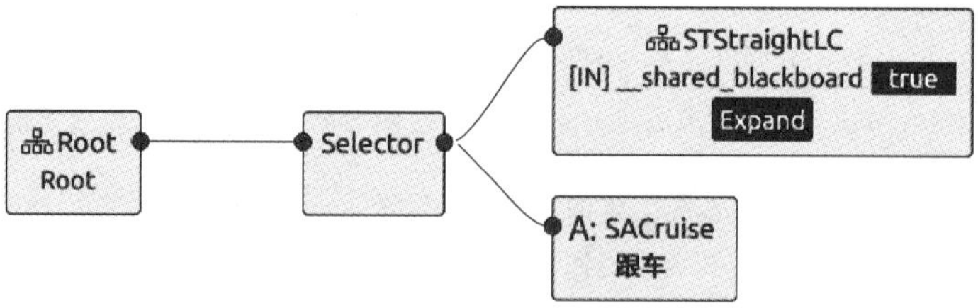

图 6-10　行为树模型示例

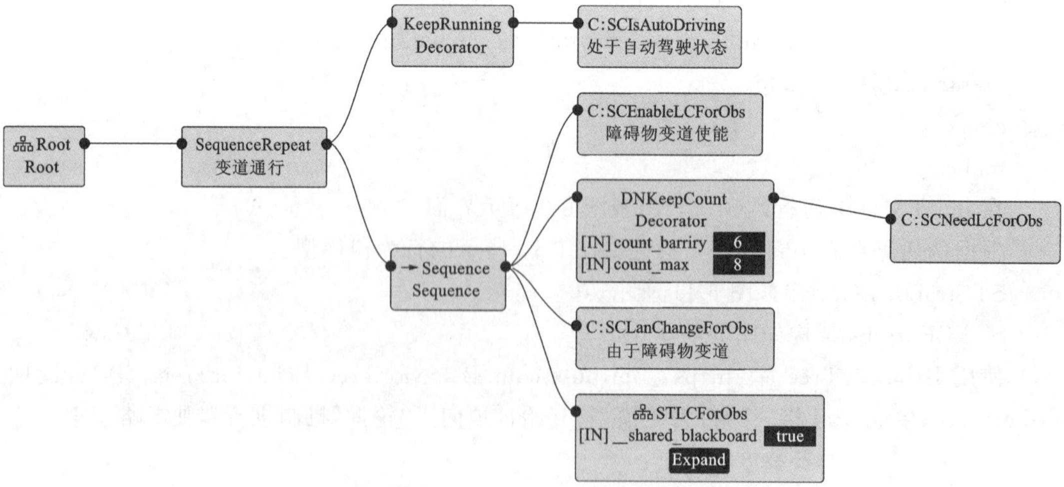

图 6-11　STStraightLC 示例

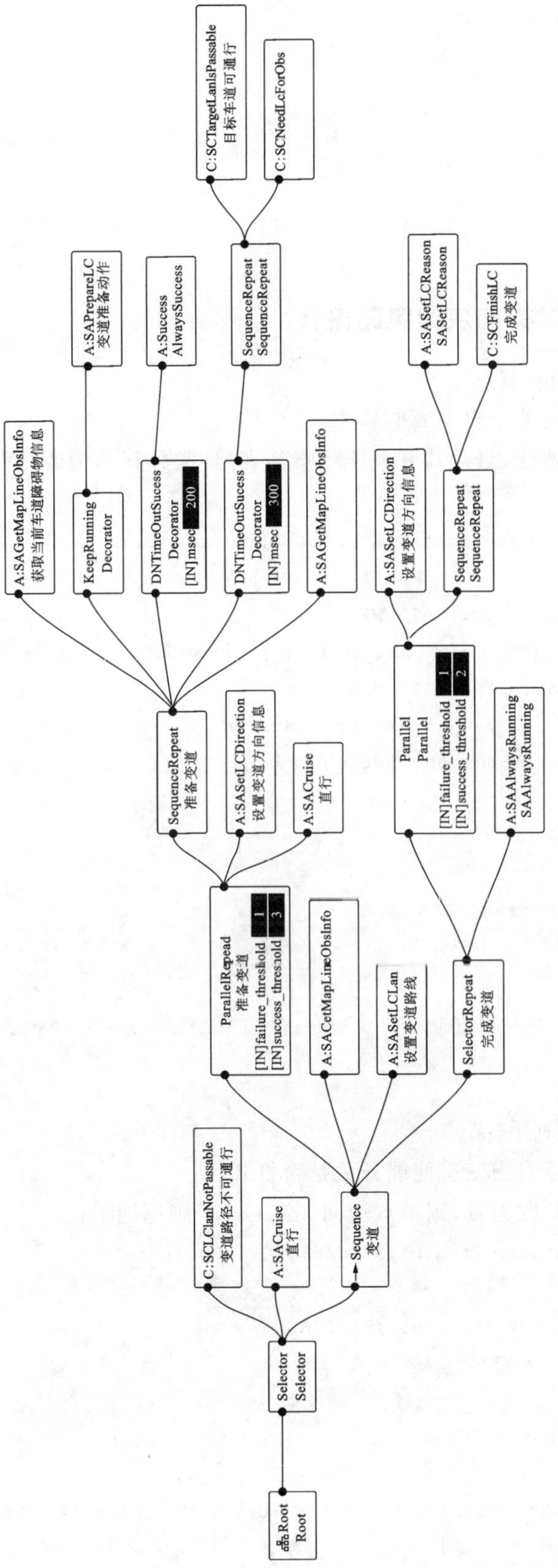

图 6-12 STLCForObs 示例

（2）安装编译 BehaviorTree

```
cd BehaviorTree.CPP-3.8.0
mkdir build
cd build
cmake ..
make
sudo make install
```

6.2.2 基于行为树的决策策略设计

（1）SCIsAutoDriving 节点

作用：判断车辆是否处于自动驾驶状态。

逻辑：若手柄已去使能，自动驾驶系统状态为真，且紧急制动为假，则节点返回 success，否则返回 fail。

```
NodeStatus SimpleConditionLib::SCIsAutoDriving()
{
auto status = NodeStatus::FAILURE;
auto const vehicleinfo = context_info- > plannerInfo- > vehicleinfo;
bool auto_en = vehicleinfo.autodrive_en
&& vehicleinfo.global_vehicleAutoDriveStatus
&& (vehicleinfo.ESC_EnmergencySwtich = = 0);

if(auto_en)
{
status = NodeStatus::SUCCESS;
}

LOG_DEBUG_X("[bt_condition] SCIsAutoDriving auto_en % d", auto_en);
return status;
}
```

（2）SCEnableLCForObs 节点

作用：判断车辆因障碍物变道使能开关是否打开。

逻辑：若使能开关参数为真，则节点返回 success，否则返回 fail。

```
NodeStatus SimpleConditionLib::SCEnableLCForObs()
{
NodeStatus status = NodeStatus::FAILURE;
if(globalInfo_ptr- > TEST_Enable_LC_for_obs)
{
status = NodeStatus::SUCCESS;
}
LOG_DEBUG_X("[bt_condition] SCEnableLCForObs % d", PrintClassEnum(status));
return status;
```

```
}
```

(3)SCNeedLcForObs 节点

作用:判断车辆是否需要因为障碍物变道。

```
NodeStatus SimpleConditionLib::SCNeedLcForObs()
{
// 获取当前车道障碍物列表
getLaneColiObslist(ego_lan, ego_lan_obslist);
for(auto obs : ego_lan_obslist)
{
  // 判断是否需要变道绕障
   if(obsNeedLc(obs))
   {
      for(auto &near_lan : near_lan_list)
      {
  // 获取其他车道障碍物裂变
       getLaneColiObslist(near_lan, near_lan_obslist);
       for(auto near_obs : near_lan_obslist)
       {
        //判断旁边车道是否可通行
          if (obsNeedLc(near_obs)
          {
             status = NodeStatus::FAILURE;
          }
        }
       if(NodeStatus::SUCCESS == status)
       {
         break;
       }
     }
   }
}
```

(4)SCLanChangeForObs 节点

作用:判断车辆是否可以变道及变道方向。

```
NodeStatus SimpleConditionLib::SCLanChangeForObs()
{
    int tmp_sug_left = matched_lane.lane_idx;
    int tmp_sug_right = matched_lane.lane_idx;
    bool true_left_lane = false;
    bool true_right_lane = false;
    while ((--tmp_sug_left) > 0)
    {
        bool able_lc = true;
```

```
        if(getGuidanceLane(tmp_suggestLane_left, target_lane))
        {
          getLaneColiObslist(target_lane, lan_obslist);
          for(auto near_obs : lan_obslist)
          {
              if (obsNeedLc(near_obs)
              {
                 able_lc = false;
                 break;
              }
          }
        }
        if(! able_lc)
  {
  continue;
        }
        if (std::count(idxes.begin(),idxes.end(), tmp_sug_left))
        {
          true_left_lane = true;
          break;
        }
        if (true_left_lane)
          break;
    }

      while ((+ + tmp_sug_ right) > lane_num)
  {
  bool able_lc = true;
          if(getGuidanceLane(tmp_sug_right, target_lane))
          {
          getLaneColiObslist(target_lane, lan_obslist);
          for(auto near_obs : lan_obslist)
          {
              if (obsNeedLc(near_obs)
              {
                 able_lc = false;
                 break;
              }
          }
        }
        if(! able_lc)
  {
  continue;
```

```
        }
        if (std::count(idxes.begin(),idxes.end(), tmp_sug_right))
        {
          true_right_lane = true;
          break;
        }
        if (true_right_lane)
          break;
    }
      if (true_left_lane)
      {
          lcReason = OBSTACLE_FORWARD;
          suggestLane_index = tmp_suggestLane_left;
          status = NodeStatus::SUCCESS;
      }
      else if (true_right_lane)
      {
        lcReason = OBSTACLE_FORWARD;
          suggestLane_index = tmp_suggestLane_right;
          status = NodeStatus::SUCCESS;
      }
return status;
}
```

(5)SCLClanNotPassable 节点

作用:判断变道的目标车道是否可通行。

```
NodeStatus SimpleConditionLib::SCLClanNotPassable()
{
getLineObsInfoList(referenceLine, reference_lan_obslist);
    for(auto obs : reference_lan_obslist)
    {
        obs_collision = isCollision(obs);
      if ((obs_speed < 6 / 3.6)
      && obs_collision
      && (init_v < (6.0/3.6)))
      {
          status = NodeStatus::SUCCESS;
      }
    }
    return status;
}
```

(6)SACruise 节点

作用:执行跟随动作。

```
NodeStatus SimpleActionLib::SACruise()
{
    lanechange_trig = false;
    setSuggetLane(matched_lane.lane_idx);
    return NodeStatus::SUCCESS;
}
```

(7)SAGetMapLineObsInfo 节点

作用:获取当前车道障碍物信息。

```
NodeStatus SimpleActionLib::SAGetMapLineObsInfo()
{
NodeStatus status = NodeStatus::SUCCESS;
PathInCollisionByCostMapObstalce(referenceLine_matched,obstacleList_);
obstacle_online = referenceLine_matched.refLine_front_obs;
return status;

}
```

(8)SAPrepareLC 节点

作用:向变道执行模块传入变道方向。

```
NodeStatus SimpleActionLib::SAPrepareLC()
{
BT_GET_CONTEXT_INFO;
int suggestLane_index = context_info- > suggestLane_index;
int matched_lane_index = context_info- > matched_lane.lane_idx;
if (suggestLane_index < matched_lane_index) //需左变道
{
plannerInfo_- > outputInfo.LC_direction = LC_DIRECTION_LEFT;
}
else if (suggestLane_index > matched_lane_index) //需右变道
{
plannerInfo_- > outputInfo.LC_direction = LC_DIRECTION_RIGHT;
}
else //无须变道
{
plannerInfo_- > outputInfo.LC_direction = LC_DIRECTION_CURRENT;
}
LOG_DEBUG_X("[bt_action] SAPrepareLC LC_direction % d",
plannerInfo_- > outputInfo.LC_direction);
context_info- > last_LC_direction = plannerInfo_- > outputInfo.LC_direction;
return NodeStatus::SUCCESS;
}
```

(9)SCTargetLanIsPassable 节点

作用:判断目标车道是否可以变道。

```
bool isAccessable(const int currentlane_idx, const int suggestLane_index)
{
    bool cross_ok = true;
    getTargetLane(suggestLane_index, targetLane);
    if(! checkTraverseFlag(targetLane))
    {
        cross_ok = false;
    }
    getLaneObs(targetLane, obsList);
    if(! checkTargetLaneObs(obsList))
    {
        cross_ok = false;
    }
    if (cross_ok)
    {
        return true;
    }
    else
    {
        return false;
    }
}
```

(10)SASetLCDirection 节点

作用:变道方向传值。

```
NodeStatus SimpleActionLib::SASetLCDirection()
{
BT_GET_CONTEXT_INFO;
plannerInfo_- > outputInfo.LC_direction = context_info- > last_LC_direction;
LOG_DEBUG_X("[bt_action] SASetLCDirection LC_direction % d",
plannerInfo_- > outputInfo.LC_direction);
return NodeStatus::SUCCESS;
}
```

(11)SASetLCLan 节点

作用:将前面构造的变道路径保存为轨迹。

```
NodeStatus SimpleActionLib::SASetLCLan()
{
    NodeStatus status = NodeStatus::SUCCESS;
    setSuggetLane(suggestLane_index);
    locked_reason = int(context_info- > lcReason);
    return status;
}
```

(12)SASetLCReason 节点

作用:设置变道原因。

```
NodeStatus SimpleActionLib::SASetLCReason()
{
context_info- > plannerInfo- > outputInfo.locked_reason = int(context_info- >
lcReason);
return NodeStatus::SUCCESS;
}
```

(13)SAFinishLC 节点

作用:判断是否完成变道。

```
NodeStatus SimpleActionLib::SAFinishLC()
{
    NodeStatus status = NodeStatus::RUNNING;
    if(arriveTargetLane(ego_pose))
    {
        status = NodeStatus::SUCCESS;
    }
    return status;
}
```

6.3 算法实践——跟车及绕障规划

6.3.1 参考线平滑

基于上述方式决策出最佳的目标行为,并提取其对应的车道中心线作为参考路径进行轨迹规划,车道线由一系列离散的点序列组成,由高精度地图给出。考虑到三次样条曲线的1阶和2阶导数具有连续性的优点,使用三次样条曲线来拟合全局路径,即:

$$\begin{cases} x_0(s)=a_{xi}(s-s_i)^3+b_{xi}(s-s_i)^2+c_{xi}(s-s_i)+d_{xi} \\ y_0(s)=a_{yi}(s-s_i)^3+b_{yi}(s-s_i)^2+c_{yi}(s-s_i)+d_{yi} \end{cases} \tag{6-1}$$

式中 s——车辆当前位置距离基准线的最近点所在基准线上的弧长;

s_i——该弧长所在的第 i 个路径片段的起点;

x_0、y_0——基准线的点在笛卡尔坐标系的 x,y 坐标;

a_{xi}、b_{xi}、c_{xi}、d_{xi}、a_{yi}、b_{yi}、c_{yi}、d_{yi}——基准线拟合的样条曲线的参数。

如图 6-13 所示,基准线在拟合时会被分成很多小段,每一段都可以由式(6-1)表示。

基准线上的点的航向角和曲率可以用 $x_0(s)$ 和 $y_0(s)$ 对 s 的 1 阶导数和 2 阶导数计算求出,即:

$$\theta_0=\arctan\frac{y'_0}{x'_0} \tag{6-2}$$

$$\kappa_0=\arctan\frac{x'_0y''_0-x''_0y'_0}{(x'_0y'_0)^{\frac{3}{2}}} \tag{6-3}$$

上式中,x'_0、y'_0、$x''_0y''_0$——$x_0(s)$ 和 $y_0(s)$ 对 s 的 1 阶导数和 2 阶导数。

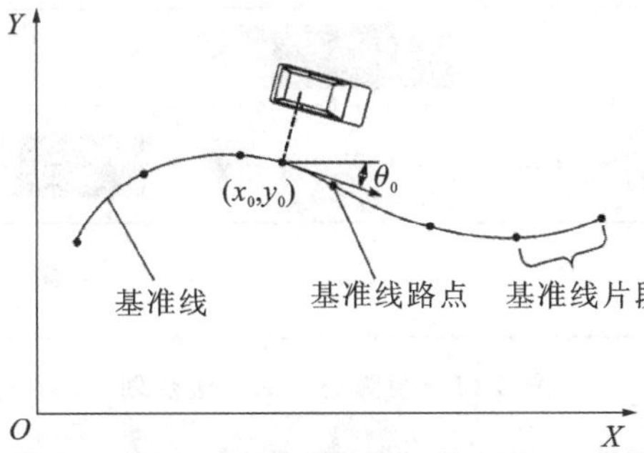

图 6-13 基准线分段拟合

在二维平面中，我们通常采用 X-Y 坐标系来描述问题。但在自动驾驶规划问题中，我们的工作是基于道路的。这种情况下，X-Y 坐标系并不是最方便的。所以我们这里需要使用基于车道线横向和纵向的 Frenet 坐标系。Frenet 坐标系的描述如下：

首先有一条光滑的参考线按图 6-14 所示将汽车的坐标点投影到参考线上，得到一个参考线上的投影点。从参考线起点到投影点的路径长度就是汽车在 Frenet 坐标系下的纵向偏移量，用 S 表示，而投影点到汽车位置的距离则是汽车在 Frenet 坐标系下的横向偏移量，用 L 表示。因为参考线是足够光滑的，我们也可通过汽车的朝向、速度、加速度来计算出 Frenet 坐标系下，横向和纵向偏移量的 1 阶导数和 2 阶导数。

这里需要注意的是，我们将横向偏移量 L 设计成纵向偏移量 S 的函数。这是因为对于大多数的汽车而言，横向运动是由纵向运动诱发的。

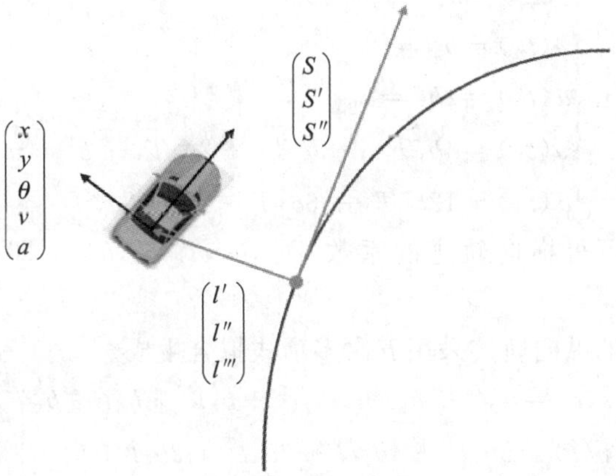

图 6-14 Frenet 坐标系

6.3.2 轨迹规划

接下来根据决策信息进行轨迹规划，方法是对时间周期 T 后的车辆的终止状态进行采样。采样规则是：将参考线、检测障碍物及车道线等信息都统一投影到 frenet 坐标系，由参考线上离当前位置最近的点向前取不同纵向偏移量 s,s',s''。每一个纵向偏移量对应三个末状态横向偏移量 l、l'、l''。用两层循环遍历各种末状态的组合，再经过多项式拟合，即可获得如图 6-15、图 6-16 所示的轨迹簇。

巡航（无障碍车）时不考虑终点位置约束，采用四次多项式拟合进行纵向轨迹生成。

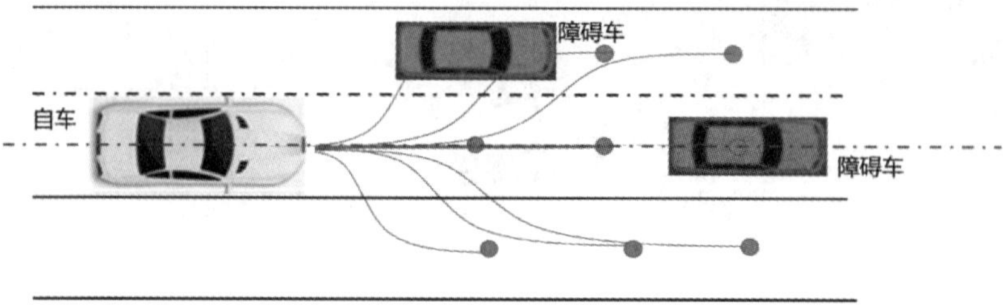

图 6-15　绕障场景的轨迹规划

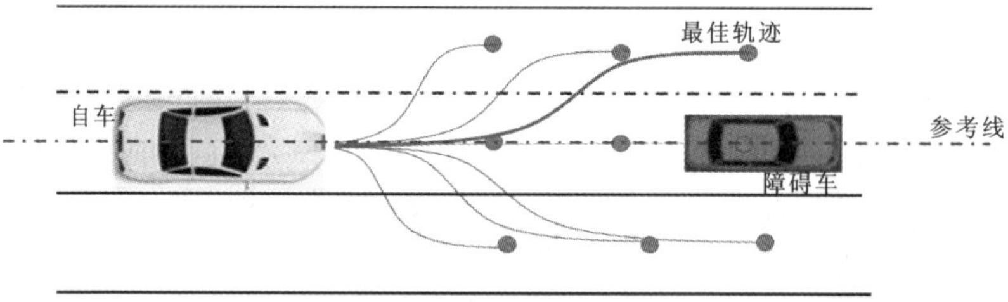

图 6-16　跟车场景的轨迹规划

$$\left.\begin{aligned} s(t) &= b_1 t^4 + b_2 t^3 + b_3 t^2 + b_4 t + b_5 \\ v(t) &= 4b_1 t^3 + 3b_2 t^3 + 2b_3 t + b_4 \\ a(t) &= 12b_1 t^2 + 6b_2 t + 2b_3 \end{aligned}\right\} \tag{6-4}$$

其中,初始和终止状态为:

$$\text{st.}\begin{cases} s(t_0) = b_5 = s_0 \\ v(t_0) = b_4 = v_0 \\ a(t_0) = 2b_3 = a_0 \\ v(t_1) = 4b_1 T^3 + 3b_2 T_1^2 + 2b_3 T_1 + b_4 = v_1 \\ a(t_1) = 12b_1 T^2 + 6b_2 T + 2b_3 = a_1 \end{cases} \tag{6-5}$$

由上式解方程组可得横向轨迹的系数 $[b_1, b_2, b_3, b_4, b_5]$,即可得到横向轨迹的表达式。

对于跟车、停车时的纵向轨迹采用五次多项式拟合生成。

$$\left.\begin{aligned} s(t) &= b_1 t^5 + b_2 t^4 + b_3 t^3 + b_4 t^2 + b_5 t + b_6 \\ v(t) &= 5b_1 t^4 + 4b_2 t^3 + 3b_3 t^2 + 2b_4 t + b_5 \\ a(t) &= 20b_1 t^3 + 12b_2 t^2 + 6b_3 t + 2b_4 \end{aligned}\right\} \tag{6-6}$$

$$\text{st.}\begin{cases} s(t_0) = b_6 = s_0 \\ v(t_0) = b_5 = v_0 \\ a(t_0) = 2b_4 = a_0 \\ s(t_1) = b_1 T^5 + b_2 T^4 + b_3 T^3 + b_4 T^2 + b_5 T + b_6 = s_1 \\ v(t_1) = 5b_1 T^4 + 4b_2 T^3 + 3b_3 T^2 + 2b_4 T + b_5 = v_1 \\ a(t_1) = 20b_1 T^3 + 12b_2 T^2 + 6b_3 T + 2b_4 = a_1 \end{cases} \tag{6-7}$$

```
// 四次多项式系数计算
void CalculateQuarticPolynomialCurve1d(
```

```
    const double x0, const double dx0, const double x1, const double dx1,
    const double ddx1, const double p) {

  param_ = p;

  coef_[0] = x0;
  coef_[1] = dx0;

  double p2 = p * p;
  double p3 = p2 * p;
  double p4 = p3 * p;

  double b0 = x1 - coef_[0] - coef_[1] * p;
  double b1 = dx1 - coef_[1];
  double c1 = b1 * p;
  double c2 = ddx1 * p2;

  coef_[2] = (0.5 * c2 - 3 * c1 + 6 * b0) / p2;
  coef_[3] = (- c2 + 5 * c1 - 8 * b0) / p3;
  coef_[4] = (0.5 * c2 - 2 * c1 + 3 * b0) / p4;
}

// 五次多项式系数计算
void CalculateQuinticPolynomialCurve1d(
    const double x0, const double dx0, const double ddx0, const double x1,
    const double dx1, const double ddx1, const double p) {
  coef_[0] = x0;
  coef_[1] = dx0;
  coef_[2] = ddx0 / 2.0;
  const double p2 = p * p;
  const double p3 = p * p2;
  const double c0 = (x1 - 0.5 * p2 * ddx0 - dx0 * p - x0) / p3;
  const double c1 = (dx1 - ddx0 * p - dx0) / p2;
  const double c2 = (ddx1 - ddx0) / p;

  coef_[3] = 0.5 * (20.0 * c0 - 8.0 * c1 + c2);
  coef_[4] = (- 15.0 * c0 + 7.0 * c1 - c2) / p;
  coef_[5] = (6.0 * c0 - 3.0 * c1 + 0.5 * c2) / p2;
}
```

横向轨迹生成还需要考虑最大加速度约束和最大车速约束。

最大车速约束：

$$v_1 \leqslant v_{\max} \tag{6-8}$$

最大加速度约束：

$$\frac{|v_1 - v_0|}{T} \leqslant a_{\max} \tag{6-9}$$

由此生成多条轨迹簇，采用代价函数的方法对每一条轨迹进行评估，选择代价值最小的轨迹作为最优轨迹。候选轨迹的代价函数如下：

$$f(i) = w_1 \text{cost}_1(i) + w_2 \text{cost}_2(i) + w_3 \text{cost}_3(i) + w_4 \text{cost}_4(i) + w_5 \text{cost}_5(i) + w_6 \text{cost}_6(i) \tag{6-10}$$

代价函数由 6 部分的 cost 及各自的系数组成。

cost_1：与参考车速一致性。其表达式为下式，N 为路径散点总数，$v_{\text{target}}(i)$为每个散点的目标车速，$v(i)$为每个散点的实际车速。

$$\text{cost}_1 = \sum_{i=1}^{n} \sqrt{(v_{\text{target}}(i) - v(i))} \tag{6-11}$$

cost_2：纵向 jerk，即纵向加速度的导数，该项尽可能小，以确保加速度变化平缓。

$$\text{cost}_2 = \sum_{i=1}^{n} \sqrt{v''(i)^2} \tag{6-12}$$

$cost_3$：碰撞风险，如下式所示，$d_{l\min}$ 为轨迹与障碍物的最近距离。

$$\text{cost}_3 = \sqrt{d_{l\min}^2} \tag{6-13}$$

cost_4：与参考路径的一致性。$d(i)$表示每一个散点距离参考路径的横向距离。

$$\text{cost}_3 = \sum_{i=1}^{N} \sqrt{d(i)^2} \tag{6-14}$$

cost_5：横向 jerk，即横向加速度的倒数，$v_d(i)$为每个散点的横向速度。

$$\text{cost}_5 = \sum_{i=1}^{n} \sqrt{v''_d(i)^2} \tag{6-15}$$

cost_6：与历史轨迹的一致性。

这里需特别注意 FLAGS_weight_lat_offset 和 FLAGS_weight_lon_objective 两个参数，分别会影响与参考线的横向偏差一致性和与目标车速的一致性，FLAGS_weight_lat_offset 参数值过大会导致规划轨迹急促地回归参考路径，横向体验不舒适；过小会导致回归参考路径过慢。FLAGS_weight_lon_objective 参数值过大会导致规划轨迹快速达到目标车速，纵向体感不舒适；过小会导致达到目标车速过慢。

```
"//":"cali_name:[FLAGS_weight_lat_offset] desc:[与参考线横向偏差一致性 ] min:[1.0] max:[5.0]",
"FLAGS_weight_lat_offset": 2.0,
"//":"cali_name:[FLAGS_weight_lon_objective] desc:[与目标车速一致性 默认 0.6] min:[0.3] max:[5.0]",
"FLAGS_weight_lon_objective": 0.6,
```

根据各个路径的代价函数对各个路径进行排序，还需要对最优路径进行碰撞检测。依次取代价最小的路径进行静态障碍物和动态障碍物检测，若该路径无碰撞风险，则输出该路径为最优轨迹；若该路径有碰撞风险，则取代价值次优的轨迹进行碰撞检测，直到找到无碰撞轨迹。

7 自动驾驶控制技术

7.1 自动驾驶控制技术概述

7.1.1 控制模块简介

控制模块的上游是定位模块和规划模块，下游是车辆线控底盘，其在自动驾驶系统中扮演的角色就像人类驾驶员的手脚一样，负责接收车辆在未来一段时间内的参考行驶轨迹，计算出对应的方向盘转角、油门、制动踏板开度等信号并下发给线控底盘，最终使得自动驾驶车辆按照预期的轨迹行驶。控制模块按功能不同可以分为横向控制和纵向控制。

车辆纵向控制是在行车速度方向上的控制，即车速以及本车与前后车或障碍物距离的自动控制。巡航控制和紧急制动控制都是典型的自动驾驶纵向控制案例。这类控制问题可归结为对电机驱动、发动机、传动和制动系统的控制。各种电机-发动机-传动模型、汽车运行模型和刹车过程模型与不同的控制器算法结合，构成了各种各样的纵向控制模式。

车辆横向控制指垂直于运动方向上的控制，对于汽车也就是转向控制。其目标是控制汽车自动保持期望的行车路线，并在不同的车速、载荷、风阻、路况下有很好的乘坐舒适性和稳定性。

根据横向控制使用车辆模型的不同，可以将其分为两种方法，包括：无模型的横向控制方法、基于模型的横向控制方法。无模型的横向控制即传统的 PID 控制算法，将车辆当前的路径跟踪偏差作为输入量，对跟踪偏差进行比例（proportion）、积分（integration）和微分（differentiation）控制得到转向控制量。但该算法由于没有考虑车辆本身的特性，因此算法对外界干扰的鲁棒性较差，无法满足车辆在高速行驶过程中的有效控制。而基于模型的方法又可分为：基于车辆运动学模型的横向控制方法、基于车辆动力学模型的横向控制方法。当前常用的可以细分为：基于车辆运动学模型的纯跟踪控制（pure pursuit）算法、后轮反馈控制（rear wheel feedback）、前轮反馈控制（front wheel feedback）算法、基于车辆动力学模型的线性二次型调节器（linear quadratic regulator，LQR）控制算法等。

7.1.2 控制系统架构

常见的控制系统架构如图 7-1 所示。

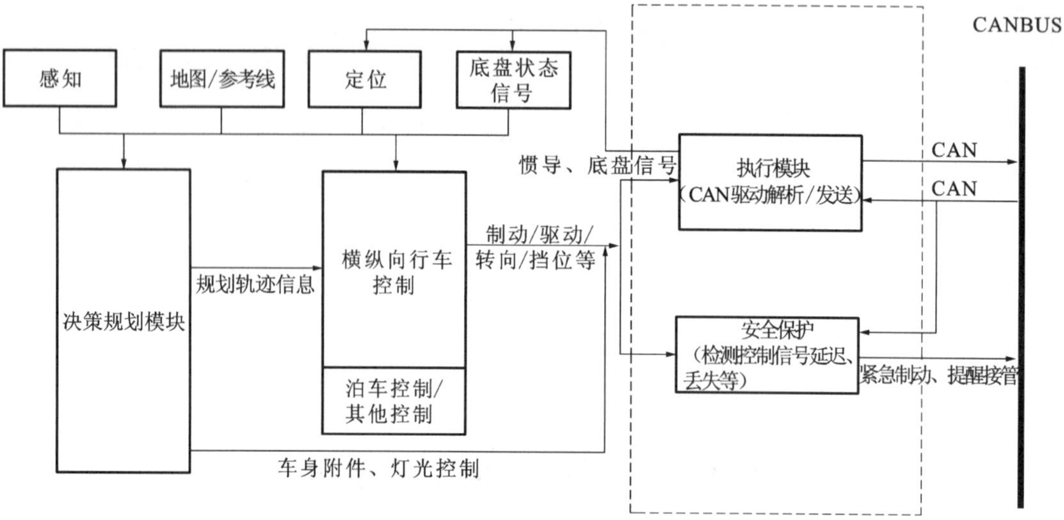

图 7-1　常见控制系统架构

7.2　车辆横向控制

自动驾驶横向控制是指根据参考路径、车辆实时位姿和底盘反馈信息，控制车辆转角或横摆力矩，使车辆在不同驾驶场景中严格按照期望的参考路径行驶，同时要求转角连续平滑无突变，确保车辆平稳行驶，保障乘客的乘坐体验，是无人驾驶车辆的核心模块之一。针对不同的工况条件，存在诸多路径跟踪控制方法，一些算法之间存在一定的共性，来源于相同的控制方法理论。根据不同方法理论，可对路径跟踪控制方法进行如下分类。

7.2.1　PID 控制算法

PID 是最经典的控制方法，其不依赖于具体的模型，直接针对误差进行控制，原理简单，实时性好，具有良好的控制效果，在工业界被广泛运用。但 PID 控制的参数适配工作量大，对工程经验依赖性高。同时，其无法针对系统不确定性影响和环境扰动进行有效的控制补偿，也无法考虑各种系统约束，容易因执行器饱和而造成积分发散。

7.2.2　纯追踪算法

纯追踪算法是由卡内基梅隆大学研究人员提出的路径跟踪控制方法，其假设车辆能够通过一段圆弧路径到达目标路点，并根据几何关系计算圆弧半径，即车辆转弯半径，最后依据阿克曼转向模型计算前轮转角。纯追踪算法能较好地适应参考路径的曲率变化，但控制效果受前视距离的影响较大，且难以获取最优前视距离。此外，由于未考虑车辆的动力学特性，随着车速提高，转向过弯时侧向加速度增大，几何模型与车辆实际状态的偏差增大，易导致跟踪效果恶化，甚至发生侧滑，影响车辆行驶稳定性。

7.2.3　Stanley 控制算法

相较于纯追踪算法，Stanley 算法在较高车速时的控制效果更好，但是其要求参考路径具有较好的平滑度，在参考路径平滑程度较差时，容易发生车辆转向过度的超调现象。此外，该算法同样未考虑车辆的动力学特性，在侧向加速度较大的行驶工况中，跟踪效果不佳。鲁棒控制方法一般指 H 无穷控制方法和结构奇异值理论等，其通过降低控制器对系统不确定性的灵敏度来保持控制器的控制性能，可以较好地应对建模偏差、参数摄动、工况变化、外界扰动、数据丢包、响应迟滞等不确定性因素，有效减弱其对控制性能造成的恶劣影响，保证较好的跟踪效果。但由于其计算量过大，对硬件设备的要求高，目前实际路径跟踪控制应用中尚未采用鲁棒控制方法。

7.2.4 滑模控制

滑模控制(sliding mode control，SMC)是一种非线性控制方法，具有控制不连续的特性。通过设计合适的滑模面和趋近律，可使系统状态快速收束至滑模面，最终沿着滑模面到达系统原点。滑模控制响应速度快，不受系统参数摄动和外界干扰的影响，具有强鲁棒性，但在滑模面附近易发生抖振问题，使得车辆转向角产生较大波动，导致行驶不平稳。

7.2.5 模糊控制

模糊控制不要求建立精准的系统模型，但其控制效果极度依赖工程经验，需要根据先验知识设计切实好用的规则库，以保证控制效果。此外，在理论上未能给出模糊控制的稳定性证明。

7.2.6 线性二次型调节器

线性二次型调节器(linear quadratic regulator，LQR)是一种全状态反馈控制方法，其针对线性系统，通过计算二次型目标函数极小值以求解控制量，求解过程完整规范，解析解已得到严谨的理论证明。其计算量较小，且反馈系数可以通过离线计算完成，具备良好的实时性，在无人驾驶领域得到了广泛的应用。但由于线性模型与实际系统存在偏差，导致 LQR 控制存在稳态误差。此外，LQR 控制对于参数变化和外界干扰的鲁棒性较差，在轮胎侧偏角较大时，系统的非线性特性增强，会导致跟踪效果变差。

7.2.7 模型预测控制

模型预测控制(model predictive control，MPC)是目前最受研究人员关注的路径跟踪控制算法，其适用于线性模型和非线性模型，能综合考虑各种系统约束，包括稳定性约束、执行机构约束等，能有效应对复杂多变的动态环境，在保证良好跟踪精度的基础上还能保障行驶的安全性与稳定性。但 MPC 实时计算量较大，对算力要求较高。

7.2.8 不同速度区间横向控制的特点

低速工况下，转向时侧向加速度较小，无侧滑风险，因此不必考虑车辆的横向稳定性，路径跟踪控制器只需要着眼于提高路径跟踪的精确性。低速工况下的参考路径一般曲率较大且变化复杂。自动泊车是典型的大曲率低速工况，须保证车辆准确泊入指定车位且不发生碰撞，这依赖于高精度的泊车路径跟踪精度，对路径跟踪控制器的性能要求高。

车辆行驶速度适中时，侧偏力在地面附着极限范围内，横向稳定性较好。路径跟踪控制的主要目标是提高跟踪精度和控制器适应性。

高速工况下的前轮转向路径跟踪控制不仅需要考虑跟踪精度，还需考虑车辆转向时的横向稳定性，保障行驶安全，防止发生侧滑、侧翻等危险现象。高速过弯时，由于地面附着条件有限，前轮转向车辆存在侧偏力不足的问题，由此产生横向侧滑，导致行驶稳定性恶化。为兼顾路径跟踪的精确性与行驶稳定性，研究路径跟踪控制方法时需要考虑复杂的系统约束。

7.2.9 四轮转向底盘横向控制

相较于后轮不可转动的前轮转向车辆，四轮转向车辆具有更高的自由度，通过前、后车轮的协同配合，能够实现更高的操纵灵活性与车身稳定性。前、后车轮转角相反时，可有效减小车辆的转弯半径，提高过弯能力；前、后车轮转角相同时，可有效抑制过度转向，保证车辆高速过弯的稳定性；此外，前、后车轮转角方向大小均保持一致时，车辆可实现斜行功能。

7.3 车辆纵向控制

自动驾驶纵向控制即车辆的驱动与制动控制，是指通过对油门和制动的协调，实现对期望车速的精确跟随。

本书以运动学前馈-速度误差反馈的控制方式设计纵向控制器，计算达到目标车速所需要的加速度大小，再建立车辆纵向动力学模型，将加速度信号转化为转矩信号，根据标定的转矩-踏板开度关系，输出加速踏板信号。具体控制流程如图 7-2 所示。

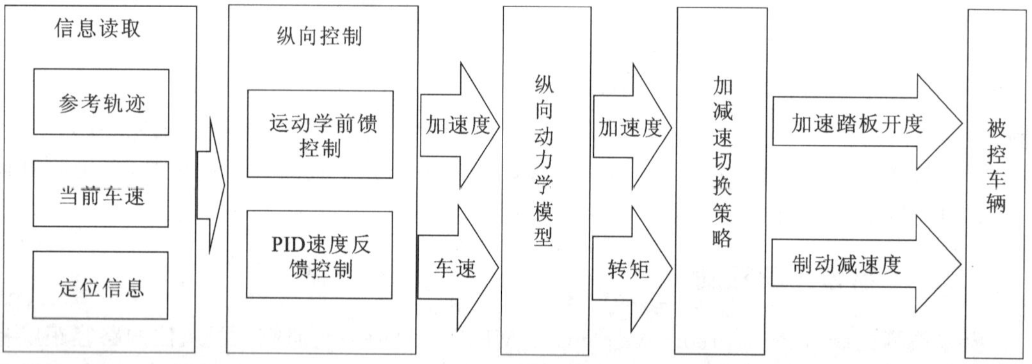

图 7-2 纵向控制流程

7.3.1 前馈-反馈纵向控制

假设车辆当前车速为 u_c，距离该位置 Δs 处的期望车速为 u_r，忽略车辆转向因素，仅沿当前方向行驶，则根据运动学公式，加速度可有如下表达：

$$u_r^2 - u_c^2 = 2a\Delta s \tag{7-1}$$

而实际泊车是连续大曲率跟踪过程，转向因素不可忽略，因此为弥补运动学前馈模型失配问题，增加基于 PID 的速度误差反馈控制。

PID 控制流程如图 7-3 所示。

根据系统的偏差，对被控对象进行预期控制。其控制算法式为：

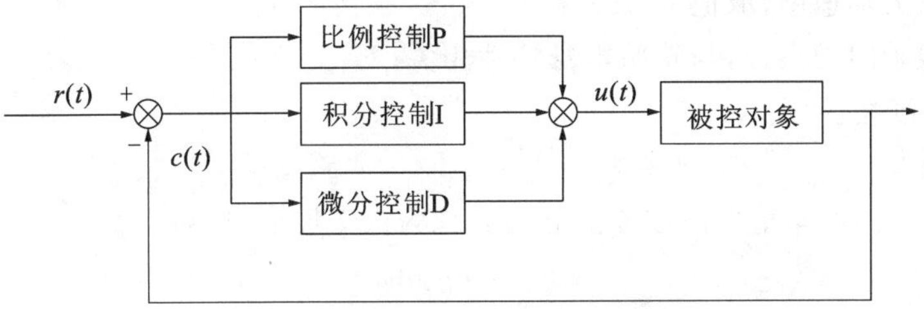

图 7-3 PID 控制流程图

$$e(t)=r(t)-c(t) \tag{7-2}$$

$$u(t)=K_p e(t)+K_i\int_0^t e(t)\mathrm{d}t+K_d\frac{\mathrm{d}e(t)}{\mathrm{d}t} \tag{7-3}$$

式中 K_p——比例系数,主要调节系统响应速度和提高控制精度;

K_i——积分系数,用以消除控制系统的稳态误差;

K_d——微分系数,在接近稳态状态时抑制控制量避免超调。

考虑到计算机控制需针对离散系统,设计离散系统的速度误差 PID 控制器如下:

$$a_{\text{pid}}=K_p e_u(t)+K_i\sum_{i=0}^{t}e_v(i)+K_d(e_u(t)-e_u(t-1)) \tag{7-4}$$

式中 a_{pid}——速度误差反馈补偿加速度;

$e_u(t)$——t 时刻的速度误差。

最后输出的期望加速度为

$$a_d=a_{\text{feedforward}}+a_{\text{pid}} \tag{7-5}$$

7.3.2 纵向动力学模型

模型采用单轨车辆模型,不考虑道路侧倾,忽略驱动车轮滑转,车辆行驶过程中,受力分析如图 7-4 所示。

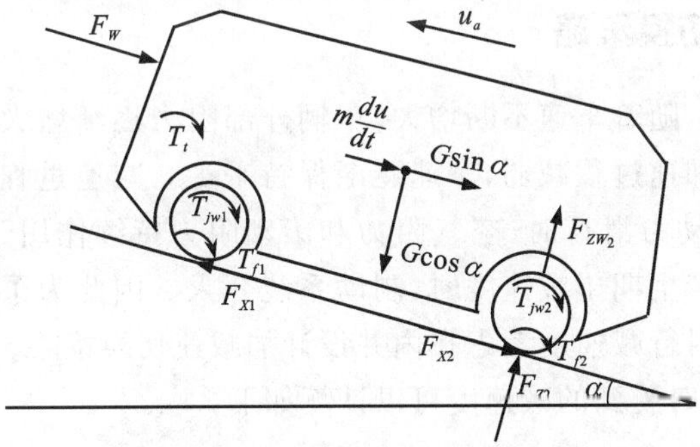

图 7-4 纵向受力分析

(1)滚动阻力

在汽车自重作用下,轮胎由于其本身具有弹性,在与地面接触过程中产生形变,这一形变所消耗的能量以滚动阻力的形式表现:

$$F_f=mgf\cos\alpha \tag{7-6}$$

式中 m——汽车总质量,kg;

g——重力加速度，取值 9.81；

f——滚动阻力系数，与轮胎本身特性相关；

α——坡度角。

(2)坡道阻力

当汽车上坡时，汽车重力沿坡道的分力表现为汽车坡道阻力：

$$F_i = mg\sin\alpha \tag{7-7}$$

(3)空气阻力

空气阻力表现为汽车行驶时空气对车辆的阻碍力，一般与车速和空气阻力系数等相关：

$$F_w = \frac{1}{2}C_d A\rho u_r^2 \tag{7-8}$$

式中 C_d——空气阻力系数；

A——迎风面积，m^3；

ρ——空气密度，kg/m^3；

u_r——相对速度，km/h，忽略风速影响，u_r 等于当前车速。

(4)加速阻力

汽车加速行驶时，需要克服其质量加速运动时的惯性力，该阻力与行驶方向相反：

$$F_j = ma \tag{7-9}$$

综上，车辆纵向行驶阻力方程可表示为：

$$\frac{T_t i_g i_0 \eta}{r} = F_f + F_i + F_w + F_j \tag{7-10}$$

式中 T_t——驱动轮所需要的扭矩，$N \cdot m^2$；

i_g——变速器的传动比；

i_0——主减速器的传动比；

η——传动系的机械效率。

7.3.3 加减速切换策略

车辆在加速过程中，随着车速不断增大，车辆外部阻力逐渐增大，所产生的加速度大部分用于克服外部阻力，加速过程减弱，车速逐渐保持平稳。减速过程中，根据汽车行驶方程式可知，当车辆进行无动力滑行时，空气阻力和滚动阻力持续作用于车辆，产生减速度，因此，当外部阻力不足以产生期望减速度时，制动系统介入。因此为了保证车速稳定跟随，避免加减速频繁切换，将滑行减速度考虑在内并设计加减速切换策略。

汽车在无动力滑行时受到的减速度可以计算如下：

$$a_0 = -\left(\frac{C_d A u_r^2}{21.15m} + gf\right) \tag{7-11}$$

考虑到泊车车速较低，空气阻力项可以近似忽略，因此泊车过程的滑行减速度近似为常数。

加减速切换策略包含三种控制模式：加速控制、制动控制、无动力滑行控制。以无动力滑行减速度曲线为分界线，设置宽度为上下过渡区，则根据系统输入为预期加速度和车辆无动力滑行减速度的偏差，切换算法如下：

$$if\begin{cases}a_{des}-a_0>\Delta h & \text{加速控制}\\ a_{des}-a_0<-\Delta h & \text{制动控制}\\ -\Delta h\leqslant a_{des}-a_0\leqslant \Delta h & \text{滑行控制}\end{cases}\tag{7-12}$$

7.4 车辆模型

车辆动力学模型(dynamic model)需要考虑车辆和地面之间的力的影响,包括轮胎侧偏现象等。车辆动力学模型根据自由度可以划分为以下三种:

①二自由度模型:仅包括车辆侧向与横摆两个自由度。

②七自由度模型:包括车身纵向位移、横向位移和横摆角速度与四个车轮回转运动。

③十一自由度模型:包括车辆纵向运动、车辆侧向运动、整车横摆、车身的俯仰、四个车轮的转动以及前轮转角。

根据受力方向又分为横向动力学和纵向动力学,一般在两者解耦之后研究:纵向上,通过控制轮胎转速实现速度跟踪;横向上,通过控制前轮转角实现路径跟踪。

7.4.1 车辆运动学模型

将四轮转向车辆简化为前、后轮独立转向的自行车模型。自行车模型如图 7-5 所示。在行驶车速较低的工况下,暂不考虑轮胎的受力情况,假设轮胎的侧偏角很小,可以忽略不计。

车辆行驶时,质心位置变化为:

$$\begin{cases}\dot{X}=v\cos(\varphi+\beta)\\ \dot{Y}=v\sin(\varphi+\beta)\end{cases}\tag{7-13}$$

式中 X、Y——车辆质心在全局坐标系 XOY 下的横纵坐标;

v——车辆质心在全局坐标系 XOY 下的运动速度;

φ——车辆横摆角;

β——车辆质心侧偏角。

根据模型所示的几何关系,由正弦定理可得:

$$\frac{\sin(\delta_f-\beta)}{l_f}=\frac{\sin\left(\dfrac{\pi}{2}-\delta_f\right)}{R}\tag{7-14}$$

$$\frac{\sin(\beta-\delta_r)}{l_r}=\frac{\sin\left(\dfrac{\pi}{2}+\delta_f\right)}{R}\tag{7-15}$$

式中 δ_f、δ_r——车辆的前、后车轮转角;

l_f、l_r——车辆质心与前、后轴中心之间的距离;

R——车辆转弯半径。

综合式(7-14)、(7-15)可得:

$$(\tan\delta_f-\tan\delta_r)\cos\beta=\frac{l_f+l_r}{R}\tag{7-16}$$

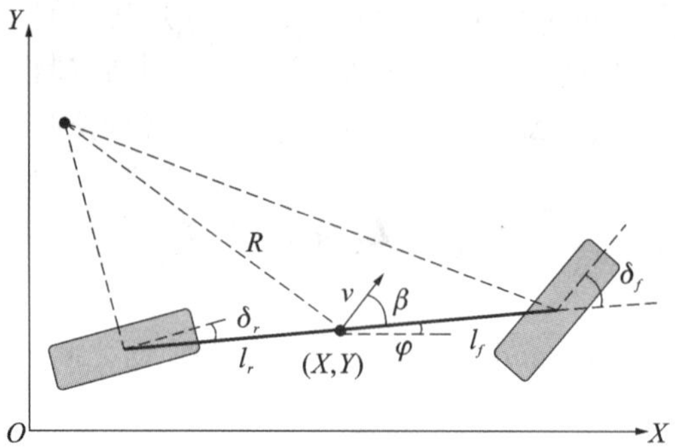

图 7-5　自行车模型

低速工况下,认为车辆转向时做瞬时圆周运动,车辆横摆角速度为:

$$\varphi=\frac{v}{R} \tag{7-17}$$

将式(7-16)代入式(7-17),可得:

$$\dot{\varphi}=\frac{v\cos\beta}{l_f+l_r}(\tan\delta_f-\tan\delta_r) \tag{7-18}$$

综合上述分析,得到车辆运动学模型方程,如下所示:

$$\begin{cases}\dot{X}=v\cos(\varphi+\beta)\\ \dot{Y}=v\sin(\varphi+\beta)\\ \dot{\varphi}=\dfrac{v\cos\beta}{l_f+l_r}(\tan\delta_f-\tan\delta_r)\end{cases} \tag{7-19}$$

对于前轮转向车辆,后轮转角 $\delta_r=0$,在低速工况下,不考虑轮胎的侧偏角,可认为车辆后轴中心的速度方向与车辆横摆角方向保持一致。基于此,选择车辆后轴中心作为控制点,去除质心侧偏角的影响,进一步简化模型,如图 7-6 所示。

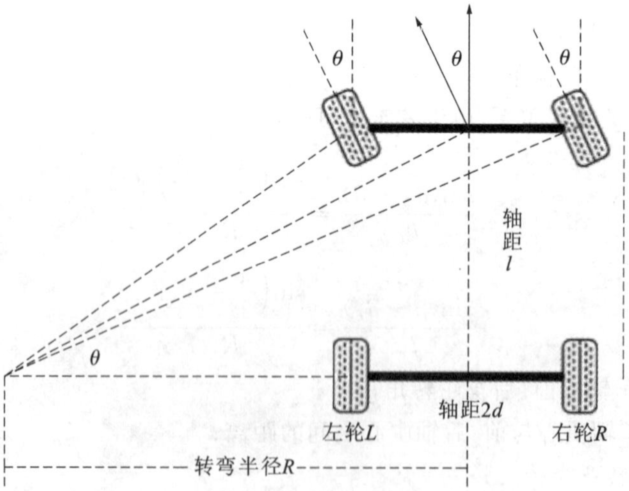

图 7-6　车辆动力学模型

得到前轮转向车辆的运动学模型方程如下所示:

$$\begin{cases}\dot{X}_r = v_r\cos\varphi \\ \dot{Y}_r = v_r\sin\varphi \\ \dot{\varphi} = \dfrac{v_r\tan\delta_f}{l_f + l_r}\end{cases} \tag{7-20}$$

式中 X_r、Y_r—— 车辆后轴中心在全局坐标系 XOY 下的横纵坐标；

v_r—— 车辆后轴中心在全局坐标系 XOY 下的运动速度；

L—— 车辆前、后轴之间的距离，即 $L = l_f + l_r$。

7.4.2 运动学误差模型

研究车辆路径跟踪问题时，车辆相对于参考路径的偏离程度是研究者的关注重点，也是衡量控制精度的控制指标。在车辆运动学模型的基础上，进一步研究车辆位姿与参考路径之间的误差，描述车辆运动状态与路径跟踪误差之间的关系，有利于更直观地针对跟踪误差设计控制算法。

如图 7-7 所示，定义车辆后轴中心与参考路点之间的横向误差 e_{yr}，车辆横摆角与参考路点期望横摆角之间的角度误差 e_φ。

横摆角误差 e_φ 计算式如下：

$$e_\varphi = \varphi - \varphi_{des} \tag{7-21}$$

式中，φ_{des} 表示期望横摆角。

根据几何关系，可得：

$$\begin{cases}\dot{e}_{yr} = -\dot{X}_r\sin\varphi_{des} + \dot{Y}_r\cos\varphi_{des} \\ \dot{e}_\varphi = \dot{\varphi} - \dot{\varphi}_{des}\end{cases} \tag{7-22}$$

给定路径曲率 κ，则期望横摆角速度为：

$$\dot{\varphi}_{des} = v_r\kappa \tag{7-23}$$

综合式(2-8)～式(2-11)，化简可得：

$$\begin{cases}\dot{e}_{yr} = v_r\sin e_\varphi \\ \dot{e}_\varphi = v_r\left(\dfrac{\tan\delta_f}{L} - \kappa\right)\end{cases} \tag{7-24}$$

式(7-24)即为前轮转向车辆的运动学误差模型方程，其准确描述了路径跟踪误差与车辆速度与转向角度之间的相互关系，为设计路径跟踪控制器提供了清晰的思路。

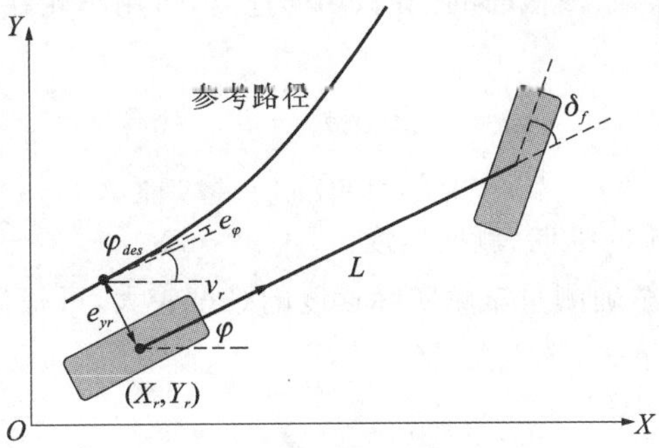

图 7-7 运动学跟踪误差示意图

7.4.3 车辆动力学模型

不考虑悬架系统、转向机构等部件的影响，忽略左右载荷变动，以车辆质心作为控制点，只考虑车辆的横向运动与横摆运动。则二自由度车辆动力学模型如图 7-8 所示。

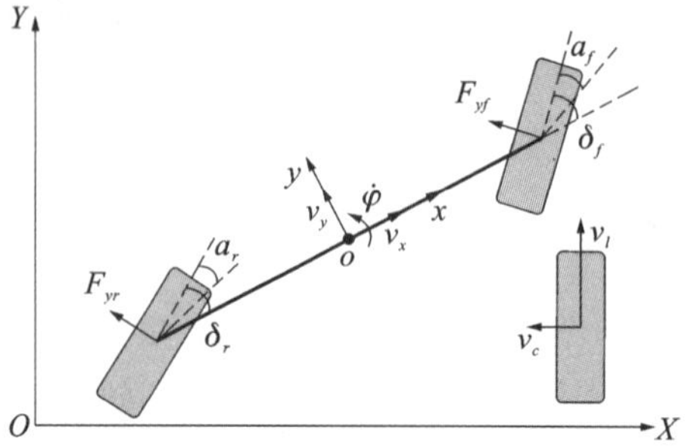

图 7-8 二自由度车辆动力学模型

根据牛顿第二定律有：

$$\begin{cases} ma_y = F_{yf}\cos\delta_f + F_{yr}\cos\delta_r \\ I_Z\ddot{\varphi} = l_f F_{yf}\cos\delta_f - l_r F_{yr}\cos\delta_r \end{cases} \tag{7-25}$$

式中 m——车体质量；

a_y——车辆侧向加速度；

F_{yf}、F_{yr}——车辆前、后轮胎的侧偏力；

I_Z——车体绕质心垂线的转动惯量。

常规工况下，轮胎侧偏角保持在较小范围内，侧偏力与侧偏角近似呈线性关系，当载荷变化较小时，可视侧偏刚度为固定值，以此获得轮胎侧偏力的简化计算式，具体如下：

$$\begin{cases} F_{yf} = -c_f\alpha_f \\ F_{yr} = -c_r\alpha_r \end{cases} \tag{7-26}$$

式中 α_f、α_r 前、后轮侧偏角；

c_f，c_r——前、后轴等效侧偏刚度的数值大小，负号表示侧偏力与侧偏角方向相反。

轮胎侧偏角定义为：

$$\alpha = \arctan\frac{v_c}{v_l} \tag{7-27}$$

式中 v_c、v_l——车轮沿轮胎横截面的法向、切向速度，可用车轮在车辆坐标系 xOy 下的速度表示：

$$\begin{cases} v_c = v_{ytire}\cos\delta_f - v_{xtire}\sin\delta_f \\ v_l = v_{ytire}\sin\delta_f - v_{xtire}\cos\delta_f \end{cases} \tag{7-28}$$

式中 v_{xtire}、v_{ytire}——车轮的纵向、侧向速度。

在车辆行驶过程中，精确测量车轮实际速度的难度较大，可根据几何关系采用车辆质心速度来表示车轮速度，如下式：

$$\begin{cases} v_{xf}=v_x \\ v_{xr}=v_x \\ v_{yf}=v_y+l_f\dot{\varphi} \\ v_{yr}=v_y-l_r\dot{\varphi} \end{cases} \tag{7-29}$$

式中 v_x、v_x——车辆质心的纵向、侧向速度；

v_{xf}、v_{xr}——前轮的纵向、侧向速度；

v_{xr}、v_{yr}——后轮的纵向、侧向速度。

假设车辆转向角度和轮胎侧偏角度均为较小值，近似认为 $\sin\theta=\theta$，$\cos\theta=1$，$\tan\theta=\theta$。基于此，综合式(7-25)～式(7-29)，可得轮胎侧偏角的简化表达式如下：

$$\begin{cases} \alpha_f=\dfrac{v_y+l_f\dot{\varphi}}{v_x}-\delta_f \\ \alpha_r=\dfrac{v_y-l_r\dot{\varphi}}{v_x}-\delta_r \end{cases} \tag{7-30}$$

车辆的侧向加速度如下式：

$$a_y=\dot{v}_y+v_x\dot{\varphi} \tag{7-31}$$

综合式(7-25)、式(7-26)、式(7-30)、式(7-31)，根据小角度假设，整理可得车辆动力学方程如下：

$$\begin{cases} \ddot{y}=-\dfrac{c_f+c_r}{mv_x}\dot{y}-\left(v_x+\dfrac{c_fl_f-c_rl_r}{mv_x}\right)\dot{\varphi}+\dfrac{c_f}{m}\delta_f+\dfrac{c_r}{m}\delta_r \\ \ddot{\varphi}=-\dfrac{c_fl_f-c_rl_r}{I_Zv_x}\dot{y}-\left(\dfrac{c_fl_f^2+c_rl_r^2}{I_Zv_x}\right)\dot{\varphi}+\dfrac{c_fl_f}{I_Z}\delta_f-\dfrac{c_rl_r}{I_Z}\delta_r \end{cases} \tag{7-32}$$

车辆坐标系 xOy 与全局坐标系 XOY 的变换关系式如下：

$$\begin{cases} \dot{X}=v_x\cos\varphi-v_y\sin\varphi \\ \dot{Y}=v_x\sin\varphi+v_y\cos\varphi \end{cases} \tag{7-33}$$

7.4.4 动力学误差模型

车辆进行路径跟踪的过程中，与参考路径之间的横摆角误差较小，可近似认为 $\sin e_\varphi=e_\varphi$，并考虑车辆侧向速度，可得误差计算式：

$$\begin{cases} e_\varphi=\varphi-\varphi_{des} \\ \dot{e}_\varphi=\dot{\varphi}-\dot{\varphi}_{des} \\ \dot{e}_y=v_y+v_xe_\varphi \end{cases} \tag{7-34}$$

期望横向加速度为：

$$a_{ydes}=v_x\dot{\varphi}_{des} \tag{7-35}$$

结合式(7-31)，可得：

$$\ddot{e}_y=\dot{v}_y+v_x\dot{e}_\varphi \tag{7-36}$$

综合式(7-32)、式(7-34)与式(7-36)，得到动力学误差模型方程，如下式

$$\begin{cases}\ddot{e}_y\& = -\dfrac{c_f+c_r}{mv_x}\dot{e}_y+\dfrac{c_f+c_r}{m}e_\varphi-\dfrac{c_f l_f-c_r l_r}{mv_x}\dot{e}_\varphi+\dfrac{c_f}{m}\delta_f+\dfrac{c_r}{m}\delta_r-\left(v_x+\dfrac{c_f l_f-c_r l_r}{mv_x}\right)\dot{\varphi}_{des}\\ \ddot{e}_\varphi=-\dfrac{c_f l_f-c_r l_r}{I_Z v_x}\dot{e}_y-\dfrac{c_f l_f-c_r l_r}{I_Z}e_\varphi-\dfrac{c_f l_f^2+c_r l_r^2}{I_Z v_x}\dot{e}_\varphi+\dfrac{c_f l_f}{I_Z}\delta_f-\dfrac{c_r l_r}{I_Z}\delta_r-\dfrac{c_f l_f^2+c_r l_r^2}{I_Z v_x}\dot{\varphi}_{des}-\ddot{\varphi}_{des}\end{cases}\tag{7-37}$$

首先将式(7-37)所示的四轮转向车辆的动力学误差模型简化为线性模型,并以状态空间方程的形式表示,如下:

$$X=AX+BU\tag{7-38}$$

式中:

$$\boldsymbol{A}=\begin{bmatrix}0 & 1 & 0 & 0\\ 0 & -\dfrac{c_f+c_r}{mv_x} & \dfrac{c_f+c_r}{m} & -\dfrac{c_f l_f-c_r l_r}{mv_x}\\ 0 & 0 & 0 & 1\\ 0 & -\dfrac{c_f l_f-c_r l_r}{I_Z v_x} & \dfrac{c_f l_f-c_r l_r}{I_Z} & -\dfrac{c_f l_f^2+c_r l_r^2}{I_Z v_x}\end{bmatrix}$$

$$\boldsymbol{B}=\begin{bmatrix}0 & 0\\ \dfrac{c_f}{m} & \dfrac{c_r}{m}\\ 0 & 0\\ \dfrac{c_f l_f}{I_Z} & -\dfrac{c_r l_r}{I_Z}\end{bmatrix},X=\begin{bmatrix}e_y\\ \dot{e}_y\\ e_\varphi\\ \dot{e}_\varphi\end{bmatrix},U=\begin{bmatrix}\delta_f\\ \delta_r\end{bmatrix}$$

同样的,继续采用双线性离散方法对式(7-38)进行离散化处理,得到离散时间系统,如下:

$$X(t+1\mid t)=A_d X(t\mid t)+B_d U(t\mid t)\tag{7-39}$$

式中,$A_d=(I-TA/2)^{-1}(I-TA/2)$,$B_d=TB$。

7.4.5 模型应用分析

前文分别针对无人驾驶车辆的运动学和动力学特性,根据路径跟踪控制的研究需要,建立了车辆运动学和动力学模型,以及其结合参考路径衍生而出的运动学、动力学误差模型。四类模型各具特点,与不同的控制理论相结合,可设计得到适用不同场景的路径跟踪控制器。

运动学层面的车辆模型和误差模型,均是基于车辆轮胎为刚体的理想化假设,忽略了轮胎侧偏角的存在。在车辆低速行驶时,由于车辆转向机构的转角范围有限,限制了转弯半径,使得车辆的横向加速度保持在较小的范围内,车辆转向时侧向力小,轮胎侧偏角小,从而接近侧偏角为零的假设,对于精度的影响较小,运动学模型满足精度要求。同时,由于侧向力较小,车辆的行驶稳定性可以保证,不必考虑车辆的受力状况。而在车辆行驶速度较高时,虽然最小转弯半径约束依旧存在,但由于车速提升,车辆转向时所需的侧偏力增大,轮胎侧偏角增大。此外,载荷过大也会导致轮胎侧偏角增大。随着轮胎侧偏角的增大,车辆的横向速度不可忽略,车辆实际状态与理想模型之间的差别较大,模型精度降低。

动力学层面的车辆模型和误差模型考虑了轮胎侧偏角的存在，更加贴近车辆的实际状态，模型的精确度较高。尽管如此，由于本书建立动力学模型时，对轮胎侧偏力进行了线性假设，所以只有轮胎侧偏角在线性范围内时，模型的精度才能得以保证。因此，在车辆跟踪高速大曲率路径时，所建动力学模型的精度同样会降低，不再适用。其与能够添加约束的控制理论相结合，如模型预测控制，可以将轮胎侧偏角约束在一定范围内，但无法充分发挥车辆的性能，达到最优控制效果。

误差模型由车辆模型衍生而来，多数情况下，采用车辆模型与误差模型设计路径跟踪控制器差别不大。但对于全状态反馈控制器而言，例如 LQR，其作用是通过状态反馈求解控制量使状态量收敛至 0，从而保持系统稳定。这就要求所采用的模型必须直接将跟踪误差作为状态量，才可基于全状态反馈理论设计控制器，此时采用误差模型更为合适。

然而，误差模型也存在缺陷。由于误差模型使用目标点与参考路点的误差作为状态量，将路径跟踪控制转换为对目标点的跟踪控制，导致对路径信息的利用不够充分，如果路径曲率变化较大，会对跟踪精度造成一定程度的影响。针对此问题，可基于 MPC 理论设计控制器，采用车辆模型预测车辆在预测时域内的各时刻位姿，构建一条预测路径，通过最小化预测路径和参考路径之间的偏差来计算控制转角。其能够最大限度地利用参考路径信息，提高路径跟踪的精确度。显然，针对单点偏差的误差模型无法做到这一点。

综合上述分析可知，在车速较低且载荷较轻时，基于运动学模型设计控制器即可实现较好的路径跟踪控制；而当车速提高或载荷增大时，则需要采用动力学模型以保证模型精度。此外，基于全状态反馈理论设计控制器时，宜采用误差模型；对于曲率复杂的路径，采用车辆模型并基于 MPC 理论设计控制器，可以实现更高的跟踪精度。

7.5 轨迹跟踪控制算法实现

本节针对典型的轨迹跟踪场景，如跟车、循迹、绕障、站点停车等功能，给出适配规划轨迹的控制算法及具体实现方式。

7.5.1 横向控制实例

本小节以 LQR 控制算法为例，给出横向控制算法的具体流程和代码实现：

LQR 横向控制算法的具体实现包括初始化函数 Init()，参数读取函数 LoadVehicleConf()、LoadControlConf()，状态更新函数 UpdateState()、UpdateMatrix()，更新 QR 矩阵 cal_QR()、LQR 求解函数 control()，P 矩阵求解 LQR_solver()，前轮转角函数 get_lqr_steer()。

(1)Init()模块接受车辆参数和控制参数，初始化类内部变量

```
bool LQRControl::Init(const VehicleInfoConfig &vehicleinfo_config_, const LQRConf &lqr_conf) {
  if (! LoadVehicleConf(vehicleinfo_config_))
  if (! LoadControlConf(lqr_conf))
  // Matrix init operations.
  matrix_a_coeff_ = Matrix::Zero(basic_state_size_, basic_state_size_);
```

```
    matrix_a_coeff_(0, 1) = 1.0;
    matrix_a_coeff_(1, 1) = (cf_ + cr_) / mass_;
    matrix_a_coeff_(1, 2) = (cf_ + cr_) / mass_;
    matrix_a_coeff_(1, 3) = - (lr_ * cr_ + lf_ * cf_) / mass_;
    matrix_a_coeff_(2, 3) = 1.0;
    matrix_a_coeff_(3, 1) = (lr_ * cr_ - lf_ * cf_) / iz_;
    matrix_a_coeff_(3, 2) = (lf_ * cf_ - lr_ * cr_) / iz_;
    matrix_a_coeff_(3, 3) = - (lf_ * lf_ * cf_ + lr_ * lr_ * cr_) / iz_;

    matrix_b_ = Matrix::Zero(basic_state_size_, controls_);
    matrix_b_(1, 0) = cf_ / mass_;
    matrix_b_(3, 0) = lf_ * cf_ / iz_;
    matrix_bd_ = Matrix::Zero(basic_state_size_, controls_);
    matrix_bd_ = matrix_b_ * ts_;

    matrix_a_ = Matrix::Zero(basic_state_size_, basic_state_size_);
    matrix_ad_ = Matrix::Zero(basic_state_size_, basic_state_size_);
    matrix_k_ = Matrix::Zero(1, basic_state_size_);
    return true;
}
```

(2)加载车辆参数

```
bool LQRControl::LoadVehicleConf(const VehicleInfoConfig &vehicleinfo_config_){
    // corner stiffness; front
    cf_ = vehicleinfo_config_.lateral_stiffness_front_;
    // corner stiffness; rear
    cr_ = vehicleinfo_config_.lateral_stiffness_rear_;
    // distance between front and rear wheel center
    wheelbase_ = vehicleinfo_config_.wheel_base_;
    // mass of the vehicle
    mass_ = vehicleinfo_config_.vehicle_weight_;
    // distance from front wheel center to COM
    lf_ = vehicleinfo_config_.track_width_front_;
    // distance from rear wheel center to COM
    lr_ = vehicleinfo_config_.track_width_rear_;
    // rotational inertia
    iz_ = vehicleinfo_config_.wheel_inertial_;
    // the ratio between the turn of the steering wheel and the turn of the wheels
    steer_ratio_ = vehicleinfo_config_.steering_ratio_;

    return true;
}
```

(3)加载控制参数

```
bool LQRControl::LoadControlConf(const LQRConf &lqr_conf){
  // corner stiffness; front
  ts_ = lqr_conf.ts;
  // corner stiffness; rear
  max_iter = lqr_conf.max_iter;
  // distance between front and rear wheel center
  matrix_low_Q_ = lqr_conf.low_Q;
  // mass of the vehicle
  matrix_low_R_ = lqr_conf.low_R;
  // distance between front and rear wheel center
  matrix_high_Q_ = lqr_conf.high_Q;
  // mass of the vehicle
  matrix_high_R_ = lqr_conf.high_R;

  speed_threshold_1 = lqr_conf.speed_threshold_1;
  speed_threshold_2 = lqr_conf.speed_threshold_2;

  return true;
}
```

(4)更新状态矩阵

```
void LQRControl::UpdateState(control_preprocess &pre_data){
  matrix_state_ = Matrix::Zero(1, basic_state_size_);
  matrix_state_(0,0) = pre_data.get_lat_error();
  matrix_state_(0,1) = pre_data.get_lat_rate_error();
  matrix_state_(0,2) = pre_data.get_heading_error();
  matrix_state_(0,3) = pre_data.get_heading_rate_error();
}
```

(5)更新系数矩阵

```
void LQRControl::UpdateMatrix(const LocalizationMsg &current_localization ){
  v_ = current_localization.longitudinal_speed;
  matrix_a_ = matrix_a_coeff_;
  matrix_a_(1,1) = matrix_a_coeff_(1,1)/v_;
  matrix_a_(1,3) = matrix_a_coeff_(1,3)/v_;
  matrix_a_(3,1) = matrix_a_coeff_(3,1)/v_;
  matrix_a_(3,3) = matrix_a_coeff_(3,3)/v_;
  Eigen::MatrixXd matrix_temp_E = Matrix::Identity(basic_state_size_, basic_state_size_);
  matrix_ad_ = (matrix_temp_E + ts_* matrix_a_/2).array() / (matrix_temp_E - ts_* matrix_a_/2).array();
}
```

(6)根据工况读取响应 QR 参数

```
void LQRControl::cal_QR(){
  if (v_ < = speed_threshold_1){
    matrix_Q_ = matrix_low_Q_;
    matrix_R_ = matrix_low_R_;
  }
  else if(v_> speed_threshold_1 && v_< = speed_threshold_2){
    matrix_Q_ = matrix_high_Q_;
    matrix_R_(0,0) = matrix_low_R_(0,0)+ (matrix_high_R_(0,0)- matrix_low_R_(0,0))/(speed_threshold_2- speed_threshold_1)* (v_- speed_threshold_1);
  }
  else{
    matrix_Q_ = matrix_high_Q_;
    matrix_R_ = matrix_high_R_;
  }
}
```

(7)计算 *P*

```
void LQRControl::LQR_solver(){
  max_iter = 40;
  Eigen::MatrixXd matrix_at = matrix_ad_.transpose();
  Eigen::MatrixXd matrix_bt = matrix_bd_.transpose();
  Eigen::MatrixXd P = matrix_Q_;
  Eigen::MatrixXd temp_;
  Eigen::MatrixXd P_next_;
  for(int i = 0;i< max_iter;i+ + ){
    temp_ = matrix_R_ + matrix_bt* P * matrix_bd_;
    P_next_ = matrix_at* P * matrix_ad_ - matrix_at* P
       * matrix_bd_ * temp_ * matrix_bt* P * matrix_ad_ + matrix_Q_;
     P = P_next_;
  }
  matrix_k_ = (matrix_R_ + matrix_bt* P * matrix_bd_).inverse() * matrix_bt* P * matrix_ad_;
}
```

(8)迭代求解转角

```
void LQRControl::control(){
  LQR_solver();
  for (int i = 1; i< basic_state_size_; i+ + ){
    lqr_steer = lqr_steer- (matrix_k_(i) * matrix_state_(0,i));
  }
}
```

(9)输出车轮转角

```
double LQRControl::get_lqr_steer(){
  return this- > lqr_steer* 180/pi;

}
```

7.5.2 纵向控制实例

本小节以增量式PID控制方法为例，给出纵向控制的具体流程和代码实现，该算法主要由以下3个函数实现：

①驱动量计算函数：float acc_calc(float expect, float current)；

②制动量计算函数：float brake_calc(float expect, float current)；

③加减速模式切换函数：void loncontrol_algorithm(void)。

该纵向控制算法输入主要有规划轨迹提供的期望车速、车辆当前车速，通过增量式PID模块能够实现跟车、停障等场景下平稳的速度控制和加减速切换。

```
void brake_init(void) //减速参数初始化
{
    Kp_ = 0.1;
    Kp_base_ = 0.1;
    Ki_ = 0.01;
    Ki_base_ = 0.01;
    Kd_ = 0;
    Kd_base_ = 0;
    max_limit_ = 0;
    min_limit_ = - 5.0;
}
void brake_reset(void) //减速 PID 重置
{
    brake_acc_ = 0;
    previous_err_ = 0;
    last_err_ = 0;
}
void acc_init(void) //加速参数初始化
{
    Kp_ = 10;
    Kp_base_ = 2;
    Ki_ = 0.003;
    Ki_base_ = 0.1;
    Kd_ = 0;
    Kd_base_ = 0;
    max_limit_ = 70;
    min_limit_ = 0;3
```

```
}
void acc_reset(void) //加速 PID 重置
{
    acc_pedal_ =  0;
    previous_err_ =  0;
    last_err_ =  0;
}
float pid_calc(float expect, float current) //增量式 PID 实现
{
    current_err_ = expect - current;
    float increase = Kp_ * (current_err_ - last_err_) + Ki_ * current_err_ + Kd_ *
(current_err_ - 2 * last_err_ + previous_err_);
    previous_err_ = last_err_;
    last_err_ = current_err_;
    return increase;
}
float acc_calc(float expect, float current) //加速踏板计算
{
    acc_init();
acc_pedal_ + = pid_calc(expect, current);
  final_acc_pedal = acc_pedal_;
  extra_accpedl = discount_ratio * sin(filter_pitch / 180.0 * 3.1415926) * 9.8 *
1440 * 0.27 / 1956 * 100;
    final_acc_pedal + = extra_accpedl;
    final_acc_pedal = acc_pedal_;
    if (final_acc_pedal > max_limit_)
        final_acc_pedal = max_limit_;
    if (final_acc_pedal < min_limit_)
        final_acc_pedal = min_limit_;
    if (final_acc_pedal > final_acc_pedal_old + per_max)
         final_acc_pedal = final_acc_pedal_old + per_max; // max increment: 5%
per 20ms
    return final_acc_pedal;
}
float brake_calc(float expect, float current, int acc_flag) //制动控制量计算
{
    brake_init();
    brake_acc_ + = pid_calc(expect, current);
    final_brake_acc = brake_acc_;
    extra_brake = sin(filter_pitch / 180.0 * 3.1415926) * 9.8; //坡道附加制动量计算
    final_brake_acc + = extra_brake;
    if (final_brake_acc > max_limit_)
        final_brake_acc = max_limit_;
```

```
    if (final_brake_acc < min_limit_)
        final_brake_acc = min_limit_;
    if (final_brake_acc
            < final_brake_acc_old - brake_acc_max_incresement_per_20ms)
        final_brake_acc = final_brake_acc_old
                - brake_acc_max_incresement_per_20ms;
    return final_brake_acc;
}
void loncontrol_algorithm(void) //纵向控制实现
{
    static unsigned char speed_control_state = SPEED_INIT_STATE;
    switch (speed_control_state) //加速减速模式切换
    {
    case SPEED_INIT_STATE:
        if (fabs(current_speed)
                < fabs(trajectory_values.speed[speed_point]) * 0.01)
        {
            speed_control_state = SPEED_ACC_STATE;
        }
        else
        {
            speed_control_state = SPEED_BRAKE_STATE;
        }
        break;
    case SPEED_ACC_STATE:
        if (fabs(current_speed)
                > fabs(trajectory_values.speed[speed_point]) * 0.01 * k_acc)
        {
            speed_control_state = SPEED_BRAKE_STATE;
            brake_reset();
        }
        break;
    case SPEED_BRAKE_STATE:
        if (fabs(current_speed)
                < fabs(trajectory_values.speed[speed_point]) * 0.01 * k_brake)
        {
            speed_control_state = SPEED_ACC_STATE;
            acc_reset();
        }
        break;
    }
    switch (speed_control_state)
    {
```

```
        case SPEED_ACC_STATE :
        {
            float acc_pedal1 =  0;
            acc_pedal1 =  acc_calc(
                    (fabs(trajectory_values.speed[speed_point]) *  0.01 / 3.6),(fabs
(current_speed) / 3.6));
            break;
        }
        case SPEED_BRAKE_STATE :
        {
            float brake_acc1 =  0;
            brake_acc1 =  brake_calc(
                    fabs(trajectory_values.speed[speed_point]) *  0.01,
                    fabs(current_speed), trajectory_values.lon_acc);
            break;
    }
```

7.6　轨迹跟踪控制优化实例

自动驾驶的整体性能,尤其是控制模块的性能与车辆的线控底盘息息相关,具有线控响应性能良好的底盘是自动驾驶车辆平稳运行的基础。随着自动驾驶车辆的大规模落地部署和持续运营,难免出现部分车辆底盘的执行机构老化或一致性不佳的问题,给自动驾驶的快速批量部署造成了一定困难。随着自动驾驶技术的持续探索和算法的迭代优化,部分底盘响应问题已能在上层进行优化,本节给出了底盘线控转向系统存在零偏误差对自动驾驶的影响及上层补偿优化方法。

考虑到车辆直线行驶时受滚动阻力、风阻等外部环境的随机扰动,正常情况下方向盘转角和位置误差应该是沿零值均匀分布的。由于转向零偏的存在,车辆的实际转角往往达不到控制模块的期望转角,这会导致车辆在直线和小曲率弯道场景行驶时,车辆后轴中心距车道中心线始终存在稳态位置误差,图 7-9 为转向零偏下自动驾驶的典型数据。直线行驶过程中方向盘转角始终保持左转约 30°的输出,但车辆位置误差无明显纠正。

车辆长期运营过程中由于道路冲击和转向机构老化,不同程度上都会出现方向盘的零位偏转,因此在自动驾驶算法中引入补偿模块,实时检测方向盘的零偏误差,并在原控制算法输出的方向盘转角上加入一个补偿值,抵消该偏差导致的自动驾驶性能下降。具体原理如下:

①读取车辆实时方向盘转角,输入车辆运动学模型,计算车辆瞬态响应下的理想横摆角速度;

②通过车辆的惯导加速度传感器,得到车辆实际横摆角速度,并进行滤波;

③计算实际横摆角速度与理想横摆角速度之间的误差,反代回车辆运动学模型,计算出实际前轮转角偏差,并通过转向比参数得到方向盘零偏值;

④将该值作为反馈补偿项,与横向控制算法输出的期望方向盘转角进行叠加,输出至底

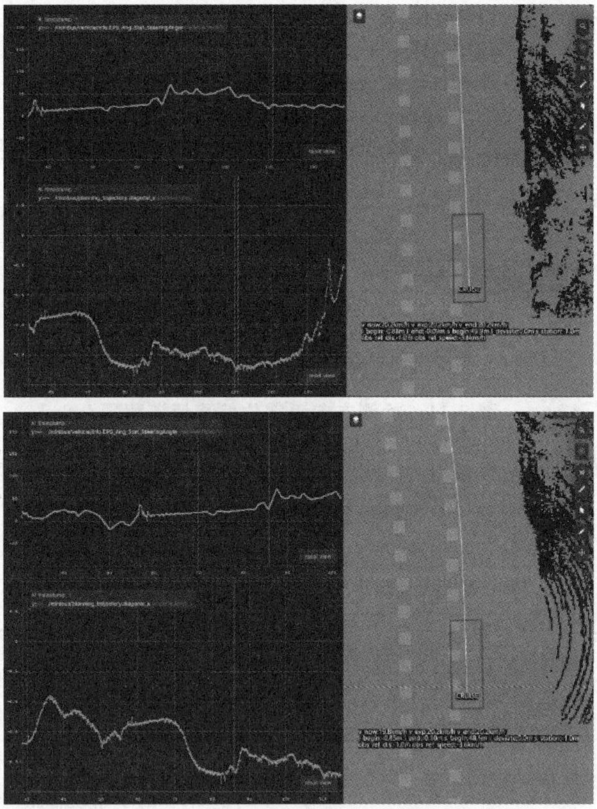

图 7-9 转向零偏下自动驾驶的典型数据

盘,控制车辆转向。

零偏计算公式如下:

$$\begin{cases} \text{steer\_bias} = \text{steer\_headingRate} - \text{steer\_cmd} \\ \text{steer heading Rate} = \tan\left(\dfrac{\text{headingRate} \times L}{v}\right) \times \text{steer\_ratio} \end{cases} \tag{7-40}$$

式中 headingRate——车辆横摆角速度;

L——车辆轴距;

v——实际车速;

steer_ratio——转向比。

得到理想车辆转向机构零偏值,如图 7-10 所示。

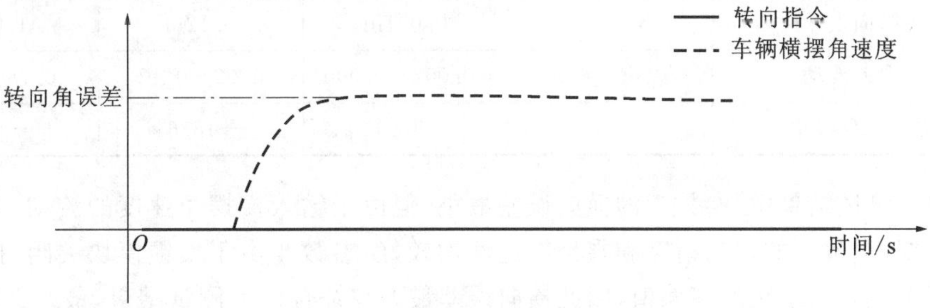

图 7-10 理想车辆转向机构零偏值

具体实施流程图如图 7-11 所示。

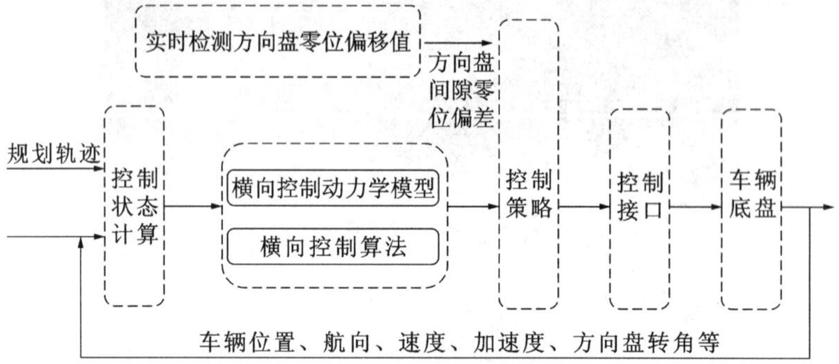

图 7-11　检测方向盘零位偏移值流程图

更新后自动驾驶的前轮转角输出由两部分组成:基于车辆动力学模型和横向控制算法计算的方向盘转角,基于修正后的转向系统模型计算出的反馈方向盘转角。算法中主要涉及的可调参数如表 7-1 所列。

表 7-1　算法中主要涉及的可调参数

参数	参数含义	取值范围	参数影响
double filter_ factor	横摆角速度滤波系数	0.5～0.9	增大该参数,输出补偿转角会更加平滑,但补偿效果可能有滞后
double feedback_uplimit	补偿转角上限	0.01～1.5	增大该参数,补偿转角上限提高,但由于系统滞后,车辆可能会走"S"形
bool is_feedback_on	是否开启补偿	true/false	如车辆没有明显的跑偏情况,可将该参数置为 false

将新算法搭载实车验证,在车辆存在约 10°的方向盘零位偏移的情况下,反馈补偿模块能够较好地纠正执行机构偏差导致的车辆位置误差,同时尝试不同参数,在长直道自动驾驶的关键数据如表 7-2 所示。

表 7-2　在长直道自动驾驶的关键数据

参数/测试数据	参数 1	参数 2	参数 3	参数 4
filter_ factor	0.5	0.6	0.7	—
feedback_uplimit	0.8	0.8	1.2	—
is_feedback_on	true	true	true	false
最大横向误差	0.053m	0.091m	0.12m	1.05m
横向误差波动	−0.06～0.053	−0.002～0.0901	0.02～0.12	0.78～1.05
平均方向盘转角	−17.5°	−18.1°	−18.6°	−8.2°

在以上测试结果中,参数 1 的横向误差最小,但由于输入横摆角速度的波动,车辆存在轻微的横摆;参数 2 的控制精度和乘坐舒适性均较好;参数 4 由于反馈模块关闭,控制模块无法补偿车辆转向系统的零偏值,因此横向误差最大。综合以上测试结果,最终选取参数 2 作为优化版本。加入补偿优化算法后,实车横向位置误差由原算法的平均 0.8m、最大 1m

减小为平均 0.05m、最大 0.1m,如图 7-12 所示,整体优化效果较好。

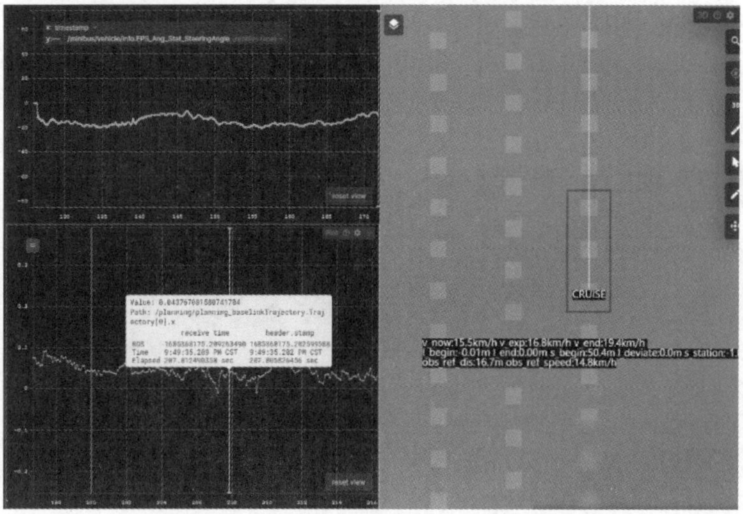

图 7-12　加入补偿优化算法后的实车横向位置误差

8　自动驾驶仿真测试技术

8.1　仿真测试

8.1.1　概述

自动驾驶商业应用的难点主要在于成本、安全、消费者接受程度三个方面。

(1)安全 & 消费者接受程度

自动驾驶汽车需要在统计意义上证明比人类驾驶员更安全。

根据美国国家公路交通安全管理局(NHTSA)的统计数据,汽车平均行驶 43.6 万英里(70 万公里)才会发生一起事故,平均行驶 1 亿英里(1.6 亿公里)死亡大约 1 人。

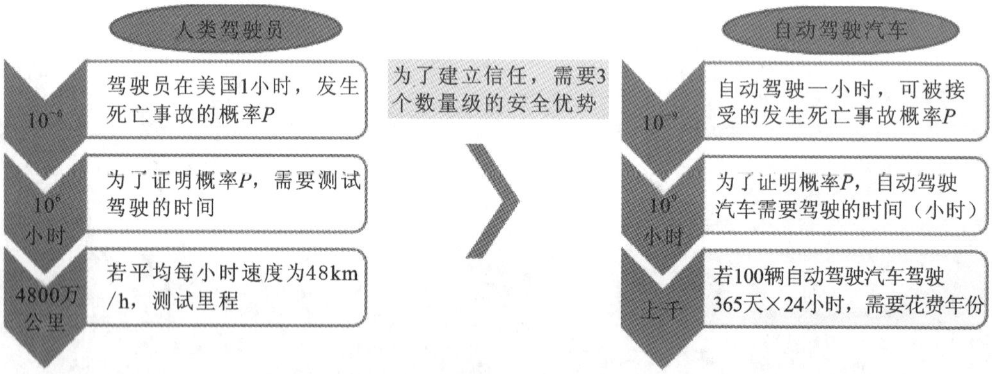

图 8-1　驾驶事故统计

(2)经济性差

单纯以长里程、高时耗的实车验证手段不可行。

验证安全性等同于人类驾驶员:100 辆车×365 天×24 小时,需要 1.1 年,行驶 4800 万公里。

验证安全性比人类驾驶员更安全(一个数量级):100 辆车×365 天×24 小时,需要 11 年,行驶 4.8 亿公里。

验证安全性比人类驾驶员更安全(两个数量级):100 辆车×365 天×24 小时,需要 114 年,行驶 48 亿公里。

验证安全性比人类驾驶员更安全(三个数量级):100 辆车×365 天×24 小时,需要 1140 年,行驶 480 亿公里。

(3)可操作性差

单纯以长里程、高时耗的实车验证手段不可行:可操作性差。

智能驾驶系统实现链的复杂化和延长化,使得任何一个环节的失效都将导致严重的后果,因此对系统进行充分的测试验证显得十分重要。

综上所述,以长里程、高时耗的验证手段不可行,因为经济性和可操作性差。

随着仿真技术水平的提高和应用的普及,行业旨在达到通过仿真平台完成 99.9%的测试量,封闭场地测试 0.09%,最后 0.01%到实路上去完成,这样可以使自动驾驶汽车研发达到更高效、经济的状态。

8.1.2　仿真场景库

目前基于场景库的仿真测试是解决自动驾驶路测数据匮乏的重要方法。仿真测试主要通过构建虚拟场景,实现自动驾驶感知、决策规划、控制等算法的闭环仿真测试,满足自动驾驶测试的要求。场景库是自动驾驶仿真测试的基础,场景库对现实世界的覆盖率越高,仿真测试结果越真实,而且自动驾驶汽车研发的不同阶段对于场景库的要求也不同,需要场景库实现不同的测试功能。

8.1.2.1　场景的构成

根据中国汽车技术研究中心的分类,自动驾驶测试场景可分为自然驾驶场景、危险工况场景、标准法规场景、参数重组场景等四大类,四类场景共同组成了场景库。

自然驾驶场景来源于汽车真实的自然驾驶状态,是构建自动驾驶测试场景中最基础的数据来源。由于自然驾驶场景包含自动驾驶汽车所处的人-车-环境-任务等全方位信息,如车辆数据、驾驶人行为、道路环境等多维度信息,能够很好地体现测试的随机性、复杂性、典型性区域特点,属于自动驾驶汽车充分测试的场景,目的是为了满足自动驾驶汽车最基本的功能开发与验证。

危险工况场景主要包含大量恶劣天气环境、复杂道路交通以及典型交通事故等场景。危险工况场景是自动驾驶汽车测试过程中进行自动驾驶控制策略验证的关键部分,验证自动驾驶车辆在危险工况场景下的避撞能力是整个自动驾驶安全测试的核心,是测试验证自动驾驶有效性的必要测试场景,目的是验证自动驾驶汽车的安全性和可靠性。

标准法规场景是验证自动驾驶有效性的一种基础测试场景,目前有 ISO、NHTSA、ENCAP、CNCAP 等多项标准、评价规程对现有自动驾驶功能进行了测试规定。标准法规场景是通过现有的标准、评价规程构建测试场景,目的是对自动驾驶汽车应该具备的基本能力进行测试。

参数重组场景是将已有仿真场景进行参数化设置并完成仿真场景的随机生成或自动重组,具有无限性、扩展性、批量化、自动化等特点。参数重组场景的目的是补充自然驾驶场景、标准法规场景、危险工况场景等未覆盖的未知场景,从而有效覆盖自动驾驶功能测试盲区。

8.1.2.2 场景库的特点

自动驾驶汽车的研发包括开发验证、测试评价、检测认证。每个阶段由于目的不同，其仿真测试对场景库的要求也不同。

(1)在开发验证阶段，场景库是为了验证自动驾驶汽车各项功能，实现功能的调整和快速迭代，要求场景库具备以下特点：

①场景库应尽可能覆盖所有功能测试，验证各项功能在各种场景下的安全性，对于某些不必要的功能可以剔除；

②测试场景可在现实世界中实施，以验证功能的安全性，场景中的各项要素可根据测试要求进行灵活调整；

③场景可部署到模型在环(MIL)、软件在环(SIL)、硬件在环(HIL)、车辆在环(VIL)等进行完整在环测试。

(2)在测试评价阶段，场景库是为了评价自动驾驶汽车不同维度、不同方面性能，要求场景库具备以下特点：

①为了针对性地评价自动驾驶汽车的各项性能，测试场景应与评价指标高度相关；

②为使自动驾驶汽车在现实世界和测试评价结果一致，要求测试场景要素的特征与指标与现实相符；

③为了准确评价自动驾驶汽车在未知场景的表现，需要对参数重组情况下的场景进行补充测试，要求场景各类要素指标可量化，方便进行人工编辑，不同场景下的场景要素指标要一致，方便实现场景数据的存储。

(3)在检测认证阶段，场景库是为了考察自动驾驶汽车在各种交通行为下各项功能安全性、可靠性，为最终上路做准备，要求场景库具备以下特点：

①自动驾驶上路前需要在各种场景下具备很高的安全性、可靠性，因此对检测认证结果的可信度要达到非常高的水平；

②为了全国推广自动驾驶汽车测试标准，应做到测试标准统一，测试场景具有可重复性和一致性。场景库的搭建应依据自动驾驶汽车的开发阶段进行针对性或模块化开发，在保证测试要求的前提下尽量降低用户成本。

8.1.2.3 虚拟场景构建

自动驾驶汽车的仿真测试，首先需要模拟构建出与真实世界一致的车辆运行场景，而场景的构建可以分为静态场景构建和动态场景构建两个层面：

(1)静态场景构建

静态场景构建的作用是还原出场景中与车辆行驶相关的静态元素，例如，道路(包括材质、车道线、减速带等)；静态交通元素(包括交通标志、路灯、车站、隧道、周围建筑等)。最常用的手段是基于高精度地图及三维重建技术完成场景的构建，或者基于增强现实的方法来构建场景。

基于高精度地图及三维重建技术构建场景，首先需要采集点云、全景图、测绘矢量等非结构化的测绘数据，并将测绘数据结构化，构建厘米级的高精度地图，其中包含路面、道路标线、交通标识等信息，之后以此为基础，使用三维建模软件建立基础设施与周边环境的可视化数字模型。

在各种构建方案中，这是一种低成本且节约时间的技术手段，而且高精度地图拥有丰富的道路元素数据信息，可以帮助汽车预知路面复杂信息，规避潜在的风险。腾讯自动驾驶仿真平台 TAD Sim 采用的就是这种方案，而且由于腾讯完成了对全国高速和快速路的高精度地图采集，所以 TAD Sim 天然地支持全国高速、快速路的自动驾驶仿真测试。

(2)动态场景构建

广义的动态场景元素包括动态指示设施、通信环境信息等动态环境要素，以及交通参与者(包括机动车行为、非机动车行为、行人行为等)、气象变化(雨、雪、雾等天气状况)、时间变化(主要是不同时刻光照的变化)等。

动态场景构建是为了在静态场景的基础上，复现出场景中的动态元素，并且使得这些元素的动作及其产生的影响严格遵循现实世界的物理规律以及行为逻辑，在这个层面游戏技术(游戏渲染、物理引擎、Agent AI 等)有非常重要的作用。

游戏引擎的渲染能力可以为仿真场景渲染出非常逼真的光影效果，以及风、霜、雨、雪等天气条件的变化。同时借由游戏引擎中物理引擎的力量，可以为仿真世界定义一套与现实世界一样的物理规则，让光照条件和天气条件的变化，包括各种交通元素的行为对仿真场景产生的影响与现实世界一致，这对车辆感知算法和控制算法的仿真来说非常重要。腾讯 TAD Sim 引入了世界知名的游戏引擎 UE4，得到了更好的环境仿真效果，使传感器的仿真结果更加精准。

场景中影响车辆运行的动态元素除了天气、光照等气象条件，还有除测试主车之外其他交通参与者的行为。一种常用的仿真方式是采用回放路采数据再现交通元素的行为，这种办法固然能保证元素行为符合现实逻辑但无法高效构建场景库，不能满足测试效率需求。利用路采数据在满足交通元素符合逻辑的情况下自动生成更多用于测试的场景库，成为自动驾驶仿真研究的一大课题。

采用游戏中的 Agent AI 技术是一个解决方案，在游戏中 Agent AI 的作用主要是定义 NPC(非角色玩家)的行为，每个 NPC 都需要有自己的行为逻辑。用同样的技术，以大量路采数据训练交通流 AI，可以快速生成真实度高、交互性强的交通场景，构建庞大的场景库，提升测试效率。

8.2 仿真测试案例

8.2.1 静态地图开发

8.2.1.1 原始卫星图地图

图 8-2 所示为一张的高清放大卫星图，是由几张高清图拼接而成的，这样可以更直观地了解所要制作道路的形状。根据实际卫星图片去绘制可以很好地把握道路的走向，这样可以与真实的更加贴近。当然如果可以提供园区道路规划图最好，这样可以根据规划图标注的比例进行合理准确的调整。

图 8-2　卫星图

8.2.1.2　**地图制作**

前期工作准备完毕充足后,便可以进行道路制作了。仿真测试搭建场景使用的地图是 Opendriver 格式,制作方法有两种:一种是基于 SHP 格式转换成 Opendriver 格式,另一种是基于 OSM 地图绘制 Opendriver 格式。

8.2.1.3　SHP **转换** Opendriver **格式**

(1)使用工具介绍

SHP 格式地图转换为 opendriver 格式地图使用的工具是 RoadRunner,RoadRunner 是 MATLAB 的产品之一,是一个交互式编辑器,可用于针对自动驾驶系统仿真和测试设计三维场景,创建区域特定的道路标志和标记以自定义道路场景;可以插入标志、信号、护栏和道路损坏,以及绿化、建筑物和其他三维模型;RoadRunner 还提供工具,用于设置和配置交叉路口处的交通信号配时、相位和行车路径。

(2)制作流程说明

①把已有的 SHP 格式地图导入 Roadrunner 中,导入方法 Window→Library Browser→拖动 SHP 地图格式文件夹到软件中去即可,见图 8-3。

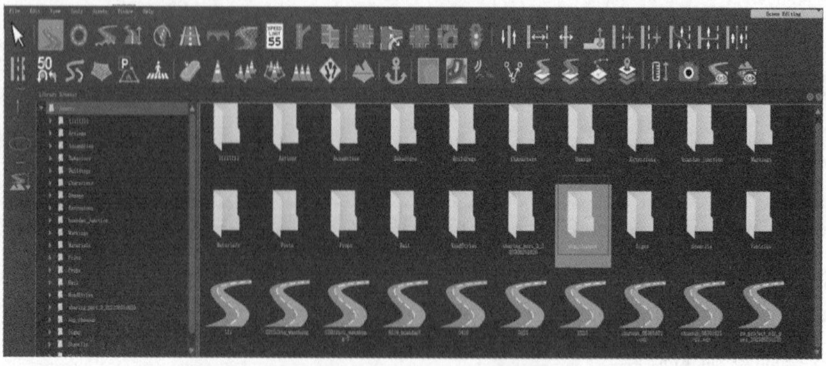

图 8-3　RoadRunner 示意图

②选择 SHP 格式的 Lane、Road、CenterLane 图层拖拉到画布中，见图 8-4。

③对着图层进行道路构建，见图 8-5。

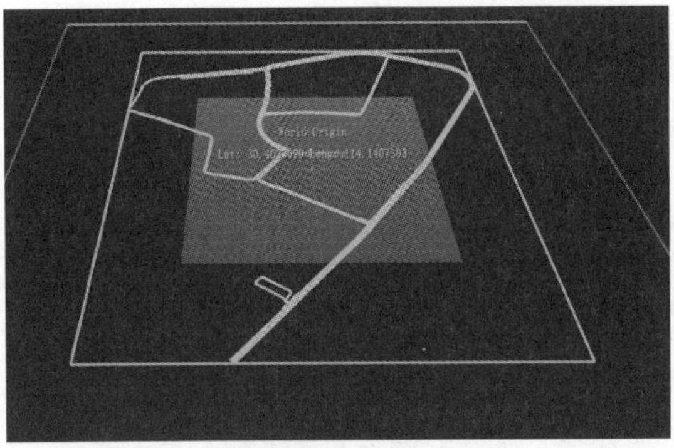

图 8-4　导入高精度地图

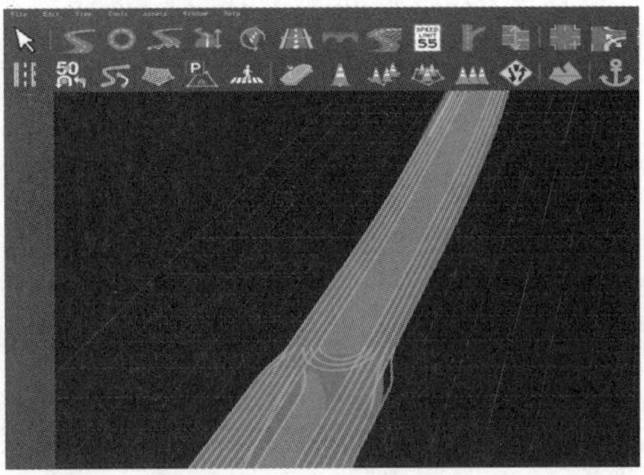

图 8-5　构建完毕地图

④构建完毕后导出即可，File→Export→VTD，由于我们搭建场景使用工具是 VTD，所以我们导出 VTD 格式的. xodr 地图。见图 8-6。

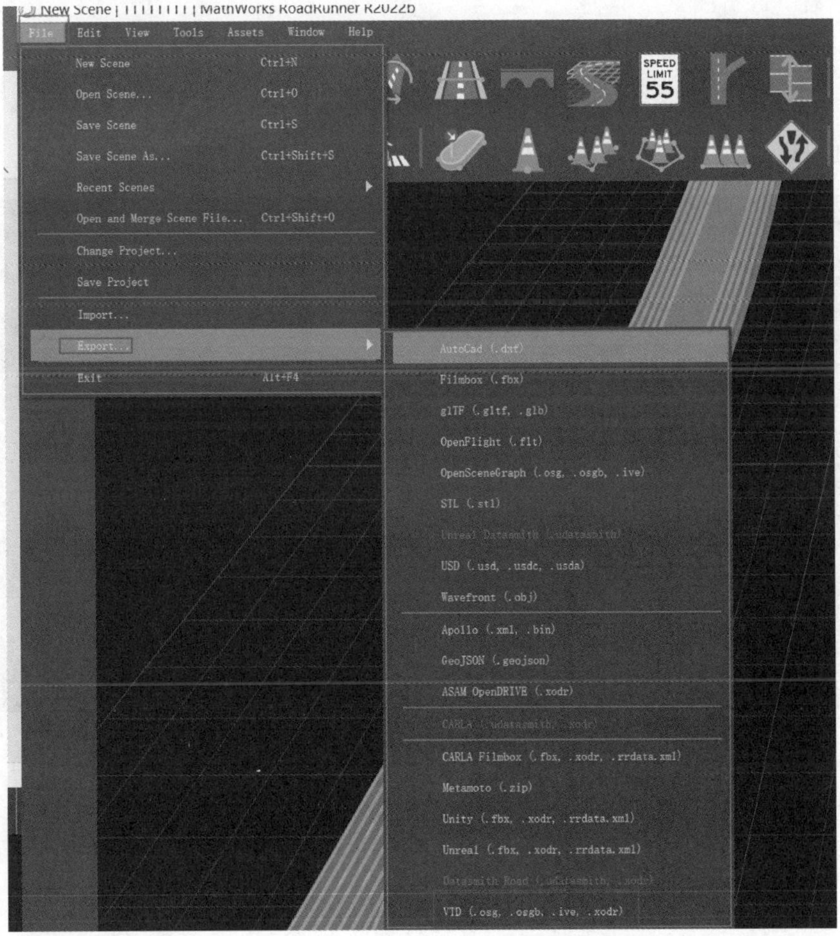

图 8-6　地图导出

8.2.1.4 OSM 转换 Opendriver 格式

首先采用开源转换工具，将 OSM 地图转换为基础路网，在基础路网的基础上再在 VTD 上进行编辑。OSM 转换 Opendriver 格式地图，使用 VTD 工具里面的 ROD 进行绘制。具体流程如下：

(1)打开 VTD 中的 RoadDesigner，见图 8-7。

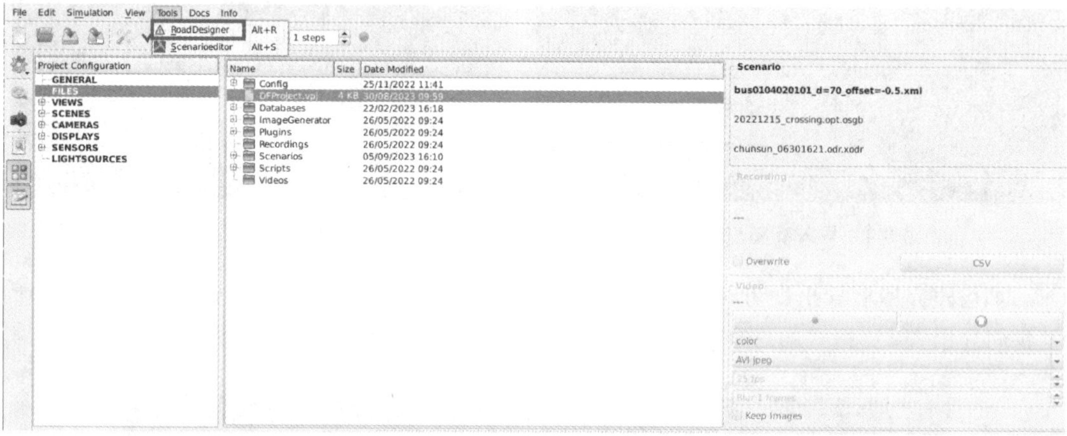

图 8-7 路径导入

(2)创建道路轨迹，添加道路属性，见图 8-8。

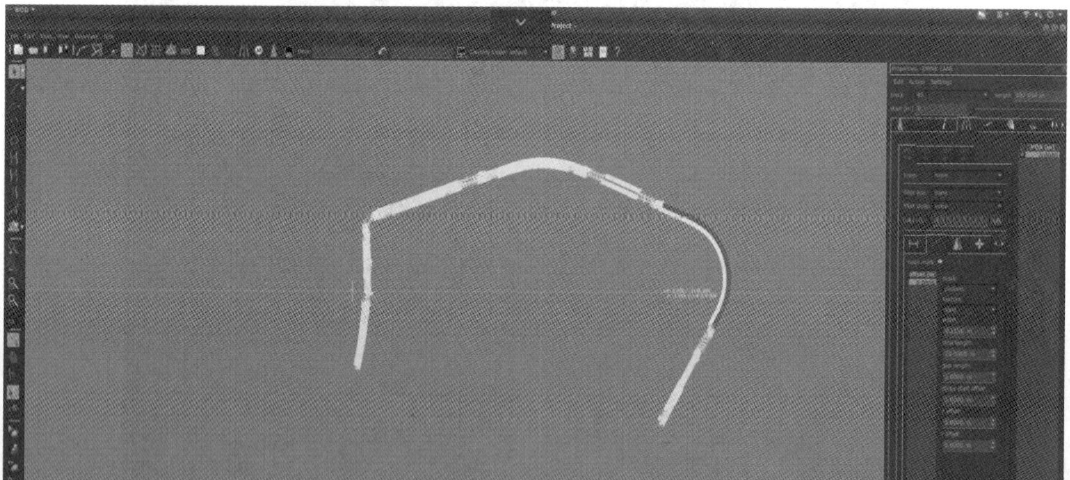

图 8-8 添加属性

(3)生成 Opendriver 逻辑道路和 Osgb 可视化道路，见图 8-9。其中 Generate→Opendriver 生成的是.xodr 逻辑路网，Generate→Database 生成的是.osgb 可视化道路。

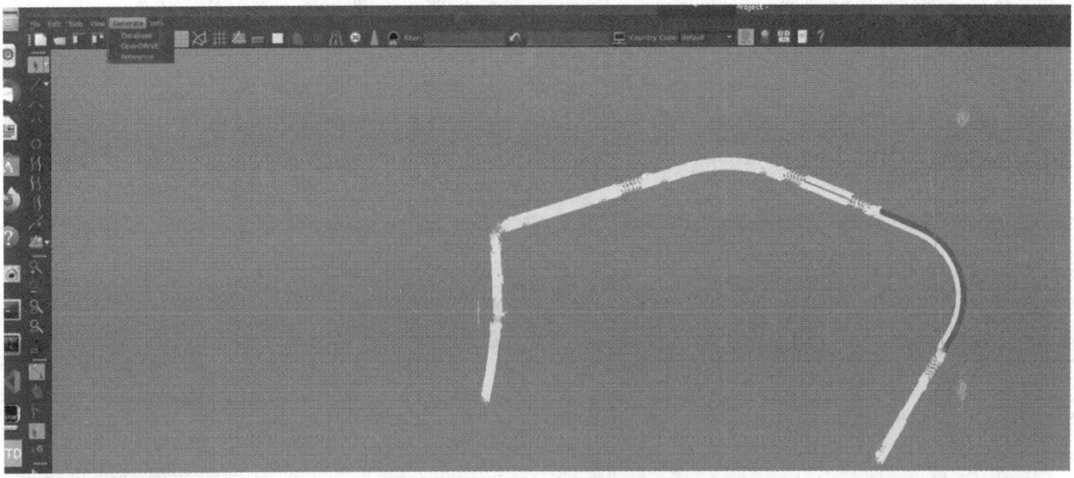

图 8-9 绘制完的道路

8.2.2 动态场景开发

在 Project 中以项目名称命名新建工程（如 TestCar），然后在 Databases 下新建“Database”“Odr”和“Overlays”，文件夹分别用于存放“osgb”“xodr”和“tdo”格式的道路文件。

选择场景搭建的道路，见图 8-10。

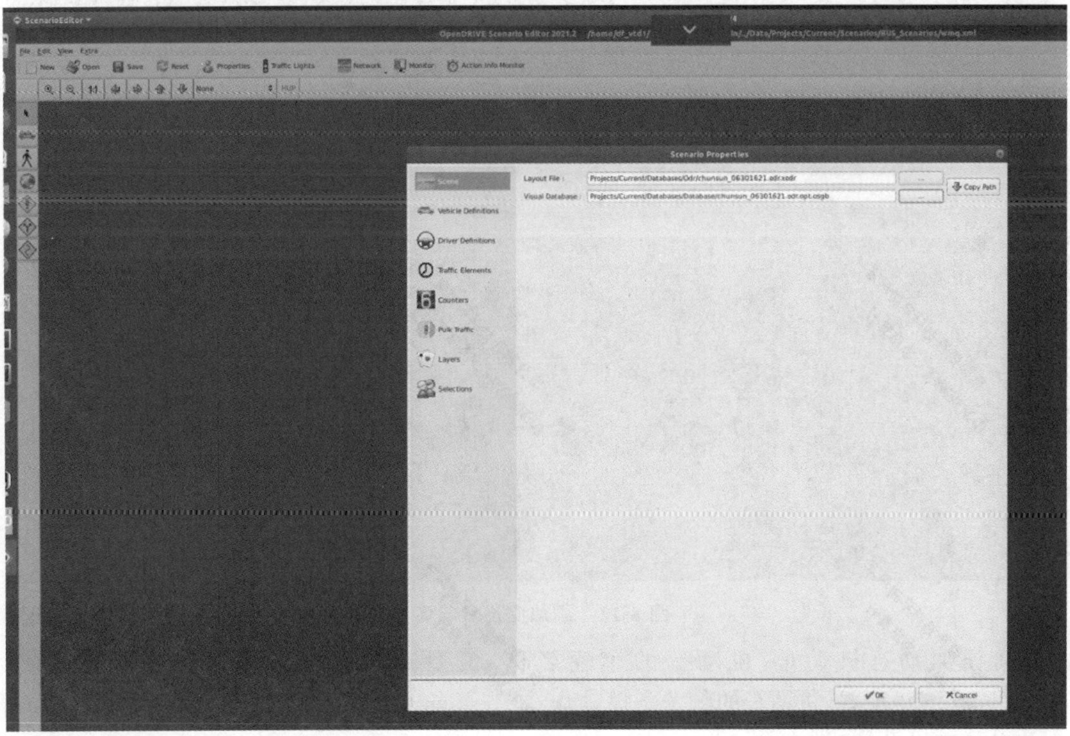

图 8-10 场景选择配置

在静态道路上添加测试车辆和动态交通信息。例如,添加测试车辆 DF_BUS,选择车辆图标,在道路上左键单击添加,然后鼠标双击车辆,修改车辆配置信息,其中测试车辆 Name 定义为 Ego,车辆类型 Vehicle 选择测试车辆对应的模型,如东风 bus,对应模型名称是 DF_BUS,此名称与上述场景模型制作中名称是对应的,由于测试车辆动力学接入的是外部算法控制,因此 Animation 选择 External。见图 8-11。

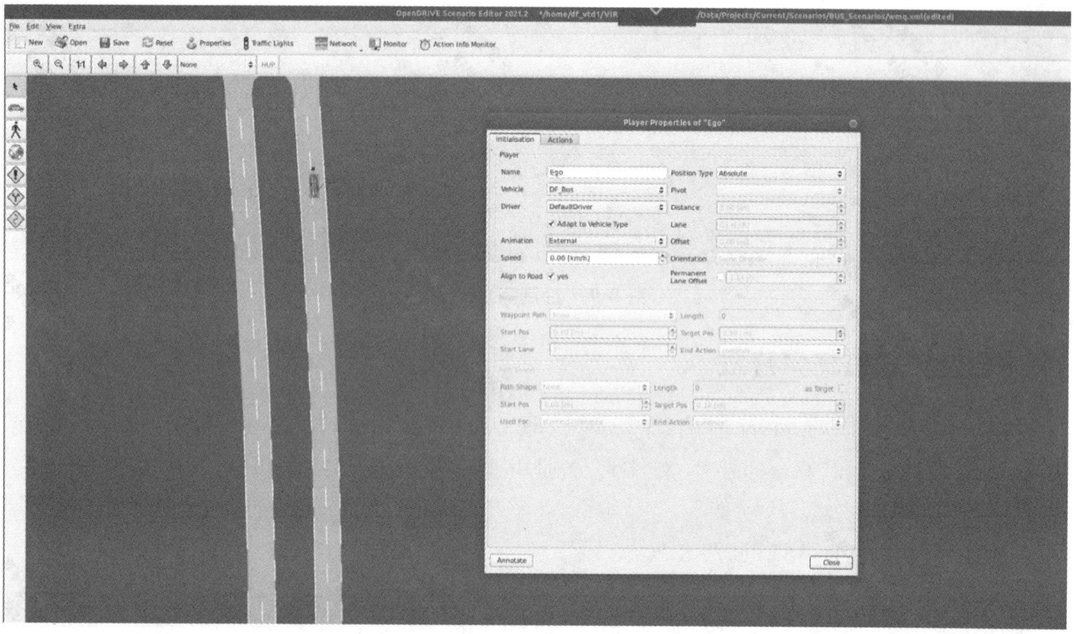

图 8-11 设置 Ego 车辆属性

添加动态交通信息,可添加静态物体,如行人,机动车、动物等。见图 8-12。

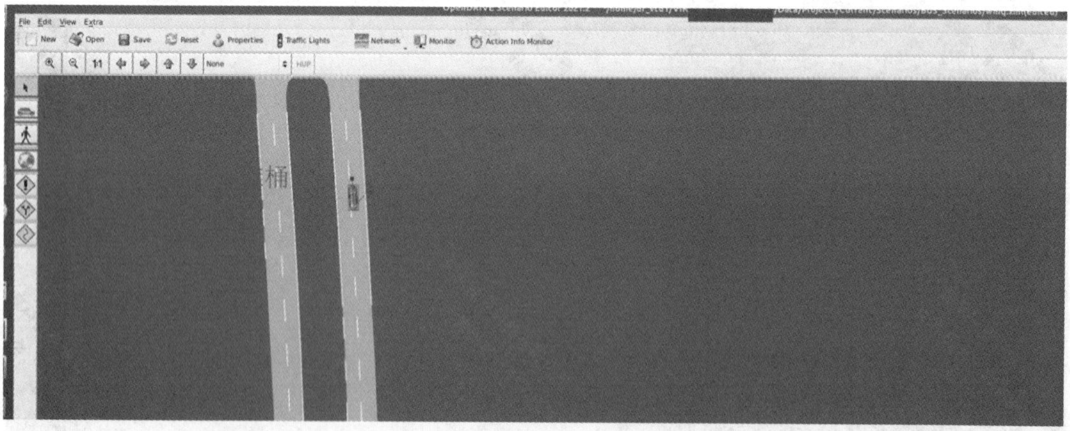

图 8-12 添加交通参与者

如添加动态机动车,机动车的车辆名称、模型、初始速度,及接入方式选择在 Initialisation 中配置,机动车的触发条件动作在 Actions 中配置,此处可配置机动车在何时以何种速度触发行驶。

如图 8-13 场景,测试车辆前方放置一辆静止汽车,此场景即为测试车辆行驶过程中遇静止障碍车辆，我们如何测试车辆在遇静止障碍车辆时是何种表现，是否会绕障，见下面 8.2.5 节使用方法中的描述。

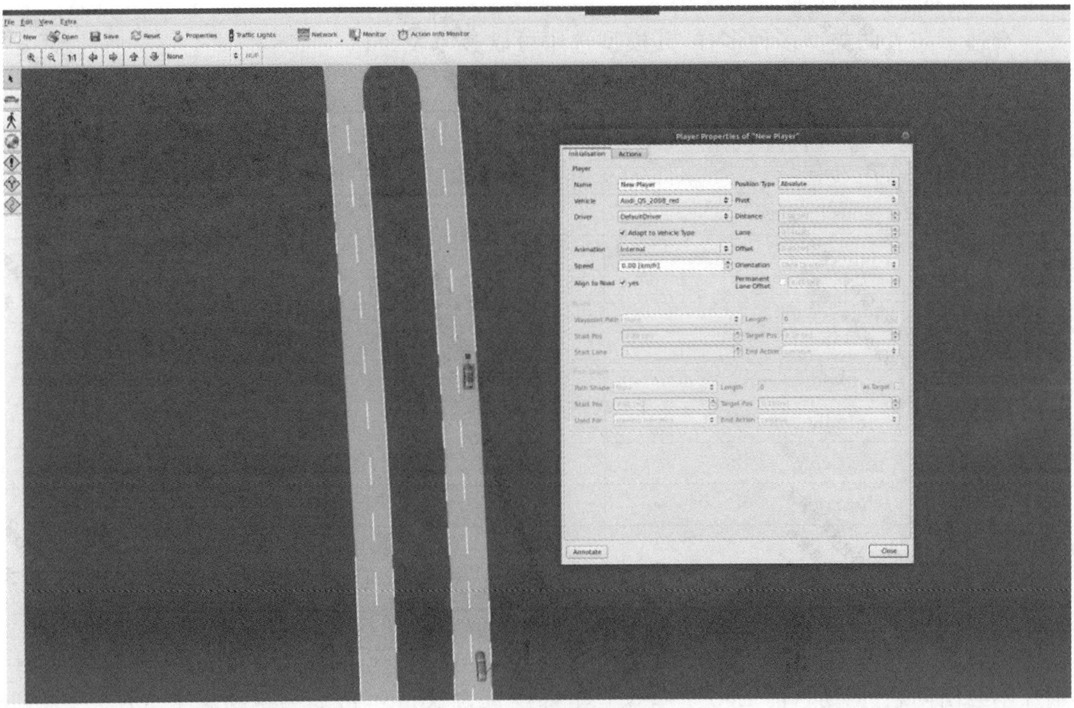

图 8-13 设置从车属性

(1)其中场景搭建规范

在场景较多的情况下，可以在 Scenario 文件夹新建子文件夹，用于将场景文件分类，但是要注意子文件夹的命名规范，如采用的文件夹命名“1035_1042”代表第一部分的 35 号到 42 号功能场景。

道路文件的命名根据不同项目需求的不同有较大差异，在示例 TestCar 项目中，搭建了一些通用的直路和弯路，以一命名范例简述：

Road_002_D2L4_S1000_TL50_S1000 从前到后的含义依次为：道路编号 002，双向四车道，弯道前直道长 1000m，弯道为左转，半径 50m，弯道后直道长 1000m。

(2)场景文件内容要求

在场景内本车命名为 Ego，交通参与者命名为 VT，如果有多个交通参与者，命名为 VT1、VT2…，如果某辆车有多个 Trigger(如一个控制加速，一个控制变道)，需要给 Trigger 按照功能命名，加以区分。Autonomous 代表开启自动驾驶，LaneChange 代表换道，SpeedChange 代表调整车速，SCP 代表需要发送指令的 SCP 报文。

在选择道路时，路径请使用 Project/Current/Databases/Database……，如果多个场景可以使用同一路径，直接引用该路文件即可，不必将文件名修改为与场景相同。

(3)自车设置

自车类型按照项目设置为所需车型，驾驶员设定为默认驾驶员；自车设置为外部车，赋予它一个需要的测试速度；自车的 Position Type 选用 Route，End Action 设置为 Stop，这样一来可以确保起始位置在道路中间,不会出现起步摇摆;二来自车的行驶会比较稳定,减少报错。

(4)交通参与者设置

交通参与者的类型多种多样,其模型选用可以参考表8-1。

表8-1　模型对照表

Man_TGL	小货车
MB_Sprinter	小客车
MercedesTravego	大客车
ambulance	救护车
jhcl	测量车(有雷达)
jhddzxc	男性骑电动自行车
jhkdc	快递车
jhlndbc	老年代步车
jhmtwmc	美团外卖车
jhmxddc	女性骑电摩托
segway	脚踏两轮平衡车
bxn	白犀牛

交通参与者的Position Type一般设置为Route,但是在场景搭建完成后,需要跑一遍确保不会出问题(因为目前Ego车和VT车都设置为Route,可能会跑到一半卡住)。如果会出问题或不便,那么把VT车的route改成path。

(5)触发Trigger设置

对于不需要额外触发动作的本车和交通车,在起点加一个空白的、Type为Relative的Trigger即可。一般来说,自车不需要被触发,对于VT需要被触发的场景,比如行人横穿马路被本车撞的情形,将Trigger设置为按照相对距离触发,而不是按照时间或者延时触发。目前Trigger这部分还存在一个问题,在外部算法接进来之后,弯道行驶自车会减速,这就造成了原来我们搭建的一些场景,预期碰撞危险无法发生,需要考虑如何改善这种情况。

8.2.3　仿真接口开发和使用方法

(1)通信接口结构

如图8-14所示,开发一个通信接口连接VTD和基于ROS的被测算法:一方面,模拟被测算法需要的各项信息;另一方面,将被测算法的控制指令转发给VTD。

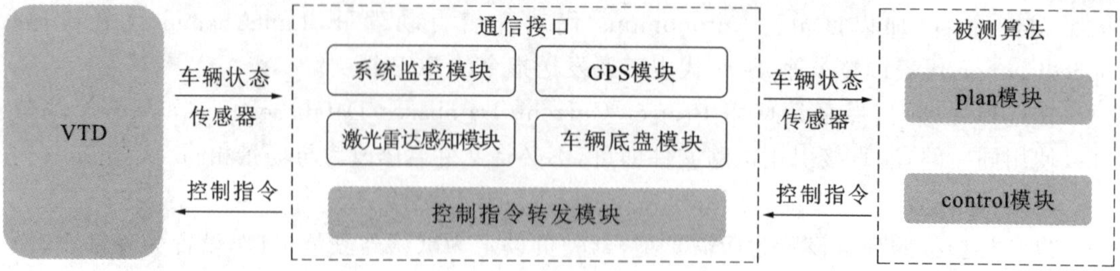

图8-14　通信接口结构

为此开发 5 个 ROS 节点来构建仿真测试环境，这 5 个节点的名称和模拟的 ROS topic、遵循的数据格式，以及与 VTD 通信的 RDB 的 pkg 名称如图 8-15 所示。

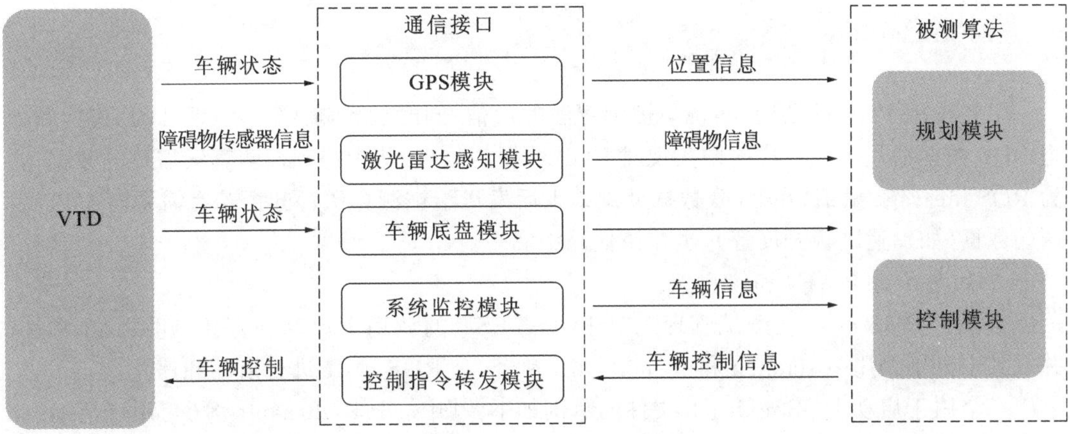

图 8-15　ROS 节点说明

(2)实现方法

参照 ROS wiki 上的说明①，编写消息发布器，并把 VTD 处理 RDB 信息的代码加进去。

①主要结构如下：

```
int main(int argc, char * * argv)
{
  ...
  (code to establish TCP connection with VTD)
   与 VTD 建立连接关系
  ...
  ros::NodeHandle n; //创建 ROS 句柄
  ros::Publisher VehicleInfo_pub =
      n.advertise< util::VehicleInfo> (VEHICLE_INFO_TOPIC, 1000);
    //声明 ROS 发布者对象以及发布的话题名称和缓冲区大小
  ros::Rate loop_rate(10); //控制话题发布的频率为 10HZ
    while (ros::ok())
    {
      while ( ! bMsgComplete )
      {
        ...
        (code to parse VTD RDB messages and set values of ROS message)
        ...
      }
      VehicleInfo_pub.publish( VehicleInfo ); //发布话题
    loop_rate.sleep(); //和上面控制频率语句固定搭配，控制发布频率
  }
```

① http://wiki.ros.org/cn/ROS/Tutorials/WritingPublisherSubscriber%28c%2B%2B%29

```
    ...
    (code to close TCP connection)
    ...
    return 0
}
```

主要采用 ROS 的结构，实现与被测算法的通信；同时加入与 VTD 实现 TCP 连接和处理 RDB 数据的代码。在代码中实现对 RDB 数据的处理，从中得到被测算法需要的数据，并为 ROS message 赋值，在 RDB 数据处理结束后发送给被测算法；同时，若有需要向 VTD 发送的数据（如加速踏板开度等），也在该代码中实现。

②ROS node 的启动和停止：

为便于 ROS node 在测试管理工具 ECU-TEST 的调用下启动和停止，建立.sh 文件，并在其中分别调用 roslaunch 和 rosnode kill 命令，对 ROS node 进行启动和停止。

一个用于启动 ROS node.sh 文件的示例如下，其中“cd $(dirname $0)”用于活动.sh 文件所在文件夹的上级目录，source 行用于配置运行的 ROS 工作空间。

```
cd $ (dirname MYM0) # 进入当前脚本所在文件夹的上级目录路径
source ../devel/setup.bash # 使该工作空间的环境变量生效
roslaunch sim_vehicle_info sim_vehicle_info.launch # 启动 ROS 功能包
```

一个用于停止 ROS node 的.sh 文件示例如下：

```
cd $ (dirname $ 0) # 进入当前脚本所在文件夹的上级目录路径
source ../devel/setup.bash # 使该工作空间的环境变量生效
rosnode kill /planning # 结束名为/planning 的 ROS 节点进程
```

③文件结构：

在 ROS workspace 文件夹下的 src 文件夹中建立 node 文件，在 script 文件夹中建立各 node 的启动文件，最终的文件结构如下所示：

```
ROS workspace
|- - build
|- - devel
|- - log
|- - route_path
|- - rosbag(放置仿真运行中记录的 rosbag 文件)
|- - video(放置仿真运行中记录的 VTD 视频文件)
|- - scripts
|    |- - sim_gps_position.sh
|    |- - sim_occupancy_grid.sh
|    |- - sim_system_fault.sh
|    |- - sim_vehicle_info.sh
|    |- - trans_vehicle_cmd.sh
|    |- - start_control.sh
|    |- - start_plan.sh
|    |- - kill_all_node.sh
|    |- - kill_plan.sh
```

```
|- - src
    |- - sim_gps_position
    |- - sim_occupancy_grid
    |- - sim_system_fault
    |- - sim_vehicle_info
    |- - trans_vehicle_cmd
    |- - control
    |- - planning
```

8.2.4 各模块具体实现方法

(1)GPS 模块:sim_gps_position

该模块需要模拟的 topic 为/minibus/gpsposition,数据格式为 GpsPosition. msg。

需模拟的主要内容为:本车的经纬度、高斯坐标、本车在朝北/朝东/朝天三个方向的分速度以及车身姿态角(俯仰角、横滚角和朝向角)。

VTD RDB 的 object state 消息中可输出车辆在大地坐标系(向东为 X 正,向北为 Y 正,向天为 Z 正)的坐标、分速度和姿态角,故本项目中使用 object state 中的车辆坐标作为高斯坐标,使用客户提供的高斯坐标与经纬度的转换函数得到经纬度。检查发现需模拟的分速度和姿态角的定义与 RDB 中的一致,故使用 object state 中的分速度和姿态角作为模拟的分速度和姿态角。

(2)激光雷达感知模块:sim_occupancy_grid

该模块需要模拟的 topic 为/minibus/realtime_cost_map,数据格式为 OccupancyGrid. msg。

OccupancyGrid. msg 是标准的 ROS 信息①,使用栅格是否占用表示该栅格处是否有物体,绿色的栅格表示此处有物体。将一定范围内划分为小栅格,为每个栅格编号,并将所有栅格的状态存入一个数组中,该栅格处有物体时其值为 1,无物体时其值为 0。栅格地图示例见图 8-16。

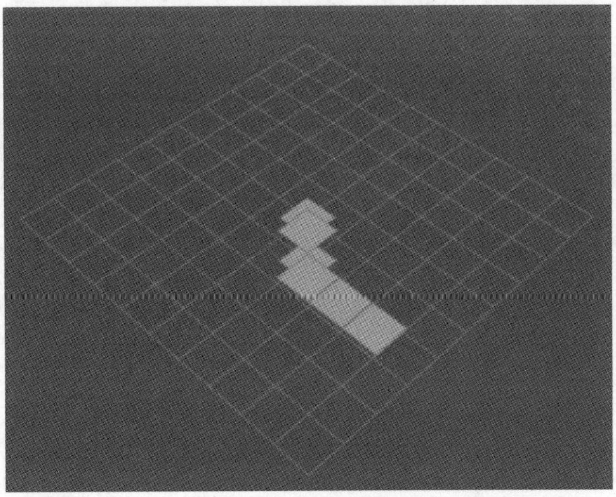

图 8-16 栅格地图示例

① http://docs. ros. org/diamondback/api/nav_msgs/html/msg/OccupancyGrid. html

VTD并不直接输出OccupancyGrid.msg，但可从sensor object信息中间接得到。VTD的理想传感器perfect sensor输出的sensor object信息中包含传感器探测范围内的物体参考点(后轴中心在地面的投影)在本车坐标系的位置和朝向。

先由sensor object信息计算得到物体(简化为矩形)四个顶点的位置，然后再计算每个小栅格是否与该矩形相交，若相交则将该栅格的值设置为1，若不相交则将该栅格的值设置为0。

(3)车辆底盘模块：sim_vehicle_info

该模块需要模拟的topic为/minibus/vehicle/info，数据格式为VehicleInfo.msg。

该信息中包含的是从车辆底盘CAN上得到的信息，比如车速、轮速、EPS状态等。根据被测算法的状态，目前仅需模拟车速。

车速可以从VTD RDB的object state信息中车辆的分速度计算得到。

(4)系统监控模块：sim_system_fault

该模块需要模拟的topic为/minibus/fault数据格式为SystemFault.msg。

该信息中包含车辆的故障信息，如CAN总线是否有故障、VCU是否有故障等。鉴于目前不需要模拟故障信息，故将值全部设置为无故障。

(5)控制指令转发模块：trans_vehicle_cmd

该模块需要接收被测算法发送的控制指令，并转发给VTD。

需要接收的topic为/minibus/vehicle/cmd/ctr，数据格式为VehicleCmd.msg，其中包含加速踏板开度(范围0～100)、制动减速度(范围：$-15.36\mathrm{m/s^2}\sim 0$)和方向盘转角。这些信号都可以发送给VTD RDB的driver ctrl，并控制车辆状态。

8.2.5 使用方法

启动VTD并应用配置后，使用scripts下的各.sh文件依次启动sim_gps_position、sim_occupancy_grid、sim_vehicle_info、sim_system_fault和trans_vehicle_cmd节点，然后启动control模块和planning模块，之后运行VTD即可进行仿真测试。

8.2.5.1 ECU-TEST与ROS-VTD的连接方法

(1)Ubuntu系统下操作

①安装ssh服务并开启：在桌面的terminal中敲入以下命令：sudo apt-get install openssh-server之后按照提示安装。在终端敲入以下命令：sudo service sshd start，开启ssh服务。

②执行完命令后，输入sudo service ssh status来查看ssh服务状态的命令，如果出现以下提示：Active: active (running) since Sun 2013-04-07 13:43:11 CST; 15s ago说明ssh服务已经启动了，在terminal中输入ifconfig -a，获得该电脑的IP地址和掩码mask：Inet addr:192.168.4.55，Mask:255.255.255.0。这个IPV4的地址可以手动调整，当后面是3个255，就意味着IP前三位一致，就在一个子网内，也可以在右上角网络连接下Edit Connections—Ethernet—IPv4 Setting下面设置。

③在linux主机下生成SSH服务的rsa密钥：在linux主机下进入Terminal，输入命令：ssh—keygen —t rsa，出现提示后，一直点击Enter直到提示id_rsa和rsa_pub文件生成。中间会有提示输入密码，直接点击Enter跳过密码设置(不能设置密码，否则会连接失败)。

④密钥生成后，返回home界面下，按Ctrl+H键打开隐藏文件夹，进入.ssh文件夹。

在.ssh文件夹下有rsa和rsa_pub两个文件，复制rsa_pub文件，粘贴并重名为authorized_keys(authorized_keys作为公钥密码登陆验证用，也可以通过gedit打开rsa_pub文件内容复制后粘贴到新建文件中的方式生成)。

⑤把.ssh文件夹下的rsa文件拷出，放到Windows主机下ECU-TEST的workspace\parameters文件夹下，后面配置tbc时会用到。

(2)Windows系统和Ubuntu系统网络联通

找到Ubuntu电脑上的IP地址(在Ubuntu系统终端下输入ifconfig)，在Windows系统下输入cmd或者点击SHIFT+鼠标右键打开终端，输入iconfig查找其IP地址。

判断两台电脑上的IP地址前三位是否相同(相同说明在一个局域网域内)。

分别在两台电脑终端上输入ping + 另一台电脑的IP地址，看到ubuntu系统终端上不停输出内容(注意观察其延时时间)，Windows系统终端上打印出内容，时间小于1ms说明两者已经实现网络连接，并且延时可接受。

8.2.5.2 ECU-TEST与其他软件连接参数设置

ECU-TEST与VTD进行连接时的参数设置如图8-17所示，其中方框中部分参数设置引用了全局变量中的参数(图8-18)，即具体参数存放在全局变量里。VTD-SCP-Port为VTD的scp端口号48179，SSH为22默认，最后两个参数可以不写。

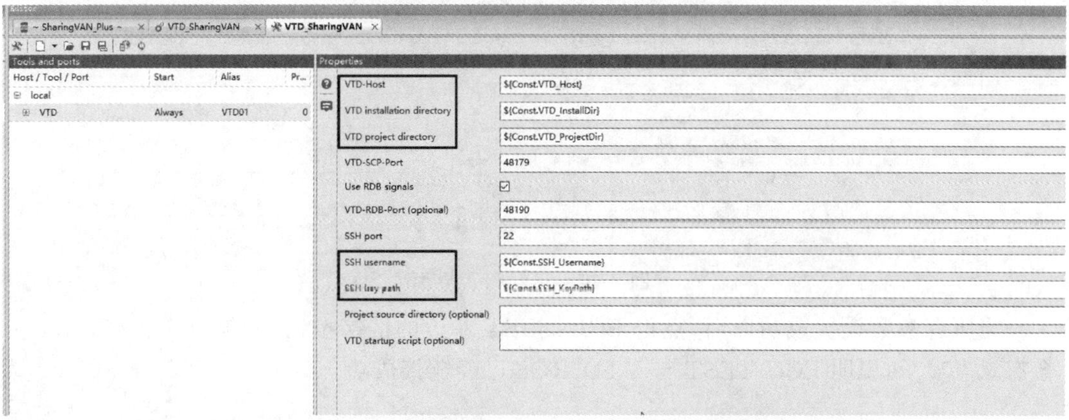

图8-17 ECU-TEST与VTD连接相关参数设置界面

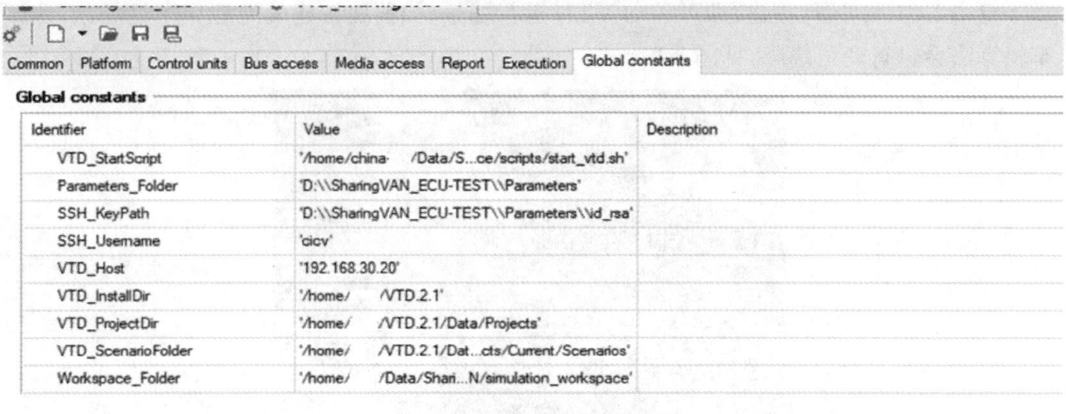

图8-18 全局变量设置窗口

8.2.5.3 ECU-TEST 与 ROS 连接参数设置

首先确保 Ubuntu 系统电脑上正确安装 ROS-kinetic，具体安装方法可参考 ROS 官网。将 rosbridge 相关文件拷贝到当前工作空间的 Utilities 下面，如图 8-19 所示。

图 8-19 RosAdaptor 相关文件

此时打开 ECU-TEST 的 TBC，选中 ROS 工具进行使用，图 8-20 所示为 ROS 中相关参数的设置，当多次进行链接时可能会发生错误，ROS 无法实现链接，可能原因是由于 ROS 参数给定的端口号被占用了，即其中 Port 可根据需要修改其端口号，不是固定和唯一的。

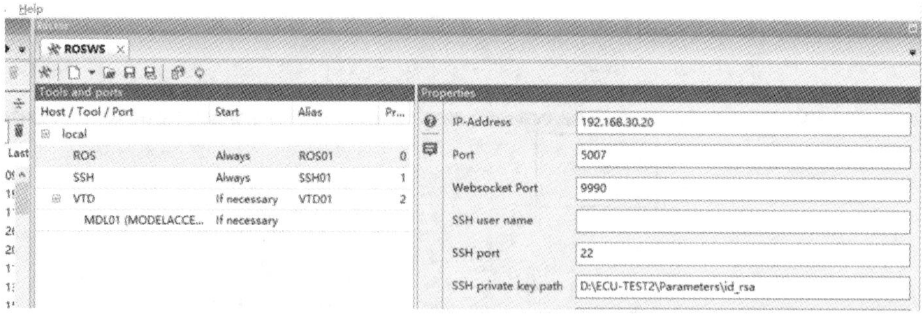

图 8-20 TBC 设置界面

当所有参数设置成功以后，点击 ECU-TEST 左边的链接按钮，如果设置正确，. tbc 上会有绿点显示，说明 ECU-TEST 与 VTD、ROS 已经链接成功。

8.2.5.4 测试运行

点击 ECU 中运行按钮，即可调动 VTD 运行场景，如前面搭建的遇静止车辆场景，测试车辆算法会进行变道绕障，见图 8-21。

图 8-21 3D 显示效果图

8.2.5.5 ECU-TEST 与 VTD 交互问题

(1)修改 VTD 的 ViewAngle 视角功能

通过 ssh 向 VTD 发送 SCP 即可。具体 SCP 如下所示：

```
< Camera name= "Relative tethered -  bird view_CAMERA" showOwner= "true"> < Frustum far= "1500.000000" fovHor= "40.000000" fovVert= "30.000000" near= "1.000000" offsetHor= "0.000000" offsetVert= "0.000000" /> < PosTether azimuth= "0.000000" distance= "80.000000" elevation= "1.570796" player= "Ego" slew= "1" /> < ViewRelative dh= "0.000000" dp= "1.396263" dr= "0.000000" /> < Set /> < /Camera> # 具体写法参考 VTD 手册,因每一个标签都有详细描述,本案例不予赘述
```

(2)自动记录仿真视频功能

通过 ECU-TEST 向 VTD 发送指令进行视频记录并存放在指定的文件夹下，首先根据需求以仿真场景的名字和当前仿真时间对文件夹进行命名，其需求文件夹的创建代码如下所示：

```
import os
import sys
import paramiko
import datetime
def func(hostname,username,key_filename,Workspace_Folder,scenarioNamesShort):
    ssh =  paramiko.SSHClient() # 创建 ssh 客户端
    ssh.set_missing_host_key_policy(paramiko.AutoAddPolicy()) # 允许将信任的主机自动加入到 host_allow 列表
    ssh.connect(hostname, username= username, key_filename= key_filename) # 调用 connect 方法连接服务器
    sftp =  ssh.open_sftp() # 创建 SFTP 会话

    theTime =  datetime.datetime.now().strftime('% Y- % m- % d- % H- % M- % S- % f')
    createDate =  str(theTime)[0:10]
    createTime =  str(theTime)[0:19]
    # 得到当前时间
    videoPath =  '{0}/video/{1}'.format(Workspace_Folder,createDate)
    videoName =  scenarioNamesShort[0:22] +  '_' +  createTime
    videoPathSCP =  '< Video> < Output path= "{0}" name= "{1}" /> < /Video> '.format(videoPath,videoName)
    # 创造 scp 报文
    cmd =  'mkdir - p {};'.format(videoPath)
    stdin,stdout,stderr =  ssh.exec_command(cmd)
    # 调用 exec 执行命令
    return videoPathSCP
```

然后通过发送 SCP 告诉 VTD 开始记录视频，SCP 报文如下：

```
< Video> < Start live= "true"/> < /Video> 。
```

8.3 测试用例评价指标设计编写流程与使用说明

8.3.1 测试评价体系建设

8.3.1.1 测试指标提炼

基于自动驾驶系统的预期功能表现，将仿真测试过程中所需要记录的各项指标进行总结与分类，可以通过对该部分测量指标或衍生计算指标的评估和判断，对自动驾驶控制算法在各个测试用例环境中的表现进行评价。

测试指标统计如表 8-2 所示，直接测量指标为测试过程中 VTD 直接通过 RDB 信号输出给 ECU-TEST 的指标信号，可以直接对该指标进行计算或评价；计算指标为使用直接指标运算后获得的指标，可用于部分测试用例中算法表现的评价指标。

表 8-2 测试指标统计

指标编号	指标类型	指标名称	对应测试用例	对应信号模块
1	直接测量指标	自车速度	TestCar_1_1_042	RDB_PKG_ID_OBJECT_STATE/element_0/ext/speed
2		自车位置	TestCar_1_1_077	RDB_PKG_ID_OBJECT_STATE/element_0/base/pos
3		目标速度	TestCar_1_2_215	RDB_PKG_ID_OBJECT_STATE/element_1/ext/speed
4		目标位置	TestCar_1_2_105	RDB_PKG_ID_OBJECT_STATE/element_1/base/pos
5		变道速度	TestCar_1_1_035	RDB_PKG_ID_OBJECT_STATE/element_0/ext/speed/y
6		自车横摆角速度	TestCar_1_1_047	RDB_PKG_ID_OBJECT_STATE/element_0/ext/speed/h
7		自车加速度	TestCar_1_1_061	RDB_PKG_ID_OBJECT_STATE/element_0/ext/accel
8	计算指标	停车后静止时间	TestCar_1_1_050	计算得到
9		TTC	TestCar_1_1_065	计算得到
10		变道时长	TestCar_1_1_035	计算得到
11		制动停车范围	TestCar_1_1_058	计算得到
12		自车与目标纵向距离	TestCar_1_2_035	计算得到
13		自车与目标横向距离	TestCar_1_2_035	计算得到
14		自车与目标距离	TestCar_1_2_212	计算得到

8.3.1.2 评价指标提炼

通过直接输出或计算，获得了一些测试指标。但其中仅有一部分如自车横摆角速度、TTC 等可以直接用来评价算法的表现，设计了 17 个涵盖所有测试用例评价内容的评价指标，如表 8-3 所示，对每一个评价指标，可以做出 True 或 False 的判断，来得出算法是否通过这一项的测试结果。

表 8-3 评价指标统计

序号	English Name	中文名称
1	Check_whether_collision	检测是否碰撞
2	Check_Max_lanechange_speed	检测最大换道速度
3	Check_lanechange_time	检测换道时长
4	Check_whether_lanechange_back	检测是否换回原车道
5	Check_yaw_angle	检测横摆角
6	Check_yaw_velocity	检测横摆角速度
7	Check_long/lat_acc	检测加速度
8	Check_stillness_time	检测静止时长
9	Check_stop_range	检测停车距离
10	Check_Ego_speed	检测自车速度
11	Check_VT_ speed	检测巡航速度
12	Check_Large_TTC	检测较大的 TTC
13	Check_Small_TTC	检测较小的 TTC
14	Check_Ego_trace	检测自车轨迹
15	Check_whether_stop	检测是否停车
16	Check_Ego_position	检测自车位置
17	Collision_Time	碰撞时间点

对于每个功能场景，根据其不同的预期功能表现对应不同的一个或几个评价指标，表 8-4 中以动态避障功能进行了举例：对于该功能，需要评价的是表 8-3 中的 1、2、3、4 号指标，因此在测试步骤搭建 Trace Analysis 中，只需要调用这四个模块的内容。同样的，在对测试结果进行统计时，也只需要统计检测是否碰撞、检测最大换道速度、检测换道时长、检测是否换回原车道这四个指标的测试结果即可。

表 8-4 功能场景与评价指标对应关系示例

各功能场景对应指标（第一部分）		
中文	English Name	评价指标
动态避障	Dynamic obstacle avoidance	1,2,3,4

8.3.2 测试与评价模块搭建

8.3.2.1 测试信号记录(Signal recording)

将 ECU-TEST 与 VTD 配置好并激活配置，在 Model Access 模块中即可看到所有 xml 文件下包含的通过 RDB 传输的信号，包括车辆几何尺寸、位置、速度、加速度、角加速度、行驶里程等信息。将所需信号拖曳到 Signal recording，会自动以系统标识符的名字创建一个 Signal group，用以存放需要记录的诸多信号。信号记录的本质是 ECU-TEST 将 Signal group 的列表发送给 VTD，VTD 进行记录后，再以 RDB 的形式将信号发回给 ECU-TEST。

需要注意的是，记录的信号并不能复制粘贴到其他 package，所以这里可以选择在 mapping 中将其保存为全局映射(global mapping)，这样在其他 package 中直接把信号拉过来，就省去了改名字的步骤。设置全局映射的位置如图 8-22 所示，可以在 Window-Global Mapping 中对全局映射进行管理。

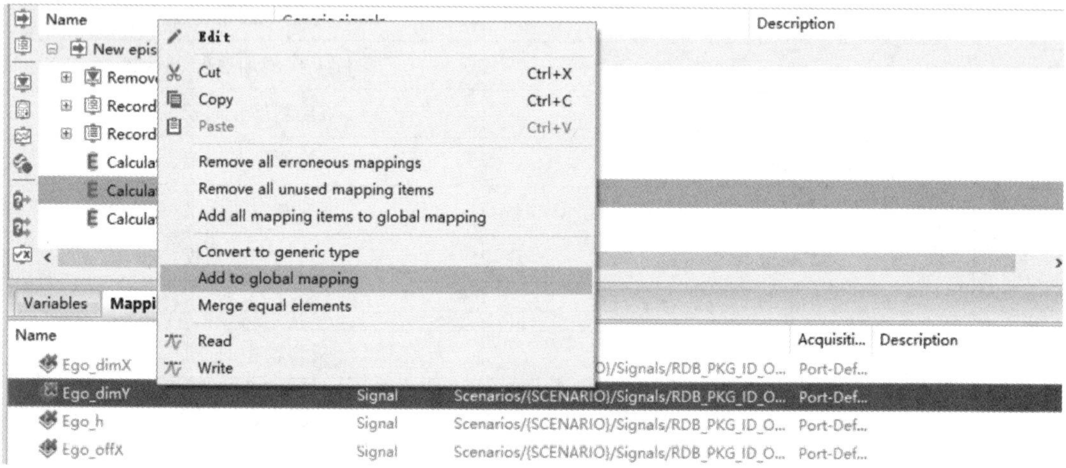

图 8-22 添加全局映射

8.3.2.2 信号关联(Signal connection)

该步骤主要是把 Signal recording 和 Trace steps 里面的信号进行连接，这一部分连接有两个意义：一是由于各个 Trace analysis 可以单独存成模块调用，所以该部分的变量需要与 Signal recording 中的变量解耦；二是 Signal recording 的变量列表中可能包含特殊字符，如“/”，而这些字符在 Trace analysis 的计算栏中按照 Python 语法会有不同意思，如“/”代表除，这样就会报错。所以需要在 Signal connection 中对这个 Trace analysis 中的变量进行独立定义。图 8-23 为简单的信号关联模块，一部分变量可以从 Signal recording 中直接映射过来，标记为 Recording group for Scenario，也可以在计算的过程中以定义输出的形式自动生成，标记为 output signal，还可以单独创建自定义信号形式。

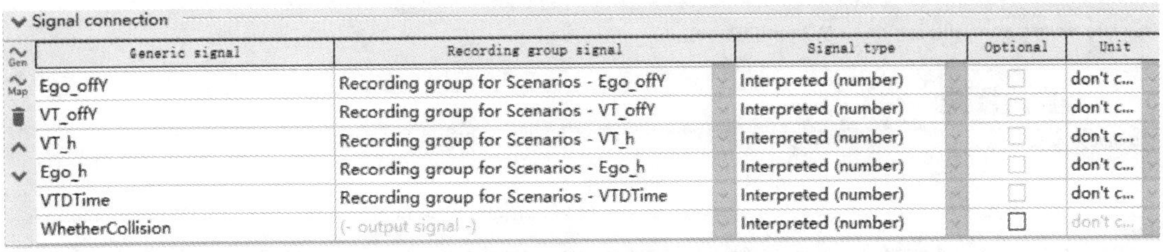

图 8-23 信号关联模块

8.3.2.3 评价模块搭建

该部分是评价的主体模块，可以按照需求自己设计，见图 8-24。设计的流程大致为：

①在除去仿真流程前几秒和后几秒剩下的范围内对指标进行判断。

②记录算法控制的主车全程的速度。

③记录主车在整个仿真的行驶里程。

④输出各项评价结果(True/False)。

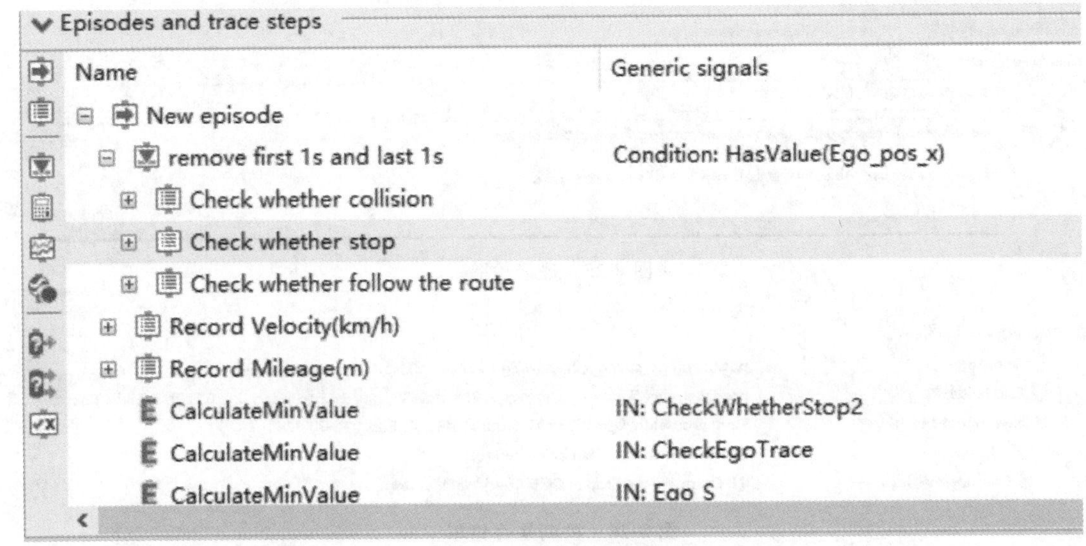

图 8-24 评价模块结构

在运行评价模块之前，首先要将起步和停车中可能存在的干扰去掉，所以运用 trigger block，将进行评价的区域设定为除去前后各 1s 的时间段内。

碰撞的评价和检测采用算法实现了两个长方体(汽车)是否碰撞的检验。通过输入自车与目标物的几何尺寸、后轴中心到几何中心的距离、航向角以及 VTD 中的时间，来获得输出是否碰撞与碰撞时间。其配置参数界面如图 8-25 所示。

在评价自车发现障碍或可能碰撞的交通车是否停车时，由于算法控制自车可能在其他位置发生制动停车，所以通过 Trigger Block 只评估自车与交通参与者相距 30m 的范围内是否有制动停车。如下图 8-26 所示，依次计算的是自车速度、Ego 与 VT 相对距离，然后在相对距离 30m 内的条件下进行是否制动停车的判断，最后判断的结果通过 CheckWhetherStop2 输出为 True 或 False。

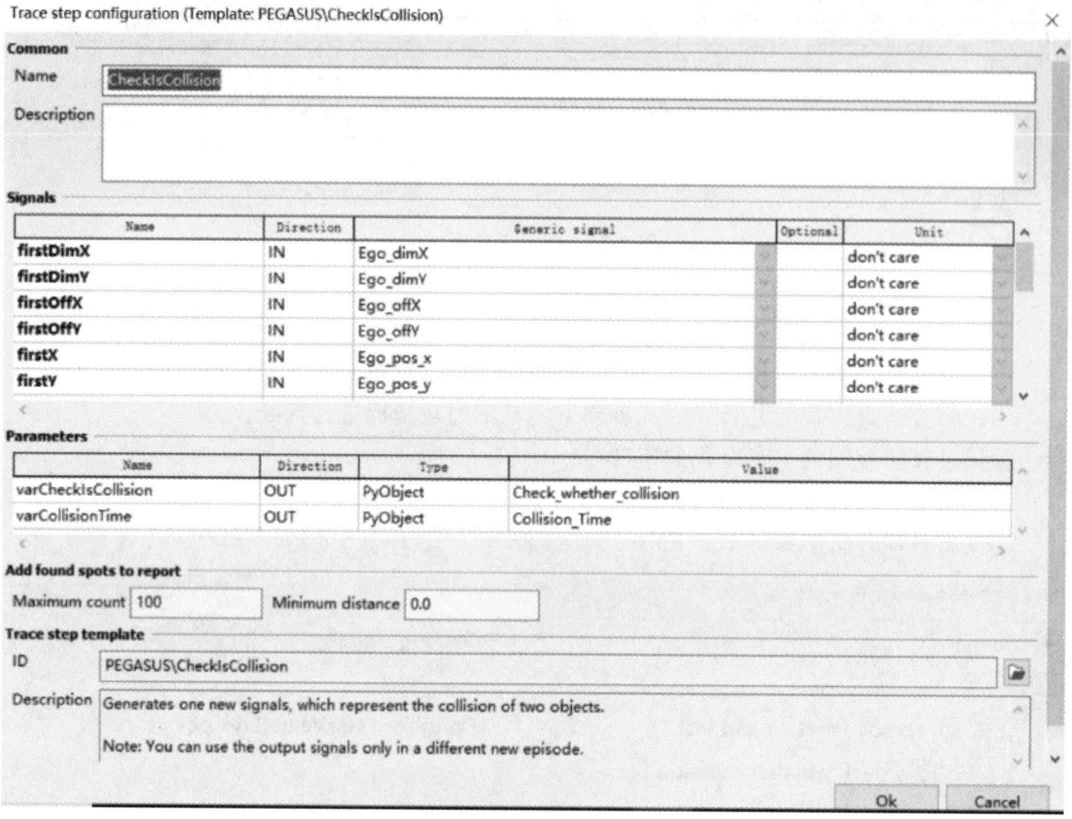

图 8-25 碰撞检验

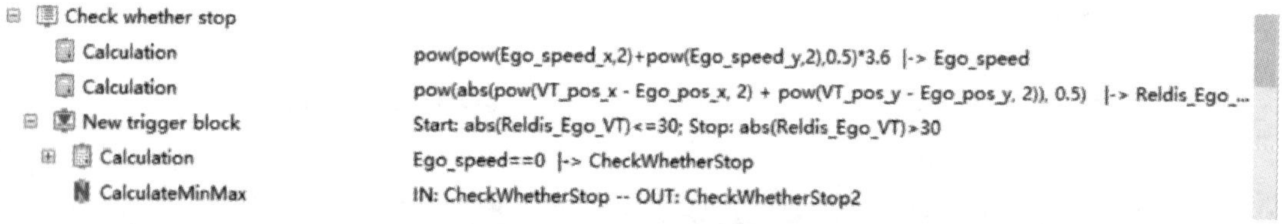

图 8-26 检测是否停车

在评价自车是否按照规划路径行驶时采用了判断自车是否经过目标点 1.5m 范围内的方法(1.5m 是结合车宽和路宽确定的，可以保证判断车是否从这条路开过)。判断后以地图 x、y 为坐标，画出自车的行驶轨迹。

使用 x、y 方向速度计算自车速度变化曲线，按照自车的积分计算其行驶里程。

8.3.2.4 变量输出模块

在下方的 Variables 模块中，已经提前新建了需要输出到测试报告中的参数，该部分参数作为 CalculateMinValue 输出端的输出结果，输出形式为 True/False/Inf，其中 Inf 代表用于评价该模块的部分没有被触发，判断换道时长是否小于 7s，若自车没有换道，那么该参数结果输出为 Inf。注意在要输出的变量处勾选 Return value，图 8-27 中的 Return values 为在报告中输出的参数。

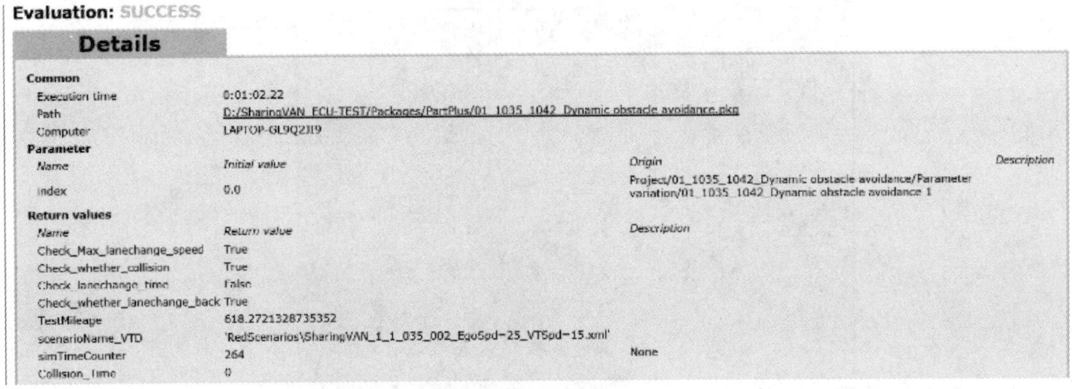

图 8-27 参数输出

8.3.3 评价模块运行与报告查看

8.3.3.1 简单运行流程设计

在对测试评价模块的调试过程中，需要使用单个测试用例对评价模块进行验证。这里采用的是最简单的 Test case 设计流程：开始仿真→开始记录→等待固定时长→停止记录→停止仿真。需要注意的是在 Variable 中要定义需要调用的 XML 文件名称。

8.3.3.2 测试报告查看与分析

在 Run package 后，会在 Workspace 的 TestReports 文件夹中生成.trf 格式的报告文件，同时生成的还有记录仿真流程的 log 文件、记录仿真错误的 log 文件、RDB 形式的信号记录文件、各个信号的时变曲线。

在 Test report 中分析测试报告，分析过程分以下几步：首先观察 Test case 有没有报错，没问题即测试流程无误，可以直接看 Job 的内容，在 Job 中主要观察各个带有判断性质的测试模块是 success 还是 fail，由于子集有 fail，母集就会 fail，子集全是 success，母集才是会 success，所以发现 fail 后要按照从外到内的顺序最终找到失败的 calculation 模块，一般计算模块有配图，可以在图中看到红色部分的 fail 范围，进而分析为什么会失败。如图 8-28 所示，评价标准为自车需要按照规划路径行驶，不能制动，所以在车速大于 0 的区域合格，但在后面车速为 0 的区域，显示为 fail。

8.3.3.3 测试报告导出

ECU-TEST 生成的默认是.trf 格式文件，该格式文件仅供软件本身阅读。但报告可以输出为 EXCEL、JSON、HTML、TXT、UNIT 等格式，最常用直观的是 HTML，对于批量测试，还可以导出为 Json parameters 格式，用于使用 Python 进行结果统计和作图。

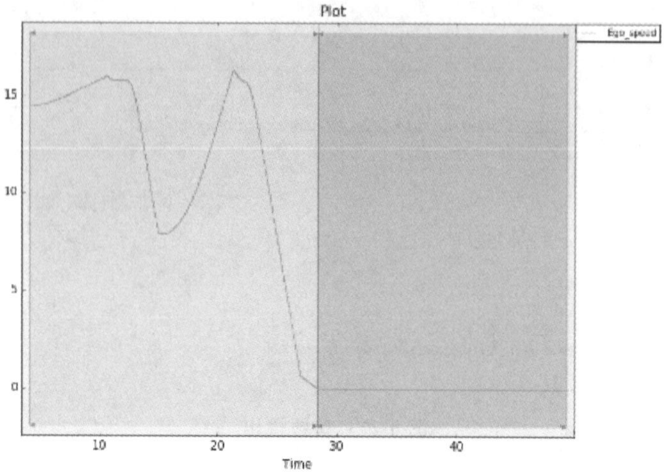

图 8-28　测试报告中的图例

8.3.4　测试报告生成方法和使用说明

8.3.4.1　测试报告生成方法

(1)测试报告输入解析

测试报告的输入为测试结果文件,格式是 json,如图 8-29 所示。json 文件在 Python 中会被解读为嵌套的字典(dictionary)类型。

```
{
    "reports": [
        {
            "duration": "0:00:30.02",
            "reportDate": "Tue Apr 28 11:14:36 2020",
            "verdict": "FAILED",
            "link": "",
            "testCase": "Brake obstacle avoidance",
            "details": {
                "attributes": [
                    {
                        "shortName": "isTestCase",
                        "value": [
                            false
                        ]
                    },
                    {
                        "shortName": "Revision",
                        "value": [
                            ""
                        ]
                    }
                ],
                "constants": [],
                "parameters": [
                    {
                        "shortName": "test",
                        "direction": "IN",
                        "value": "0.0"
                    },
```

图 8-29　json 文件格式

将信息一层层取出并保存在 Pandas. Dataframe 中，完成输入信息的解析。

(2)测试报告的生成格式

选用 Excel 格式的报告，调用 Python 库 Openpyxl，支持使用 Python 对 Excel 进行读写以及格式设计等功能，如图 8-30 所示。

序号	用例编号	用例文件名称	测试里程(米)	判断是否碰撞	判断是否停车	判断自车轨迹	碰撞时间点
			4919.75	通过率:100.00%	通过率:0.00%	通过率:7.14%	通过率:0.00%
1	89	TestCar_1_2_089_00	556.01	通过	通过	通过	通过
1	92	TestCar_1_2_092_00	465.98	通过	通过	通过	通过
2	89	TestCar_1_2_089_00	458.43	通过	通过	通过	通过
2	92	TestCar_1_2_092_00	301.26	通过	通过	通过	通过
3	89	TestCar_1_2_089_00	159.14	通过	通过	通过	通过
3	92	TestCar_1_2_092_00	207.26	通过	通过	通过	通过
4	89	TestCar_1_2_089_00	344.76	通过	通过	通过	通过
4	92	TestCar_1_2_092_00	255	通过	通过	通过	通过
5	89	TestCar_1_2_089_00	358.32	通过	通过	通过	通过
5	92	TestCar_1_2_092_00	473	通过	通过	通过	通过
6	89	TestCar_1_2_089_00	355.11	通过	通过	通过	通过
6	92	TestCar_1_2_092_00	365.74	通过	通过	通过	通过
7	89	TestCar_1_2_089_00	256.88	通过	通过	通过	通过
7	92	TestCar_1_2_092_00	362.86	通过	通过	通过	通过

图 8-30 测试报告 excel 内容格式

表 8-30 中前四列是测试的基本信息，后面是针对不同场景及功能的不同评判标准，在第二行进行统计，如总里程、通过率等。

8.3.4.2 自动生成工具使用方法

(1)环境配置

在 windows 环境下，自动生成工具使用 Python3.7 版本，并引入了多个 package。

包括且不限于(仅列出重点)：

①Pandas：为存储 json 转化数据。

②Openpyxl：Excel API。

其余 package 见源码 import，依次安装好方能正常运行。

(2)原理说明

源码中包含了原始 json 文件所在 path 的选择，如下：

```
path = 'data/0520/'
```

Config 标签设置说明见表 8-5。

表 8-5 config 标签设置说明

第一级文件夹	第二级文件夹	第三级文件夹
0520	Z001(批次编码)	JSON_PARAMETERSETS format001
		JSON_PARAMETERSETS format002
	Z002(批次编码)	JSON_PARAMETERSETS format001
		JSON_PARAMETERSETS format002

每天生成一个第一级文件夹，其中包含多个第二级文件夹(多个批次)。每个第二级文件夹最后会形成一个 Excel 格式的报告。第三级文件夹下是原始的 json 文件。

(3)使用方式

理论上只需要将 path 中的“0520”更改为正确的相对路径即可运行，运行没有其他参数需求。(0520/以下的文件层级只需要拓扑结构保持不变即可,对具体的文件名并没有特别的要求。)

相对路径按照实际情况进行修改,文件的拓扑结构建议保持不变。如一定要更改拓扑结构,须酌情更改代码相关部分。

8.4 仿真测试结果实例分析

8.4.1 测试评价分类

测试完成后,针对仿真结果进行分析,有两种分析方法:一种是客观分析,测试完成后在ECU-Test 自动化测试结果中查看报告及里面的详细评判指标,如加速度、加加速度,是否碰撞指标来客观分析问题;另一种是主观分析,场景运行时通过观看 VTD 实时可视化结果来主观判断算法逻辑是否合理,或者测试完成后分析场景测试录制的 bag 包,通过 ros 节点话题数值曲线分析功能性能问题。下面以跟车、绕障两个实例进行说明。

8.4.2 测试实例——跟车场景

(1)客观分析

通过 ECT-Test 的测试报告结果分析,可看到碰撞指标正常,加加速度指标异常,测试结果客观分析为异常,效果如图 8-31 所示。

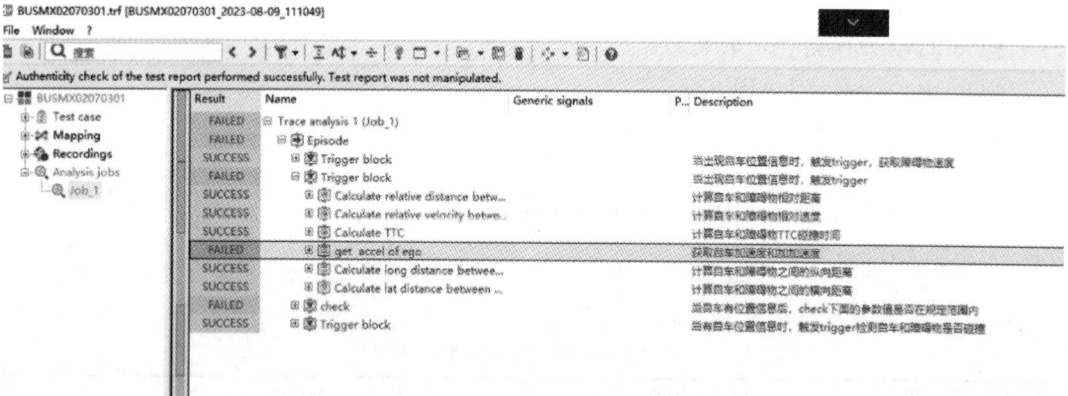

图 8-31 跟车场景客观评价——自车加加速度异常

对异常的加加速度指标数据进行详细客观分析,首先明确我们设置测试车辆纵向加加速度阈值范围是[−5,4]。

对加加速度指标展开进行详细分析,效果如图 8-32 所示。当加加速度超过阈值时,该时间段内的数据显示红色。

由图 8-33、图 8-34 可以发现有大量红色异常值,说明存在反复加加速度变化,打开详细的数据内容,发现有不同时间段的加加速度反复异常,隔几秒或者不到 1 s 时间段多次震荡,并且时间长达整个仿真周期。

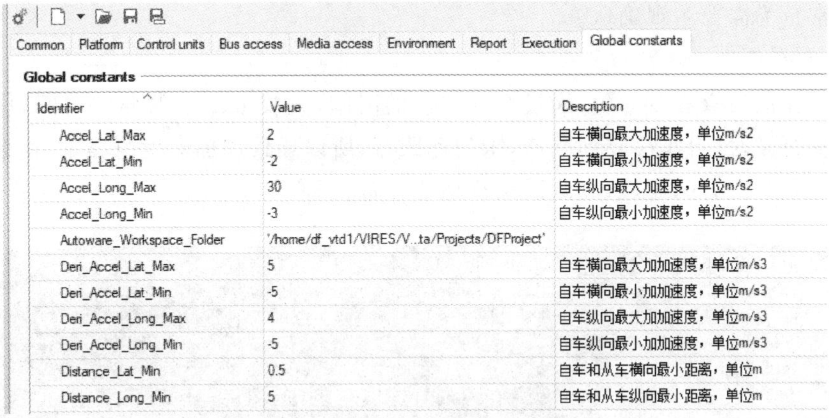

Identifier	Value	Description
Accel_Lat_Max	2	自车横向最大加速度，单位m/s2
Accel_Lat_Min	-2	自车横向最小加速度，单位m/s2
Accel_Long_Max	30	自车纵向最大加速度，单位m/s2
Accel_Long_Min	-3	自车纵向最小加速度，单位m/s2
Autoware_Workspace_Folder	'/home/df_vtd1/VIRES/V..ta/Projects/DFProject'	
Deri_Accel_Lat_Max	5	自车横向最大加加速度，单位m/s3
Deri_Accel_Lat_Min	-5	自车横向最小加加速度，单位m/s3
Deri_Accel_Long_Max	4	自车纵向最大加加速度，单位m/s3
Deri_Accel_Long_Min	-5	自车纵向最小加加速度，单位m/s3
Distance_Lat_Min	0.5	自车和从车横向最小距离，单位m
Distance_Long_Min	5	自车和从车纵向最小距离，单位m

图 8-32　跟车场景客观评价设置指标

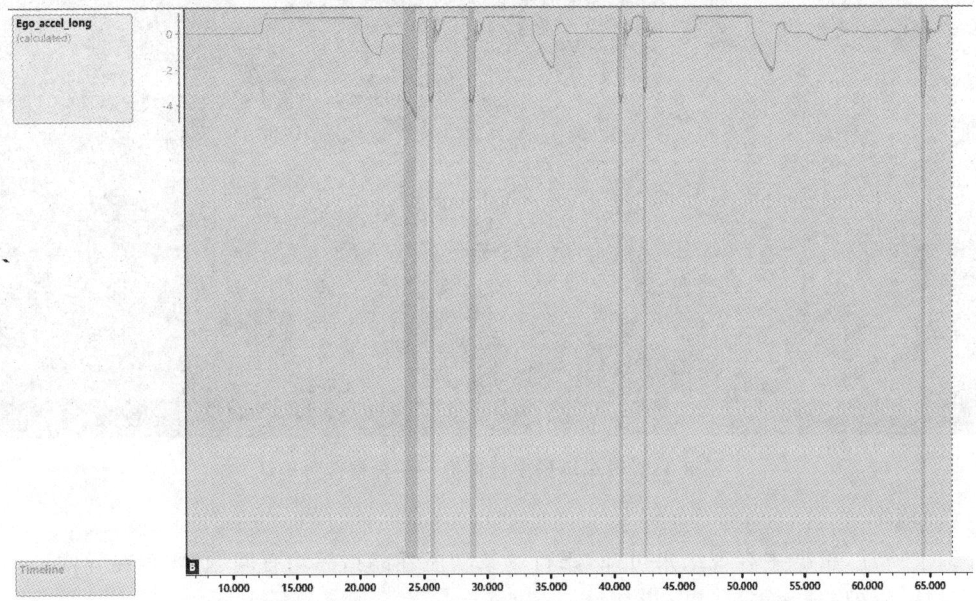

图 8-33　跟车场景客观评价——自车加加速度异常详细图示

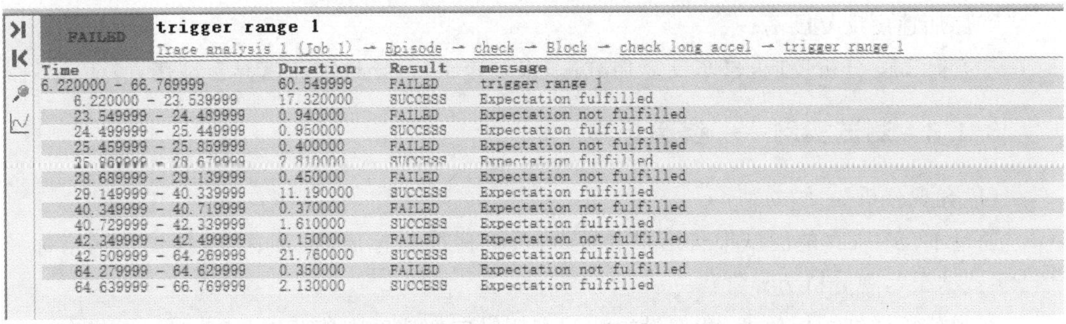

Time	Duration	Result	message
6.220000 - 66.769999	60.549999	FAILED	trigger range 1
6.220000 - 23.539999	17.320000	SUCCESS	Expectation fulfilled
23.549999 - 24.489999	0.940000	FAILED	Expectation not fulfilled
24.499999 - 25.449999	0.950000	SUCCESS	Expectation fulfilled
25.459999 - 25.859999	0.400000	FAILED	Expectation not fulfilled
25.869999 - 28.679999	2.810000	SUCCESS	Expectation fulfilled
28.689999 - 29.139999	0.450000	FAILED	Expectation not fulfilled
29.149999 - 40.339999	11.190000	SUCCESS	Expectation fulfilled
40.349999 - 40.719999	0.370000	FAILED	Expectation not fulfilled
40.729999 - 42.339999	1.610000	SUCCESS	Expectation fulfilled
42.349999 - 42.499999	0.150000	FAILED	Expectation not fulfilled
42.509999 - 64.269999	21.760000	SUCCESS	Expectation fulfilled
64.279999 - 64.629999	0.350000	FAILED	Expectation not fulfilled
64.639999 - 66.769999	2.130000	SUCCESS	Expectation fulfilled

图 8-34　跟车场景客观评价——自车加加速度异常时间段

自动化客观评价结果说明：

自车加加速度值异常，说明自车存在点刹、急刹等导致加加速度异常的行为，存在震荡，但具体异常行为需要主观确认。

(2)主观分析

在测试完成后查看 bag 包,通过客观评价的时间,查找 bag 中的异常时间,可看出前方有低速车辆行驶时,自车反复加减速,未匀速跟行,所以导致加加速度值异常,由此可判断针对此跟行场景算法有问题,仿真测试跟行功能异常。

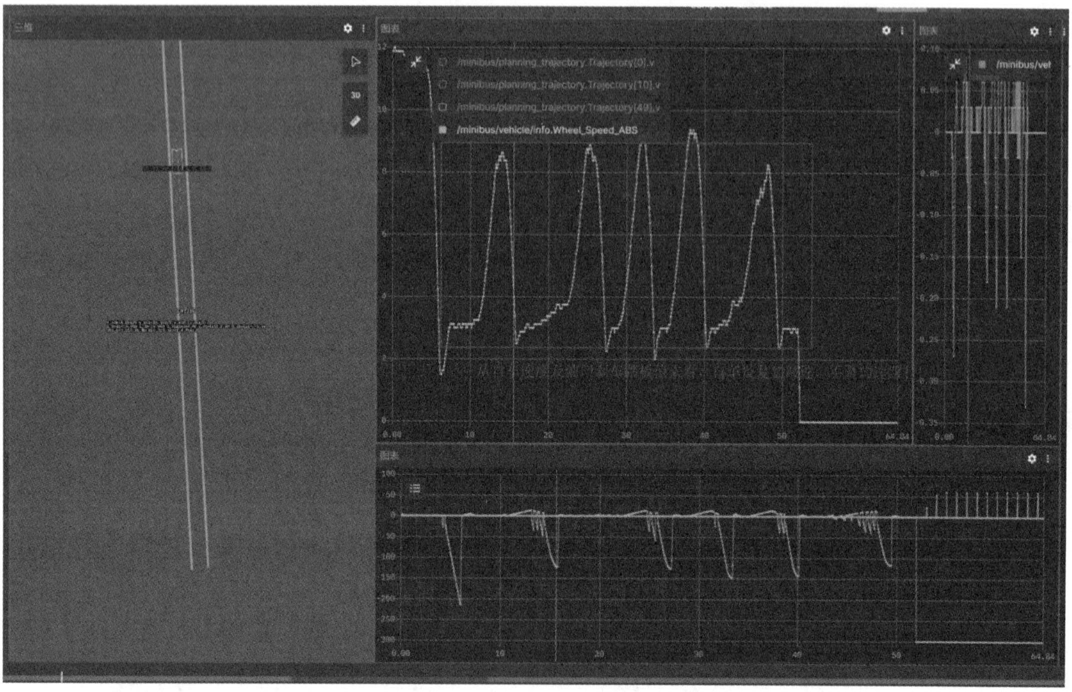

图 8-35　跟车场景主观评价——异常行为确认

(3)结论

综上所述,根据主客观结果可知,跟行场景功能性能指标均有问题,均存在异常。

具体异常指标如下:

①加加速度大于仿真设定值[-5,4];

②加加速度反复震荡;

③实际 bag 分析反应,自车反复加减速,未匀速跟行,导致加速度异常震荡。

8.4.3　测试实例——绕障场景

(1)客观分析

通过 ECT-Test 的测试报告结果分析,可看到碰撞指标成功,加速度、加加速速指标异常,测试结果客观分析为异常。

客观分析详细指标数据,我们设置测试车辆纵向加速度阈值范围是[-3,30],纵向加加速度阈值范围是[-5,4]。

从此绕障场景结果数据来看,在 11.79—11.80、12.03—12.04、12.27—12.28 等多个时间段,测试车辆加速度均超出阈值,见图 8-36—图 8-39。

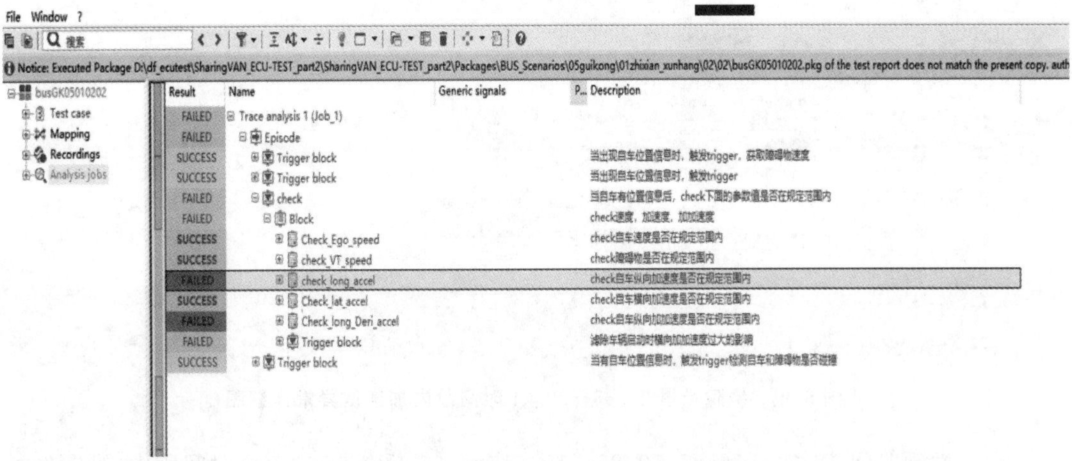

图 8-36 绕障场景客观评价——自车加速度异常

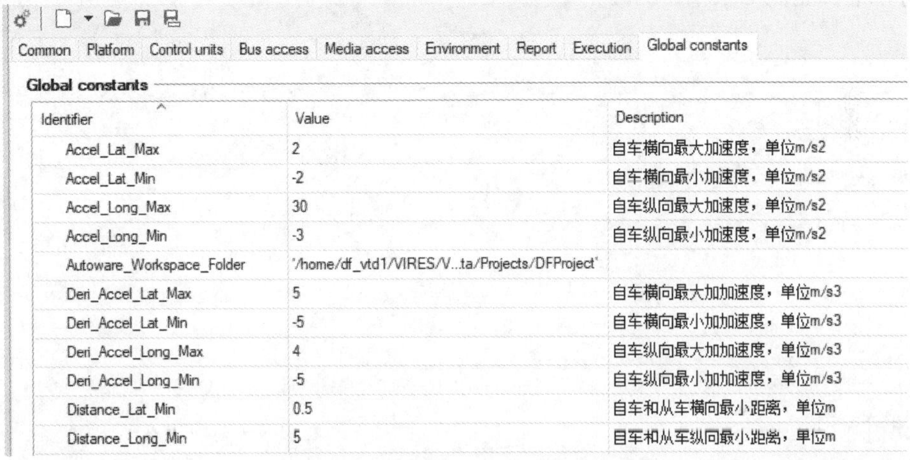

Identifier	Value	Description
Accel_Lat_Max	2	自车横向最大加速度，单位m/s2
Accel_Lat_Min	-2	自车横向最小加速度，单位m/s2
Accel_Long_Max	30	自车纵向最大加速度，单位m/s2
Accel_Long_Min	-3	自车纵向最小加速度，单位m/s2
Autoware_Workspace_Folder	'/home/df_vtd1/VIRES/V...ta/Projects/DFProject'	
Deri_Accel_Lat_Max	5	自车横向最大加加速度，单位m/s3
Deri_Accel_Lat_Min	-5	自车横向最小加加速度，单位m/s3
Deri_Accel_Long_Max	4	自车纵向最大加加速度，单位m/s3
Deri_Accel_Long_Min	-5	自车纵向最小加加速度，单位m/s3
Distance_Lat_Min	0.5	自车和从车横向最小距离，单位m
Distance_Long_Min	5	自车和从车纵向最小距离，单位m

图 8-37 绕障场景——客观指标设置

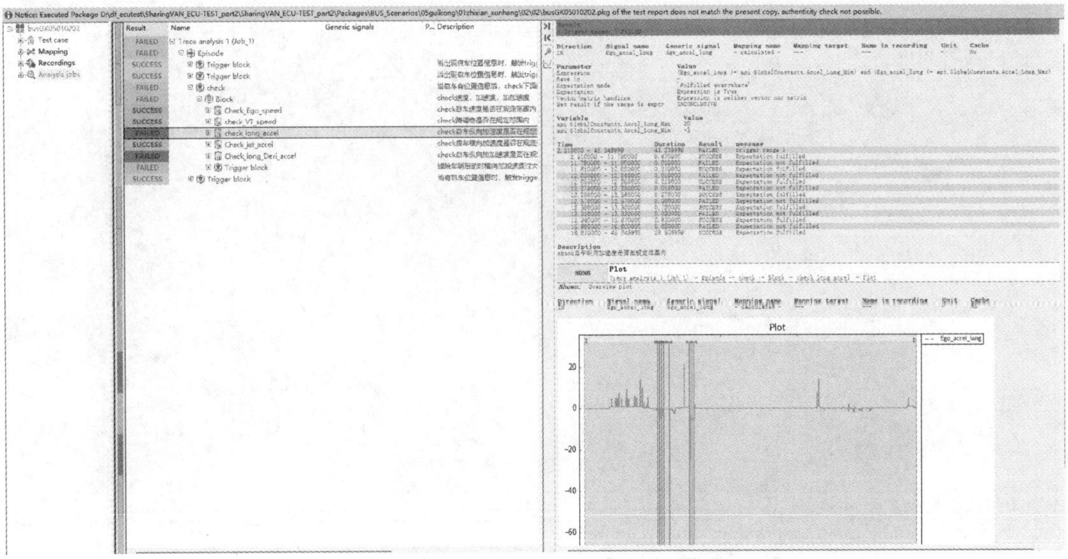

图 8-38 绕障场景——加速度异常

Variable	Value
api.GlobalConstants.Accel_Long_Max	30
api.GlobalConstants.Accel_Long_Min	-3

Time	Duration	Result	message
2.310000 - 45.549999	43.239999	FAILED	trigger range 1
2.310000 - 11.780000	9.470000	SUCCESS	Expectation fulfilled
11.790000 - 11.800000	0.010000	FAILED	Expectation not fulfilled
11.810000 - 12.020000	0.210000	SUCCESS	Expectation fulfilled
12.030000 - 12.040000	0.010000	FAILED	Expectation not fulfilled
12.050000 - 12.260000	0.210000	SUCCESS	Expectation fulfilled
12.270000 - 12.280000	0.010000	FAILED	Expectation not fulfilled
12.290000 - 12.560000	0.270000	SUCCESS	Expectation fulfilled
12.570000 - 12.570000	0.000000	FAILED	Expectation not fulfilled
12.580000 - 13.300000	0.720000	SUCCESS	Expectation fulfilled
13.310000 - 13.330000	0.020000	FAILED	Expectation not fulfilled
13.340000 - 15.970000	2.630000	SUCCESS	Expectation fulfilled
15.980000 - 16.600000	0.620000	FAILED	Expectation not fulfilled
16.610000 - 45.549999	28.939999	SUCCESS	Expectation fulfilled

Description

check自车纵向加速度是否在规定范围内

图 8-39　绕障场景 29.63—29.64 时间段内加速度异常详细图

同时发现时间 18.84—18.87、19.85—19.91、29.62—29.65 这三个时间段中，纵向加加速度均异常。见图 8-40、图 8-41。

Parameter	Value
Expression	(Deri_Ego_accel_long >= api.GlobalConstants.Deri_Accel_Long_Min) and (Deri_Ego_ac
Save in	-
Expectation mode	'Fulfilled everywhere'
Expectation	Expression is True
Vector/matrix handling	Expression is neither vector nor matrix
Set result if the range is empty	INCONCLUSIVE

Variable	Value
api.GlobalConstants.Deri_Accel_Long_Max	50
api.GlobalConstants.Deri_Accel_Long_Min	-5

Time	Duration	Result	message
8.280000 - 68.849998	60.569999	FAILED	trigger range 1
8.280000 - 18.110000	9.830000	SUCCESS	Expectation fulfilled
18.120000 - 18.130000	0.010000	FAILED	Expectation not fulfilled
18.140000 - 21.310000	3.170000	SUCCESS	Expectation fulfilled
21.320000 - 21.320000	0.000000	FAILED	Expectation not fulfilled
21.330000 - 68.849998	47.519999	SUCCESS	Expectation fulfilled

Description

check自车纵向加加速度是否在规定范围内

图 8-40　绕障场景——加加速度异常

图 8-41　绕障场景——多个时间段内加加速度异常

(2)自动化客观评价结果说明

①自车横纵向加速度、加加速度值异常,加速度大于仿真设定值[-5,4],加速度大于仿真设定值≤-3,说明自车存在点刹、急刹等导致加速度异常的行为,是否存在其他如变道逻辑、时间等异常需要主观确认。

②变道场景中无碰撞异常,说明不存在极端危险工况。

(3)主观分析

在测试完成后查看 bag 包,通过客观评价的时间,查找 bag 中的异常时间,可看出前方有静止车辆时,自车按照规划给出绕障轨迹变道绕障成功,不存在逻辑异常和变道时间异常,由此可判断针对此绕障场景功能逻辑无问题。

(4)结论

综上所述,根据主客观结果可知,绕障场景功能无问题,可以绕障,性能指标异常。见图 8-42。

具体异常指标如下:

①加速度不在仿真设定值[-3,30]范围内。

②多个时间段内,加加速度大于仿真设定值[-5,4]。

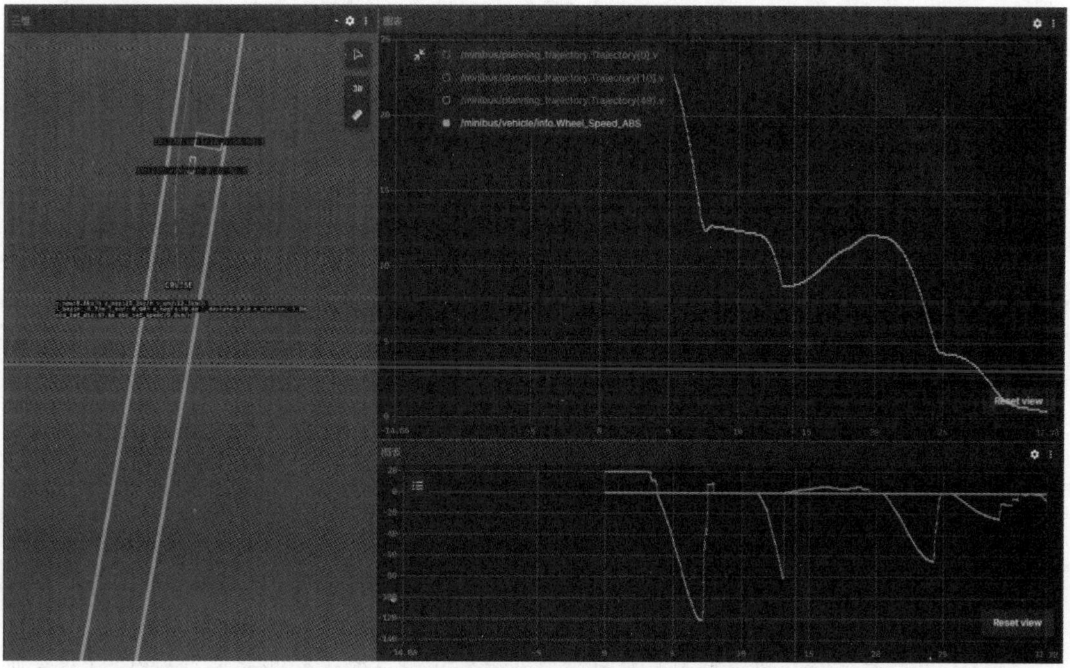

图 8-42 绕障场景主观评价-异常行为确认

9 自动驾驶实车测试技术

9.1 汽车自动驾驶测试评价

9.1.1 概述

自动驾驶实车测试，旨在使用实际道路或测试场等现实场景，进行整车系统级别的功能性能评估。搭载有智能驾驶系统的“车辆底盘”(自动驾驶广义的底盘包含了车身及相关整车设施)作为智能驾驶系统的执行机构，是自动驾驶系统测试的直接对象。

相较于仿真测试，实车测试优点在于测试的结果具有更高的真实性，通过现实场景的搭建，并对相应场景下自动驾驶系统的表现进行定性抑或定量的观测及测量，往往可以得出最准确直观的测试结果，在各类仿真技术无法完全模拟真实场景输入输出的现阶段，其结果具有不可替代性，同时也是行业各主机厂必须具备的环节。

自动驾驶实车测试同样有其局限性。一方面，车辆自动驾驶所涉及场景纷繁复杂，场景要素众多，如：不同道路结构、气候环境、交通参与者类型及数量、交通参与者运动状态，甚至道路结构外环境等，各个要素维度均会影响自动驾驶系统实际表现。而多个维度要素的变换组合，导致自动驾驶实车测试场景无法穷举，因此，在保障实车测试的安全前提下，当前高度自动驾驶系统往往在限定区域开展。另一方面，实车测试基于现实场景搭建，人力、场地、专用设备设施等投入成本较高，且在测试验证过程中，往往需要较长的周期来进行场景的逐一验证。自动驾驶实车测试技术，正是研究在当前存在局限性的基础上，如何尽可能地使用有限的场景搭建及测试，获得尽可能充分、准确且具有代表性的测试结果。

毫无疑问，真实社会道路场景是自动驾驶车辆实车测试的天然测试场，而具备自动驾驶功能的无人驾驶车辆若要进行道路测试，存在交通法规的限制。因而，近年国内各地相继推出智能网联测试示范道路以及相应的准入政策作为支持。为达到各地准入政策的要求，各单位需要通过部分法规要求的测试项目，其场景设计往往具有较强的代表性。

作为自动驾驶性能提升的重要反馈来源之一，自动驾驶实车测试往往也承担着企业研发的闭环作用。因而，企业在设计实车测试场景时，往往会在覆盖行业法规标准场景的前提下，设计更加详尽且有针对性的场景，并随着自动驾驶产品的逐步迭代，其测试场景及项目有持续迭代、拆分更细、测试更全的特点。

9.1.2 测试场景的分类及特点

测试场景往往以车辆实际运行的全流程进行基础场景的划分,如:车辆启动及预警、交通标志识别及响应、交通信号灯的识别及响应、障碍物的识别及响应、行人及非机动车的识别及响应、机动车的识别及响应、超车、并道、定点停车、交叉路口通行、环形路口通行、人工操作接管等。对这些场景进行基础要素拆分,得到二级场景,并在二级场景基础上进行差异性的调整及测试。以上场景基本覆盖了车辆自动驾驶基础功能,分类见表 9-1。

表 9-1 测试场景分类

序号	测试项目	测试场景
1	车辆启动及预警	规划路径启动
2		非规划路径启动
3		启动时障碍物检测
4		坡道起动
5	交通标志识别及响应	限速标志识别及响应
6		停车让行标志/标线识别及响应
7		车道线识别及响应
8		人行横道线识别及响应
9		禁止通行标志识别及响应
11	交通信号灯的识别及响应	机动车信号灯识别及响应
12		方向指示信号灯识别及响应
13	障碍物的识别及响应	障碍物测试
14		误作用测试
15	行人及非机动车识别与响应	行人横穿马路
16		行人沿道路行走
17		非机动车横穿马路
18		非机动车沿道路行走
19	机动车的识别及响应	稳定跟车行驶
20		跟车停车
21		跟车起步
22		前方车辆切入
23		前方车辆切出
24		对向车辆借道行驶
25	超车	超车
26	并道	相邻车道有车
27		相邻车道无车

续表 9-1

序号	测试项目	测试场景
28	定点停车	站点停车
29		定点泊车
30		港湾式站台泊车
31	交叉路口通行	直行车辆冲突通行
32		右转车辆冲突通行
33		左转车辆冲突通行
34		掉头
35	环形路口通行	环形路口通行
35	人工操作接管	人工操作接管提醒
36		人工主动接管

除去常规行驶场景，具有影响传感器性能，或具有道路特殊设施的场景，往往也作为补充测试的特殊场景，用以验证自动驾驶系统在特殊环境下的适应性，如：信号遮挡、高反射率障碍物、复杂道路设施场景等。见表 9-2。

表 9-2　特殊测试场景

序号	测试项目	测试场景
1	GPS 信号遮挡	GPS 信号遮挡起步
2		通过 GPS 信号遮挡路线
3	高反障碍物测试	直线行驶时高反障碍物测试
4		弯道行驶时高反障碍物测试
5	复杂场景测试	车辆切入跟车刹停
6		前方车辆切出后前方有静止车辆
7		匝道
8		收费站
9		施工车道

9.2　测试场地及测试环境

9.2.1　测试场地条件

通常自动驾驶测试场地要求地面应以实际道路为准，在对场地性能进行约束时往往采用以下指标：

①测试场地具有良好附着能力的混凝土或沥青路面；

②交通标志和标线清晰可见，并符合 GB 5768《道路交通标志和标线》的要求；

③道路及基础设施符合 GB 14886《道路交通信号灯设置安装规范》、GB 14887《道路交通信号灯》的要求；

④具备测试车辆自动驾驶模式正常激活的必要数据和设施条件。

9.2.2 测试环境

通常在晴天开展测试，避开雨雾等极端场景天气。非特定环境测试应在天气良好且光照正常环境下进行。

9.2.3 目标物及标识

(1)目标物

①障碍物测试：可以用锥桶和水马当障碍物进行。

②行人及非机动车测试：应用表面特征参数能够代表行人及非机动车，且适应传感器系统的柔性目标。

③机动车测试：应用表面特征参数能够代表机动车，且适应传感器系统的柔性目标。

(2)标识

交通标识、标线、交通信号灯应满足 GB 5768《道路交通标志和标线》GB 14886《道路交通信号灯设置与安装规范》GB 14887《道路交通信号灯》的要求。

9.2.4 测试记录内容

车辆具备状态记录、存储及监控功能，能自动记录和存储下列各项信息在车辆事故或失效状况发生前至少 90 s 的数据。

①车辆控制模式；

②车辆定位信息和车辆姿态；

③车辆速度、加速度等运动状态；

④环境感知与响应状态；

⑤车辆灯光、信号实时状态；

⑥车辆人工干扰情况；

⑦测试车辆发生碰撞、失控、脱离自动驾驶状态等问题故障情况(如有)。

9.2.5 测试车辆要求

测试车辆应满足以下要求：

①测试车辆应能够稳定地进行自动驾驶。

②测试车辆底盘应可以正常工作，无底盘问题。

③测试车辆应具有急停功能。

9.2.6 测试要求

①所有测试项目，应进行三次或以上的测试并对每次的测试结果进行记录；

②所有测试均需记录测试时间及 CAN 数据。

9.3 基础场景测试方法

9.3.1 车辆启动预警

9.3.1.1 规划路径启动

(1)测试场景

测试车辆停在规划路径上,启动车辆并开始自动驾驶。

(2)测试方法

分别在开启车门和关闭车门的状态下启动车辆,并切换进入自动驾驶状态。

(3)记录内容

①切换自动驾驶时是否有语音播报。

②车门开启时是否正常关闭车门。

③车门关闭后到车辆有实际车速的时间间隔。

9.3.1.2 非规划路径启动

(1)测试场景

测试车辆停在非规划路径上,启动车辆并开始自动驾驶。

(2)测试方法

分别在开启车门和关闭车门的状态下启动车辆,并进入自动驾驶状态。

(3)记录内容

①切换自动驾驶时是否有语音播报。

②车门开启时否正常关闭车门。

9.3.1.3 启动时障碍物检测

(1)测试场景

测试车辆停在规划路径上,在车辆周边摆放障碍物,启动车辆并开始自动驾驶。

(2)测试方法

①如图 9-1 所示,在车辆前方 0.5m/1m/2m/3m/4m/5m 处摆放障碍物,启动车辆,并进入自动驾驶状态。

②在车辆左/右侧 0.5m/1m/2m 处摆放障碍物,启动车辆,并进入自动驾驶状态。

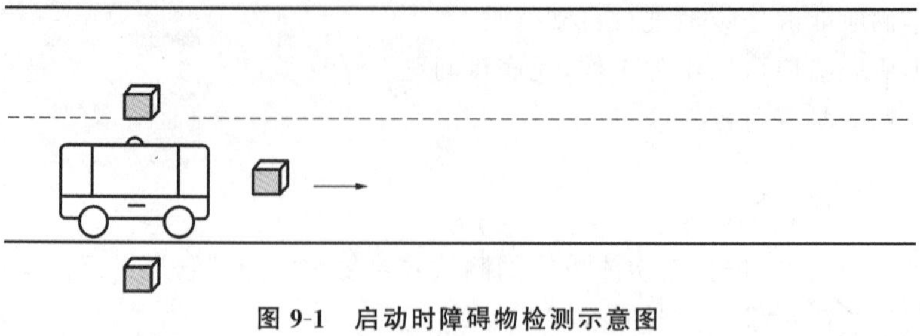

图 9-1 启动时障碍物检测示意图

(3)记录内容

记录车辆成功启动并避让障碍物时障碍物距离车辆的距离。

9.3.1.4 坡道启动

(1)测试场景

测试车辆停在15%的坡道上,启动车辆并开始自动驾驶。

(2)测试方法

测试车辆停在15%的坡道上,启动车辆并点击屏幕进入自动驾驶状态。

(3)记录要求

①测试车辆溜坡距离。

②车门关闭后到车辆有实际车速的时间间隔。

9.3.2 交通标志识别及响应

9.3.2.1 限速标志识别及响应

(1)测试场景

测试车道为包含一条车道的长直道,在该路段路旁设置限速标志牌和解除限速标志牌,如表9-3和图9-2所示,测试车辆以不同的车速驶向限速标志牌并穿过限速区域的响应。

表9-3 限速标志参照表

初始道路限速/(km/h)	限速标志数值/(km/h)	解除限速标志/(km/h)
10	5	—
20	5	—
30	5	—
20	10	10
30	10	10
40	20	—
40	30	—

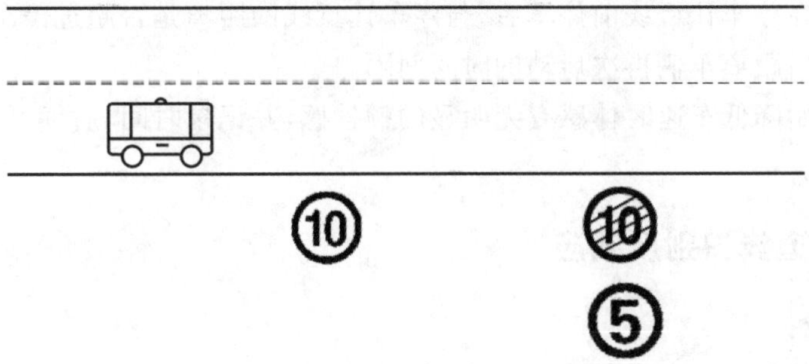

图9-2 限速标志识别及响应示意图

(2)测试方法

测试车辆距离限速标识牌前 100m 处达到表 9-1 所列的初始速度匀速驶近限速标志，并完全驶出限速区域。测试场景应包含白天和夜间(夜间场景要求光照度低于 2Lux，测试车辆开启灯光)。

(3)记录内容

①车辆前端越过限速标志所在平面时，测试车速度是否降低到标志牌数值；

②在限速路段行驶时，测试车辆行驶是否以不高于限速标志数值 10%的车速行驶；

③在限速路段行驶时，测试车辆的车速是否平稳，有无明显的车速波动；

④通过解除限速标志后，测试车辆是否加速恢复原设定速度；

⑤车辆在开始降低车速时体感有无明显的顿挫感，并记录时间，后续可以回放数据，分析纵向减速度数值。

9.3.2.2 限速标志识别及响应

(1)测试场景

测试场景为包含两条及以上的双向两车道丁字路口，并于交叉处设置停车让行标志牌和停车让行标线，如图 9-3 所示，测试车辆以不同的车速驶向该标志牌。

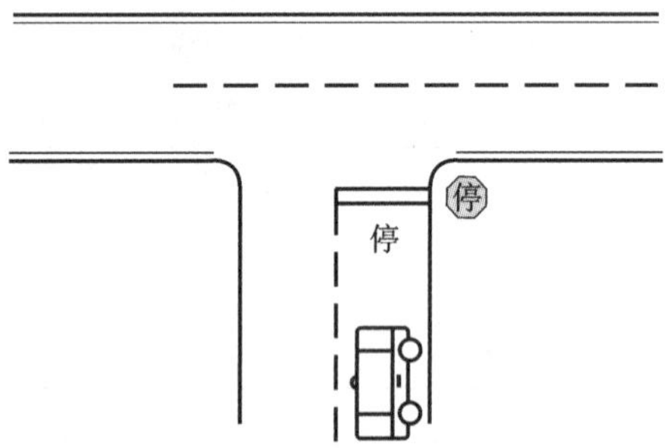

图 9-3 停车让行标志识别及响应示意图

(2)测试方法

测试车辆在车道内分别以 10km/h、20km/h 速度驶向停车让行线。测试场景应包含白天和夜间(夜间场景要求光照度低于 2Lux，测试车辆开启灯光)。

(3)记录内容

①测试车辆在停车让行线前停车后，与停车让行线的距离是否超过停车让行线。

②车辆停车后距离车辆再次启动的时间间隔。

③车辆在开始降低车速时体感有无明显的顿挫感，并记录时间，后续可以回放数据分析纵向减速度数值。

9.3.3 车道线识别及响应

(1)测试场景

测试场景为包含一条车道的直道与弯道，应有明显车道线(虚线和实线)，如图 9-4 所示，测试车辆以不同速度进入车道，车辆在车道中行驶。

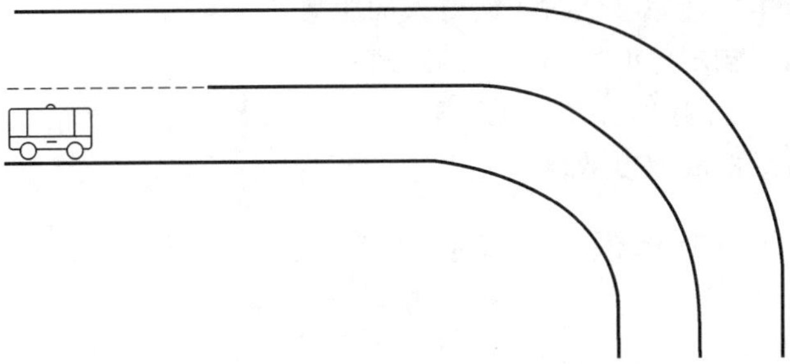

图 9-4　车道线识别及响应示意图

(2)测试方法

测试车辆在车道内行驶,由直道进入弯道,并完全驶出弯道区域。测试场景应包含白天和夜间(夜间场景要求光照度低于 2Lux,测试车辆开启灯光)。

(3)记录内容

①测试车辆是否准确识别到车道线并始终在车道内居中行驶;

②测试车辆是否有压车道线的行为;

③测试车辆直道行驶过程中是否有明显的方向摆动或偏离,是否有明显的走“S”形现象;

④测试车辆在弯道行驶中是否稳定,方向是否有明显摆动。

9.3.4　人行横道线识别及响应

(1)测试场景

测试场景为包含一条车道的长直道,道路上设置有人行横道,如图 9-5 所示。测试车辆以不同速度行驶并通过人行横道。

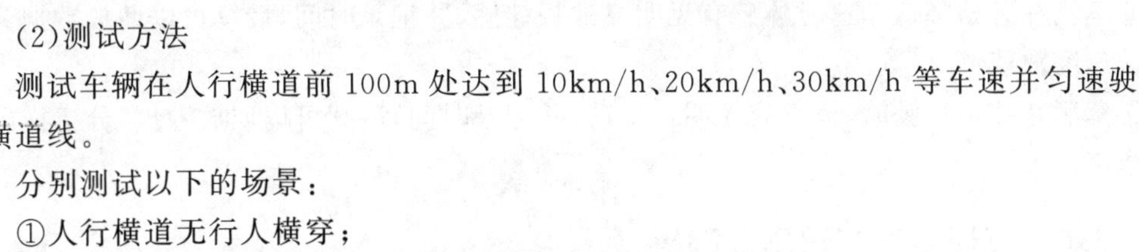

图 9-5　人行横道线识别及响应示意图

(2)测试方法

测试车辆在人行横道前 100m 处达到 10km/h、20km/h、30km/h 等车速并匀速驶近人行横道线。

分别测试以下的场景:

①人行横道无行人横穿;

②行人从道路左侧进入人行横道横穿道路;

③行人从道路右侧进入人行横道横穿道路。

测试场景应包含白天和夜间(夜间场景要求光照度低于 2Lux,测试车辆开启灯光)。

(3)记录内容

①人行横道无行人横穿时,车辆是否识别到人行横道,并减速通过;

②有行人横穿，车辆开始减速时距离行人的距离；

③有行人横穿，车辆刹停时距离行人的距离；

④车辆在开始降低车速时体感有无明显的顿挫感，是否有急刹情况，并记录时间，后续可以回放数据，分析纵向减速度数值。

9.3.5 禁止驶入标志识别及响应

(1)测试场景

测试场景为包含一条车道的长直道，并于该路段设置禁止驶入标志牌，如图 9-6 所示，测试车辆以不同的车速驶向该标志牌。

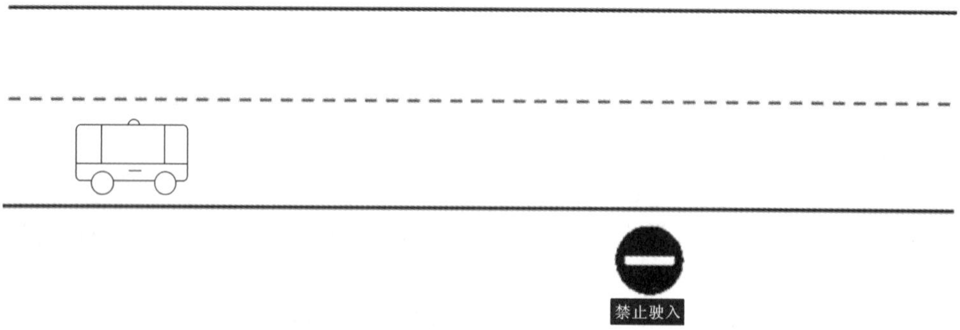

图 9-6 禁止驶入标志识别及响应示意图

(2)测试方法

测试车辆在禁止驶入标志前 100m 处达到 10km/h、20km/h、30km/h 等车速并匀速驶近禁止驶入标志。测试场景应包含白天和夜间(夜间场景要求光照度低于 2Lux，测试车辆开启灯光)。

(3)记录内容

①测试车辆减速时与禁止驶入标志的距离；

②测试车辆对禁止驶入标志的响应措施，停车或掉头；

③测试车辆停车或掉头时与禁止驶入标志的距离；

④如果测试车辆停车，车辆最前端是否越过禁止驶入标志牌所在平面；

⑤如果测试车辆掉头，车辆是否有部位越过禁止驶入标志牌所在平面；

⑥车辆在开始降低车速时体感有无明显的顿挫感，并记录时间，后续可以回放数据分析纵向减速度数值；

⑦车辆在掉头行驶时，体感有无明显摆动，并记录时间，后续可以回放数据，分析横向加速度数值。

9.3.6 交通信号灯识别及响应

9.3.6.1 机动车信号灯识别及响应

(1)测试场景

测试场景包含一个十字路口，于该路段设置机动车信号灯，如图 9-7 所示。测试车辆以不同的车速驶向信号灯。

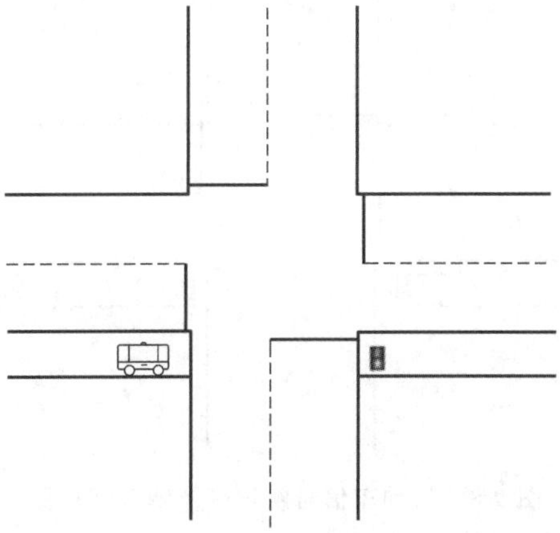

图 9-7 机动车信号灯识别及响应示意图

(2)测试方法

测试车辆在停止线前 100m 处达到 10km/h、20km/h、30km/h 等车速并匀速驶近停止线。机动车信号灯初始状态为绿色并随机调整为下列两种信号灯状态之一：

①绿灯：信号灯保持绿色状态；

②红灯：测试车辆最前端距离信号灯停止线 10～20m 时由绿灯变为红灯，红灯持续时间为 30s，而后变为绿灯。

(3)记录内容

①进行绿灯测试时，车辆是否正常通过路口；

②进行红灯测试时，测试车辆检测到红灯时距离停止线的距离；

③测试车辆减速时距离停止线的距离；

④测试车辆在停车后距离停止线的距离，是否超过停止线；

⑤红灯切换成绿灯后车辆起步的时间；

⑥车辆在开始降低车速时体感有无明显的顿挫感，有无急刹现象，并记录时间，后续可以回放数据，分析纵向减速度数值；

⑦车辆在转向行驶时，体感有无明显摆动，并记录时间，后续可以回放数据分析横向加速度数值。

9.3.6.2 方向指示信号灯识别及响应

(1)测试场景

测试场景为一个十字路口，于该路段设置有信号灯，如图 9-8 所示，信号灯应包含一个左转灯、一个直行灯等多个灯，测试车辆以不同的车速驶向信号灯。

(2)测试方法

测试车辆在停止线前 100m 处达到 10km/h、20km/h、30km/h 等车速，并匀速驶近停止线。机动车信号灯初始状态为绿色并随机调整为下列四种信号灯状态之一：

①左转和直行都是绿灯；

②左转红灯，直行绿灯；

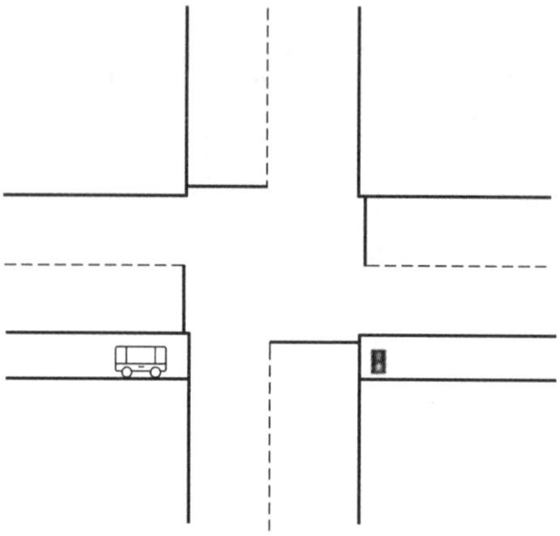

图 9-8　机动车信号灯识别及响应示意图

③左转绿灯，直行红灯；

④左转和直行都是红灯。

(3)记录内容

①进行绿灯测试时，车辆是否正常通过路口；

②左转红灯直行绿灯或左转绿灯直行红灯，车辆是否正确识别当前车道需要识别的灯，并做出正确的动作；

③车辆检测到红灯时，测试车辆距离停止线的距离；

④车辆减速时测试车辆距离停止线的距离；

⑤车辆停车时车辆距离停止线的距离，是否超过停止线；

⑥红灯切换成绿灯后车辆起步的时间；

⑦转向通过时，测试车辆是否正确地打转向灯。

⑧车辆在开始降低车速时体感有无明显的顿挫感，有无急刹现象，并记录时间，后续可以回放数据，分析纵向减速度数值。

9.3.7　障碍物的识别及响应

9.3.7.1　障碍物测试

(1)测试场景

以一条长直道进行测试，在测试车辆所在车道中设置障碍物，如图 9-9 所示。测试车辆往靠近障碍物的方向行驶。

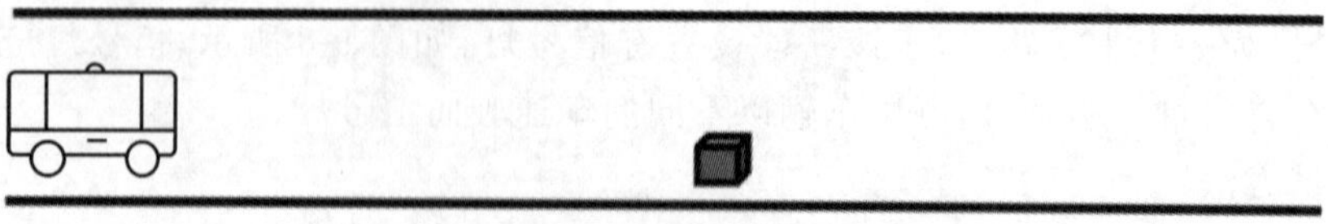

图 9-9　障碍物识别及响应示意图

(2)测试方法

测试车辆在障碍物前 100m 处达到 10km/h、20km/h、30km/h 等车速，并匀速驶近障碍物，测试场景应包含白天和夜间(夜间场景要求光照度低于 2Lux，测试车辆开启灯光)。

障碍物分别摆放在车道正中间、车道中间偏左，车道中间偏右，车道左侧压车道线、车道右侧压车道线、车道左侧车道线外、车道右侧车道线外等处。

障碍物类型应包括但不限于锥桶、水马、升降杆、栏杆等。

(3)记录内容

①车辆检测到障碍物时距离障碍物的距离；

②车辆对障碍物做出响应时距离障碍物的距离；

③车辆在停车时，距离障碍物的距离；

④车辆在避障时，车辆是否压车道线；

⑤障碍物无碰撞风险时，车辆是否有应激反应；

⑥车辆在开始降低车速时，体感有无明显的顿挫感，有无急刹现象，并记录时间，后续可以回放数据，分析纵向减速度数值；

⑦车辆在避让行驶时，体感有无明显摆动，并记录时间，后续可以回放数据，分析横向加速度数值。

9.3.7.2　误作用测试

(1)测试场景

测试场景为一条长直道，并在测试车辆所在车道中设置障碍物，如图 9-10 所示，测试车辆驶近障碍物。

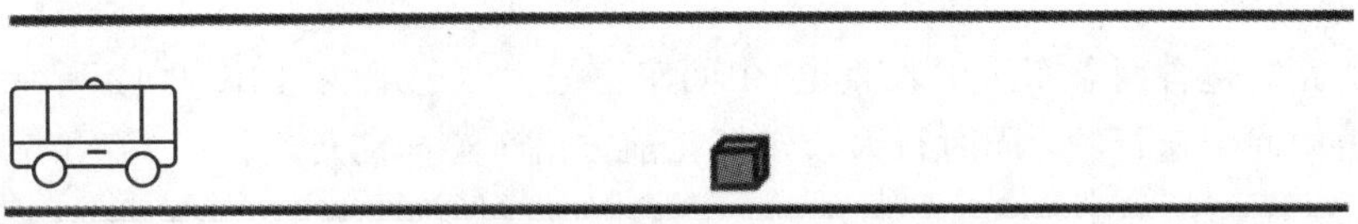

图 9-10　误作用测试识别及响应示意图

(2)测试方法

测试车辆在障碍物前 100m 处达到 10km/h、20km/h、30km/h 等车速，并匀速驶近障碍物，测试场景应包含白天和夜间(夜间场景要求光照度低于 2Lux，测试车辆开启灯光)。

障碍物类型应包括但不限于井盖、铁板、减速带等。

(3)记录内容

①测试车辆是否检测到障碍物；

②测试车辆在通过障碍物时的具体反应。

9.3.8　行人及非机动车识别与响应

9.3.8.1　行人横穿马路

(1)测试场景

测试道路为包含两条车道的长直道，如图 9-11 所示，测试车辆匀速前进，同时行人横穿马路，两者存在碰撞风险。

(2)测试方法

测试车辆在行人前 100m 处达到 10km/h、20km/h、30km/h 等车速，并匀速驶近行人。

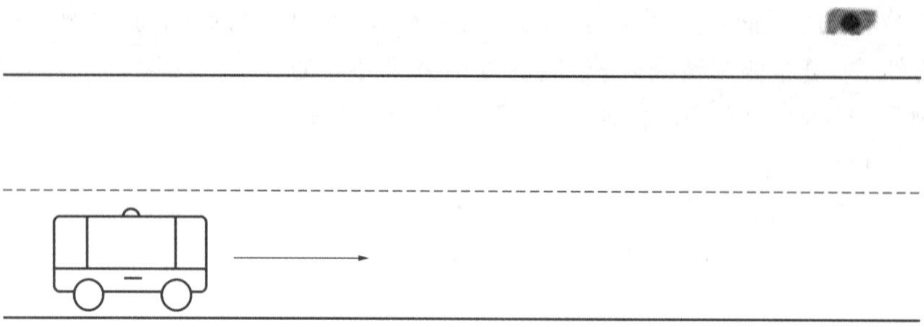

图 9-11　行人横穿马路识别及响应示意图

目标行人由车道外横向匀速进入车道并穿过，且目标行人预计与测试车辆正面发生碰撞。目标行人应包括成年假人和儿童假人。

(3)记录内容

①测试车辆是否有语音警示行人；

②测试车辆检测到行人时与行人的距离；

③测试车辆对行人进行响应时与行人的距离；

④测试车辆刹停时，与行人的距离；

⑤在行人通过后，测试车辆起步时间。

9.3.8.2　行人沿道路行走

(1)测试场景

测试道路为包含两条车道的长直道，中间车道线为白色虚线，如图 9-12 所示，测试车辆沿右侧车道中间匀速行驶，同时行人于车辆正前方沿车道向前行走。

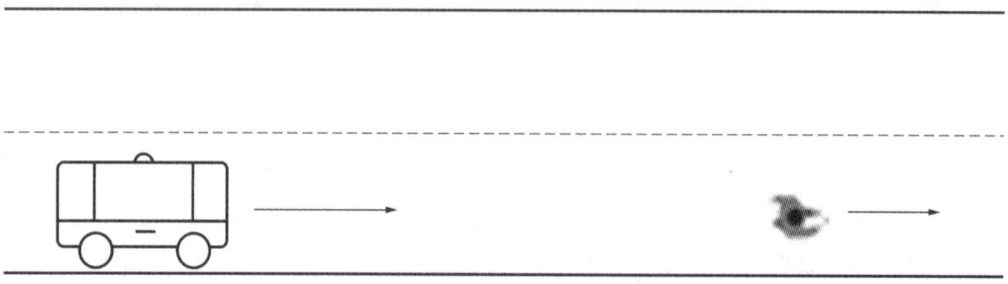

图 9-12　行人沿车道运动示意图

(2)测试方法

测试车辆在行人后 100m 处达到 10km/h、20km/h、30km/h 等车速并匀速驶近行人。行人在车道前方以 5km/h 速度匀速向前行走。目标行人应包括成年假人和儿童假人。

(3)记录内容

①测试车辆是否语音警示行人；

②测试车辆检测到行人时与行人的距离；

③测试车辆对行人进行响应时与行人的距离；

④测试车辆在行人后方跟车行驶时，测试车辆与行人的距离；

⑤测试车辆在行人后方跟车时车速是否稳定；

⑥测试车辆对行人进行绕行时，绕行过程中与行人的最小间距；

⑦测试车辆对行人进行绕行时，体感有无明显摆动，并记录时间，后续可以回放数据，分

析横向加速度数值。

9.3.8.3　非机动车横穿马路

(1)测试场景

测试道路为包含两条车道的长直道,如图 9-13 所示。测试车辆匀速前进,同时非机动车横穿马路,两者存在碰撞风险。

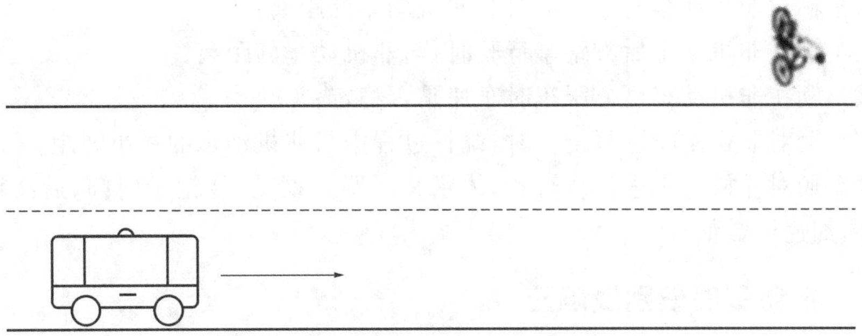

图 9-13　非机动车横穿马路识别及响应示意图

(2)测试方法

测试车辆在非机动车前 100m 处达到 10km/h、20km/h、30km/h 等车速,并匀速驶近非机动车。

目标非机动车由车道外横向匀速进入车道并穿过,且目标非机动车预计与测试车辆正面发生碰撞。目标非机动车应为柔性二轮车假车。

(3)记录内容

①测试车辆是否有语音警示非机动车;

②测试车辆检测到非机动车时与非机动车的距离;

③测试车辆对非机动车进行响应时与非机动车的距离;

④测试车辆刹停时,与非机动车的距离;

⑤在非机动车通过后,测试车辆起步时间。

9.3.8.4　非机动车沿道路行走

(1)测试场景

测试道路为包含两条车道的长直道,中间车道线为白色虚线,如图 9-14 所示。测试车辆沿右侧车道中间匀速行驶,同时非机动车于前方沿车道向前行驶。

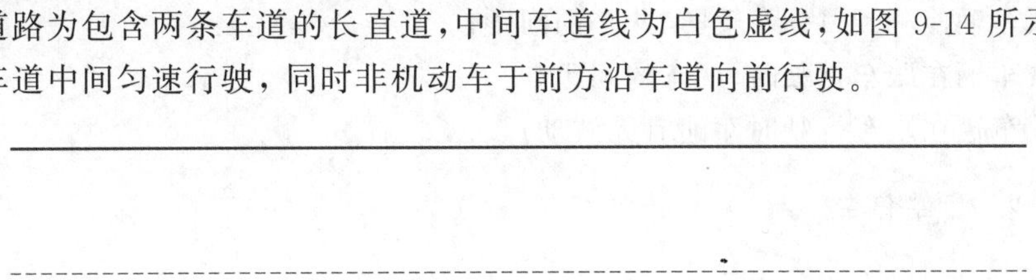

图 9-14　非机动车沿车道运动示意图

(2)测试方法

测试车辆在非机动车后100m处达到10km/h、20km/h、30km/h等车速,并匀速驶近非机动车。两轮车速度为10km/h。

(3)记录内容

①测试车辆是否语音警示非机动车;

②测试车辆检测到非机动车时与非机动车的距离;

③测试车辆对非机动车进行响应时与非机动车的距离;

④测试车辆在非机动车后方跟车行驶时,与非机动车的距离;

⑤测试车辆在非机动车后方跟车时车速是否稳定;

⑥测试车辆对非机动车进行绕行时,绕行过程中与非机动车的最小间距;

⑦测试车辆对非机动车进行绕行时,体感有无明显摆动,并记录时间,后续可以回放数据,分析横向加速度数值。

9.3.9 机动车的识别及响应

9.3.9.1 稳定跟车行驶

(1)测试场景

测试场景为一条车道的长直道,在车道上设置同向运动车辆作为目标车辆,如图9-15所示。测试车辆以不同的车速驶向目标车辆,目标车辆匀速行驶。

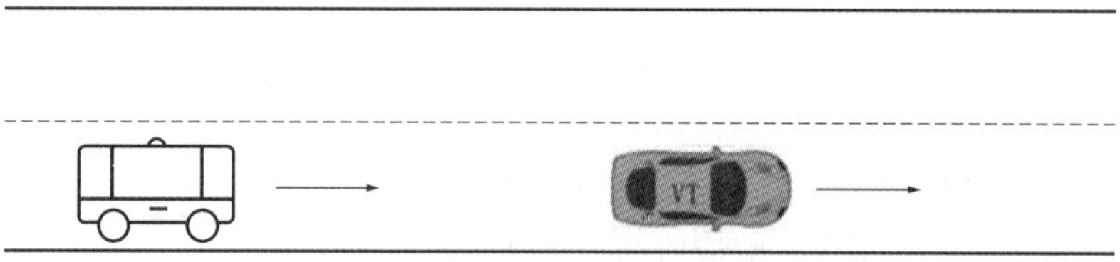

图9-15 稳定跟车行驶

(2)测试方法

测试车辆在自动驾驶模式下,在距离前方目标车辆100m时达到30km/h,并沿车道匀速驶向目标车辆。目标车辆速度为20km/h。

(3)记录内容

①测试车辆检测到目标车辆时,两车的间距;

②测试车辆在跟车行驶时,两车的间距;

③测试车辆在跟车行驶时车速有无波动。

9.3.9.2 跟车停车

(1)测试场景

测试场景至少包含一条长直道车道,测试车辆在目标车辆后方稳定跟车行驶,如图9-16所示,目标车辆减速停车。

(2)测试方法

测试车辆在自动驾驶模式下,前方目标车辆以20km/h、30km/h的车速沿车道中间匀

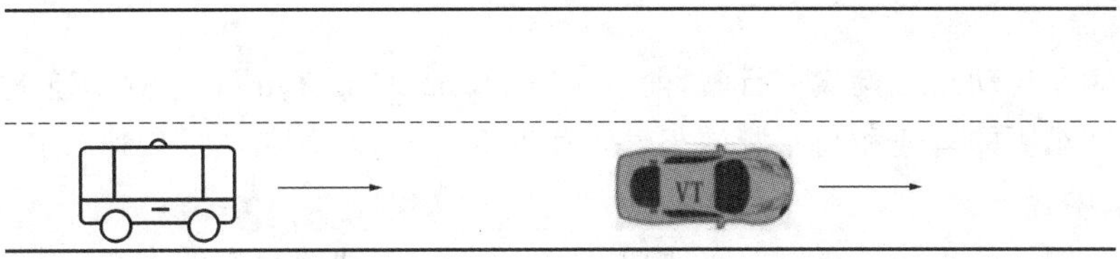

图 9-16 前车制动场景示意图

速行驶，测试车辆跟车行驶，该状态维持至少 10s 后，目标车辆减速刹停。

(3)记录内容

①测试车辆在跟车行驶时车速有无波动；

②目标车辆制动至停车时，测试车辆是否减速至停止，停车后与前车间距；

③车辆在开始降低车速时体感有无明显的顿挫感，有无急刹现象，并记录时间，后续可以回放数据，分析纵向减速度数值。

9.3.9.3 跟车起步

(1)测试场景

测试场景至少包含一条长直道车道，测试车辆在自动驾驶模式下在目标车辆后方停车，如图 9-17 所示，目标车辆起步行驶。

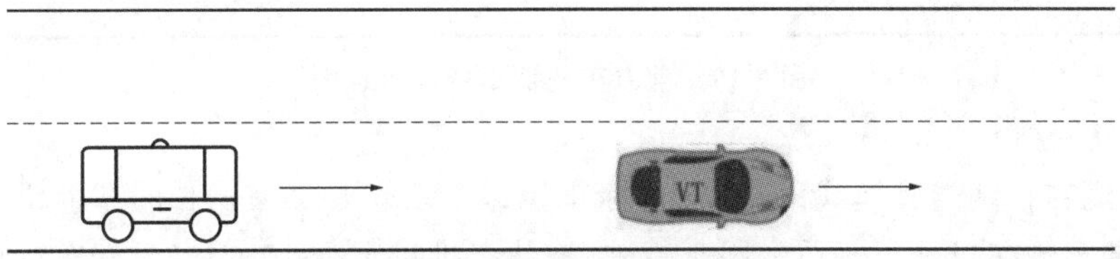

图 9-17 跟车起步场景示意图

(2)测试方法

测试车辆在自动驾驶模式下，在目标车辆后方停车，前车起步行驶，车速提升至 20km/h、30km/h。

(3)记录内容

①当目标车辆重新启动时，测试车辆用了多长时间起步；

②测试车辆起步后用了多长时间达到最高车速。

9.3.9.4 前方车辆切入

(1)测试场景

测试场景为一条多车道的道路，测试车辆匀速行驶。前方左车道上有一目标车辆以不同巡航车速切入，如图 9-18 所示。

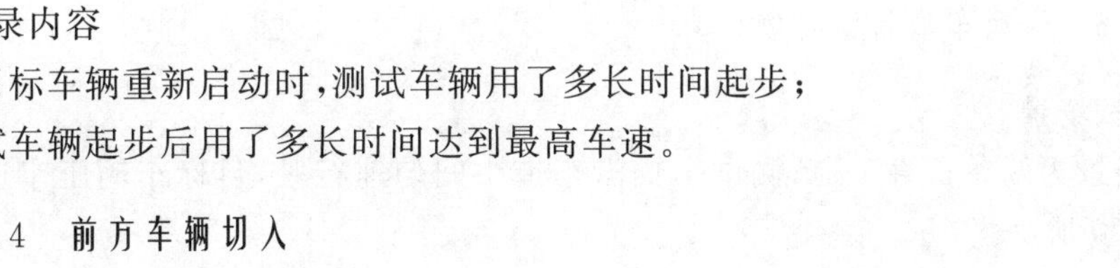

图 9-18 前方车辆切入场景示意图

(2)测试方法

测试车辆在自动驾驶模式下行驶,前方10m、15m、20m、30m处左侧车道上目标车辆分别以低于测试车辆的车速和高于测试车辆车速的两种车速切入,然后匀速行驶。

(3)记录内容

①目标车辆以高于测试车辆的车速切入时,是否有减速或点刹的表现;

②目标车辆以低于测试车辆的车速切入过程中,测试车辆是否与目标车辆保持安全距离;

③目标车辆以低于测试车辆的车速切入后,测试车辆是否完成减速,并进入跟车状态。

9.3.9.5 前方车辆切出

(1)测试场景

测试场景为一条包含多车道的道路,测试车辆在目标车辆后方稳定跟车行驶,如图9-19所示,随后目标车辆切出车道。

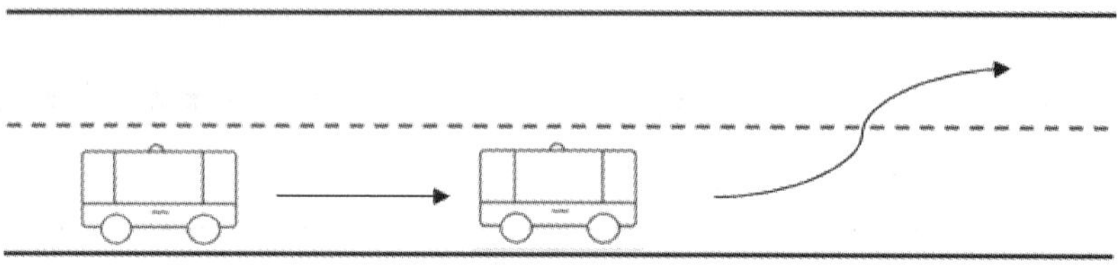

图9-19 前方车辆切出场景示意图

(2)测试方法

测试车辆在自动驾驶模式下,前方目标车辆以20km/h、25km/h的车速沿车道中间匀速行驶,测试车辆在目标车辆后方跟车行驶,该状态维持至少10s后,目标车辆切出车道。

(3)记录内容

①在目标车辆开始切出到测试车辆提速用时多少;

②目标车辆切出过程中,测试车辆是否出现急刹、点刹等现象。

9.3.9.6 对向车辆借道行驶

(1)测试场景

测试场景为两条长直车道,测试车辆沿车道中间匀速行驶,目标车辆压车道线对向行驶,如图9-20所示。

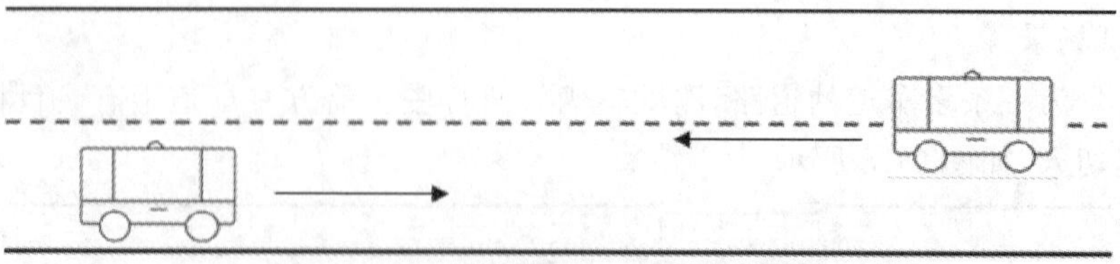

图9-20 对向车辆借道行驶场景示意图

(2)测试方法

测试车辆与目标车辆对向行驶,测试车辆和目标车辆间距100m处达到10km/h、20km/h、30km/h等车速,两车的横向重叠率不小于10%。

(3)记录内容

①测试车辆在检测到目标车辆时,两车的间距;

②测试车辆对目标车辆响应时,两车的间距;

③测试车辆在避让时,是否压车道线,与目标车辆的最小间距。

9.3.10 超车

(1)测试场景

测试场景为一条多车道的道路,测试车辆在目标车辆后方行驶并在接近后进行超车,如图 9-21 所示。

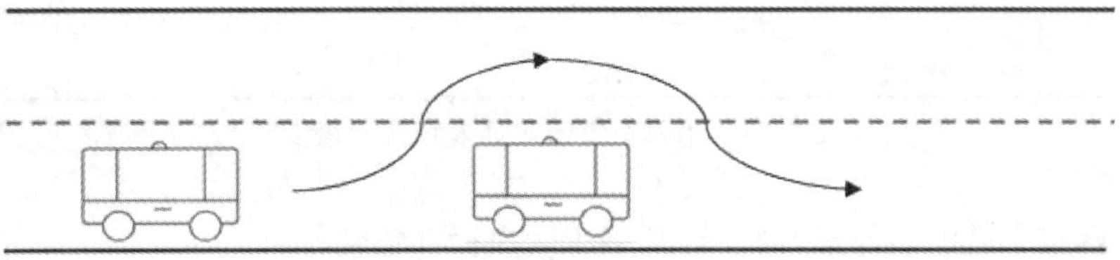

图 9-21 超车场景示意图

(2)测试方法

测试车辆与目标车辆在同一车道同向行驶,测试车辆在目标车辆后方 100m 处车速达到 30km/h,目标车辆车速为 20km/h。测试车辆在接近目标车辆后,进行超车。

(3)记录内容

①测试车辆在执行超车时与目标车辆的间距;

②在完全超过目标车辆后,测试车辆是否会返回原车道;

③在超车过程中是否正确地打转向灯。

④测试车辆在超车变道过程中,体感有无明显摆动,并记录时间,后续可以回放数据,分析横向加速度数值。

9.3.11 并道

9.3.11.1 相邻车道有车

(1)测试场景

测试场景为一条多车道的道路,测试车辆在车道中间匀速行驶,目标车辆在测试车辆左侧并排行驶,如图 9-22 所示。

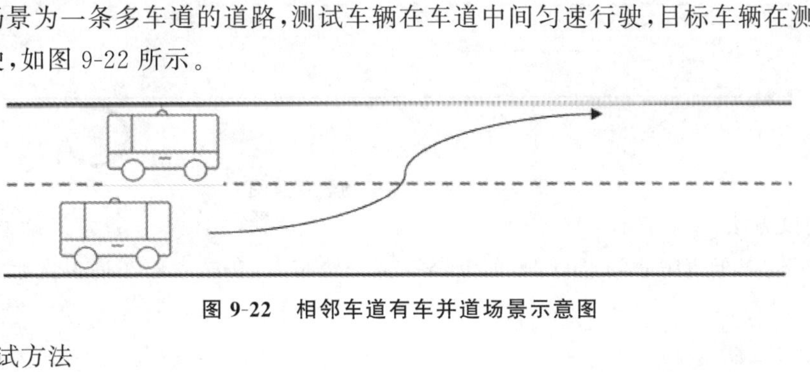

图 9-22 相邻车道有车并道场景示意图

(2)测试方法

测试车辆与目标车辆在两条相邻车道并排匀速行驶,对测试车辆执行并道动作。

(3)记录内容

①测试车辆是否正确地打转向灯；

②测试车辆是否执行变道操作。

9.3.11.2 相邻车道无车

(1)测试场景

测试场景为一条多车道的道路,测试车辆在车道中间匀速行驶,如图 9-23 所示。

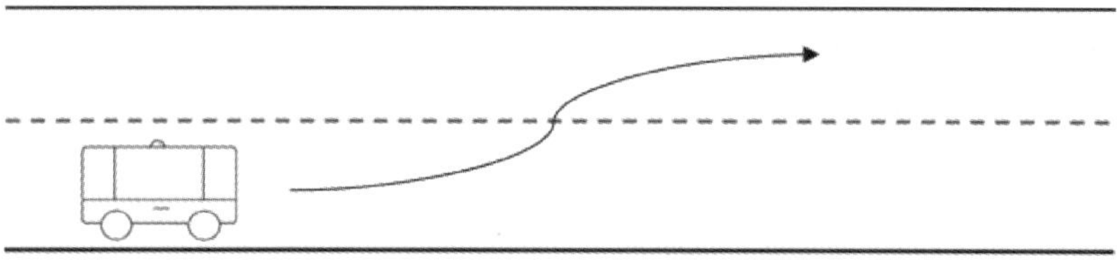

图 9-23 相邻车道无车并道场景示意图

(2)测试方法

测试车辆在车道中心匀速行驶,对测试车辆执行并道动作。

(3)记录内容

①测试车辆是否正确地打转向灯；

②测试车辆从打转向灯到开始变道的时间间隔；

③测试车辆完成变道动作的时间；

④测试车辆在变道过程中,体感有无明显摆动,并记录时间,后续可以回放数据,分析横向加速度数值。

9.3.12 定点停车

9.3.12.1 站点停车

(1)测试场景

测试场景为一条长直道路,测试车辆在车道中间匀速行驶,道路前方有一处站点,如图 9-24 所示。

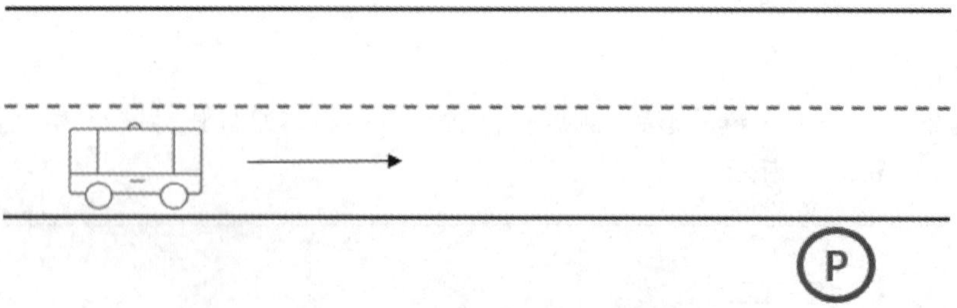

图 9-24 站点停车场景示意图

(2)测试方法

测试车辆在车道中心匀速行驶,前方路线有一处站点,在站点停车后再次起步进入自动驾驶。

(3)记录内容

①测试车辆在进站前是否打右转向灯；

②车辆在开始降低车速时，体感有无明显的顿挫感，有无急刹现象，并记录时间，后续可以回放数据，分析纵向减速度数值；

③测试车辆再次起步的起步时间。

9.3.12.2　定点泊车

(1)测试场景

测试场景为有一处泊位的空地，测试车辆将车泊入车位，停车一段时间后，泊出车位。

(2)测试方法

测试车辆匀速泊入车位，测试车辆匀速泊出车位。

(3)记录内容

①测试车辆是否能够正确地泊入、泊出车位；

②泊入泊出过程中是否有压线情况；

③记录泊入、泊出车辆全过程所耗时长。

9.3.12.3　港湾式站台泊车

(1)测试场景

试验道路为包含单向双车道的长直道，中间车道线为白色虚线，路段内设置港湾式公交站，站台长度不小于25m，如图9-25所示。

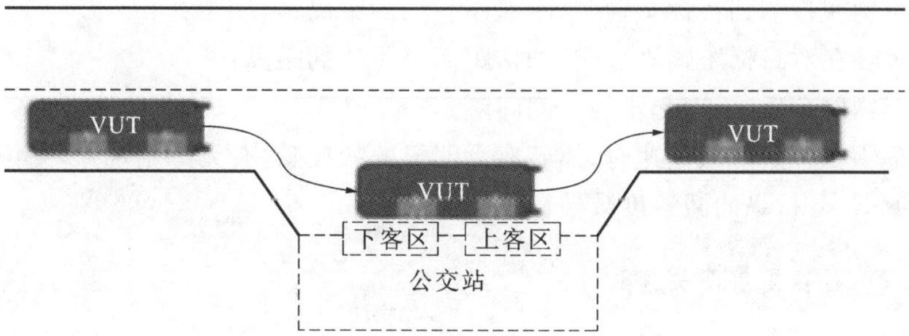

图9-25　港湾式站台停车场景示意图

(2)测试方法

测试车辆驶向港湾式站台。

(3)记录内容

①测试车辆是否能够正确地泊入、泊出车位；

②车辆停车后与车道内侧的距离；

③记录泊入、泊出车辆全过程所耗时长。

9.3.13　交叉路口通行

9.3.13.1　直行车辆冲突通行

(1)测试场景

测试场景为一个十字路口，测试车辆匀速行驶直行通过该路口，目标车辆从测试车辆右方横向匀速直线驶入路口，两车存在碰撞风险，如图 9-26 所示。

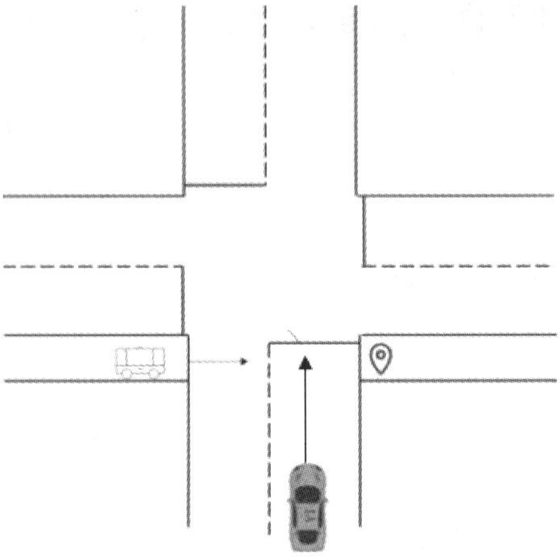

图 9-26　直行车辆冲突通行场景示意图

(2)测试方法

测试车辆和目标车辆均在路口停止线前 100m 处车速达到 30km/h，并沿车道中间匀速驶向交叉路口，测试车辆直行通过路口，如果测试车辆不进行响应(如减速或避让)，那么两车必定相撞。

(3)记录内容

①测试车辆在检测到目标车辆时，距离停止线的距离；

②测试车辆在对目标车辆进行响应时，距离停止线的距离；

③测试车辆停车后，再次起步的时间间隔；

④测试车辆在开始降低车速时，体感有无明显的顿挫感，有无急刹现象，并记录时间，后续可以回放数据，分析纵向减速度数值。

9.3.13.2　右转车辆冲突通行

(1)测试场景

测试场景为一个十字路口。测试车辆匀速行驶右转通过该路口，同时路口横向左侧存在匀速直线行驶的目标车辆驶向测试车辆将转入的车道，两车存在碰撞风险，如图 9-27 所示。

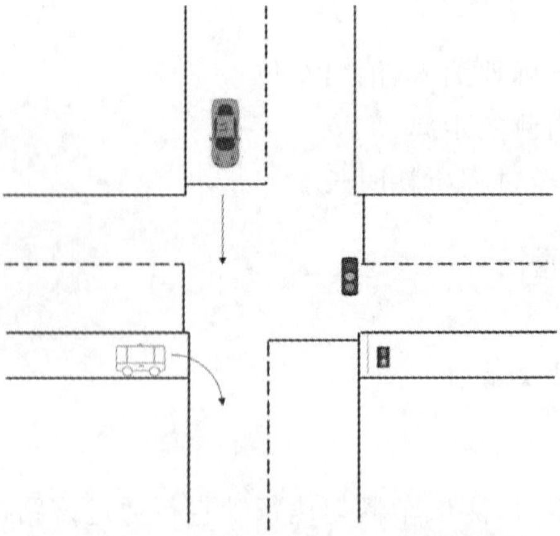

图 9-27　右转车辆冲突通行场景示意图

(2)测试方法

测试车辆和目标车辆均在路口停止线前100m处车速达到30km/h,并沿车道中间匀速驶向交叉路口,测试车辆在路口右转进入右侧道路,如果测试车辆不进行响应(如减速或避让),那么两车必定相撞。

(3)记录内容

①测试车辆在检测到目标车辆时,距离停止线的距离;

②测试车辆在对目标车辆进行响应时,距离停止线的距离;

③测试车辆停车后,再次起步的时间间隔;

④测试车辆在右转行驶时是否正确地打转向灯;

⑤测试车辆在开始降低车速时,体感有无明显的顿挫感,有无急刹现象,并记录时间,后续可以回放数据,分析纵向减速度数值;

⑥测试车辆在转向过程中,体感有无明显摆动,并记录时间,后续可以回放数据,分析横向加速度数值。

9.3.13.3 左转车辆冲突通行

(1)测试场景

测试场景为一个十字路口。测试车辆匀速行驶左转通过该路口,同时对向车道存在匀速直线行驶的目标车辆,两车存在碰撞风险,如图9-28所示。

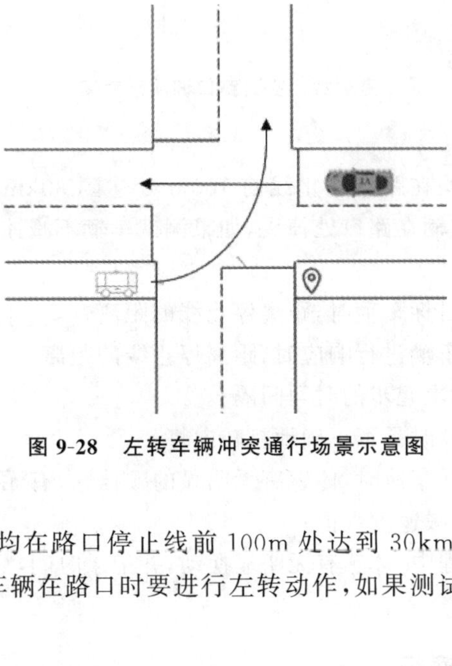

图9-28 左转车辆冲突通行场景示意图

(2)测试方法

测试车辆和目标车辆均在路口停止线前100m处达到30km/h的车速,并沿车道中间匀速驶向交叉路口,测试车辆在路口时要进行左转动作,如果测试车辆不减速,那么两车必定相撞。

(3)记录内容

①测试车辆在检测到目标车辆时,距离停止线的距离;

②测试车辆在对目标车辆进行响应时,距离停止线的距离;

③测试车辆停车后,再次起步的时间间隔;

④测试车辆在左转行驶时是否正确地打转向灯;

⑤测试车辆在开始降低车速时,体感有无明显的顿挫感,有无急刹现象,并记录时间,后续可以回放数据,分析纵向减速度数值;

⑥测试车辆在转向过程中,体感有无明显摆动,并记录时间,后续可以回放数据,分析横向加速度数值。

9.3.13.4 掉头

(1)测试场景

测试场景为一个十字路口,测试车辆匀速行驶在路口处掉头,同时对向车道存在匀速直线行驶的目标车辆,如图 9-29 所示。

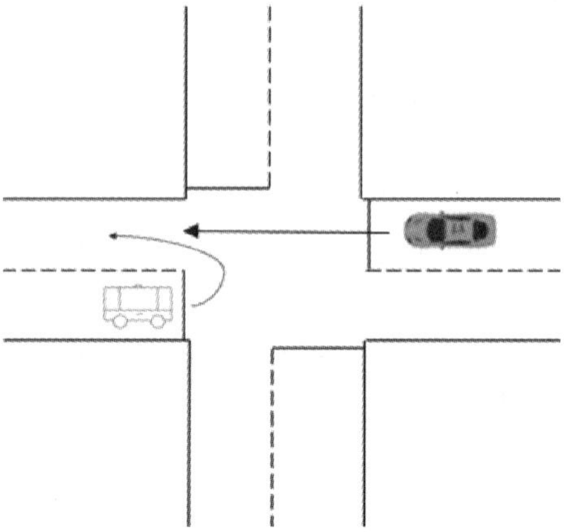

图 9-29 交叉路口调头示意图

(2)测试方法

测试车辆和目标车辆均在路口停止线前 100m 处达到 30km/h 的车速,并沿车道中间匀速驶向交叉路口,测试车辆在路口处掉头,如果测试车辆不减速,那么两车必定相撞。

(3)记录内容

①测试车辆在检测到目标车辆时,距离停止线的距离;

②测试车辆在对目标车辆进行响应时,距离停止线的距离;

③测试车辆停车后,再次起步的时间间隔;

④测试车辆在掉头行驶时是否正确地打转向灯;

⑤测试车辆在开始降低车速时,体感有无明显的顿挫感,有无急刹现象,并记录时间,后续可以回放数据,分析纵向减速度数值;

⑥测试车辆在转向过程中,体感有无明显摆动,并记录时间,后续可以回放数据,分析横向加速度数值。

9.3.14 环形路口通行

(1)测试场景

测试场景为不低于三个出入口的环形路口,每个出入口至少为双向两车道。测试车辆入口上游存在一辆目标车辆。测试车辆经环形路口驶向测试终点。如图 9-30 所示。

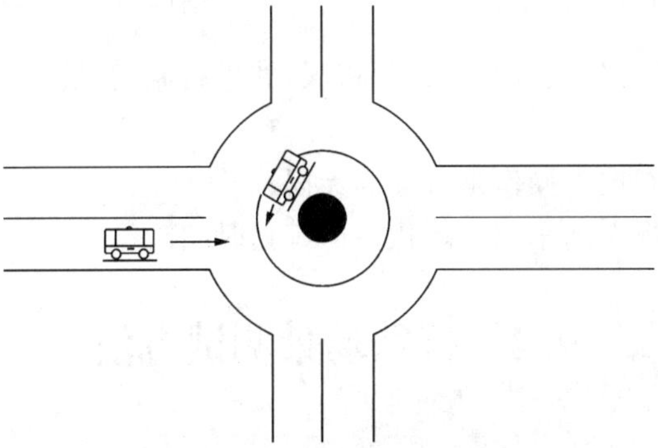

图 9-30　环形路口通行

(2)测试方法

测试车辆在环岛前 100m 处达到 30km/h 的车速,并沿车道中间匀速驶向环岛,测试车辆在路口时进入环岛绕行,测试车辆上游有一目标车辆进入环岛绕行,如果测试车辆不减速,那么两车必定相撞,测试车辆需要在环岛绕行到第二个出口驶出环岛。

(3)记录内容

①测试车辆在检测到目标车辆时,距离环岛的距离;

②测试车辆在对目标车辆进行响应时,距离环岛的距离;

③测试车辆停车后,再次起步的时间间隔;

④测试车辆在环岛行驶时是否正确地打转向灯;

⑤测试车辆在开始降低车速时,体感有无明显的顿挫感,有无急刹现象,并记录时间,后续可以回放数据,分析纵向减速度数值;

⑥测试车辆在转向过程中,体感有无明显摆动,并记录时间,后续可以回放数据,分析横向加速度数值。

9.3.15　人工操作接管

9.3.15.1　人工操作接管提醒功能

(1)测试场景

测试场地为封闭道路,路面平坦无明显凹坑,测试场景为一条长直道路。测试车辆在自动驾驶模式下,匀速行驶在长直道路上。人工操作对车辆进行接管。

(2)测试方法

在自动驾驶模式状态下,测试车辆匀速行驶,根据指令人工对车辆进行接管。

(3)记录内容

①在进行人工接管时,车辆是否有声音提示退出自动驾驶;

②在接管后是否有图标或者提示当前的接管状态,是否准确;

③从开始接管到完全接管后的时间间隔。

9.3.15.2　人工主动接管功能

(1)测试场景

测试场地为封闭道路,路面平坦无明显凹坑。

(2)测试方法

自动驾驶模式下,驾驶员获得车辆控制权限,并进行制动、转向、换挡、加速等操作。

(3)记录内容

①人工接管后的所有控车操作是否准确无误;

②人工接管的人工操作到车辆实际执行的延迟时间。

9.4 特殊场景测试方法

9.4.1 GPS信号遮挡测试

9.4.1.1 GPS信号遮挡起步测试

(1)测试场景

测试场景为一条长直道路,测试场地包含一处可以遮挡GPS信号的隧道或模拟隧道。

(2)测试方法

将测试车辆停在隧道中,启动车辆,并启动自动驾驶。

(3)记录内容

①测试车辆启动后,惯导是否能够初始化;

②测试车辆是否能够正常进入自动驾驶;

③测试车辆如果正常自动驾驶,自动驾驶时是否出现跑偏和定位漂移的现象。

9.4.1.2 通过GPS信号遮挡路线测试

(1)测试场景

测试场景为一条长直道路,测试场地包含一处可以遮挡GPS信号的隧道或模拟隧道。

(2)测试方法

测试车辆在隧道外起步,通过隧道路段。

(3)记录内容

①测试车辆进入隧道后,丢失惯导数据时距离隧道入口的距离;

②测试车辆在GPS定位失效时,车辆是否左右摆动、有无点刹等;

③在无GPS信号行驶时是否出现跑偏和定位漂移的现象;

④GPS定位恢复时,车辆是否左右摆动、有无点刹等。

9.4.2 高反障碍物测试

9.4.2.1 直线行驶时高反障碍物测试

(1)测试场景

测试场景为一条长直道路,车道外放置一个高反障碍物,如图9-31所示。

(2)测试方法

障碍物放置在车道线外侧,车辆正常可以安全通过,测试车辆匀速驶近高反障碍物。

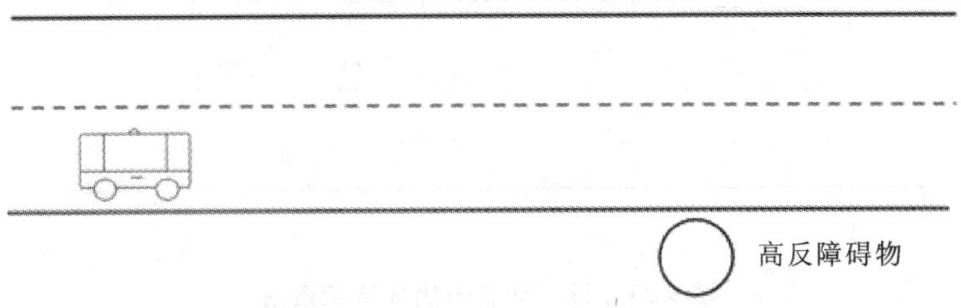

图 9-31　直行高反障碍物场景示意图

(3)记录内容

①测试车辆是否正常通过障碍物,中途是否出现点刹现象;

②测试车辆在接近障碍物中若出现点刹现象,可以回放数据,观察是否有异常障碍物出现。

9.4.2.2　弯道行驶时高反障碍物测试

(1)测试场景

测试场景为一条长直道路和弯道,分别在测试场地弯道处的左右车道外放置高反障碍物,如图 9-32 所示。

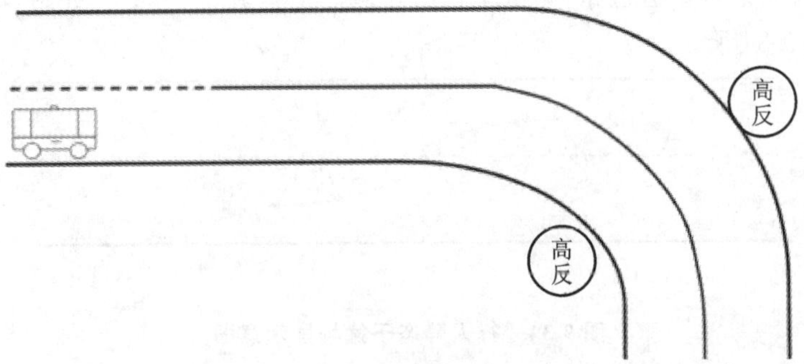

图 9-32　高反障碍物场景示意图

(2)测试方法

障碍物放置在弯道处车道线的左右车道外侧,车辆正常可以安全通过,测试车辆匀速行驶通过高反障碍物。

(3)记录内容

①测试车辆是否能够正常通过障碍物,中途是否出现点刹现象;

②测试车辆在接近障碍物后出现点刹现象,可以回放数据,观察是否有异常障碍物出现。

9.4.3　进站行人干扰

9.4.3.1　进站时行人动态干扰

(1)测试场景

测试场景为一条多车道道路,测试车辆沿左侧车道行驶,前方有一处站点。行人沿右侧车道步行,如图 9-33 所示。

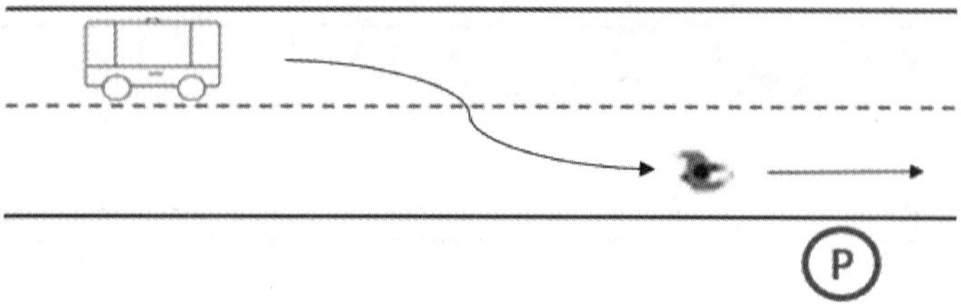

图 9-33　行人动态干扰场景示意图

(2)测试方法

测试车辆在道路左侧车道行驶,前方有一处站点,测试车辆需要变道到右侧车道进入站点,同时有一行人在右侧车道沿道路行走。

(3)记录内容

①测试车辆是否能够进站;

②测试车辆是否语音提示行人;

③测试车辆是否能够根据行人的速度制动、减速、避让、进站。

9.4.3.2　进站时行人静态干扰

(1)测试场景

测试场景为一条多车道道路,测试车辆沿左侧车道行驶,前方有一处站点。行人在站点静止站立,如图 9-34 所示。

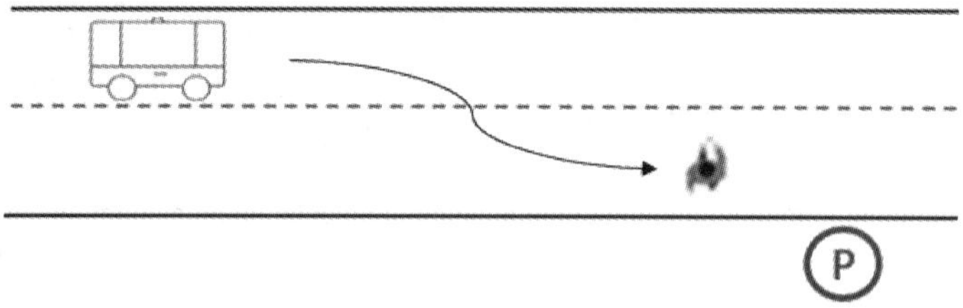

图 9-34　行人静态干扰场景示意图

(2)测试方法

测试车辆在道路左侧车道行驶,前方有一处站点,测试车辆需要变道到右侧车道进入站点,同时有一行人在站点前静止站立。

(3)记录内容

①测试车辆是否能够进站;

②测试车辆是否语音提示行人;

③测试车辆是否能够根据行人的位置改变进站位置。

9.4.4　匝道

(1)测试场景

试验道路为一条不短于 100m 的匝道连接的两条长直道(长直道 1 和长直道 2),道路均至少为单向双车道。如图 9-35 所示。

(2)测试方法

试验车辆根据路径设定并入最右侧车道后由长直道 1 驶入匝道,通过并驶出匝道并入长直道 2。

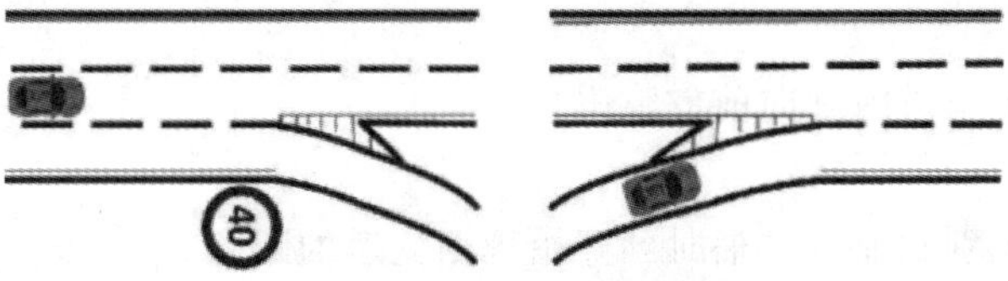

图 9-35 匝道试验场景示意图

(3)记录内容

①测试车辆能否在匝道车道内驶入、驶出匝道并进入长直道 2 对应车道;

②测试车辆在匝道行驶中是否稳定,方向是否有明显摆动。

9.4.5 收费站

(1)测试场景

试验道路为至少包含一条车道并设置有收费站的长直道,收费站前设置收费站标志、减速带等,如图 9-36 所示。

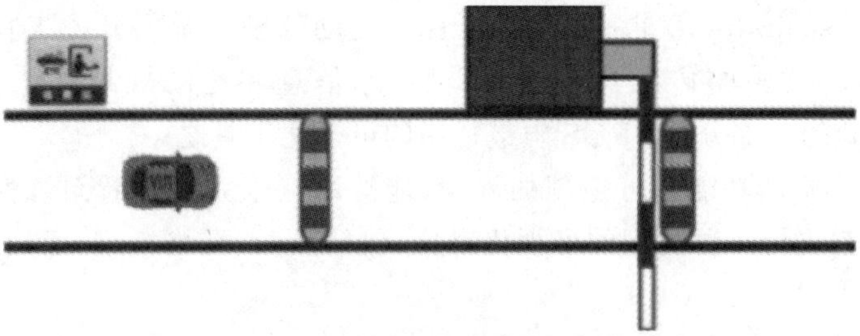

图 9-36 收费站试验场景示意图

(2)测试方法

测试车辆沿实验道路驶向收费站。当测试车辆最前端与收费站升降杆最小距离为 20～30m 时,升降杆下降并在测试车辆速度降为 0km/h 后升起。

(3)记录内容

①测试车辆在升降杆前停车时,距离升降杆的距离;

②测试车辆在升降杆抬起后起步的时间。

9.4.6 施工车道

(1)测试场景

试验道路至少为具备单向双车道的长直道,中间车道线为白色虚线,外侧车道按照施工长期作业区的交通控制要求摆放交通锥等交通标志。如图 9-37 所示。

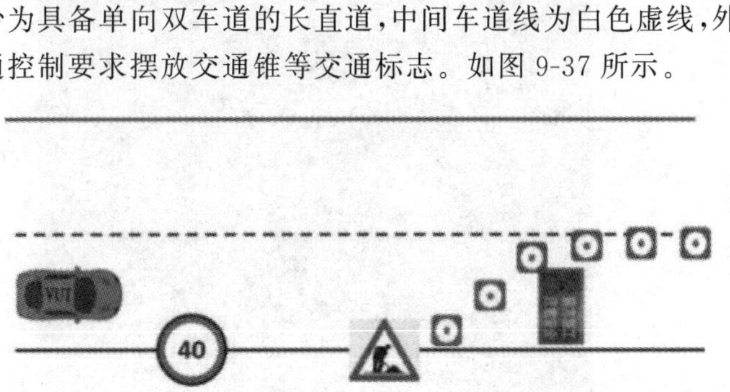

图 9-37 道路施工试验场景示意图

(2)测试方法

测试车辆在施工车道内驶向前方障碍物。

(3)记录内容

①测试车辆在识别到前方锥桶时到开始规划变道的距离;

②测试车辆在变道过程中是否正确地打转向灯;

③测试车辆在变道过程中,体感有无明显摆动,并记录时间,后续可以回放数据,分析横向加速度数值。

9.5 测试实践及数据分析

9.5.1 测试及数据分析工具

9.5.1.1 Rviz

Rviz(robot visualization)是一个用于可视化自动驾驶系统的开源工具,我们可将其用于显示和调试自动驾驶的传感器数据、车辆状态信息和运动规划等。它是 ROS(robot operating system)的一部分,是 ROS 中最常用的可视化工具之一。

Rviz 提供了丰富的功能和可定制的界面,能够以三维方式查看系统模型、传感器数据和环境地图等。它支持多种类型的可视化对象,包括点云、网格模型、标记、路径、激光扫描和相机图像等。

Rviz 使用方法:在车端环境下,UBUNUT 终端输入 Rviz 即可打开图 9-38 所示界面进行配置,选择需要显示的话题/坐标关系等即可。

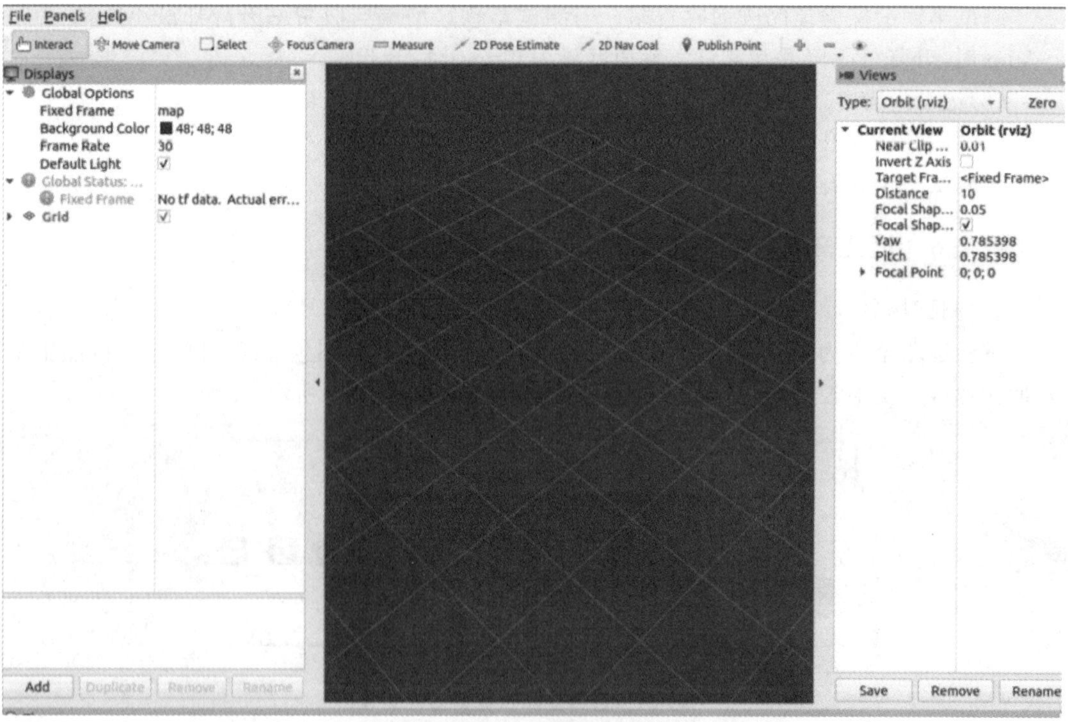

图 9-38 Rviz 操作界面

9.5.1.2 Plotjuggler

Plotjuggler是一个用于回放bag数据的应用程序，PlotJuggler使数据可视化和分析变得容易，可针对自动驾驶bag数据中的话题、变量等数据进行实时回放，便于对固定时刻的数据值进行分析判断（打开方式为在ROS环境下终端输入 rosrun plotjuggler plotjuggler）。见图9-39。

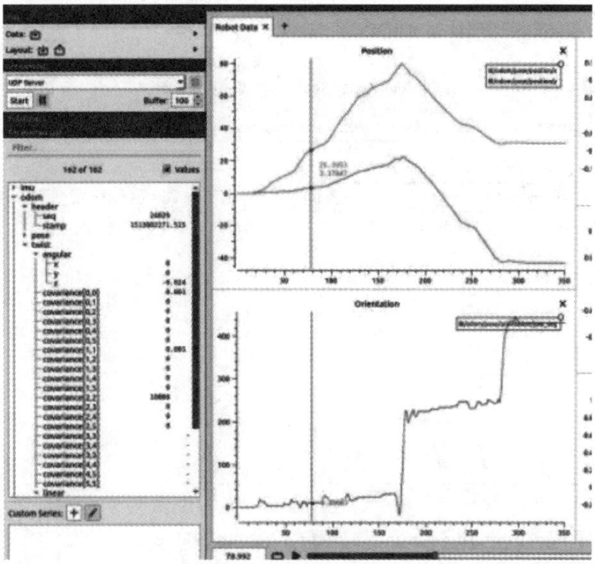

图 9-39 Plotjugger 分析工具

9.5.1.3 Webviz

根据上述我们知道Rviz是ROS中最常用的可视化软件，有开源作者将Rviz的功能搬到了web页面上，可以通过浏览器完成数据的显示，称之为Webviz。同时Webviz还支持离线安装。将程序运行在本地，直接将bag包拖到里面即可观察激光、视觉，以及各类信息。见图9-40。

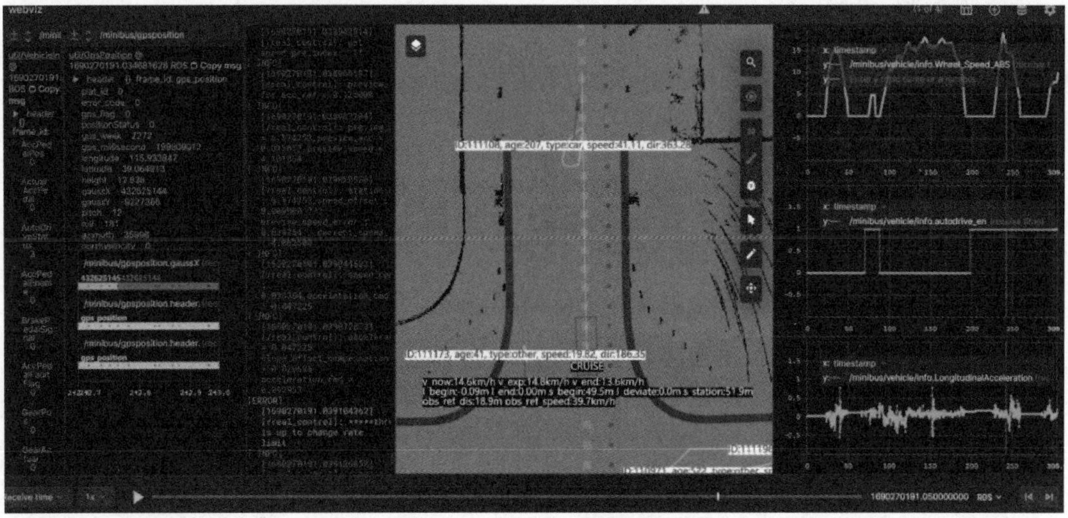

图 9-40 Webviz 分析工具

9.5.1.4 CANoe/USBcan 等总线工具

以 CANoe/USBcan 工具为代表的汽车总线数据采集及分析工具，在自动驾驶测试过程中，主要用于自动驾驶系统与线控底盘交互数据的采集及分析。通过底盘 CAN 数据的采集及分析，可以直观地判断自动驾驶系统如何向线控底盘发送“指令”，线控底盘如何“响应”及反馈这些指令，并且对每一瞬间的数值都可以做定量的分析，以验证自动驾驶在整车层面的性能表现是否符合预期。见图 9-41。

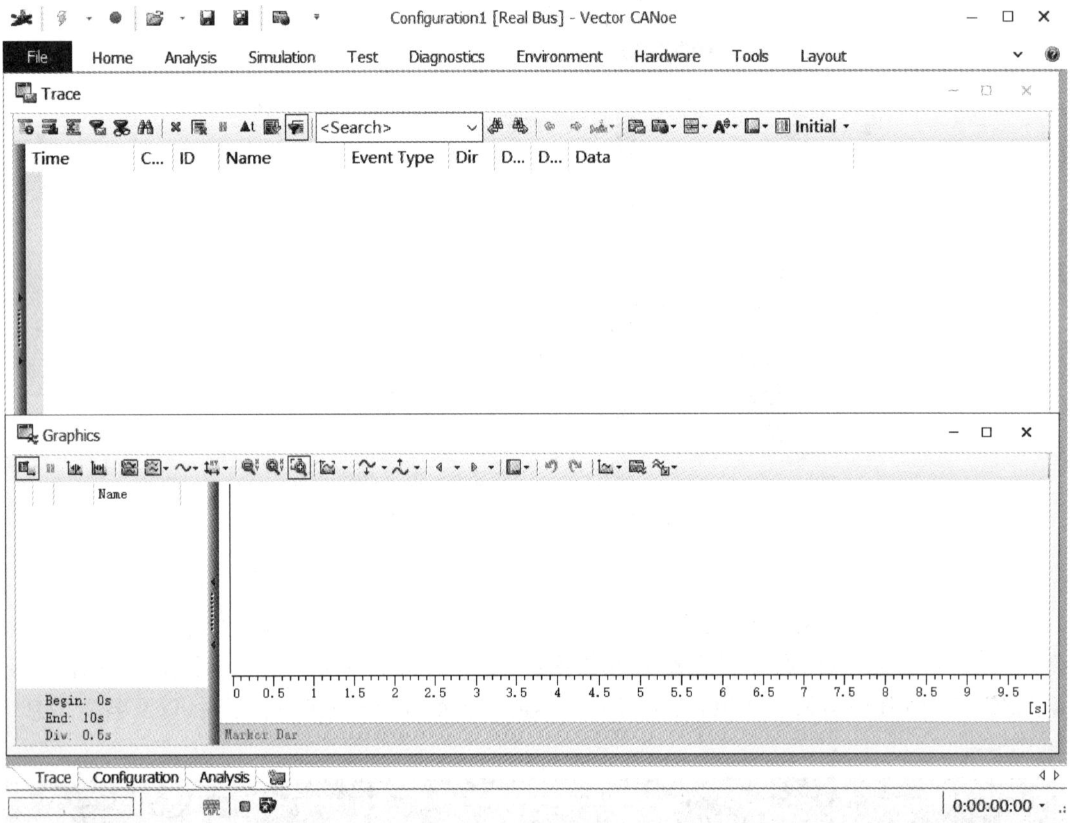

图 9-41　CANoe 分析工具

为便于读者实际操作，减少工具配置使用过程中的错误，以下测试分析基于测试后使用 Webviz 对数据进行分析为示例展开，其测试分析逻辑与 Rviz 一致。

9.5.2　障碍物识别、响应测试及分析(动态性能分析)

(1)场景搭建

选择一条长直道，在车道内摆放锥桶、水马/锥桶等障碍物，如图 9-42 所示以锥桶为示例。

(2)开始测试

试验车辆在障碍物前方 150m 处启动自动驾驶。观察车辆行驶过程中相对锥桶的位置变化及车辆动作，结束后拷贝自动驾驶数据包(bag 包)。

图 9-42 障碍物识别及响应场景示意图(锥桶)

(3)测试结果分析

将 bag 包拖曳至 Webviz 网页,开发数据包进行播放。见图 9-43。

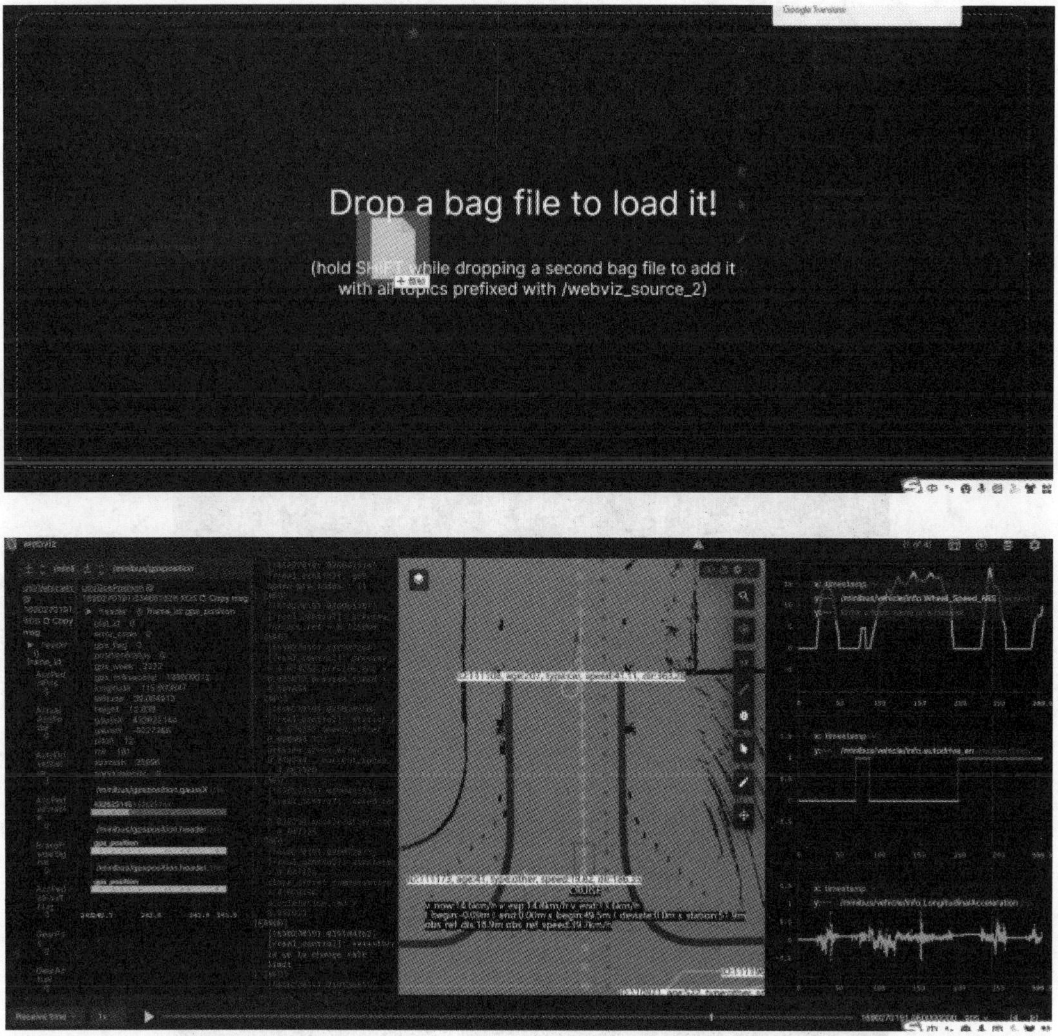

图 9-43 使用 Webviz 打开 bag 数据

车速分析：

(1)通过 Webviz 界面，在车辆模型底部可以看到车辆实时动态行驶数据，如测试期间车辆速度、期望速度、障碍物距离等。

(2)将 bag 包使用 Plotjuggler 打开(打开方式为在 ROS 环境下终端输入 rosrun plotjuggler plotjuggler)，打开文件，选择对应数据包及话题即可。变化曲线如图 9-44 所示，可判断在此场景中，车辆最大车速为 35.5km/h。

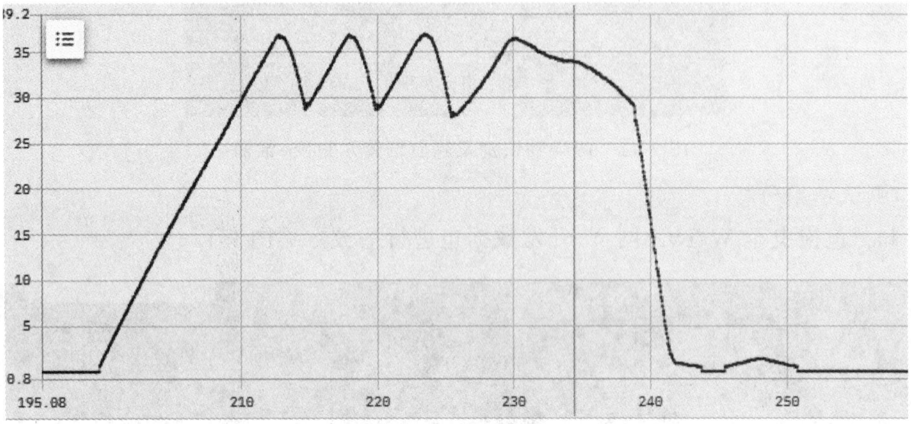

图 9-44 车速分析

障碍物检测：测试车辆在行驶过程中检测到障碍物时距离障碍物 66.7m，以此可以得出车辆动态识别双锥桶的识别距离约为 66m。见图 9-45。

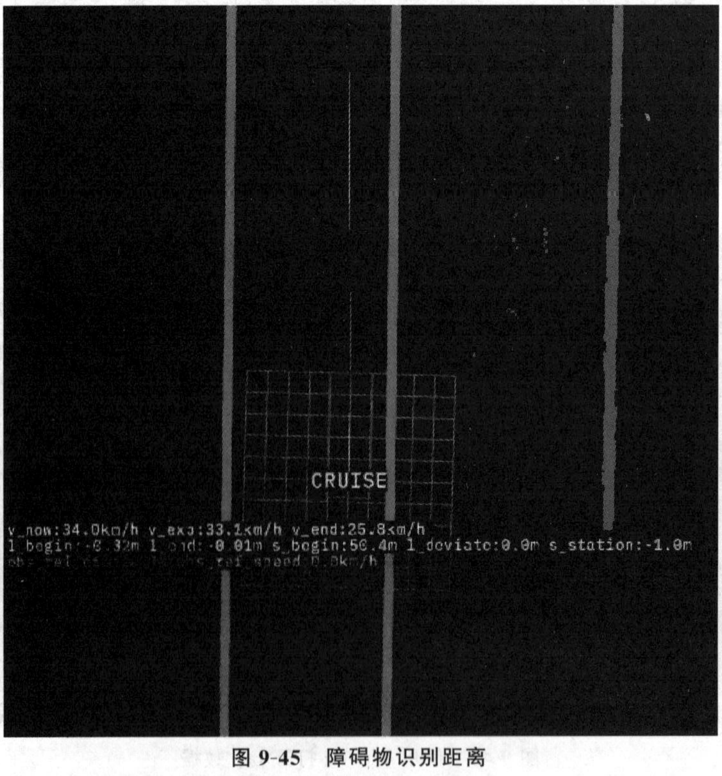

图 9-45 障碍物识别距离

测试车辆在距离障碍物 31m 时，开始减速停车，停稳时距离障碍物 11.4m，用时 13s，如图 9-46 所示。

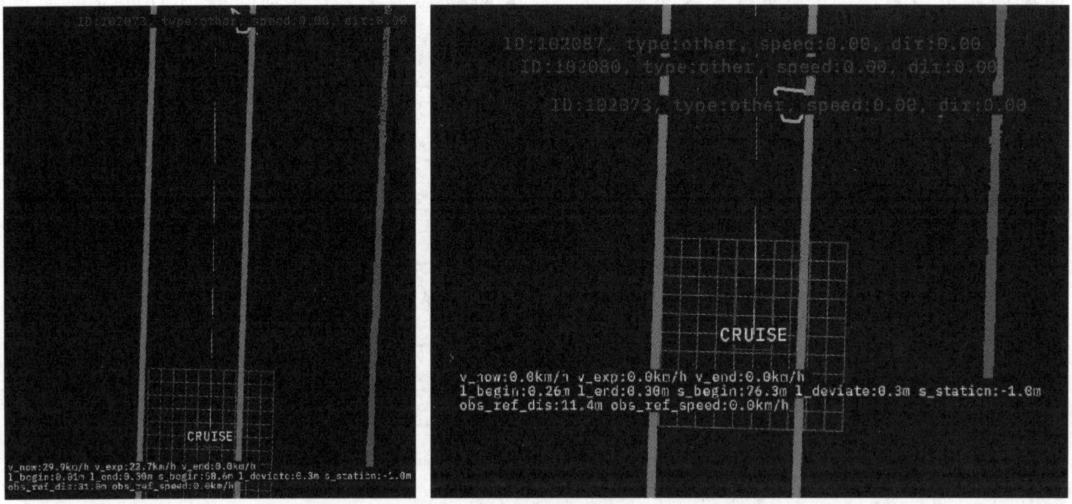

图 9-46　测试车辆遇障碍物减速距离及停车距离

测试结论：

车辆对双锥桶类，具备障碍物识别及停车能力，具体表现为：

①障碍物识别距离：66m。

②巡航车速 35.5km/h 时，制动响应距离为 31m。

③制动距离：20m。

④停车距离：11m。

9.5.3　变道沿车测试及分析（体验性能分析）

(1)场景搭建

测试场景为一条多车道道路，测试车辆沿左侧车道行驶，前方有一处站点。

(2)开始测试

试验车辆在站点前方 150m 处启动自动驾驶。观察车辆行驶过程中的车辆动作，录制底盘 CAN 网段报文，拷贝自动驾驶数据包(bag 包)。

(3)测试结果分析

回放 CAN 报文数据及自动驾驶 bag 数据。

CAN 数据分析：

油门、制动、方向盘转角和车速变化曲线如图 9-47 所示，最大车速为 25km/h。

①油门开度：在变道起始瞬间，油门开度快速下降至 0，车辆开始减速滑行。在变道完成瞬间，油门开度稍有增加，说明此刻完成变道，进入正常直行。之后油门持续为 0，为减速进站过程。

②制动压力：变道起始瞬间至变道完成过程，有小幅度制动量产生，车速持续下降，无明显波动。在进站停车过程中，制动压力持续增加至最大值，为进站停车场景。

③方向盘转角：在变道起始瞬间，方向盘转角开始变化，变道完成后，方向盘转角恢复 0

位，表征变道完成维持直行状态，至进站停车后，向左打方向盘出站变道。

④车速：整个变道停车过程，车速由 25km/h 开始减速变道，变道完成后滑行进站，根据速度曲线可以看出，车辆速度无上下式波动，速度曲线基本平滑，可判断变道泊车过程无点刹、顿挫等，且变道过程无停车制动。

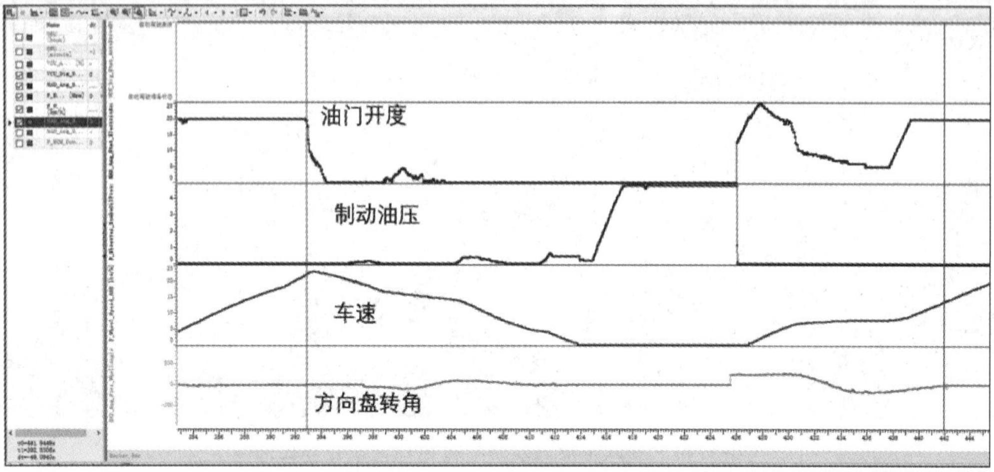

图 9-47　底盘响应横纵向数据曲线

自动驾驶数据分析：

①变道：从图 9-48 可看出，车辆变道前，规划线向右弯曲，表示此刻自动驾驶已开始规划变道路径，并按预期方向进行变道行驶。

②进站：变道完成后，车辆依据站点信息进行进站停车，可根据 Webviz 界面观察车辆速度变化情况，方法同障碍物测试场景分析。测试车辆在准备变道进站时车速为 13km/h，从开始转向到最终停车，用时 17s。

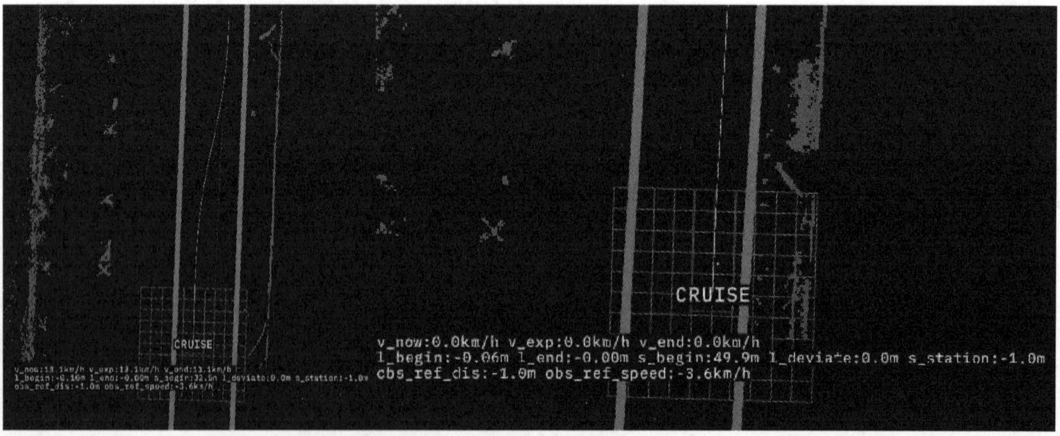

图 9-48　自动驾驶可视化界面

测试车辆在变道时的方向盘转角曲线如图 9-49 所示，在变道时转向曲线柔顺平滑，此时体感车身稳定，无摇摆，体验感好。而在车辆回正后，转向曲线波动明显，此时体感车身左右摆动，体验感差。需控制程序分析转向角波动原因。

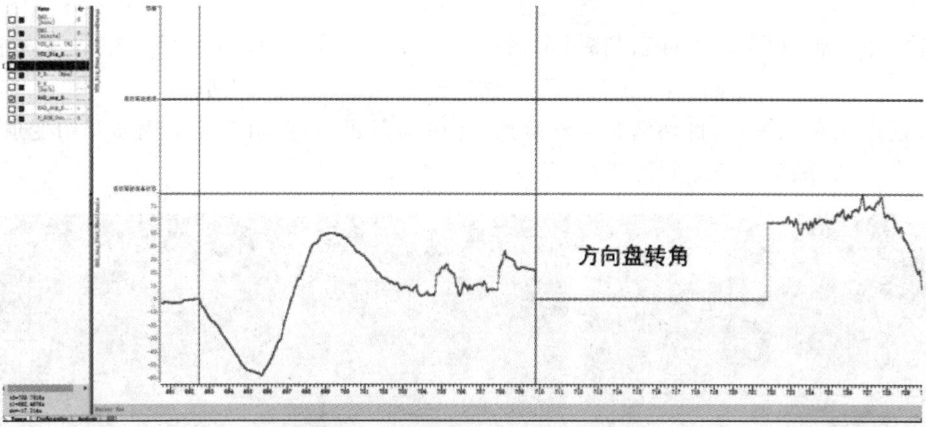

图 9-49　底盘响应横纵向数据曲线

测试结论：

①车辆变道逻辑正确，动作连贯，停站准确；

②车辆变道过程转向柔和，无顿挫、停车等现象；

③车辆变道进站车速为 13km/h；

④车辆变道进站时效为 17s；

⑤问题：车辆变道结束后直行过程，转向曲线波动，导致车辆存在左右摆动的异常体验，须进一步分析控制程序，找出故障原因。

9.5.4　进站时动态障碍物干扰测试及分析（功能逻辑分析）

（1）场景搭建

测试场景为一条多车道道路，测试车辆沿左侧车道行驶，前方有一处站点。非机动车沿右侧车道行驶。见图 9-50。

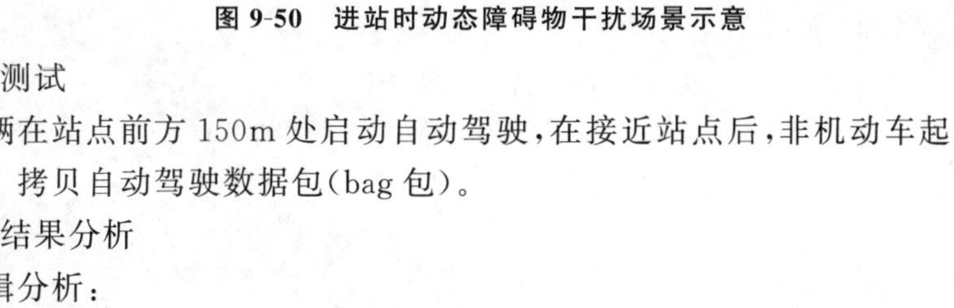

图 9-50　进站时动态障碍物干扰场景示意

（2）开始测试

试验车辆在站点前方 150m 处启动自动驾驶，在接近站点后，非机动车起步，与自动驾驶车辆并行。拷贝自动驾驶数据包（bag 包）。

（3）测试结果分析

进站逻辑分析：

①自动驾驶车辆准备进站减速，期望速度由 9.1km/h 降至 0，且实际车速降为 0，可知车辆此刻已经停车。

②图 9-50 中右前方道路边界处为站点设置的行人障碍物，表明车辆已经识别此障

碍物。

③停车逻辑：根据以上可以判断，车辆在进站停车过程中，针对有行人在站点内干扰的场景，车辆无法正常进站停车，且表现为车辆斜停，无法继续自动驾驶。

在进入站点区域后，自动驾驶车辆减速，非机动车超车，自动驾驶车辆才开始变道，导致无法完全进站，最终在道路斜停进站，如图 9-51 所示。

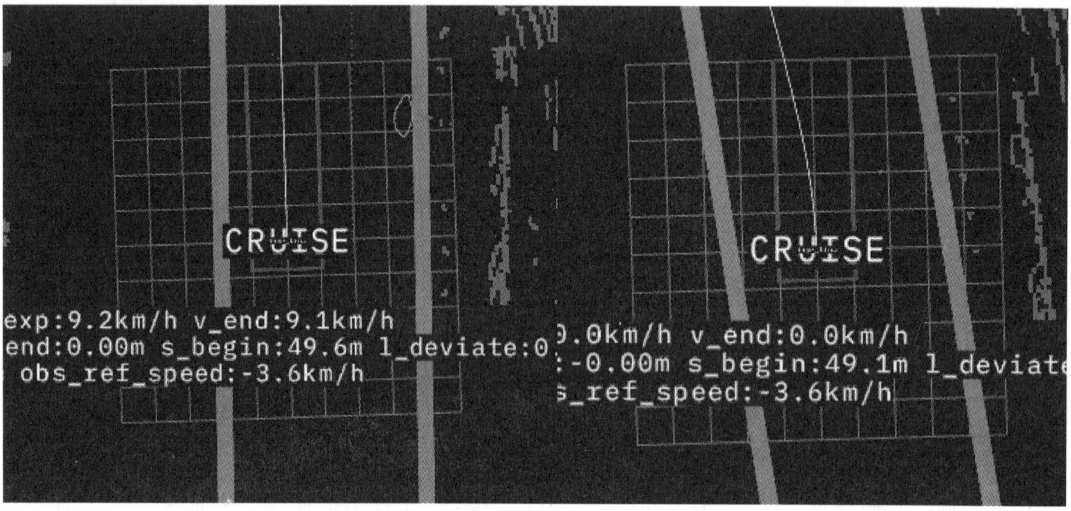

图 9-51　车身姿态可视化显示

测试结论：

在站点内存在障碍物干扰时，车辆存在进站停车过程中异常停车(相较于车道边界倾斜约 30°)的逻辑，存在逻辑异常，须规划程序，针对站点障碍物逻辑增加判断。

10 智能网联技术趋势与展望

当今智能网联汽车领域正以惊人的速度发展，一系列前沿技术正在成为这场变革的核心驱动力，不仅推动着汽车产业的发展，更深刻地改变着人们的出行方式和城市交通。

(1)感知 BEV:俯视视角的智能洞察

感知 BEV(bird's eye view)作为一项突破性技术，为驾驶员提供了俯视角度的全方位环境洞察能力。通过高分辨率的多摄像头系统，感知 BEV 能够将车辆周围的道路、行人、交通标志等实时呈现在驾驶员的屏幕上，消除了传统驾驶中盲区的限制。这项技术不仅提升了驾驶员的视觉感知，也显著提高了驾驶的安全性和便捷性。

感知 BEV 的广泛应用，既能改善驾驶辅助系统，使驾驶员可以更准确地判断车辆位置，轻松完成泊车、变道等操作，也能增强自动驾驶系统的环境感知与智能决策能力。感知 BEV 为车辆提供了精准的环境感知能力，使其能够更好地分析周围交通情况，做出智能决策。

(2)基于深度强化学习的交互式决策:与环境的实时互动与学习

交互式决策技术是智能网联汽车实现安全高效出行的关键。此技术让车辆能够与其他车辆、行人、基础设施等实时交换信息和互动，在复杂的道路环境中做出智能决策。车辆能够感知其他交通参与者的行为，更准确地规划路径、避免障碍物和预测交通状况，大幅增加出行的安全性。这一过程的实现依赖于先进的通信、传感技术和决策算法，不仅使车辆更智能地融入交通，还将显著减少交通事故和拥堵，为城市交通创造全新秩序。

结合深度强化学习，这些智能车辆正走向更高的智能水平。深度强化学习结合了深度学习与强化学习的优点，让车辆能够在模拟环境中进行大量训练，优化其在各种情境下的驾驶策略。这种技术使车辆从试错中学习，积累经验并持续改进决策。无论是避让障碍、选择最佳路径，还是应对复杂的交通情境，基于深度强化学习的技术都使车辆具备更高的自主性和适应性。

(3)大模型技术应用于智能网联汽车:端到端自动驾驶

大模型技术为自动驾驶提供了更高级别的决策能力，能够根据大量驾驶场景数据做出最佳操作决策，从而实现更智能的路径规划、行驶策略和交通状况预测。例如，大模型可以分析城市中的交通流量，预测道路拥堵情况，并提供更优化的路径选择。

除此之外，大模型技术也为高级驾驶辅助系统(ADAS)的发展带来了新的突破。这些系统可以通过分析车辆周围的数据，提供实时的驾驶建议和警告。借助大模型，ADAS 能够更好地识别道路标志、行人、障碍物等,并在驾驶员需要采取行动时发出警告,提高驾驶的安全性。

大模型技术还可以用于改善人机交互体验。智能语音助手能够更准确地理解驾驶员的指令,并提供更自然流畅的对话。此外,大模型也有望实现更智能的情感分析,使车辆能够根据驾驶员的情绪和需求做出相应的调整,提供更个性化的服务。

(4)人车路云一体化技术架构

目前,汽车智能化网联化融合总体处于量产前的技术研发与测试验证阶段。鉴于各国尚未形成成熟的智能化网联化融合发展路线、智能化网联化融合在车端的具体功能实现形式,预测其发展将经历三个阶段:车路云一体化的预警、车路云一体化的辅助驾驶(C-ADAS)、车路云一体化的自动驾驶(C-ADS)。

对于智能网联汽车的技术趋势,我们特别关注了车路云一体化和端到端自动驾驶,并进行了深入探讨。

10.1 车路云一体化

10.1.1 C-V2X 技术

(1)C-V2X 与单车智能融合必要性

当前,汽车、交通与通信三大产业正加速跨界融合,其中智能化和网联化的创新融合已经成为交通和汽车产业新一轮变革的核心驱动力。新能源汽车经过热烈竞逐之后,智能网联汽车逐渐崭露头角,成为全球汽车产业下半场的主战场,其关键技术及整车产品的产业化进程也在加速推进。

然而,在自动驾驶的发展道路上,单车智能仍面临着一系列长尾问题,尤其在智能驾驶的感知层面。例如,单车智能在超视距感知、全局感知以及“极端情况”(如恶劣天气、光线突变、过高的相对移动速度等)的感知能力上都存在局限。在决策控制方面,单车智能仍依赖自身算法来理解交通规则和其他交通参与者的行为,这使得它很难精准把握其他交通参与者的意图,更不用说进行多车群体协作了。此外,为了应对这些长尾场景,单车智能的感知和计算需求也相应增加。

依托网联 C-V2X(Cellular-V2X)等技术赋能的车路云协同发展模式,有望通过信息交互、共同感知和决策控制来解决上述单车智能的技术瓶颈。这一模式逐渐被业界所认同,被视为推进自动驾驶的一个重要路径,同时也有望帮助我国在智能网联汽车产业上找到具有中国特色的发展突破,为建设交通强国贡献力量。

(2)C-V2X 与单车智能融合的典型应用场景

基于融合功能和应用场景分类研究,进一步对协同交通信号识别、协同前向碰撞预警、协同自动紧急制动、协同自适应巡航控制 4 个典型融合功能的应用场景进行具体价值分析。

协同交通信号识别功能的典型融合场景分析如表 10-1 所示。

表 10-1　协同交通信号识别功能融合场景分析

功能名称	协同交通信号识别
场景名称	绿灯起步提醒
场景分类	舒适性/提示
单车局限性分析	在有信号灯的交叉路口，由于单车智能的感知局限，当信号灯出现遮挡或信号无法辨认时，传统单车智能无法识别到信号灯状态，驾驶员可能会错过绿灯，延迟起步
C-V2X 价值分析	通过 RSU 发送信号灯相位信息，告知当前信号灯状态，帮助单车智能判断剩余时间，提醒驾驶员提前做好起步准备
功能名称	协同交通信号识别
场景名称	十字路口闯红灯预警
场景分类	安全性/预警
单车局限性分析	在有信号灯的交叉路口，现实中存在大量无倒计时显示装置的信号灯路口，依靠视觉识别无法获取信号灯倒计时信息，此外，由于单车智能的感知局限，当信号灯出现遮挡或信号无法辨认时，单车智能无法准确决策是否可以通过交叉路口
C-V2X 价值分析	通过 RSU 发送信号灯相位信息，告知车辆当前信号灯状态，帮助单车智能判断距离和正确决策，从而针对闯红灯风险向驾驶员预警

协同前向碰撞预警功能的典型融合场景分析如表 10-2 所示。

表 10-2　协同前向碰撞预警功能融合场景分析

功能名称	协同前向碰撞预警
场景名称	交叉路口遮挡横穿预警
场景分类	安全性/预警
单车局限性分析	在无信号灯的交叉路口或者横穿车辆闯红灯的情况下，单车传感器（摄像头、雷达）由于自身感知能力有限（比如存在遮挡物），无法有效探测到前方路口横穿车辆，存在车辆碰撞风险
C-V2X 价值分析	在无信号灯的交叉路口或者横穿车辆闯红灯的情况下，自车通过搭载的 C-V2X 通信设备，在非视距情况下接收目标车辆的位置信息、运动信息、几何信息，并对两车进行碰撞风险计算，及时报警，提醒驾驶员采取避撞措施

协同自动紧急制动功能的典型融合场景分析如表 10-3 所示。

表 10-3　协同自动紧急制动功能融合场景分析

功能名称	协同自动紧急制动
场景名称	交叉路口遮挡横穿制动
场景分类	安全性/控制
单车局限性分析	在无信号灯的交叉路口或者横穿车辆闯红灯的情况下，单车传感器（摄像头、雷达）由于自身感知能力有限，无法有效探测到前方路口横穿障碍物/交通参与者，存在车辆碰撞风险

续表 10-3

功能名称	协同自动紧急制动
C-V2X 价值分析	在无信号灯的交叉路口或者横穿车辆闯红灯的情况下，自车通过搭载的 C-V2X 通信设备，在非视距情况下接收目标车辆的位置信息、运动信息、几何信息，并对两车进行碰撞风险计算，必要时采取紧急制动，避免碰撞

协同自适应巡航控制功能的典型融合场景分析如表 10-4 所示。

表 10-4　协同自适应巡航控制功能融合场景分析

功能名称	协同自适应巡航控制
场景名称	通过信号灯路口
场景分类	舒适性/控制
单车局限性分析	当前的自适应巡航控制功能，主要根据本车的传感器检测与前车的距离，从而调整车速以实现自动巡航。但是在包含信号灯路口的城市道路、快速路路段，单车智能对信号灯的识别结果不准确，无法获知信号灯倒计时信息等，出现闯红灯的行为，或者完全无法在有信号灯的路段运行，导致传统自适应巡航控制方案无法在保障遵守交通规则的情况下实现全路段的正常运行
C-V2X 价值分析	车辆通过 C-V2X 通信获得前方路口/路段的信号灯相位及配时信息，自适应巡航控制系统结合自车传感器信息、C-V2X 获取的信号灯信息，可在单车自适应巡航控制基础上对功能进行扩展，在信号灯路口/路段自动调整车速或车辆启停，实现全路段的自适应巡航

(3)C-V2X 与单车智能融合的技术架构

针对不同的融合功能场景，如提示、预警和控制，通信系统架构存在差异。

①提示类融合功能：在此场景中，车载网联终端(on-board unit，简称 OBU)可以不直接接入智能驾驶系统。通过与路侧的 RSU (road side unit) 进行 C-V2X 通信，OBU 能够获取路侧的感知信息和交通状态，从而增强车辆对周围环境的感知能力，并为驾驶员提供辅助信息。参考图 10-1。

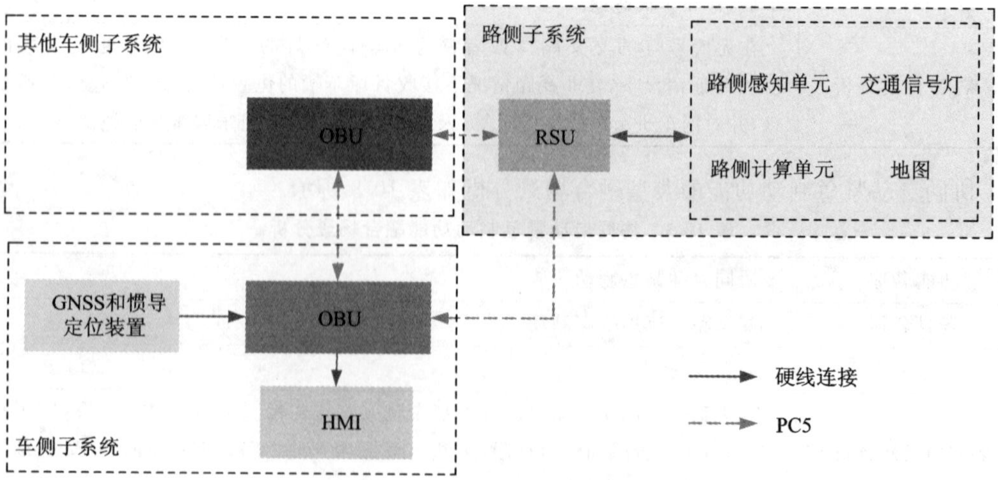

图 10-1　提示类融合功能的车路协同系统架构

②预警类融合功能:在此场景中,OBU 应该与智能驾驶系统结合,并至少在感知层面实现融合。智能驾驶系统会结合从 C-V2X 通信获取的信息和传感器的输入数据进行感知信息的融合。融合后的数据会输入智能驾驶决策系统,为驾驶员提供预警,从而增强车辆的决策能力。参考图 10-2。

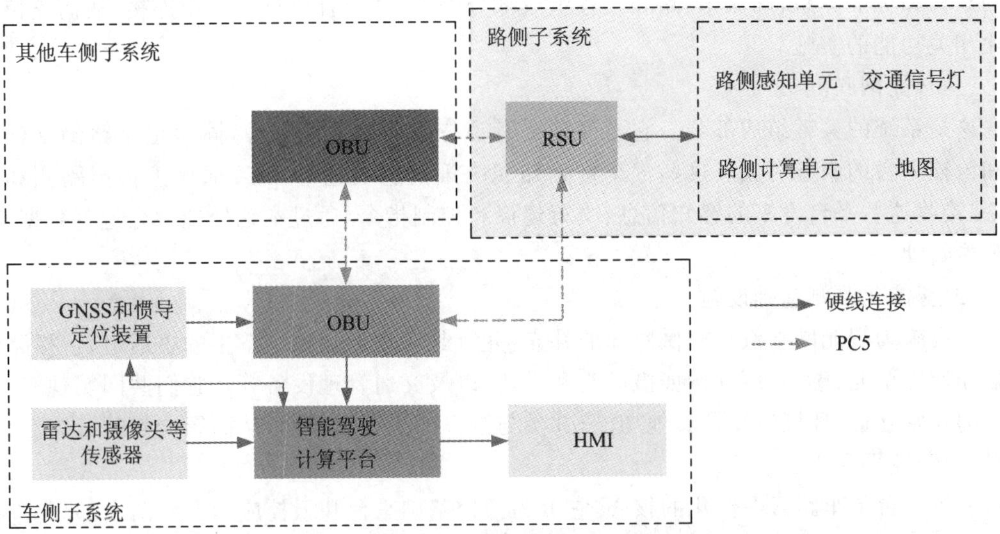

图 10-2 预警类融合功能的车路协同系统架构

③控制类融合功能:在预警类基础上,智能驾驶系统可以使用融合的感知信息进行更深入的决策控制。这类功能对 C-V2X 数据的质量和系统的安全性有更高的要求。参考图 10-3。

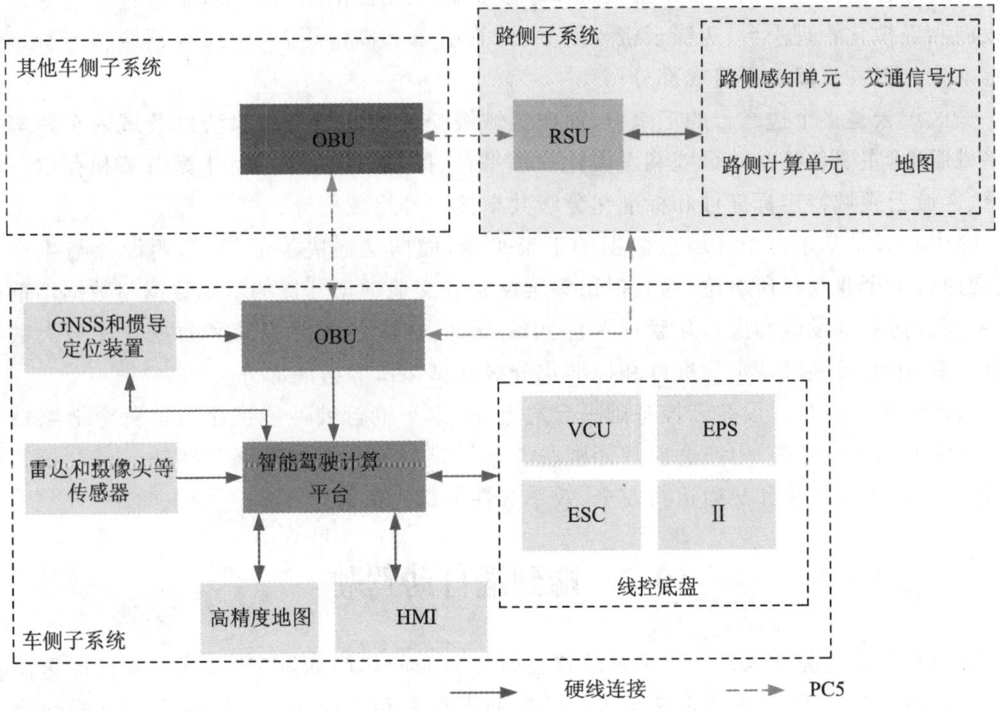

图 10-3 控制类融合功能的车路协同系统架构示意图

10.1.2 车路云一体化技术趋势

车路云一体化智能网联汽车系统由三大核心主体构成：智能网联汽车、智能化路侧基础设施及云控平台。此系统还涉及通信网络、安全体系和支撑平台等相关组成部分。基于统一的架构和标准体系，确保车、路和云各组成部分安全、高效且可靠地互相连接，从而支持一体化相关功能的实施。

(1)智能网联汽车

这是系统的关键组成部分。它不仅是交通动态数据的主要来源，同时也是路侧基础设施和云控平台的服务对象。这些汽车将感知和决策信息通过 C-V2X 通信上传至路侧和云端，并接收这些平台发来的感知信息、决策建议和控制指令，通过本地处理融合这些数据，实现智能驾驶。

(2)智能化路侧基础设施

此设施为智能网联汽车提供感知的补充，并且是实现云端数字孪生的主通道，包括路侧通信和计算单元、感知设备(例如摄像头和雷达)以及交通管理设备等。它们共同实现车、路和云的互联互通、环境感知及其他功能，并参与汽车的决策和控制，从而影响驾驶行为。

(3)云控平台

云控平台是车路云一体化的核心，它分为云控基础平台和云控应用平台两大部分。

云控基础平台是智能网联汽车的中枢，也是连接所有系统要素的桥梁，是汽车由单纯的交通运输工具逐步转变为智能移动空间和应用终端的产业化核心所在。云控基础平台由边缘云、区域云与中心云三级云控基础平台组成，形成逻辑协同、物理分散的云计算中心。

①边缘云是云控基础平台中最接近车辆及道路等端侧的运行环境，主要包括轻量级基础设施和虚拟化管理平台、边缘云接入网关、计算引擎和高速缓存、边缘云领域特定标准件和标准化分级共享接口等组成部分；

②区域云是多个边缘云的汇聚点，面向区域级交通监管与交通执法以及域内车辆等提供基础服务，主要包括基础设施和虚拟化管理平台、区域云接入网关、计算引擎和存储分析引擎、区域云领域特定标准件和标准化分级共享接口等组成部分；

③中心云是基于多个区域云数据的汇聚平台，面向交通决策部门、车辆设计与生产企业、交通相关企业及科研单位，为其提供多维度宏观交通数据分析的基础数据与数据增值服务，主要包括基础设施和虚拟化管理平台、中心云接入网关、计算引擎和数据仓库与大数据分析引擎、中心云领域特定标准件和标准化分级共享接口等组成部分。

云控应用平台是建设在云控基础平台之上，支撑车辆行驶性能优化与运营全链路精细化管理的云端协同管控平台，面向智能网联汽车提供有效整合的车路云感知、决策、控制信息，最终实现车辆行驶和交通运行安全、效率等性能综合提升。

10.2 端到端自动驾驶

端到端自动驾驶技术是近年来自动驾驶研究领域的热门话题之一，其主要目标是简化传统的自动驾驶流程，试图通过一个统一的模型来整合和完成传统上由多个独立模块完成的功能，比如从输入(如摄像头图像)直接产生驾驶指令，以期实现更高效、简洁和直接的驾驶决策。特别地，大型神经网络模型如 GPT、BERT 等，因其强大的数据处理和分析能力，为端到端自动驾驶提供了深度场景理解和高效决策支持，为自动驾驶领域提供了一个全新的视角。

10.2.1 端到端自动驾驶研究的驱动力

10.2.1.1 技术发展背景

自 21 世纪初开始，我们见证了技术的快速进步，特别是在计算和数据处理领域。以下几点为端到端自动驾驶技术提供了关键的技术基础：

(1)深度学习的崛起

过去 10 年，深度学习已经从一个学术领域的小众研究领域逐渐成为技术革命的中心。卷积神经网络(CNN)在图像识别任务上取得的出色表现为其在自动驾驶的感知部分发挥作用提供了基础。而循环神经网络(RNN)和变换器(Transformer)等模型在处理时序数据和决策任务上的应用也逐渐受到关注。

(2)计算硬件的进步

以 NVIDIA 和 AMD 为代表的 GPU 制造商已经从基于图形渲染的设计转向了支持大规模并行计算，尤其是为深度学习工作负载优化的设计。此外，专用的 AI 芯片，如 Google 的 Tensor Processing Units (TPU)，华为的鲲鹏 920 芯片，进一步提高了计算效率，使得更大、更复杂的模型训练变得可能。

(3)大数据和数据采集技术

互联网的普及和物联网技术的进步使我们能够收集到前所未有的大量数据。特别是，高分辨率摄像头、雷达和激光雷达(LiDAR)等传感器技术的发展为自动驾驶汽车提供了丰富的环境感知数据。这为深度学习模型，特别是大模型的训练和应用提供了关键的数据支持。

(4)模拟与增强现实技术

为了在没有实际上路测试的情况下验证自动驾驶算法的可靠性，模拟技术已经成为不可或缺的工具。从简单的交通场景模拟到复杂的物理引擎和现实世界的高度真实再现，模拟技术在自动驾驶研发中扮演着越来越重要的角色。

(5)开源软件和协作平台

像 TensorFlow、PyTorch 这样的深度学习框架的出现，极大地推动了研究的速度。此外，与 GitHub、GitLab 等协作平台共同为全球的研究者和工程师提供了一个合作和分享知识的平台，加速了技术的进步和应用。

10.2.1.2 商业、社会需求与传统方法的挑战

自动驾驶汽车技术的飞速发展，正在回应着现代社会在交通出行方面的诸多挑战和需求。从安全性、效率，再到经济可达性，我们都看到了其无比巨大的潜力。但在实现这些潜力的过程中，我们也深刻地感受到了传统驾驶方式的局限性。

交通事故，尤其在全球范围的高速公路和城市街道上，始终是一个无法避免的问题。每发生一起事故，都伴随着人们的伤痛、经济损失和社会成本。端到端的自动驾驶技术提出了

一个新的可能性:机器负责驾驶,以减少由人类的疲劳、分心或情绪化的决策引起的事故。

与此同时,城市化的脚步仍在继续,而这也意味着交通拥堵成为无法回避的问题。许多人在通勤时所经历的延误和挤压,已经成为他们日常生活的一部分。然而,采用端到端技术的自动驾驶汽车有望通过更加优化的交通流动来改变这一现状。

在审视传统的自动驾驶系统时,我们发现其模块化的设计带来了诸多问题。例如,当一个模块完成其任务并将结果传递给下一个模块时,可能会出现信息的延迟和不连贯性,尤其在高速或复杂的交通环境中,这可能导致决策失效或者过时。此外,若感知模块产生了一个小错误,这个错误在后续的决策和控制模块中可能被放大,导致不正确的动作或响应。这些模块之间的独立性和依赖关系也使得整体系统的优化和更新变得更为困难。端到端的策略旨在避免这些问题,它能够直接从感知数据中学习如何驾驶,减少了多个模块间复杂的交互。

经济上的益处也是驱动自动驾驶技术前进的关键因素之一。预计自动驾驶汽车能显著降低交通事故相关的医疗和维修开销。此外,为那些在传统交通中可能遭遇困难的人群(如老年人、残疾人和儿童)提供更方便的出行选择,也是自动驾驶汽车带来的另一重大利益。

综上所述,现代社会的挑战和需求为端到端自动驾驶技术的研发提供了坚实的背景。这些技术不仅有望改善我们的出行体验,还将为整个社会带来深远的影响。

10.2.2 端到端自动驾驶技术框架

10.2.2.1 与传统方法的比较

当我们谈论自动驾驶,首先浮现在大多数人眼前的是一部具备高科技的汽车,能够自由自在地在城市街道中穿梭,而无需人类的介入。这种美好的愿景背后,隐藏着多年的技术积累与探索。

传统的自动驾驶技术,仿若一部精密的钟表,每一个齿轮都各司其职,确保整体能够准确运作。首先,感知部分的任务是解码周围的环境。通过雷达、激光雷达和摄像头等传感器,它获取了大量信息,然后利用先进的算法,像拼图一样,将这些信息组装成一个清晰的环境模型。接着是预测环节。基于收集的数据,系统尝试预测周围物体,例如行人、自行车和其他汽车在接下来的几秒钟内可能的移动路径。这一步骤尤其复杂,因为涉及对不同物体行为的深度理解。决策与规划是接下来的关键环节。汽车根据预测结果,结合自身的位置、速度和目标,制定了一个行驶策略。这一策略需要平衡速度、效率和安全性。控制环节是整个流程的最后一步,汽车执行前面所有环节制定的计划,确保车辆沿着预定的路径安全行驶。

自动驾驶系统的模块化设计方案由许多相互连接的模块组成,而端到端方法可以将整个过程视为一个可学习的机器学习任务。

随着深度学习技术等的发展,一个全新的方法开始崭露头角,这就是端到端的自动驾驶。如图 10-4 所示,与传统方法不同,端到端的方法似乎更加“大胆”。它的核心理念是:我们可以设计一个神经网络模型,直接将传感器的数据转换为驾驶指令,而不需要中间的多个处理步骤。这种方法的出现,可以说是自动驾驶领域的一次革命。它不仅大大简化了系统的设计,还提高了处理速度。

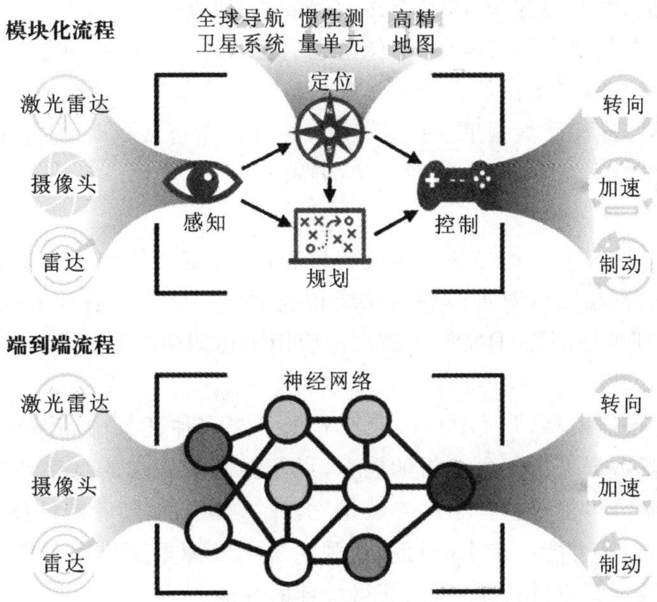

图 10-4 模块化和端到端的自动驾驶系统流程

完全端到端的策略意味着系统从传感器捕获的原始数据(例如摄像头图像或雷达扫描)直接生成控制指令,如油门、刹车和方向盘转动。这种方式的主要优势在于其简洁性,因为它试图直接模拟人类驾驶员的决策过程。想象一下,当我们驾驶时,我们的大脑不会经历明确的多个中间步骤来产生驾驶行为,而是直接从看到的场景转到反应。完全端到端的模型试图模仿这一直觉反应。然而,这也意味着它需要大量、多样化的训练数据来确保安全和准确性。而部分端到端策略,例如从感知到规划的方法,通常是为了在技术上达到平衡。在这种方法中,一旦车辆对其周围环境有了准确的感知,它会生成一个行驶计划,但不直接生成最终的控制指令。选择这种方法的原因可能有多种。首先,它允许研究人员利用现有的、经过验证的决策和控制算法。其次,这种方法可以更好地适应那些需要高度精确控制的应用场景,例如,在复杂的城市环境中行驶。最后,部分端到端策略可以在某种程度上减少对训练数据的需求,因为它不需要覆盖所有可能的驾驶情况,而只需要关注到特定的规划任务。

端到端技术的明显优势在于它减少了复杂性,使得系统设计变得更加直观。它还可能减少因为传统方法中多个步骤之间的错误传递而造成的问题。但同时,端到端技术也带来了新的挑战,如需求大量的训练数据,以及如何确保模型的安全性和鲁棒性。

10.2.2.2 框架主要组件

在端到端自动驾驶技术框架中,关键组件的设计和集成至关重要,这些组件直接影响着整个系统的性能和可靠性。这一节将深入探讨端到端自动驾驶技术中的主要组件,包括数据采集与预处理、模型结构、训练策略、模型优化以及系统集成与测试。

(1)数据采集与预处理

数据是端到端自动驾驶的基石,如同水对于生命的重要性。神经网络的训练和性能直接依赖于所使用的数据。与传统方法相比,端到端自动驾驶需要更多丰富多样的数据,以捕捉复杂的驾驶场景和各种情况。为了实现高质量的数据采集,研究人员和工程师需要从多个传感器中获取数据，例如摄像头、激光雷达、毫米波雷达等。

值得注意的是，在数据采集过程中，定位信息的获取是一个关键问题。虽然端到端自动驾驶主张重感知、轻地图，但定位信息仍然是有价值的。定位数据可以为模型提供额外的监督信息，帮助模型学习连续帧数据下的位移真值，并提供车道线等数据的真值。同时，定位信息还可以结合地图数据，进一步丰富数据集的特征。

(2)模型结构

端到端自动驾驶的模型结构是整个系统的核心，它决定了从输入数据到驾驶指令的映射关系。选择合适的网络结构对于模型的性能和效率至关重要。通常情况下，深度卷积神经网络(CNN)和循环神经网络(RNN)等被广泛应用于感知和决策模块，用于从传感器数据中提取特征并进行驾驶决策。

近年来，大型变换器模型，如 GPT-4，已经显示了在多种任务中超越传统模型的潜力。这些模型具有对大量数据进行深入分析的能力，可能会对端到端的自动驾驶决策和场景理解提供更深入的洞察。尽管这些模型的参数量大，计算密集，但随着硬件技术的发展和模型压缩技术的应用，它们有可能在未来的自动驾驶系统中发挥重要作用。模型结构的设计需要根据具体任务和数据特点进行调整，以获得最佳的性能。

(3)训练策略

模型的训练策略是实现端到端自动驾驶的关键步骤。监督学习、模仿学习和强化学习等不同的学习方法都可以用于模型的训练。监督学习可以通过提供标注的训练数据来学习感知与控制的映射关系，而模仿学习可以从人类驾驶员的行为中学习驾驶决策。强化学习更加关注如何在交互环境中实时学习和调整决策，以最大化预设的累积奖励。选择适当的训练策略取决于任务的性质和可用数据。

(4)模型优化

在模型训练后，模型优化是为了提高模型的性能和效率，以适应实际自动驾驶场景的要求。数据增强、模型压缩和蒸馏等技术可以用于优化模型。数据增强可以通过对训练数据进行扩充，增加模型的泛化能力。模型压缩和蒸馏则可以减小模型的体积和计算复杂度，使其在实际硬件上的运行更加高效。

(5)系统集成与测试

一旦模型训练和优化完成，就需要将其与车辆硬件进行集成，并在实地环境中进行测试。这包括将训练好的模型嵌入车辆控制系统中，确保模型可以与车辆硬件相互协同工作。实地测试是验证模型在真实交通场景中的性能和安全性的重要步骤，需要考虑各种复杂的驾驶情况和环境变化。

综上所述，数据采集与预处理、模型结构、训练策略、模型优化以及系统集成与测试是端到端自动驾驶技术框架中不可或缺的主要组件。这些组件的设计和优化将直接影响着自动驾驶系统的性能和可靠性，是实现端到端自动驾驶的重要步骤。

10.2.2.3 技术细节

端到端自动驾驶的实现，涉及多种关键技术细节，其中不同方案可能会选择不同的技术组合，以实现特定的自动驾驶能力。以下是几种常见的技术细节，它们在不同方案中可能会有所应用。

(1)深度学习在感知和决策中的应用

在感知方面,深度学习模型可以对传感器数据进行实时分析,识别道路、交通标志、行人和其他车辆。例如,卷积神经网络(CNN)可以在摄像头图像中检测出交通标志,帮助车辆识别道路限速和交通指示,而循环神经网络(RNN)则适用于处理时序数据。此外,深度学习技术可以从激光雷达扫描中提取障碍物的距离和位置信息,从而实现精准的障碍物检测。深度学习模型可以识别道路、车辆、行人等对象,并对其进行分类、定位和跟踪,从而为决策模块提供输入。

在决策方面,深度学习模型可以学习从感知信息到驾驶指令的映射关系。例如,通过观察大量的驾驶行为数据,模型可以学会在特定情况下何时刹车或加速。这种学习过程可以使车辆在交通流畅和安全性之间找到平衡,从而实现自主驾驶。

(2)强化学习:利用环境反馈进行实时学习和决策

强化学习在端到端自动驾驶中扮演重要角色,用于系统的实时学习和决策。其核心理念是让自动驾驶代理与环境互动,通过不断的尝试和反馈来学习如何采取行动,以最大化累积的奖励。驾驶代理根据当前状态选择行动,然后根据环境的反馈调整策略。强化学习使得自动驾驶系统能够适应多样的驾驶环境和情境,也能够应对未知情况,做出合理的决策。

在强化学习的框架下,车辆的“智能代理”通过在仿真环境中与各种情景交互,自主地学习如何在不同情况下采取最佳行动。这些情景可以模拟各种复杂的驾驶场景,包括交通拥堵、恶劣天气以及突发事件等。仿真环境不仅可以为强化学习提供高度控制的测试平台,还能够减少在真实道路上的风险和成本。仿真环境需要具备高度真实感和精准的物理模拟,以便车辆代理可以在其中体验各种不同的驾驶情境。这些仿真环境通常使用先进的物理引擎和场景生成技术,以创建逼真的道路、车辆、行人和其他交通参与者。同时,仿真环境可以在短时间内模拟大量的不同情景,为强化学习算法提供充足的训练机会,帮助系统快速地适应多样化的驾驶环境。

在利用仿真环境进行强化学习时,关键是设计合适的奖励函数和评估指标,以引导智能代理实现期望的驾驶行为。通过对驾驶行为的模拟和训练,强化学习可以帮助自动驾驶系统适应各种复杂的路况和情景,从而提升驾驶性能和安全性。尽管仿真环境可能无法完全覆盖真实世界的多样性,但它们为强化学习提供了一个高效、安全且可控的训练平台,有助于推动自动驾驶技术的不断进步。

(3)模仿学习:从人类驾驶员的行为中学习

模仿学习是一种从人类驾驶员的行为中学习的方法。通过观察人类驾驶员在各种情况下的行为,模仿学习可以捕捉到丰富的驾驶经验和决策逻辑。在模仿学习中,模型尝试学习人类驾驶员如何对周围环境做出反应,从而在类似的情况下做出相似的决策。这种方法可以为自动驾驶系统提供一种快速有效的训练方法,尤其是在缺乏大规模标注数据的情况下。

(4)迁移与无监督学习:在有限标注数据的情境下进行学习

当涉及端到端自动驾驶技术时,数据的收集和标注可能会面临困难,尤其是对于大规模的、多样性的驾驶场景。迁移学习和无监督学习是两种技术,可以在有限标注数据的情况下帮助改善自动驾驶系统的性能。

迁移学习利用预训练模型在其他任务上学到的知识,将其迁移到自动驾驶任务中。这可以加速模型的训练过程并提高性能。例如,一个在图像分类任务上训练过的模型可以被用来提取图像特征,然后应用在自动驾驶任务中。这样的预训练模型可以加速模型的收敛,并且因为已经在其他任务中学到了通用特征,可以提高自动驾驶系统的性能。

无监督学习则通过从未标注的数据中学习特征表示,从而降低对大量标注数据的依赖。例如,通过对未标注的驾驶场景数据进行聚类和特征学习,系统可以获得驾驶环境的表示,从而更好地适应新的驾驶情况。

(5)安全性与可验证性:考虑端到端系统的安全性挑战和如何确保其可靠性

为了确保端到端自动驾驶系统的安全性,需要实施多种安全措施。例如,通过将不同传感器的输出进行冗余检查,可以帮助系统检测传感器故障。此外,利用监控和反馈机制,系统可以实时检测异常行为并采取紧急措施,如刹车或转向。可验证性方面,可以利用仿真环境和虚拟测试来验证自动驾驶系统的行为,以确保其在现实世界中的表现与预期一致。

10.2.3　端到端自动驾驶展望

当展望端到端自动驾驶技术的未来时,我们面临着一系列技术挑战和需要深入研究的方向。这些挑战涵盖了系统性能、商业应用和社会影响等多个层面。

在技术方面,端到端自动驾驶系统的局限性凸显出了一些重要议题。一方面,系统在特定环境下可能表现出色,但在新的、未见过的环境中的性能可能受到限制。这引发了泛化问题,即如何确保系统在各种场景下都能够稳定运行。此外,过拟合现象也是需要解决的问题,系统应该避免过度适应训练数据,以免在真实环境中失效。另一个关键点是降低系统对大量数据的依赖性,尤其在数据获取成本高昂的情况下,减少对标注数据的需求是至关重要的。

复杂环境和未知情况处理的能力也是技术研究的一个主要方向。自动驾驶车辆需要具备强大的鲁棒性和适应性,能够在不同的气候、道路和交通情况下实现安全的驾驶。解决这一问题需要深入研究感知、决策和规划等各个环节,确保车辆能够在各种复杂情境下做出准确的决策。

此外,与其他自动驾驶方法的融合也是未来的重要课题。端到端技术可能与传统的基于规则的方法、传感器融合和高精度地图等技术相结合,形成更为全面和健壮的自动驾驶系统。通过融合不同技术,可以在各个环节充分发挥优势,实现更高效、更安全的驾驶。

在商业与应用方面,端到端自动驾驶技术将引领出行服务和交通流优化的新模式。未来的交通生态将变得更加智能和高效,出租车服务、物流运输以及公共交通等领域的技术都有望获得显著的提升。随着技术不断发展,我们可能会迎来更加便捷、环保和经济的出行方式,城市交通格局将发生根本性变革。

然而,技术的迅猛发展也带来了法律、伦理和社会等方面考虑。端到端技术的推广必然涉及法律责任和规定的问题。确保技术的合规性,明确各方责任是必要的,以防止潜在的法律纠纷。此外,社会的接受度和公众对技术的信任也至关重要。开展公众教育,提高公众对技术安全性的认知,将有助于减少公众的疑虑和担忧,推动技术的广泛应用。

伦理问题也是需要关注的领域。在自动驾驶决策制定中,如何避免偏见,确保决策的公正性,是一个不容忽视的挑战。技术带来的伦理问题也需要在开发过程中进行充分的讨论和解决。

总之,端到端自动驾驶技术在不断发展中,面临着众多挑战和机遇。通过持续的研究和创新，我们有望实现更加安全、智能和便捷的出行方式，为城市交通和人类社会带来积极的变革。

10.3 总结与展望

随着前沿技术的不断演进，智能网联汽车的未来前景令人充满期待。这些技术将为出行方式带来根本性的变革，使汽车具备更加先进的感知、决策和交互能力。未来，我们有望见证智能网联汽车在城市交通、环境保护、能源利用等方面带来的积极影响。然而，要实现这一美好愿景，仍然需要克服许多挑战。技术的可靠性、数据的隐私保护，以及相关的法律法规等都有待进一步完善。此外，如何将智能网联汽车与传统的交通体系无缝结合，也是一个值得深入探讨的课题。

在前沿技术的引领下，智能网联汽车正在迎来一个全新的时代。先进的感知技术、交互式决策以及基于深度强化学习的自动驾驶等技术，都将为我们打造一个更智能、更安全、更便捷的驾驶体验。智能网联汽车与智能交通系统的深度融合，必将为我们带来更为出色的出行体验和城市环境。通过不断的创新和努力，前沿技术将为我们带来更加美好的智能出行新时代。

参考文献

[1] 张飞舟，杨东凯，范跃祖，等. 智能交通系统中的公共交通信息管理体系[J]. 北京航空航天大学学报，2000,26(4):385-388.

[2] 赵祥模，惠飞，史昕，等. 泛在交通信息服务系统的概念、架构与关键技术[J]. 交通运输工程学报，2014,14(04):105-115.

[3] LI L, JIANG R, HE Z, et al. Trajectory data-based traffic flow studies: A revisit[J]. Transportation Research Part C: Emerging Technologies, 2020,114:225-240.

[4] 李瑞敏，王长君. 智能交通管理系统发展趋势[J]. 清华大学学报(自然科学版)，2022,62(03):509-515.

[5] KARAGIANNIS G, ALTINTAS O, EKICI E, et al. Vehicularnetworking: a survey and tutorial on requirements, architectures, challenges, standards and solutions[J]. IEEE Communications Surveys & Tutorials, 2011,13(4):584-616.

[6] 潘述亮，徐晓东，杨海波，等. 智能与进化:济南新一代智慧交通系统的设计[J]. 城市交通，2020,18(03):103-113.

[7] 李克强，常雪阳，李家文，等. 智能网联汽车云控系统及其实现[J]. 汽车工程，2020,42(12):1595-1605.

[8] 崔明阳，黄荷叶，许庆，等. 智能网联汽车架构、功能与应用关键技术[J]. 清华大学学报(自然科学版)，2022,62(3):493-508.

[9] 张毅，姚丹亚，李力，等. 智能车路协同系统关键技术与应用[J]. 交通运输系统工程与信息，2021,21(05):40-51.

[10] 李亮，王翔宇，程硕，等. 汽车底盘线控与动力学域控制技术[J]. 汽车安全与节能学报，2020,11(02):143-160.

[11] NAVALE V M, WILLIAMS K, LAGOSPIRIS A, et al. (R)evolution of E/E Architectures[J]. SAE International Journal of Passenger Cars - Electronic and Electrical Systems, 2015,8(2):282-288.

[12] TRAUB M, MAIER A, BARBEHON K L. Futureautomotive architecture and the impact of it trends [J]. IEEE Software, 2017,34(3):27-32.

[13] WHAIDUZZAMAN M, SOOKHAK M, GANI A, et al. A survey on vehicular cloud computing[J]. Journal of Network and Computer Applications, 2014,40:325-344.

[14] GAZIS D, HERMAN R, MARADUDIN A. Theproblem of the amber signal light in traffic flow[J]. Operations Research, 1960,8(1):112-132.

[15] GATES T J, NOYCE D A, LARACUENTE L, et al. Analysis ofdriver behavior in dilemma zones at signalized intersections[J]. Transportation Research Record: Journal of the Transportation Research Board, 2007,2030(1):29-39.

[16] ELMITINY N, YAN X, RADWAN E, et al. Classification analysis of driver's stop/go decision and red-light running violation[J]. Accident Analysis & Prevention, 2010,42(1):101-111.

[17] PATHIVADA B K, PERUMAL V. Analyzing dilemma driver behavior at signalized intersection under mixed traffic conditions [J]. Transportation Research Part F: Traffic Psychology and Behaviour, 2019,60:111-120.